Le franc CFA

Un malade qui refuse de mourir

Collection « Études africaines »

Forte de plus de mille titres publiés à ce jour, la collection « Études africaines » fait peau neuve. Elle présentera toujours les essais généraux qui ont fait son succès, mais se déclinera désormais également par séries thématiques : droit, économie, politique, sociologie, etc.

Dernières parutions

Salomon MAMPETA WABASA, *Gouvernance du parc national de la Salonga en RD Congo, Protectionnisme écologique et résistances locales*, 2025.
Ibrahim HAROUNA OUSMANE, Enjeux sécuritaires et mobilisation des jeunes dans les groupes extrémistes violents, Une analyse par l'exemple d'Abala au Niger, 2025.
Sous la direction de Saouré KOUAME, Philanthropie et développement de l'Afrique, 2025.
Romain KABONGO TCHISSENS, Gouvernance des entreprises publiques en République démocratique du Congo, Des sociétés à chartes aux sociétés commerciales, une déliquescence programmée, 2025. Ilunga MUKADI, *Afromanie. Essai d'études africaines*, 2025.
Jean NSONSA VINDA et Pascal KAMUFUENKETE LUVUMBU, *La République Démocratique du Congo peut-elle décoller ? Fédéralisme et développement de la RDC*, 2025.
Daniel NDITIFEÏ BOYSEMBE, *La crise sécuritaire en République centrafricaine (2012-2019). La vérité sur le mouvement des Anti-balakas*, 2025.
Amouzou ESSÈ AZIAGBÉDÉ, *Pouvoir et illusion du pouvoir en Afrique noire*, 2025.
Sous la direction de Raphaël PORTEILLA et Hélène TOURARD, *Afrique et paix, De la gestion des crises à la culture de la paix*, 2025.
Jean-Louis ATANGANA AMOUGOU (dir.), *La Constitution de la République du Cameroun. Commentaire article par article,* 2025.
Paulin MUNGONGO MAYAMA, *Conflits homme-faune sauvage en Afrique, Typologie, animaux emblématiques, acteurs impliqués et stratégies d'atténuation de l'impact*, 2025.
Jean Francis GABANA, *La carte nationale d'identité et l'identification des citoyens. Cameroun : une pratique administrative mal en point (1960-2024)*, 2024.
Gabriel FOUMENA BELINGA, *Équilibre régional et nation multiculturelle au Cameroun. Contribution à la régulation équitable des différences,* 2024.
Lionel Pierre GUESSELE ISSEME (dir.), *Covid 19 et droit public en Afrique. L'influence du virus sur l'application des normes*, 2024.

Komi ABALO

Le franc CFA

Un malade qui refuse de mourir

Préfaces de Etienne THEVENIN et Samir SAUL

L'Harmattan

5-7, rue de l'École-Polytechnique, 75005 Paris
http://www.editions-harmattan.fr
ISBN : 978-2-336-51778-0
EAN : 9782336517780

En l'honneur de mes parents et de ma petite famille.
Et à tous les fils et filles d'Afrique,
victimes de la mauvaise gouvernance du franc CFA.

SOMMAIRE

REMERCIEMENTS

Cet ouvrage est l'aboutissement de plusieurs années de formation et de recherche doctorale. Il est commun de considérer la réalisation d'une thèse comme un travail de dur labeur et d'efforts consentis dans la solitude. Certes, il nous aurait été impossible d'y parvenir sans le concours et l'entremise de certaines personnes qui nous ont apporté une assistance particulière, tant morale, financière, technique que matérielle, envers lesquelles nous tenons à exprimer notre gratitude.

Il nous tient à cœur de remercier en premier lieu M. Etienne THEVENIN, maître de conférences habilité à diriger des recherches à l'Université de Lorraine, directeur de recherche de cette présente thèse. Notre remerciement appuyé va à l'endroit de M. Samir SAUL, professeur titulaire à l'Université de Montréal, codirecteur de ce travail, pour avoir accepté volontiers de nous coopter et de nous encadrer tout au long de la recherche. Leur connaissance des problématiques de développement, leur finesse d'analyse et leurs conseils avisés nous ont été d'un grand apport durant toutes ces années. Veuillez recevoir l'expression de notre profonde gratitude.

Nous n'oublions pas tous les camarades promotionnaires tant en France qu'à Montréal avec lesquels nous avons entretenu de bonnes relations de travail et d'aide mutuelle.

Nous devons énormément aux travaux, combien édifiants, de nombreuses personnes que nous avons pris soin de citer dans les notes de bas de page dans le corpus de cette thèse. Nos remerciements vont particulièrement à certains hommes politiques, notamment feu Yawovi AGBOYIBO, ancien premier ministre du Togo (à qui nous rendons un vibrant hommage), M. Nicolas LAWSON président du parti PRR au Togo, feu Komla ALIPUI, ancien ministre de l'Économie et des finances du Togo. Nous ne saurions suffisamment remercier certains professeurs de l'Université de Lomé, en particulier le Professeur Essoham ASSIMA-KPATCHA pour avoir accepté d'encadrer nos différentes recherches de terrain au Togo et dans la sous-région.

Nous voudrons enfin exprimer tout notre amour, notre profond respect ainsi que notre éternelle reconnaissance à nos parents et proches, spécialement à notre père Worou ABALO et notre mère Atan TABE qui, depuis le Togo, ne cessent de nous soutenir et de nous encourager à tout instant.

Résumé

Face aux enjeux de développement du monde contemporain, les pays utilisateurs du franc CFA se trouvent être parmi les bons derniers élèves de cette classe. Hormis le taux de paupérisation élevé, les populations de cet espace sont sujettes aux fléaux liés à l'insécurité (dans le Sahel et le golfe de Guinée par exemple) et à l'émigration. Notre démarche nous a permis de mieux appréhender le fonctionnement de cette monnaie afin de comprendre son impact sur le quotidien de ses utilisateurs.

Nos différentes sources, qu'elles soient écrites ou orales, ont subi une rigoureuse critique externe (forme) et interne (fond). La critique de fond nous a permis de vérifier si le contenu est étayé par d'autres sources, tandis que celle de la forme s'est intéressée à l'origine et à l'authenticité du document ou des faits relatés. Pour les sources orales, nous avons établi le statut des informateurs par rapport aux informations. Il ressort des résultats des investigations que le franc CFA est et demeure encore une monnaie coloniale mais dont l'avenir est incertain. Les conséquences sont diverses : parité fixe de la monnaie par rapport à l'euro, non-fluctuation de cette monnaie sur le marché international, effets de la dévaluation de 1994, assassinats des plus téméraires opposants à son utilisation.

Le combat pour une sortie de crise est à la fois individuel, à travers certaines plumes, et collectifs, à travers des associations et des organisations de défense des peuples opprimés. L'objectif est de réfléchir sur la question fondamentale de la survie ou non du franc CFA en Afrique. Le but est également de connaître le rôle qu'ont joué les pères indépendantistes dans les pays de la zone franc CFA face aux règles édictées par la France au sujet de la gestion de cette monnaie qui, de notre point de vue, permet à la France de jouer la prolongation de la colonisation dans ses ex-colonies. L'un des problèmes qu'il faudrait bien résoudre un jour dans les rapports entre la France et les ex-colonies françaises d'Afrique est celui du franc CFA.

PRÉFACE

Komi Abalo connaît depuis longtemps le sujet dont il traite dans ce livre. Il est né, a grandi et s'est formé au Togo où le Franc CFA était en usage. Sa famille a souffert des fluctuations de cette monnaie, en particulier lors de la sévère dévaluation de 1994. Devenu étudiant, Komi Abalo a cherché à comprendre l'origine et les raisons d'être de cette monnaie pensée et conçue en France. En novembre 2016 il me contacta et s'inscrivit à l'Université de Lorraine, en France, à Nancy, pour un projet de mémoire de Master sur les effets du franc CFA sur l'économie et les populations des pays où cette monnaie a cours depuis les indépendances de 1960. Il mena à bien un travail de qualité et décida de le prolonger par une thèse. Il souhaita alors s'inscrire en cotutelle avec l'Université de Montréal où enseigne le Professeur Samir Saul, qui était aussi intéressé que moi par le sujet. Sous notre double direction il pouvait ainsi croiser les regards portés sur le Franc CFA par les chercheurs de trois continents ou parties de continents : Afrique, Europe occidentale, Amérique du Nord.

Il prit connaissance des documents officiels, ainsi que des livres et études déjà réalisées sur le sujet par des historiens, des géographes, des économistes, des juristes et des politistes. Il rencontra certains d'entre eux. Il engagea aussi, et c'était original, des enquêtes de terrain minutieusement préparées dans les pays qu'il étudiait, élaborant des questionnaires, rencontrant des responsables politiques ou universitaires anciens et actuels et interrogeant non seulement des étudiants mais aussi des habitants qui n'exerçaient pas de responsabilité particulière. Il voulait partir des réalités quotidiennes vécues par les populations plutôt que s'appuyer sur les seuls discours et rapports officiels. C'est l'une des originalités et l'un des grands apports de son travail. Komi Abalo ne cherche pas seulement à reconstituer les faits mais à faire revivre les sentiments ressentis par les personnes concernées par les évolutions du franc CFA, y compris les plus humbles.

Au fil des mois l'actualité confirmait les analyses et les intuitions qui étaient celles de Komi Abalo dès le début de ses travaux de recherche universitaire et son expertise lui valut d'être sollicité pour des conférences ou des articles dans des revues.

La thèse de Komi Abalo permet une périodisation intéressante. Avec les indépendances le système du franc CFA (ou des francs CFA, car on distingue plusieurs espaces disposant chacun de leur franc CFA) se met en place, et les dirigeants africains qui veulent s'y soustraire restent peu de temps en place ou s'exposent aux plus grandes difficultés. Mais assez vite la bureaucratisation, les intérêts financiers extérieurs et la corruption ne permettent pas l'essor économique local attendu et les soucis s'accumulent. La fin de la Guerre froide ne change pas ces tendances lourdes. La brutale dévaluation imposée en 1994 par la France et souhaitée par les instances financières internationales ébranle profondément les sociétés africaines mais les causes du problème demeurent. La migration vers la France paraît alors à nombre de jeunes gens comme la seule perspective envisageable face aux difficultés de toutes sortes auxquelles leurs familles sont confrontées. Le franc français disparaît de la circulation, remplacé par l'Euro en 2002, alors que le franc CFA demeure en Afrique. Depuis, le débat prend un tour de plus en plus passionnel. L'acronyme CFA suscite en Afrique des réactions vives dans la population, malgré l'attachement au franc CFA de certains dirigeants africains, et le remplacement par l'ECO suscite également la méfiance. La comparaison avec l'Afrique occidentale anglophone, actuellement plus dynamique sur le plan économique, renforce les colères sociales.

Komi Abalo a soutenu avec brio et succès sa thèse le 11 décembre 2023 à l'Université de Montréal au Canada. Tenant compte des remarques du jury il précisa certains passages et il nous propose aujourd'hui, à travers ce livre, son travail de thèse enrichi de quelques réflexions supplémentaires.

Ce livre fourmille d'informations et il nous invite à la réflexion sur un sujet essentiel, aujourd'hui, pour de nombreux Africains et pour la relation entre l'Europe et l'Afrique. Il marque une étape importante dans le parcours d'un jeune chercheur très prometteur dont l'expertise sur le sujet est désormais démontrée.

Le 21 novembre 2024,
Etienne THEVENIN
Directeur du département d'Histoire de Nancy
(Université de Lorraine)
MCF HDR en Histoire contemporaine.
Laboratoire CRULH.

PRÉFACE

Le franc CFA, sujet épineux s'il en est. Sur le plan scientifique, il est complexe de mesurer l'influence exacte de la monnaie sur le développement. Sur le plan non scientifique, le franc CFA est un sujet sensible politiquement, impliquant une multitude d'intérêts et entouré de nombreux interdits. Il n'en demeure pas moins un sujet majeur touchant des millions de citoyens des pays utilisateurs. Komi Abalo a eu recours à une approche nouvelle. Il a bien étudié les mécanismes monétaires, approche classique. Mais son angle principal est le regard des Africains sur le franc CFA. Il fait appel aux sources orales. C'est une dimension nouvelle, originale, dans le domaine. La démarche se défend car la monnaie est plus qu'une affaire technique. Elle repose sur la confiance et la crédibilité. Elle est fiduciaire. L'opinion qu'ont les utilisateurs est importante. Le point de vue officiel n'est pas le seul à prendre en compte.

Ce faisant, Komi Abalo s'est engagé sur un terrain à la fois fertile en découvertes et délicat. On gagne à savoir comment les Africains vivent avec cette monnaie. Mais il faut comprendre que l'entreprise n'est pas exempte de défis et de risques d'insuccès sur le plan méthodologique. Il s'agit d'interviewer des acteurs ou de simples citoyens.

Or, il n'est pas facile de délier les langues. Parler du franc CFA suppose de l'audace de la part des interlocuteurs, tellement le sujet est entouré d'interdits :

- cette monnaie est clairement d'origine coloniale, toujours en circulation à l'ère des indépendances;
- des intérêts français et africains y trouvent leur compte;
- les clivages sociaux sont mis en lumière : les couches supérieures peuvent en être bénéficiaires, les couches populaires étant pénalisées (la dévaluation de 1994 le démontre);
- le franc CFA fait figure de symbole des indépendances inachevées et du maintien de la tutelle de l'ex-Métropole;
- enfin l'état de l'Afrique laisse à désirer :
- • développement économique qui se fait attendre;
- • faible interconnexion économique entre pays africains (le commerce interafricain ne représente que 15% du commerce total)

- fragilité politique (instabilité, guerres fratricides, ingérences étrangères)

On est loin des espoirs des années 1960.

L'enquête de Komi Abalo est une belle réussite. On voit bien que le franc CFA recueille peu ou pas d'adhésions là où il circule. Est-ce de simples impressions de profanes en dissonance avec les prescriptions de la science économique ? Cette question restera ouverte.

Mais l'essentiel est ailleurs. Indépendamment des analyses économiques, la désaffection des Africains à l'égard de leur monnaie est en soi un phénomène capital, ayant des implications économiques. Le livre de Komi Abalo permet de documenter cette réalité par un travail de terrain méticuleux et exigeant.

Il reste maintenant l'essentiel : réconcilier les Africains avec leur monnaie ou avec une monnaie quelle qu'elle soit. Tâche qui dépasse cette monographie et qui plane sur toutes les discussions relatives au franc CFA. Que d'obstacles à surmonter comme préalable à la création d'une monnaie commune africaine. Mais que de surprises quand les volontés se conjuguent.

Samir Saul
Professeur d'histoire contemporaine
Université de Montréal

CHAPITRE PREMIER.

GENÈSE ET ÉVOLUTION DU FRANC CFA ENTRE 1945 ET 1960

INTRODUCTION

L'indépendance des pays africains avait suscité, au début des années 60, beaucoup d'enthousiasme et d'espoir. Cette nouvelle ère était censée clore la période de domination coloniale, tout en mettant un terme à l'exploitation des richesses du sous-sol africain par les métropoles. En plus, elle promettait un abandon des conceptions coloniales et une affirmation de ce que le Président Kwame Nkrumah appelait autrefois « la personnalité », qui visait le bien-être et l'expression de l'identité des « personnes de couleur ».

Entre le XVIe siècle et la fin du XIXe siècle s'est constituée progressivement une économie mondiale hiérarchisée où les différentes parties de la planète sont mises en relation de manière brutale par la vague d'expansion de l'Europe occidentale. Ce processus a impliqué le pillage des peuples par les puissances coloniales d'Europe et la destruction progressive des civilisations africaines, qui étaient pourtant bien avancées. La politique de domination européenne durant cette période a aussi engendré des enlisements sur plusieurs plans, ouvrant ainsi le continent à l'instabilité et à des guerres intestines, voire fratricides dans plusieurs royaumes.

I. HISTORIQUE ET CONTEXTE DE MISE EN PLACE DU FRANC CFA

1- ORIGINE ET CONTEXTE

La zone franc trouve ses origines au milieu du XIXe siècle au cours de la conquête coloniale française. Après la Première Guerre mondiale et la crise économique de 1929, la France était affaiblie. « La notion de la zone franc apparaît lors de l'instauration du contrôle des changes au début de la Seconde Guerre mondiale. Les décrets des 28 août, 1er et 9 septembre 1939 interdisant, sauf autorisation particulière, toute opération commerciale ou financière entre la France métropolitaine et l'extérieur. Quelques mois plus tard, les territoires d'outre-mer furent assimilés à la France métropolitaine pour l'application du contrôle[1]. » Comment couvrir les dépenses et combler les pertes dues à cette

[1] *Journal officiel de la République française,* « Avis et rapport du conseil économique et social : les problèmes monétaires de la zone franc, session des 10 et 11 mars 1970 », Bibliothèque nationale de France, 27 avril 1970, p.191, https://gallica.bnf.fr/ark:/12148/bpt6k9764487q/f7.item.r=cr%C3%A9ation%20de%

guerre ? L'usage de la monnaie joue un rôle essentiel pour faciliter les échanges et le commerce. La stratégie fut d'abord défensive. Elle fut ensuite centrée sur les unions commerciales naissantes, occasionnant enfin une protection autour de territoires dépendants de la France grâce à une nouvelle monnaie qu'elle contrôle. À cet effet, Kodjo EVLO [1] affirme : « La France aujourd'hui endettée, en plein chômage massif, précaire, n'a pas d'autres moyens de relever la pente ; son seul moyen qui n'est pas nouveau est d'avoir une mainmise sur le franc CFA qui est le facteur capital de contrôle de ses anciennes colonies. »

De ce point de vue, nous distinguons deux groupes de monnaies. Le groupe des grandes monnaies internationales encore appelées monnaies des Occidentaux[2] (dollar, euro, yen, livre sterling, rouble, etc.) auquel s'oppose généralement celles des économies sous-développées. Les pays développés sont censés contrôler l'économie des pays en voie de développement par le pouvoir d'achat que leur procure leur monnaie. « La période 1949-1973 peut être considérée comme celle de l'âge d'or de la croissance mondiale et du commerce international[3]. » On se rend compte de l'absence de cette dynamique de réforme dans les pays d'Afrique subsaharienne avec les déterminants traditionnels de la multinationalisation ainsi que les nouvelles théories du commerce à l'échelle internationale. « Les accords de coopération ont reconnu à chaque État le droit de créer sa monnaie et son propre institut d'émission. En Afrique occidentale, l'institut d'émission de l'A.O.F (Afrique occidentale française) et du Togo, créé en 1955, a été transformé en Banque centrale des États de l'Afrique de l'Ouest, en avril 1959[4]. »

Créé initialement en 1939, juste avant la Seconde Guerre mondiale, le franc CFA est né officiellement le 26 décembre 1945, le jour même où la France ratifiait les accords de Bretton Woods et procédait à sa première déclaration de parité au Fonds monétaire international (F.M.I). Il signifiait alors « Franc des colonies françaises d'Afrique. » Il est émis par la Caisse centrale de France

---

20la%20zone%20franc%20CFA, consulté le 27 avril lors de nos travaux de terrain en France.

[1] Kodjo EVLO, Professeur titulaire (économiste) à l'Université de Lomé, entretien du 6 janvier 2018 dans son bureau au sein de l'Université de Lomé au Togo.

[2] Ces monnaies sont dotées d'un système de changes flottants sur le marché international, ce qui n'est pas le cas du franc CFA.

[3] Jean-Louis MUCCHIELLI, (2005). *Relations économiques internationales*. Paris, Hachette, p.13.

[4] *Journal officiel de la République française,* « Avis et rapport du conseil économique et social : les problèmes monétaires de la zone franc, session des 10 et 11 mars 1970 », Bibliothèque nationale de France, 25 avril 1970, p.192, https://gallica.bnf.fr/ark:/12148/bpt6k9764487q/f7.item.r=cr%C3%A9ation%20de%20la%20zone%20franc%20CFA, consulté le 25 avril lors de travaux de terrain en France.

aux pays d'outre-mer[1]. Il a été créé au même moment que le Franc des colonies françaises du pacifique (F.C.P.). Ainsi, la création du franc CFA se déroule de la manière suivante : le Conseil prend sa décision le 24 et le franc est créé le 25 décembre 1945. Le lendemain, l'Assemblée constituante se réunit pour ratifier les accords de Brettons Woods. C'est ce jour-là que l'annonce officielle de la création du franc CFA est faite à travers un communiqué que tout le monde considère comme une date-événement. Dans ce communiqué, est indiquée la parité du franc CFA avec le FF[2]. 1 F CFA = 1,7 FF pour l'Afrique occidentale française (A.O.F) et l'Afrique équatoriale française (A.E.F)[3] ». Plus loin, « en 1945, l'Afrique noire et le Madagascar, dont les exportations étaient, d'après la reprise des relations avec la métropole, dans une large mesure orientée vers la France, mais qui devaient continuer à s'approvisionner à l'étranger en raison de l'insuffisance de la reprise industrielle en France, ont bénéficié d'une parité intermédiaire entre le franc CFP et le franc métropolitain[4]. »

Au lendemain des indépendances, le franc CFA subit une première critique de nature « idéologique ». Il lui est reproché de constituer une zone de domination coloniale. Ainsi, « les États nouvellement indépendants en Afrique ne disposaient pas de pouvoir monétaire véritable, qui reste confiné entre les mains de l'ancienne métropole[5]. » À travers ce mécanisme de contrôle de la France via la monnaie, l'indépendance de ces pays est partiellement remise en cause ; on se rend compte d'une restriction de leur autonomie. C'est une monnaie qui a évolué dans le temps et dans l'espace. Déjà, à partir de 1958, on note de nouvelles critiques sur sa dénomination. Pour certains, le Franc des colonies françaises d'Afrique renvoie au passé colonial, car émis par la Caisse centrale de la France d'outre-mer.

On peut contester la formulation polémique de ces différents points mais il convient de réfléchir au contexte particulier de l'année 1958, qui était un moment charnière dans la grande marche vers les indépendances. « Les

---

[1] Les pays d'Outre-mer désignent, entre autres, les quinze pays africains membres de la zone franc CFA. Ces 15 pays membres de la zone franc CFA sont la Côte d'ivoire, le Togo, le Bénin, le Burkina-Faso, le Mali, le Niger, le Sénégal et la Guinée-Bissau réunis dans la BCEAO ; ceux de la BEAC sont le Gabon, le Congo-Brazzaville, le Cameroun, la République de Centrafrique, la Guinée équatoriale et le Tchad. Le quinzième pays est la République fédérale islamique des Comores.

[2] Franc français.

[3] Serges IKIEMI, (2010). *Le Franc CFA : D'où vient-il ? Où va-t-il ?* Paris, L'Harmattan, p.30.

[4] La monnaie dans les territoires français d'outre-mer, le 15 avril 1946. Le lot portant sur les problèmes économiques et financière de (1946-1955), Archives d'outre-mer, cote de communication : 2 APOM 13, identifiant ark : ark : / 61561/uj816ytym, présentation du contenu : questions monétaires, le franc CFA (1946-1953).

[5] Esse AMOUZOU, (2009). *L'Afrique 50 ans après les indépendances.* Paris, l'Harmattan, p.141.

premières indépendances se traduisent généralement par la rupture. Les nouveaux États ont le souci d'affirmer leur souveraineté monétaire, d'autant plus qu'il s'agissait souvent de territoires sous mandat ou de protectorat dont l'intégration avec la métropole n'était pas complète. Pour les pays d'Afrique noire, dont l'indépendance est mieux négociée et s'accompagne de la constitution d'une communauté française, les liens économiques vont être maintenus et renforcés par des accords, en dehors du cas de la Guinée[1]. »

Pour calmer les différentes sensibilités, la France changea en 1958 l'ancienne dénomination du franc CFA en Franc de la Communauté française d'Afrique. À partir de 1960, c'est-à-dire aux lendemains des indépendances, cette nouvelle dénomination va subir à nouveau une modification pour désigner, d'une part le Franc de la Communauté financière africaine dans la zone de l'Union économique et monétaire ouest africaine (U.E.M.O.A), et d'autre part le Franc de la coopération financière africaine dans la zone de la Communauté économique d'Afrique centrale (C.E.M.A.C[2]). Cette coopération monétaire entre la France et ses ex-colonies est régie par quatre principes fondamentaux : d'abord, la garantie de convertibilité illimitée apportée par le Trésor français, ensuite la fixité des parités, après la libre transférabilité des capitaux, et enfin la centralisation des réserves de change. Cette relation était bien enracinée au moment où la France a décolonisé ou accepté l'apparente décolonisation des pays africains. En Afrique du Nord par contre, les relations étroites entre le franc français et les dinars tunisien et algérien ainsi que le dirham marocain n'ont pas perduré. « La coopération entre la France et ses partenaires africains contribue à la stabilité financière de ces derniers, en offrant une protection contre les risques de crise de balance des paiements, ainsi qu'à la promotion d'une croissance forte, durable et inclusive. Cette coopération constitue un arrangement financier régional qui contribue au filet de sécurité financière global, centré sur le Fonds monétaire international (F.M.I)[3]. »

En revanche, le lien a été maintenu dans la majorité des pays d'Afrique subsaharienne. Cette question très controversée a provoqué des torrents de textes et de discours sur la nature de cette relation, son bien-fondé et sa nécessité, surtout dans les pays africains, moins en France où cette question est un angle mort dans les réflexions économiques et dans les milieux universitaires. Le franc CFA est considéré par plusieurs observateurs comme

---

[1] Norbert OLSZAK, (1996). *Histoire des unions monétaires*. Paris, Presse universitaire de France, p.110.

[2] DELAGE et MASSIERA, (2000). *Le franc CFA : Bilan et perspectives*. Paris, L'Harmattan, p.14.

[3] Banque de France, « Coopération monétaire Afrique-France », https://www.banque-france.fr/economie/relations-internationales/partenariats-afrique-france/cooperations-monetaires-afrique-france, consulté le 11 février 2023.

un résidu de la période coloniale. Il a un effet direct sur le développement économique des pays africains qui l'utilisent, même si certains économistes pensent que les pays africains bénéficient aussi de cette relation. D'une part, les Africains ont choisi de garder cette monnaie parce qu'à l'époque, le commerce se déroulait essentiellement avec Paris et il fallait une identité monétaire. Avoir ainsi une monnaie à l'époque rassurait les bailleurs et les fournisseurs qui pouvaient retirer leur argent en France en toute sécurité grâce au compte d'opération[1].

En effet, les Africains ne faisaient pas le poids devant la France pour réclamer la souveraineté monétaire. À la suite de ce constat, on peut comprendre que les banques centrales des pays africains n'assument pas la garantie et la fixité de leur monnaie, mais que ce soit le Trésor français, qui relève beaucoup plus du budget de l'État que de la Banque de France. Ainsi, « dans ce système, le Trésor français accepte de donner à ses correspondants des euros contre des CFA, et vice versa, à taux fixe et de manière supposément illimitée, mais à condition que les réserves de change ne fondent tout de même pas trop[2]. »

Certains pays ont choisi lors des indépendances ou peu après de quitter la zone franc coloniale. C'est le cas des pays du Maghreb (Algérie, Maroc, Tunisie) avant les indépendances, de la Mauritanie, du Madagascar et de la Guinée de Sékou Touré peu après. Le Mali l'a aussi quittée en 1962, avant de la réintégrer en 1984. « L'application de la règlementation du contrôle des changes ne posait que des problèmes techniques à l'époque où la zone franc était composée de territoires tous dépendants. Il n'en est plus de même depuis que le Maroc, la Tunisie et la Guinée ont accédé à l'indépendance politique, et depuis que les territoires d'outre-mer d'Afrique Noire sont devenus des États autonome dans le cadre de la communauté[3]. »

---

[1] D'après nos entretiens du 1er août 2022 par visioconférence avec Mamoudou Gazibo, professeur à l'Université de Montréal, le compte d'opération n'est pas différent de nos comptes courants dans les banques commerciales. En effet, selon le principe de convertibilité du franc CFA, tous les pays membres sont tenus d'avoir un compte qui leur permettait de faire des opérations. Le compte d'opération est devenu avec le temps la propriété du Trésor français. Alors que l'objectif du compte d'opération était : quand on vend à la France et il reste un solde, la France dit « je vous dois une telle somme après l'achat mais je propose de vous le déposer dans votre compte d'opération ». C'est ainsi que verra le jour le compte d'opération pour les ex-colonies françaises.

[2] Bruno TINEL, (2016), « Le fonctionnement et le rôle des comptes d'opérations entre la France et les pays africains » in Kako NUBUKPO et *al*, *Sortir l'Afrique de la servitude monétaire : à qui profite le franc CFA* ? Paris, La Dispute, p.108.

[3] Archive nationale du Bénin, « le contrôle des changes et du commerce extérieur dans la zone franc », dossier du 5 et 20 juillet 1959, série Q traitant des affaires économiques n°XLVI-1,2, p.1.

À cet effet, nous nous intéresserons au contexte contractuel, c'est-à-dire à l'ensemble du processus ayant conduit aux négociations, à la conclusion des accords qui ont maintenu les autres pays de la zone franc sous la tutelle monétaire française afin de mettre en lumière les rapports de force des parties présentes lors des différentes signatures. Les dirigeants africains sont-ils tous en phase avec ces accords ? Selon Yawovi AGBOYIBOR : « Tout ce que nous vendons passe généralement par le Compte d'opération. C'est la France qui contrôle les entrées et les sorties des échanges de ses ex-colonies, aucun pays en Afrique sous le contrôle du franc CFA ne peut accéder à un vrai développement. Les accords signés entre la France et ses ex-colonies sont au profit du chasseur[1]. Lorsqu'un chef d'État français fait ses voyages en Afrique, c'est pour signer des contrats ; cela va toujours dans l'intérêt de la France et sans ces contrats, la France serait considérée comme "une coquille vide", car elle ne dispose d'aucune ressource précieuse, ni du sol, ni du sous-sol, pouvant lui permettre de figurer parmi les grands pays développés de ce monde. »

Ce point de vue de Me AGBOYIBOR vient soutenir l'idée selon laquelle les ex-colonies françaises sont les principaux fournisseurs de matières premières à la France et que le "pré carré [2]" français n'a jamais disparu en Afrique. « La France lâchera difficilement le franc CFA », déclara-t-il. De cette analyse, force est de constater que c'est le problème monétaire qui est la question vitale, un sujet épineux, un moyen de contrôle après les indépendances politiques et un enjeu de tension politique entre la France et ses ex-colonies. Sur ce, « la perpétuation d'un tel système après l'indépendance des pays de la zone CFA est considérée à juste titre par bon nombre d'observateurs, en Afrique comme en France, comme scandaleuse[3]. » Les incidents issus des rapports franco-africains sont nombreux. On sait que, sur le plan politique, les Africains se sentent contraints. Les pays avancés, tels la France, savent que leur prééminence doit beaucoup à la politique de mainmise et de contrôle sur les richesses de ces pays du Sud.

La "Françafrique" dont la monnaie reste l'un des instruments de contrôle, se justifie dans un contexte particulier, celui de la dépendance monétaire des ex-colonies françaises vis-à-vis de la France. Celle-ci entend combattre, par tous les moyens, toutes interventions extérieures pouvant mettre à mal cette mainmise et veille à ce que le franc CFA ne soit pas remis en cause, tout

---

[1] L'interviewé nomme ici la France comme le chasseur qui est à la recherche des proies.

[2] Plus récemment qualifié de « Françafrique », le « pré carré » français représente les moyens mis en place par la France pour contrôler ses ex-colonies françaises d'Afrique.

[3] Bruno TINEL, (2016), « Le fonctionnement et le rôle des comptes d'opérations entre la France et les pays africains » in Kako NUBUKPO et *al*, *Sortir l'Afrique de la servitude monétaire : à qui profite le franc CFA* ? Paris, La Dispute, p.110.

comme les autres intérêts des sociétés françaises en Afrique. Cette partie de l'Afrique ne réussit pas son décollage économique ; elle devient même la partie du monde où le PIB par habitant et l'I.D.H sont les plus bas du continent. La corruption d'un certain nombre d'élus locaux en Afrique et en France aggrave la situation. Même des accords jugés prometteurs comme ceux de Lomé[1] entre la C.E.E (Communauté économique européenne) et les 46 pays d'Afrique, des Caraïbes et du Pacifique ne donnent pas les résultats escomptés (cette convention fut renouvelée 4 fois, d'où les appellations Lomé I, II, III et IV).

Les instances internationales comme le FMI et la Banque mondiale imposent des politiques de rigueur à la fin de chaque période. La monnaie devient donc un facteur déterminant dans le décollage des pays africains, en l'occurrence ceux sous dépendance monétaire vis-à-vis de la France. En effet, « en ce qui concerne l'économie ouest-africaine, qui est généralement considérée comme une économie partiellement monétisée, en ce sens qu'elle comporte un secteur économique moderne petit et développé, et un secteur économique traditionnel grand et arriéré, le problème qui devait logiquement se poser à elle est celui de l'insuffisance de la masse monétaire. C'est dire s'il faudra, pour transformer le secteur économique traditionnel en un secteur économique moderne, y insuffler davantage de monnaie[2]. »

Le tableau 1 ci-dessous présente les différentes évolutions du franc CFA dans le temps et dans l'espace.

[1] Dans la course pour une équité et une stabilité économique après les indépendances, on assiste à la conclusion de la convention de Lomé qui est un accord de coopération commerciale signé le 28 février 1975 entre la CEE et les 46 pays d'ACP. Cette convention fut renouvelée 4 fois d'où les appellations Lomé I, II, III et IV. En 2000, la Convention de Lomé est remplacée par l'Accord de Cotonou.

[2] Victor Komla ALIPUI, (2020). *Le rôle de la monnaie dans le développement économique et social de l'Ouest africain*, Paris, L'Harmattan, p.65.

Tableau n° 1. Évolution du franc CFA avec le franc français puis l'euro

 2Francs Français	1948	1 Francs CFA 
 1 Francs Français	1960	50 Francs CFA 
 1 Francs Français	1994	100 Francs CFA 
 1 EURO	1999-2023	655,957 Francs CFA 
 1 EURO	2023-2050	

Source : Komi ABALO, d'après le regroupement des informations.

Au départ, c'est le même franc qui circulait en France et dans les ex-colonies françaises qu'on pouvait distinguer par la couleur, l'effigie inscrite sur les monnaies et plus tard sa valeur. L'Afrique n'avait-elle pas une forme d'identité monétaire avant l'arrivée des « Thoubab[1] » en Afrique ? Comme on peut le constater, « il existait différents types de monnaies. Dans la zone Akan[2], la monnaie était constituée d'or en raison de l'importante quantité d'or présente dans ses sols. Dans la sous-région ouest africaine, en particulier les pays dépendants de la zone Franc CFA à ce jour, la monnaie était constituée des cauris[3] dont la valeur dépendait des coutumes du territoire dans lequel on l'employait avec des interprétations mythiques que chacun pouvait donner[4]. »

Après ces différentes formes de monnaies vint la monnaie métallique (généralement battue en or) en Afrique au lendemain des conquêtes occidentales. L'introduction de ces monnaies facilitait les échanges entre les

[1] *Thoubab* est un terme pour désigner toute personne à la peau blanche, à l'exclusion des Arabo-Berbères, quelle que soit sa nationalité.

[2] Les Akan représentent une population d'Afrique de l'Ouest qu'on pouvait retrouver facilement au Ghana et en Côte d'Ivoire, où ils sont divisés en une multitude de sous-groupes.

[3] Les cauris étaient l'une des devises les plus répandues au monde en particulier en Afrique de l'Ouest.

[4] Komi ABALO, (2021), « La présence française en Afrique : pour quel bilatéralisme enfin ? », in *Togobreakingnews.info*, 21 mars 2021.

colons et les autochtones africains. Auparavant, c'étaient les caisses de lingots d'or qui circulaient ; mais très vite, elles furent remplacées par des billets. Aujourd'hui, les lingots d'or restent stockés dans les banques et les billets circulent. Le Fonds monétaire international (F.M.I) définissait la valeur de la monnaie par rapport au poids d'or, même si celle-ci est remplacée par le Droit de tirage spécial (D.T.S) au début des années 1970. « Les monnaies coloniales ne sont plus que des monnaies de compte dont le sort dépend étroitement de celui de la monnaie métropolitaine. L'adoption après la Seconde Guerre mondiale de parité multiple pour les monnaies coloniales n'a pas modifié cette situation. Elle a au contraire, fait naître dans certains territoires l'illusion qu'ils pouvaient dissocier leur sort de celui de la métropole. D'autres part, les parités adoptées et une fiscalité excessive ont gêné en Afrique Noire et à Madagascar les investissements privés[1]. »

À partir de 1931, on peut créer une monnaie sans la couverture de l'or. Cela suppose qu'on peut émettre de la monnaie ex-nihilo, mais elle doit être régie par la loi « cours légal et pouvoir libératoire[2] ». Frapper l'or prend du temps, mais imprimer les billets paraît encore plus facile. En 1932, c'était par rapport à la quantité du poids de l'or qu'on convertissait la Livre sterling ; les autres monnaies étant définies par rapport à la Livre sterling. Après la crise de 1929, les Anglais ont refusé toute convertibilité des autres monnaies par rapport à la Livre. L'émission de monnaies obéit à certaines conditions. « Avant 1929, le franc français ou métropolitain émis par la Banque de France avait seul cours dans toutes les colonies françaises, notamment en Afrique subsaharienne et du Nord. La loi du 29 janvier 1929 confia l'émission du franc circulant dans les colonies d'Afrique subsaharienne à la B.A.O[3], une banque privée, placée sous la tutelle étroite de la Banque de France avec l'obligation stricte et respectée d'émettre trois unités monétaires en circulation pour une unité d'or en réserve[4]. »

1- En 1948 fut définie la valeur du franc CFA des colonies par rapport au Franc français de la métropole. Dans cette logique, la valeur du franc des colonies dépassait celle de la métropole : il faut 2 francs français pour avoir la

---

[1] L'évolution monétaire des territoires d'outre-mer et le financement de leur plan d'équipement : Les instituts d'émission dans les territoires français d'outre-mer, Archives d'outre-mer 25 mars 1949. Le lot portant sur les problèmes économiques et financière de (1946-1955), cote de communication : 2 APOM 13, identifiant ark : ark : / 61561/uj816ytym, présentation du contenu : questions monétaires, le franc CFA (1946-1953).

[2] C'est la loi qui crée la monnaie en entrainant automatiquement un pouvoir libératoire. Si c'est la loi qui crée la monnaie, alors cela va engendrer un grand désordre sur l'économie.

[3] Banque de l'Afrique occidentale.

[4] Nadim Mochel KALIFE, (2016), « Genèse du franc CFA », in Kako Nubukpo, *Sortir l'Afrique de la servitude monétaire : À qui profite le franc CFA* ? Paris, La Dispute, p.81.

valeur d'un (1) franc CFA. Ainsi, « à la suite de la dévaluation de notre monnaie par rapport au dollar U.S.A et à la Livre Sterling, la monnaie coloniale n'aura pas dans tous les territoires la valeur du franc métropolitain. Cette valeur a été fixée compte tenu de la situation économique et financière de chacun des pays de l'Union française[1]. »

2- À partir de 1960, la France s'était dotée d'un nouveau franc et le franc CFA a suscité de l'optimisme. L'indépendance politique des pays francophones d'Afrique subsaharienne s'est opérée dans un contexte plus apaisé qu'en Afrique du Nord. La croissance économique est forte en France et René Dumont fait figure d'exception quand il écrit que *"l'Afrique noire est mal partie."* Ainsi, après les indépendances des pays de la zone franc, la valeur du franc des colonies ne sera plus la même qu'avant les indépendances. En fait, il faut 50 francs français pour un 1 franc CFA, ce qui bouleversa l'équilibre économique. Une fois encore le poids de la solitude économique des pays de la zone franc se confirme progressivement. « Les transactions entre le franc français et la monnaie de l'Union s'effectueront à un cours fixe, sur la base de la parité en vigueur. Les transactions entre la monnaie de l'Union et les devises autres que le franc français s'exécuteront au taux du marché des changes selon les dispositions convenues[2]. »

3- La catastrophe a été la dévaluation du franc CFA de 50 % en 1994. Sur ce, le franc CFA fut dévalué et le franc français valut 100 franc CFA. Dès lors, les pays de la zone franc ont subi le coup de la dévaluation qui par ricochet, a fait chuter leur économie.

En effet, « un (1) FF (franc français) à l'époque était à 50F (franc), du coup un 1FF était porté à 100F. Vous imaginez ce qui peut arriver à la population. On note la diminution des coûts, des transactions, dans les relations entre la France et ses ex-colonies. Les motifs n'étaient pas appropriés, quels que soient les arguments avancés à l'époque pour justifier la dévaluation du franc CFA. C'est donc une politique pour engouffrer un peu tous les pays qui étaient sous le programme d'ajustement structurel[3]. »

4- À partir de 1999, rien ne sera plus comme avant. La France abandonna le franc français pour entrer dans la zone euro, mais continua de maintenir la zone franc CFA sous sa coupe. On peut comprendre que le franc CFA procure des avantages à la France. De ce fait, la France détient l'entière responsabilité

[1] Lettre du ministre des Colonies adressée à Monsieur les Gouverneurs Généraux et Gouverneurs, Paris, le 17 janvier 1946. Le lot portant sur les problèmes économiques et financiers de (1946-1955), Archive d'outre-mer, cote de communication : 2 APOM 13, identifiant ark : ark : / 61561/uj816ytym, présentation du contenu : questions monétaires, le franc CFA (1946-1953).

[2] Banque de France, Article 2 de l'Accord de coopération entre la République Française et les Républiques membres de l'Union monétaire ouest-africaine, Dakar le 4 décembre 1973.

[3] Pasteur Edoh KOMI, entretien du 12 mars 2019.

de la garantie illimitée apportée par le Trésor français. Alors, la valeur du franc CFA passa à 1 euro pour 655, 954 franc CFA sous un régime de change fixe. Cette valeur resta invariable depuis 1999.

5- À Partir de 1999 à nos jours, on se pose la question de savoir quelle sera la valeur du franc CFA dans les années à venir ? Il est évident que la France reste toujours maîtresse de la situation, parce que son but a toujours été de contrôler cette partie de l'Afrique.

L'Afrique subsaharienne garde en mémoire la référence au franc français, alors que la France elle-même l'a abandonné. Des auteurs et intellectuels français, militants tiers-mondistes ou enquêteurs comme François-Xavier Verschaeve, remettent en cause le système de la "Françafrique". En Afrique, les jeunes générations (étudiants, intellectuels, journalistes, militants, victimes de la dévaluation de 1994, islamistes, candidats à l'émigration) appellent à remettre en cause cette relation. En Amérique du Nord et dans d'autres régions du monde, le franc CFA est perçu comme incongru. Le franc CFA est de plus en plus sur la sellette. Mais les différents gouvernements français ne veulent pas aller trop loin dans la réforme du franc CFA. Ils craignent que la place de la France dans cette partie de l'Afrique ne soit ainsi remise en cause d'autant que la "Chinafrique" et la coopération Russie-Afrique commencent à gagner du terrain dans beaucoup d'États africains. Actuellement, surtout depuis la présidence Macron, la France ne fait plus du maintien du franc CFA une priorité car il donne à la France une image négative dans le monde. En outre, la "bataille intellectuelle" est gagnée par les adversaires du franc CFA en Afrique, comme en France ou aux États-Unis, les réseaux sociaux et internet contribuant à diffuser leur analyse.

2- LES FAITS

La définition de la monnaie en termes de moyen de paiement généralement accepté indique sa fonction la plus importante : celle de moyen d'échange pour reprendre les expressions de Patrick LANG[1]. Dans le processus de la marche vers les indépendances, en principe organisé et piloté par les Africains eux-mêmes, on assiste à quelques remaniements opérés par la France pour avoir la mainmise sur les économies africaines et les décisions politiques. Les institutions d'émission devinrent des organismes publics à travers la création de deux instituts d'émission monétaire[2], l'un pour l'Afrique occidentale

[1] Patrick LANG, (2009). *Qu'est-ce que l'argent.* Paris, Librairie Philosophique, p.14.

[2] Le franc de l'Afrique équatoriale française est une unité de compte monétaire créée à partir de 1917 et remplacée en 1945 par le franc CFA.

française[1] (A.O.F) et l'autre pour l'Afrique équatoriale française[2] (A.E.F). Différents courants de pensée virent le jour au début des années 1960. Pour Nicoué L. GAYIBOR[3], « les malheurs de l'Afrique ont commencé à partir de 1960 dans la foulée des indépendances. Quand il s'est avéré que les pouvoirs coloniaux se sont sentis obligés d'accorder les indépendances, la France a ainsi mis au point un système pour garder ses prérogatives. On peut appeler le "pré carré" français qui n'a jamais disparu dans l'A.O.F et l'A.E.F. »

Pour lui, le général de Gaulle a été le véritable fossoyeur de l'Afrique francophone et a fait la distinction dans les pensions des soldats démobilisés entre ce qui est payé aux anciens combattants africains et à ceux de la métropole qui ont combattu en Afrique pour la France. Les anciens combattants africains n'ont pas bénéficié des mêmes droits que les Français. Certains chefs d'État, à l'instar de Sylvanus Olympio, concevaient déjà mal le sens d'une indépendance politique sans son volet économique. Il cherchait à se soustraire de la domination de Paris, qui voyait son économie pâtir si jamais l'initiative du Togo connaissait un succès, puisque d'autres États lui emboiteraient le pas. En effet, « l'union monétaire est le seul lien interafricain qui reste après l'éclatement des fédérations d'A.O.F et d'A.E.F. Pour Paris, elle représente un instrument utile pour sauvegarder l'influence française contre les tentatives d'infiltration des puissances étrangères[4]. »

Dans cette perspective, la création en 1955 de l'institut d'émission de l'Afrique équatoriale française et du Cameroun et celui de l'Afrique occidentale française et du Togo permirent à Paris d'avoir une mainmise sur les politiques monétaires[5]. À partir de 1959, ces deux instituts furent remplacés respectivement par la Banque centrale des États de l'Afrique centrale (B.E.A.C) et la Banque centrale des États de l'Afrique de l'Ouest (B.C.E.A.O), toutes placées sous la tutelle du Trésor français et avec leur siège à Paris. La zone monétaire est avant tout un espace géographique au sein duquel une monnaie commune circule. Il permet d'élaborer une politique

---

[1] L'AOF comprenait la Côte d'Ivoire, le Dahomey (actuel Bénin), la Guinée, la Haute Volta (actuel Burkina Faso), la Mauritanie, le Niger, le Sénégal et le Soudan Français (l'actuel Mali).

[2] L'AEF regroupait le Congo, le Gabon, l'Oubangui Chari (actuel République Centrafricaine) et le Tchad. Le Togo et le Cameroun étaient à l'époque des territoires sous tutelle des Nations-Unies. Les Comores et le Madagascar étaient administrés séparément.

[3] Nicoué L. GAYIBOR est un Professeur titulaire (historien) et ancien président de l'Université de Lomé à la retraite, entretien du 21 décembre 2020 au Centre numérique de la francophonie (C.N.F) de l'Université de Lomé.

[4] Guia MIGANI, (2008). *La France et l'Afrique sub-saharienne, 1957-1963 : histoire d'une décolonisation entre idéaux eurafricains et politique de puissance.* Bruxelles, P.I.E. Peter Lang, p.163-164.

[5] PIGEAUD et SYLLA, (2018). *L'arme invisible de la Françafrique : une histoire du franc CFA.* Paris, la Découverte, p.28.

monétaire à travers la convertibilité du franc CFA garantie par la France, d'une part et la libre transférabilité des capitaux, d'autre part[1]. Cette politique monétaire permet également une stabilité et un échange intra et extra communautaire entre les pays membres de la zone franc CFA. À ce propos, « l'homogénéité monétaire réduit également les risques de concurrence destructrice entre les États de la zone qui tentent d'attirer les agents du commerce transétatique. Le cas des rivalités Togo-Bénin l'illustre bien : seules les opportunités liées aux disparités fiscalo-douanières ou aux orientations politiques sont à même d'être instrumentalisées à l'intérieur de l'UEMOA[2]. » La relation franco-africaine date d'une époque lointaine. Elle est le fruit de différents accords entre la France et ses ex-colonies dont celui monétaire après les indépendances. « À la demande des partenaires africains, il est apparu que moderniser cette coopération était nécessaire. La nécessité de cette réforme a été mentionnée par le président de la République française dans son entretien avec le magazine *Jeune Afrique* en novembre 2020. Elle s'inscrit dans le prolongement de son discours à l'Université de Ouagadougou en novembre 2017 et a été rappelée lors du Nouveau Sommet Afrique-France en octobre 2021[3]. »

Ces différentes zones avaient une unité de compte : le franc des colonies françaises d'Afrique, d'où le franc de l'Afrique occidentale française et le franc de l'Afrique équatoriale française. Le franc de ces deux zones sera remplacé plus tard en 1945 par le franc CFA. Dans ces conditions, la France assurait l'entière convertibilité de la monnaie émise par les deux instituts d'émission, hier en franc français[4] (FF) et aujourd'hui en euro. En d'autres termes, le franc CFA devient, sous le contrôle français, un simple multiple ou sous-multiple du franc français.

Les pays membres de chaque zone sont tenus de créer un compte d'opération auprès du Trésor public français pour garantir la convertibilité du franc CFA en franc français. Ainsi, « le franc français devient la monnaie pivot du système et il s'échange à parité fixe avec les monnaies coloniales

[1] Avec ce principe de libre transférabilité, Bolloré ou n'importe quelle société française ou étrangère dans les ex-colonies françaises peuvent faire des bénéfices et les rapatrier le soir même via Air France vers Paris, sans qu'aucun contrôle de fiscalité ne leur soit appliqué.

[2] Daniel BACH, (1994), « Afrique de l'Ouest : organisation régionale, espaces nationaux et régionalisme transétatique ; les leçons d'un mythe », in CEAN, *L'Afrique politique vue sur la démocratisation à marée basse*. Paris, Karthala, p.105.

[3] Ministère de l'Europe et des Affaires étrangères, « la coopération monétaire entre l'Afrique et la France : le franc CFA », décembre 2021, https://www.diplomatie.gouv.fr/fr/dossiers-pays/afrique/la-cooperation-monetaire-entre-l-afrique-et-la-france-le-franc-cfa/#sommaire_2, consulté le 10 janvier 2023.

[4] Le franc français était une ancienne unité monétaire de la France avant son entrée dans la zone Euro en janvier 1999. Le franc est d'abord utilisé en France, puis par plusieurs pays, en l'occurrence les ex-colonies françaises d'Afrique.

dont les signes demeurent différents[1]. » De ce fait, la relation entre la France et ses colonies sur le plan monétaire paraît légitime[2] parce que la France était la métropole et son devoir était d'assurer la bonne gestion des colonies. En effet, avant le 1er janvier 1999, la France utilisait son ancienne unité monétaire : le franc français (FF). Cela lui permettait d'arrimer la convertibilité des monnaies de ses colonies à la sienne.

Dans cette logique, « les quatorze pays appartenant à la zone franc CFA disposent d'une monnaie stable qu'on échange librement. Mais depuis le 1er janvier 1999, la zone franc a disparu avec le franc français. Il n'est resté qu'une zone CFA (Coopération financière africaine) qui permet à la France de garantir la valeur d'une monnaie étrangère par rapport à l'Euro[3]. »

À partir de janvier 1999, la France quitte la zone franc français pour rentrer dans la zone euro, mais décide de maintenir la dépendance monétaire des pays de la zone franc d'Afrique. Depuis l'intégration de la France dans la zone euro, les ex-colonies sont arrimées à une parité fixe[4] avec l'euro par la Banque de France. Lorsqu'on est en régime de change flexible, le marché établit la valeur de la monnaie. Mais en régime de change fixe, la parité est fixe, comme c'est le cas du franc CFA. L'une des conséquences majeures d'une monnaie à parité fixe est le fait que cette monnaie soit dévaluée en temps de crise pour répondre aux critères et exigences du marché : le franc CFA l'a été en 1994 sur demande de la partie française en raison d'une crise financière. Sa valeur a alors chuté de 50 % par rapport au franc français.

Ainsi, « La France a cherché des moyens pour imposer cette dévaluation qui a conduit plusieurs pays à revoir leurs dépenses ainsi que leurs budgets. C'était une période de soudure pour les pays de la zone franc[5]. »

La question de la dévaluation du franc CFA n'avait pas fait l'unanimité. D'aucuns pensent que la France l'a imposée pour pouvoir acheter des produits africains à vil prix. Mais plusieurs spécialistes trouvent que cette dévaluation était inévitable à cause des déficits budgétaires enregistrés par les pays de la zone franc à partir des années 1990. « Si les déficits budgétaires au niveau de l'ensemble de la zone franc se sont réduits, ils se sont néanmoins creusés dans certains États, les dettes publiques ont progressé et certains pays ont accumulés des arriérés de paiement. Des mesures contribuant à résorber ces déséquilibres sont indispensables, et leur mise en œuvre urgente, pour

---

[1] Serges IKIEMI, (2010). *Le Franc CFA : D'où vient-il ? Où va-t-il ?* Paris, L'Harmattan, p.18.

[2] La convertibilité du Franc français (FF) en franc des colonies françaises (F CFA).

[3] Serges IKIEMI, (2010). *Le Franc CFA : D'où vient-il ? Où va-t-il ?* Paris, L'Harmattan, p.178.

[4] La valeur de ces monnaies par rapport à l'Euro ne change pas au jour le jour comme c'est le cas des monnaies soumises à un régime de change flottant sur le marché international. La parité est fixée : 1 Euro équivaut à 655,957 F CFA.

[5] Pasteur Edoh KOMI, entretien du 12 mars 2019.

renforcer la stabilité financière de la zone franc et contribuer à la convergence budgétaire nécessaire au bon fonctionnement des unions économiques et monétaires, en tenant compte de la situation sécuritaire des États[1]. » Yawovi AGBOYIBOR[2] estime que : « Les Africains ne jouissent pas des avantages liés à cette monnaie. Les dirigeants africains préfèrent protéger les intérêts de la France pour rester au pouvoir que d'aborder les questions monétaires. La France surveille les réactions de chaque chef d'État. Le franc CFA demeure au lendemain des indépendances une relique du passé colonial. »

Il faut ajouter que le Fonds monétaire international, qu'a dirigé de 1987 à 2000 le Français Michel Camdessus, a imposé alors à de nombreux pays du Sud des politiques de rigueur budgétaire et de lutte contre les déficits des finances publiques. Les différents membres de l'Union européenne se mettent aussi à revendiquer leurs parcelles de pouvoir dans le contrôle des pays africains de la zone franc (P.A.Z.F). À ce sujet, la déclaration de l'économiste allemand Théo RÖSH traduit clairement le clivage interne au sein de l'Union européenne : « L'Allemagne ne peut accepter que la monnaie africaine soit ancrée à l'Euro par le biais de la seule volonté française. Si l'Euro est bien la monnaie commune européenne, ses relations futures avec la zone franc devront résulter d'une décision commune des Européens[3]. »

Après les indépendances, la France a maintenu ses ex-colonies françaises sous le joug monétaire. À la suite de ce constat, on est en droit de se demander pourquoi la France maintient toujours cette partie du monde sous sa tutelle monétaire et aussi pourquoi les pays africains l'acceptent. Sur ce, Yawovi AGBOYIBOR trouve qu' « en aucun cas, le franc CFA ne peut aider au développement des pays qui l'utilisent, parce que c'est une monnaie coloniale. Le premier instrument de souveraineté d'un pays est sa monnaie. Tant qu'un pays n'a pas le pouvoir de contrôle sur sa monnaie, son indépendance politique n'a plus de sens. » Au moment des indépendances, les Français et les Britanniques adoptèrent deux méthodes différentes :

1- Les Britanniques ont demandé à leurs ex-colonies d'assumer complètement leurs indépendances. Ainsi, les pays nouvellement indépendants créèrent des systèmes de caisse d'émission appelés *Currency Board*. Quand un pays émet une monnaie nationale, il doit s'assurer d'avoir des devises proportionnelles à ses émissions et les conserver au Trésor britannique. Mais dans le cas du système français, c'est la France qui émet la monnaie nationale de ses ex-colonies. Pour ce faire, « le système CFA ne doit pas être confondu avec celui d'une caisse d'émission telle que la *currency*

---

[1] Banque de France, Réunion des ministres des Finances de la zone franc, Paris, le 8 octobre 2018.
[2] Feu Yawovi AGBOYIBOR, homme politique et ancien Premier ministre du Togo du 20 septembre 2006 au 6 décembre 2007, entretien du 22 avril 2018 à son domicile.
[3] Théo RÖSH, cité par la *Tribune* du mardi 16 juin 1998, p.26.

board où, en l'absence de convertibilité de la monnaie locale, les émissions monétaires sont entièrement fondées sur une ou plusieurs devises accumulées par la banque centrale. Un pays utilisant une caisse d'émission ne dispose d'aucune autonomie, tant en matière de change qu'en matière de politique monétaire[1]. »

Les Britanniques ont donc accordé à leurs anciennes colonies une indépendance à la fois politique et économique, ce qui a notamment permis à ces nouveaux pays de créer leur propre monnaie. En exemple, on peut citer entre autres, le Cedis pour le Ghana, le Naira pour le Nigeria, le Dalasi pour la Gambie. La relation qu'entretiennent les Britanniques avec leurs ex-colonies devient une relation bilatérale reposant sur un partenariat gagnant-gagnant. À cet effet, la Couronne doit s'assurer de disposer de devises conservées au Trésor britannique. Dans le cas du système français, quand un pays de la zone franc vend en dehors de la zone Euro, son compte d'opération est crédité et la France, à travers le Trésor français, détient le contrôle des autres devises car c'est elle qui assure l'entière convertibilité de ces devises en euro.

2- Les Français, quant à eux, ont adopté un système différent de celui des Britanniques. Après les indépendances, les anciennes colonies françaises continuaient par dépendre économiquement de la France à travers un jeu tripartite : une relation de l'U.E.M.O.A et de l'U.M.A.C[2] avec la Banque de France. Le Trésor français joue le rôle d'assureur de cette monnaie. Tout trouve son sens dans la loi-cadre du 23 juin 1956.

En effet, cette loi doit permettre aux populations d'outre-mer de participer étroitement à l'administration de leurs pays. Il n'est jamais question d'une autonomie totale pour les Africains. Le but de cette collaboration est l'expansion économique et le progrès social à travers le maintien du franc CFA. Il est également important de souligner que la participation des Britanniques dans les ex-colonies était limitée. En outre, « on croit que le gouvernement britannique participait aux frais administratifs et aux services publics de ses colonies. C'est une fiction. Chaque colonie établissait son budget à partir de ses impôts et revenus, et la première dépense engagée sur ces sommes visait à payer les fonctionnaires européens[3]. »

L'indépendance accordée par la France à ses anciennes colonies reste incomplète. Elle est arrachée dans d'autres pays comme le Togo[4] et obtenue

[1] Bruno TINEL, (2016), « Le fonctionnement et le rôle des comptes d'opérations entre la France et les pays africains » in Kako NUBUKPO et *al*, *Sortir l'Afrique de la servitude monétaire : à qui profite le franc CFA* ? Paris, La Dispute, p.114.

[2] Union monétaire de l'Afrique centrale.

[3] Kwame NKRUMAH, (1994). *L'Afrique doit s'unir*. Paris, Présence africaine, p.40.

[4] Le Togo a été pour la France un terrain d'expérimentation de sa politique extérieure en Afrique d'outre-mer car, déjà en 1956, le Togo a été le premier pays de

pour le reste des pays francophones d'Afrique. Après la proclamation de l'indépendance politique, la France avait promis d'accompagner les pays nouvellement indépendants sur le chemin de l'industrialisation afin de leur permettre de prendre leur propre envol, comme ce fut le cas des ex-colonies britanniques d'Afrique à l'instar du Ghana et du Nigéria[1]. Mais cela ne s'est pas concrétisé. Si les pays d'Afrique avaient été plus industrialisés, leurs entreprises seraient peut-être devenues des concurrentes des grandes entreprises françaises, voire européennes…

Ainsi, écrit René DUMONT en 1991, « les Africains ont perdu la maîtrise de leur destin et ils l'ont perdue au bénéfice de gens peu soucieux de leurs libertés, de leurs possibilités, de leurs besoins essentiels, de leurs vies et même de leur survie. Au bénéfice d'abord des dirigeants, j'en qualifierais certains de tyrans, malgré de grandes différences dans le degré de tyrannie[2]. » D'autres auteurs, comme Nicolas AGBOHOU[3], vont beaucoup plus loin pour expliquer les origines de cette monnaie en la comparant au « nazisme monétaire ». Ce dernier explique à lui tout seul tous les maux des pays francophones de l'Afrique subsaharienne. La formule est polémique : « La France, vaincue et conquise par l'Allemagne hitlérienne en mai 1940 vient de subir cinq années d'occupation nazie. Ce n'est pas une surprise si les Français créent le CFA en 1945, après l'occupation nazie. […] Les Français ont alors repris à leur compte cette méthode monétaire utilisée par les Alliés contre les Africains, de sorte que le franc CFA et la zone franc, c'est du nazisme monétaire[4]. »

Selon cet auteur, le processus de création de cette monnaie s'est déroulé ainsi : quand les Français ont été vaincus par les Allemands, ces derniers ont mis la main sur la France et ses différentes structures. Le franc CFA inventé par la France serait donc inspiré du nazisme monétaire dont elle a été victime pendant la Seconde Guerre mondiale[5]. L'auteur va plus loin et affirme que la

---

test du projet de Communauté du général de Gaulle avant la date officielle à la suite de son discours prononcé à Brazzaville en août 1958.

[1] Nicoué L. GAYIBOR, Professeur honoraire des Universités ; entretien du 21 décembre 2020 à Lomé.

[2] René DUMONT, (1991). *Démocratie pour l'Afrique : la longue marche de l'Afrique noire vers la liberté.* Paris, Seuil, vol.1, p.92.

[3] Nicolas AGBOHOU est actuellement professeur associé à l'institut Cheikh Anta Diop de l'Université de Dakar. Il enseigne les sciences et techniques économiques en France. Il est l'auteur de l'ouvrage *Le franc CFA et l'Euro contre l'Afrique*, Paris, Solidarité mondiale, 1999.

[4] https://www.youtube.com/watch?v=a_som8de4lY, consulté le 15 juin 2020.

[5] Au cours de ces périodes, les Allemands ont mis les Français au travail, certains furent déportés en Allemagne pour des travaux forcés. Certains immeubles existent aujourd'hui en France et en Allemagne comme des vestiges issus de ces travaux forcés.

France a mis en place des pays satellites[1]. La formulation de l'auteur peut être polémique, mais il convient de réfléchir au contexte particulier de la création du franc CFA.

Certains pays ont choisi, lors de l'indépendance ou après, de quitter la zone franc (la Tunisie, le Maroc, l'Algérie, la Guinée, la Mauritanie et le Madagascar). Le but est d'asseoir leur propre politique économique sur le plan monétaire. « Chaque pays est libre de quitter la zone franc de manière temporaire (comme l'a fait le Mali) ou définitive (comme la Guinée, la Mauritanie et Madagascar). La participation des pays membres repose sur des accords de coopération avec les Unions monétaires régionales[2]. » Après l'indépendance, Sylvanus OLYMPIO[3] comprit très vite qu'aucun développement du Togo ne serait possible avec le maintien de la monnaie héritée de la colonisation, c'est-à-dire le franc CFA. Il décida alors d'imprimer une monnaie nationale du Togo au détriment de celle qui était héritée de la colonisation française. Il fut assassiné le 13 janvier 1963, soit deux jours avant la rupture de l'accord franc CFA qui liait son pays à la France. À ce propos, Victor Komla ALIPUI affirme : « Je peux vous affirmer que Sylvanus OLYMPIO est assassiné à cause de son projet lié à la mise en place de sa propre monnaie. Son erreur c'est d'avoir négligé son aspect sécuritaire, vous pouvez croiser le chef de l'État à vélo n'importe où à Lomé s'il est de bonne humeur. La question monétaire des ex-colonies françaises d'Afrique est purement politique[4]. »

Ensuite, Modibo KEITA[5] a tenté en 1960 de sortir son pays, le Mali de la zone franc en battant sa propre monnaie. Ce dernier, conscient de l'importance de la situation et des enjeux auxquels il se serait confronté s'il acceptait cette monnaie coloniale, décida de la refuser et de battre sa propre monnaie ; ce qui amena le Mali à sortir de la zone en 1962. Son combat contre le franc CFA facilita cependant, sa chute. Dans cette logique, Modibo KEITA, premier président du Mali, affirma : « L'histoire nous enseigne que le pouvoir politique s'accompagne toujours et nécessairement du droit de battre sa monnaie, que le pouvoir est inséparable de la souveraineté nationale, qu'il en est le complément indispensable, l'attribut essentiel. Pouvoir politique et

[1] Un pays satellite est un pays qui, à l'intérieur est indépendant mais à l'extérieur dépend fondamentalement d'une puissance étrangère (la France dans notre contexte).
[2] Ministère de l'Europe et des Affaires étrangères, « la coopération monétaire entre l'Afrique et la France : le franc CFA », décembre 2021, https://www.diplomatie.gouv.fr/fr/dossiers-pays/afrique/la-cooperation-monetaire-entre-l-afrique-et-la-france-le-franc-cfa/#sommaire_2, consulté le 10 janvier 2023.
[3] Sylvanus Olympio est un homme politique togolais, premier président de la République togolaise d'avril 1958 au 13 janvier 1963, date de son assassinat.
[4] Entretien du 30 décembre 2020.
[5] Modibo Keïta est un homme politique malien. Il fut président de la République du Mali entre 1960 et 1968.

pouvoir monétaire ne sont donc, à dire vrai, que les aspects complémentaires d'une seule et même réalité : la souveraineté nationale[1]. »

Le constat fait par plusieurs chercheurs économistes, historiens africanistes et africains ou spécialistes de la géopolitique et de la géostratégie économique de l'Afrique établit que la relation franco-africaine a été un échec pour les pays africains. Sur le sujet, Jean-Paul GOURÉVITCH revisite cinq siècles de présence française sur le sol africain. Au terme de cette recherche, il conclut que l'aide à l'Afrique a été un échec. Elle n'a ni favorisé le décollage économique de l'Afrique, dont les habitants vivent sous le seuil de la pauvreté, ni ralenti l'immigration vers l'Europe. Pour lui, depuis les indépendances, aucun pays africain n'a connu une totale paix civile, alors que le continent africain ne manque ni de richesses, ni d'atouts pour son décollage industriel. Dans ce naufrage, constate-t-il, « le coût des produits manufacturés et du fret augmente plus vite que celui des produits agricoles, et certains parlent d'un ″pillage du tiers monde″[2]. »

Aujourd'hui, l'un des avantages du franc CFA pendant la crise sanitaire Covid-19 est qu'il assure une entière couverture sans risques des pays de la zone franc. En exemple, en 2020, pendant la crise sanitaire du Covid-19, cette monnaie a permis aux pays africains de la zone franc d'être plus ou moins épargnés de l'inflation qui frappait les marchés internationaux. Cette pandémie a engendré une chute spectaculaire des taux de change sur le marché international. Seuls les pays bénéficiant d'une monnaie à parité fixe ont échappé à cette chute : il s'agit surtout des pays de la zone franc CFA. Ces pays africains ont, en revanche, été confrontés aux différentes réalités liées à la crise sanitaire en matière de l'augmentation des prix des produits de première nécessité. « Les prix des produits ont flambé. Le savon dur qu'on achetait à 270 F CFA au prix d'en gros est actuellement à 500 F CFA l'unité toujours au prix d'en gros. Le bidon de 5L d'huile qu'on achetait à 3500 F CFA est actuellement à 6000 F CFA après avoir atteint 7000 F CFA entre-temps. Ce n'est que quelques exemples banals parmi tant d'autres. Je peux vous assurer qu'actuellement, nous vivons une autre dévaluation de 50 % de la monnaie CFA qui ne dit pas son nom. Il ne reste qu'à rendre cela officiel, car c'est une dévaluation pure et simple[3]. »

« Comme la plupart des pays d'Afrique subsaharienne (A.S.S), les pays de l'U.E.M.O.A, de la C.E.M.A.C. et l'Union des Comores, ont fait face à un fort

[1] *Extrait du discours du 30 Juin 1962.*

[2] Jean-Paul GOUREVITCH, (2004). *La France en Afrique : Cinq siècles de présence : vérités et mensonge*. Paris, Le Pré aux clercs, p.324.

[3] Information recueillie auprès de Monsieur MAMAN Halourou, Docteur en histoire contemporaine à l'Université de Lomé (Togo), entretien du 20 février 2023.

ralentissement économique en 2020, en lien avec la pandémie[1]. » Par contre, selon le rapport de 2021, « la plupart des pays d'A.S.S, les pays de l'Union économique et monétaire ouest-africaine (U.EM.O.A), de la Communauté économique et monétaire de l'Afrique centrale (C.E.M.A.C) et de l'Union des Comores ont vu leur croissance économique rebondir en 2021, après le fort ralentissement économique de l'année précédente[2] ». Dans certaines circonstances, le franc CFA montre qu'il pourrait être un instrument de développement pour les pays d'Afrique. Ainsi, « le Grand Sahel n'a pas été épargné par la crise en 2020, mais la récession enregistrée est restée relativement contenue (-1,4 %) près de deux fois moins forte que la moyenne africaine. Les quatre plus grandes économies de la zone (le Sénégal, le Burkina-Faso, le Mali et le Niger), qui représentent près des trois quarts du PIB total de la région, ont pu bénéficier notamment de la montée des cours de l'or (valeur refuge en période de crise et dont les cours affichent une hausse de près de 30% sur l'année 2020)[3]. »

En outre, il est possible que certains investissements français dans ces pays puissent porter fruit en fonction de la manière dont ils sont menés. Il convient donc de ne pas céder aux lectures manichéennes et définitives sur la question. Pour Yawovi AGBOYIBOR : « Quand la France est présente dans un pays africain, c'est d'abord pour ses intérêts. Ainsi donc, la présence des troupes françaises au Mali n'est pas une question de protection militaire mais de pillage des ressources minières telles que l'or. Dire aujourd'hui que la France protège ses ex-colonies, je dirai non[4]. »

La monnaie ne constitue pas seulement la source des maux dont souffre le continent, mais elle reste quand même un facteur dans le décollage économique. Il est donc moins important de trancher le débat sur l'aspect monétaire. En effet, « les causes profondes sont notamment à rechercher dans l'effondrement de l'État, le déclin économique, la culture de violence héritée de l'État colonial et la rareté ou l'abondance des ressources. Les causes secondaires seraient le chômage, le manque d'éducation, la disponibilité des armes, la faiblesse de la société civile. Les causes tertiaires proviendraient de

[1] Banque de France, « Coopérations monétaires Afrique-France : Rapport économique et financier 2020 sur la CEMAC, l'UEMOA et l'Union des Comores », p.13.

[2] Banque de France, « Coopérations monétaires Afrique-France : Rapport économique et financier 2021 sur la CEMAC, l'UEMOA et l'Union des Comores », p.13.

[3] COGUIC et OSMAN, (2021), « les grandes tendances macroéconomiques de l'Afrique et de ses régions », in AFD, *L'économie africaine 2021*. Paris, La Découverte, p.18.

[4] Entretien du 22 avril 2018.

débordements régionaux des conflits, de la faible consolidation de la paix qui entraine une reprise des hostilités [...][1]. »

Depuis sa création jusqu'aux années des indépendances, le franc CFA a été garanti par la France qui assume son entière convertibilité avec les autres monnaies. Elle joue également le rôle de sécurité rapprochée auprès de ses ex-colonies qui parfois évoquent la question de la souveraineté des États. On se demande aujourd'hui à qui profite réellement le franc CFA. Ceux qui contestent le franc CFA sont éloquents, ils écrivent beaucoup, mais cette monnaie se maintient toujours, ce qui veut dire qu'il y a des intérêts qui la soutiennent à la fois en France et en Afrique. Quel secteur profite du franc CFA en Afrique et lequel en France ? L'opposition de l'Afrique au franc CFA entrainerait son effondrement ou sa marginalisation sur les marchés économiques. Le fait qu'il perdure démontre qu'il bénéficie de soutiens importants en Afrique. Toutefois, loin de la capitale, à la campagne, les sensibilités peuvent être différentes, moins vives, moins intéressées par ce débat. Le franc CFA permet à Paris d'asseoir une forme de *soft control*[2] sur ses ex-colonies. Cela suppose que ces pays demeurent sous une double tutelle à la fois française et européenne.

De ce fait, N'Buéké GOEH-AKUE[3] s'interroge : « Comment peut-on évoluer si on n'a pas le contrôle de sa politique monétaire ? Le franc CFA n'est pas une bonne monnaie pour permettre un vrai développement des pays de la zone franc du moment où la France tient le contrôle et la gestion de cette monnaie. » À cet effet, DEMBELE trouve que « le pouvoir de battre sa monnaie est ainsi reconnu comme un attribut de la souveraineté d'un pays. Cela explique le fait que la création d'une monnaie nationale soit parmi les premiers actes d'affirmation de sa souveraineté par un pays qui conquiert sa liberté, soit pacifiquement, soit par force[4]. » La figure 1 ci-après présente la perception des avantages du franc CFA pour les pays utilisateurs.

---

[1] Mamoudou GAZIBO, (2006). *Introduction à la politique africaine*. Les Presses de l'Université de Montréal, p.116-117.

[2] Contrôle doux.

[3] Professeur titulaire (historien à la retraite) à l'Université de Lomé, entretien du 23 décembre 2020 à Lomé.

[4] Demba Moussa DEMBELE, (2016), « De la nécessité de la souveraineté monétaire dans les pays africains de la zone franc », in Kako Nubukpo, *sortir l'Afrique de la servitude monétaire : À qui profite le franc CFA* ? Paris, La Dispute, p.135.

Figure n° 1. Le franc CFA est-il un avantage pour les pays utilisateurs ?

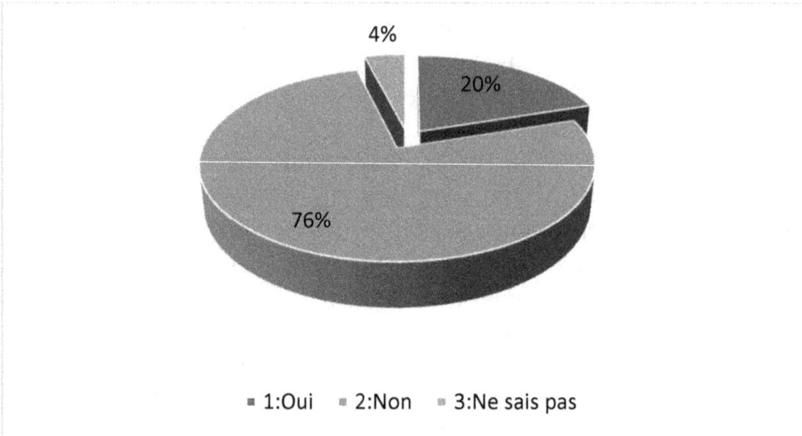

Source : Komi ABALO, d'après les résultats de nos travaux de terrain, 2018.

L'étude du graphique ci-dessus nous renseigne que 76% des 400 personnes enquêtées estiment que le franc CFA ne présente aucun avantage pour les pays africains et qu'il est devenu obsolète. Seulement 20% adhèrent à l'idée qu'il est avantageux et 4 % affirment ne pas savoir. Ce chiffre nous permet de comprendre ce que pensent les populations par rapport à cette monnaie. La figure 2 ci-dessous présente la participation des interrogés aux commandes à l'extérieur.

Figure n° 2. Articles commandés depuis l'extérieur en franc CFA

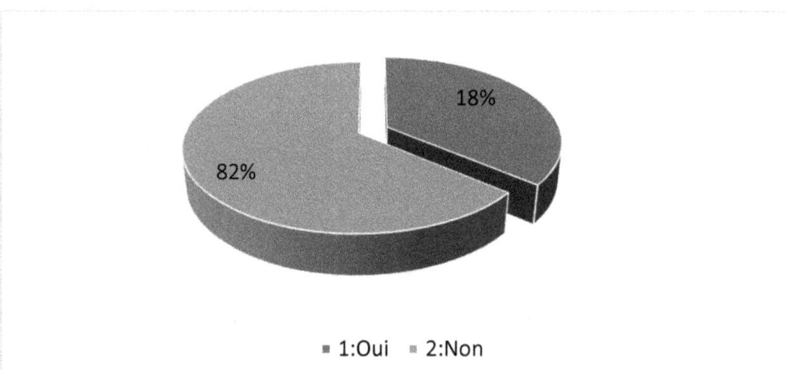

Source : Komi ABALO d'après les résultats de nos travaux de terrain, 2018.

D'après la figure n°2, 82% des personnes enquêtées affirment ne pas commander des articles à l'extérieur pour la simple raison que le coût des devises est trop élevé ; seulement 18% le font. Mais ceux qui commandent disent que le franc CFA ne les arrange pas, à cause de la dévaluation de 1994 qui a diminué considérablement sa valeur de 50% par rapport à l'Euro. D'autres encore préfèrent aller au Ghana situé à proximité pour commander les articles avec les devises du Ghana. Le franc CFA a un avenir à condition que la France sache que son rôle est de stabiliser la monnaie et de permettre la croissance de l'économie des pays de la zone franc et non la croissance de son pouvoir politique et militaire. La monnaie joue trois rôles fondamentaux : d'abord, elle est un instrument d'échange. Il convient de se demander si le franc CFA assume réellement ce rôle. Ensuite, elle est un étalon de mesure, c'est-à-dire qu'elle sert à compter. Enfin, elle est un instrument de réserve de valeur et de change.

De ce fait, « le système monétaire et bancaire des pays ouest-africains est calculé sur celui des anciennes puissances colonisatrices, France et Royaume-Uni. Ainsi, les termes qu'emploient les Banques centrales ou leurs autorités monétaires pour désigner la masse monétaire sont : "disponibilités monétaires" pour les pays francophones et "offre de monnaie" ou *Money Supply* pour les pays anglophones[1]. »

En clair, le franc CFA demeure un système de domination qui se caractérise par une grande capacité d'adaptation et de maîtrise, un système qui ressemble à un serpent faisant sa mue en permanence, comme le témoignent les encadrés 1, 2 et 3 relatifs aux textes fondateurs de la zone franc.

---

[1] Victor Komla ALIPUI, (2020). *Le rôle de la monnaie dans le développement économique et social de l'Ouest africain*, Paris, L'Harmattan, p.47.

ENCADRÉ 1 ; TEXTES RELATIFS À LA ZONE UEMOA

Accord de coopération entre la République française et les Républiques membres de l'Union monétaire ouest-africaine, Dakar, le 4 décembre 1973 :

https://www.banque-france.fr/eurosysteme-et-international/zone-franc/presentation-de-la-zone-franc/textes-relatifs-de-la-zone-franc/textes-relatifs-a-la-zone-uemoa/accord-de-cooperation-entre-la-republique-francaise-et-les-republiques-membres-de-lunion-monetaire-ouest-africaine.html

Traité de l'Union économique et monétaire ouest-africaine, 11 janvier 1994

https://www.banque-france.fr/fileadmin/user_upload/banque_de_france/Information_diverses/infoetlib/uemoa001.pdf

Statuts de la BCEAO

https://www.banque-france.fr/fileadmin/user_upload/banque_de_france/Eurosysteme_et_international/Statuts-BCEAO.pdf

ENCADRÉ 2 : TEXTES RELATIFS À LA ZONE CEMAC

Convention de coopération monétaire entre les États membres de la banque des États de l'Afrique centrale (BEAC) et la République française, Brazzaville, le 23 novembre 1972

https://www.banque-france.fr/eurosysteme-et-international/zone-franc/presentation-

de-la-zone-franc/textes-relatifs-de-la-zone-franc/textes-relatifs-a-la-zone-cemac/

convention-de-cooperation-monetaire-entre-les-etats-membres-de-la-banque-des-etatsde-

lafrique-centrale-beac-et-la-republique-francaise.html

Traité instituant la Communauté économique et monétaire de l'Afrique centrale,

N'Djamena, le 16 Mars 1994.

https://www.banque-france.fr/eurosysteme-et-international/zone-franc/presentation-dela-

zone-franc/textes-relatifs-de-la-zone-franc/textes-relatifs-a-la-zone-cemac/traite-instituant-

la-communaute-economique-et-monetaire-de-lafrique-centrale.html

ENCADRÉ 3 : TEXTES RELATIFS AUX COMORES

Accord de coopération monétaire entre la France et les Comores, 23 novembre 1979

*https://www.banque-france.fr/fileadmin/user_upload/banque_de_france/Eurosysteme_et_*

international/Accord-de-cooperation-monetaire-France-Comores-du-23-novembre-1979.pdf

Statuts de la banque Centrale des Comores

*https://www.banque-france.fr/fileadmin/user_upload/banque_de_france/Eurosysteme_et_*

international/Statuts-BCC.pdf

II. MÉCANISME DU FRANC CFA DANS LES INSTITUTIONS FINANCIÈRES EN AFRIQUE

Les trois banques centrales que sont la B.C.E.A.O, la B.E.A.C et la B.C.C ont chacune un conseil d'administration composé d'Africains et de Français. À quelques exceptions près, nombreux sont les pays de l'Afrique subsaharienne qui souffrent de l'instabilité politique, économique et sociale. Selon le FMI, l'Afrique subsaharienne est une planète, deux mondes et trois réalités où la solidarité et la coopération internationale demeurent indispensables, non seulement sur le plan de la vaccination, mais aussi pour s'attaquer à d'autres problèmes préoccupants à l'échelle mondiale, à l'instar des changements climatiques[1]. Ainsi, « mises à part la réglementation uniforme des changes pour les relations de tous les pays de la zone avec les pays tiers et la contribution française à la définition des règles de gestion monétaire figurant dans les statuts des Banques centrales, la coordination des politiques monétaires entre les Unions monétaires et la France passe également par la participation française à la gestion des monnaies[2] ».

En clair, cette garantie met les pays de la zone franc à l'abri des inconvénients par la parité fixe du franc CFA à l'Euro. Tous ces avantages n'ont pas pu empêcher la dévaluation de cette monnaie en 1994. Les conséquences de cette dévaluation se ressentent toujours dans les pays de la zone franc. « La coordination économique de la zone franc n'a pas pu être assurée dans le passé de manière efficace parce que les représentants qualifiés des pays d'outre-mer ne pouvaient pas valablement plaider le dossier de leur territoire auprès des instances supérieures de la France métropolitaines[3]. »

1- CAS DE LA B.C.E.A.O

La Banque centrale des États de l'Afrique de l'Ouest (B.C.E.A.O) est un établissement public international dont le siège est fixé à Dakar, au Sénégal à partir de 1959. Elle est l'Institut d'émission commun aux États membres de l'Union monétaire ouest africaine (U.M.O.A), comme le présente la carte n°1. Pour DIETSCH, CLAVEAU et FONTAN[4], « une banque centrale se caractérise par le monopole qu'elle exerce sur l'émission de la monnaie ayant cours légal. Elle n'est pas la seule institution à « créer de l'argent » - en fait,

---

[1] FMI, communiqué de presse n° 21/306 du 21 octobre 2021, consulté le 5 décembre 2021.

[2] DELAGE et MASSIERA, (2000). *Le franc CFA : Bilan et perspectives*. Paris, L'Harmattan, p.31.

[3] Archive nationale du Bénin, « le contrôle des changes et du commerce extérieur dans la zone franc », dossier du 5 et 20 juillet 1959, série Q traitant des affaires économiques n° XLVI,1,2, p.16.

[4] Peter DIETSCH, François CLAVEAU et Clément FONTAN, (2019). *Les banques centrales servent-elles nos intérêts ?* », Paris, Raison d'agir, 126 pages.

les banques commerciales sont aujourd'hui les principales créatrices d'argent-, mais l'argent créé par une banque centrale a un statut particulier : il constitue la forme ultime de règlement entre les agents économiques[1]. »

Carte n° 1. Les huit pays de la C.E.D.E.A.O membres de la zone franc

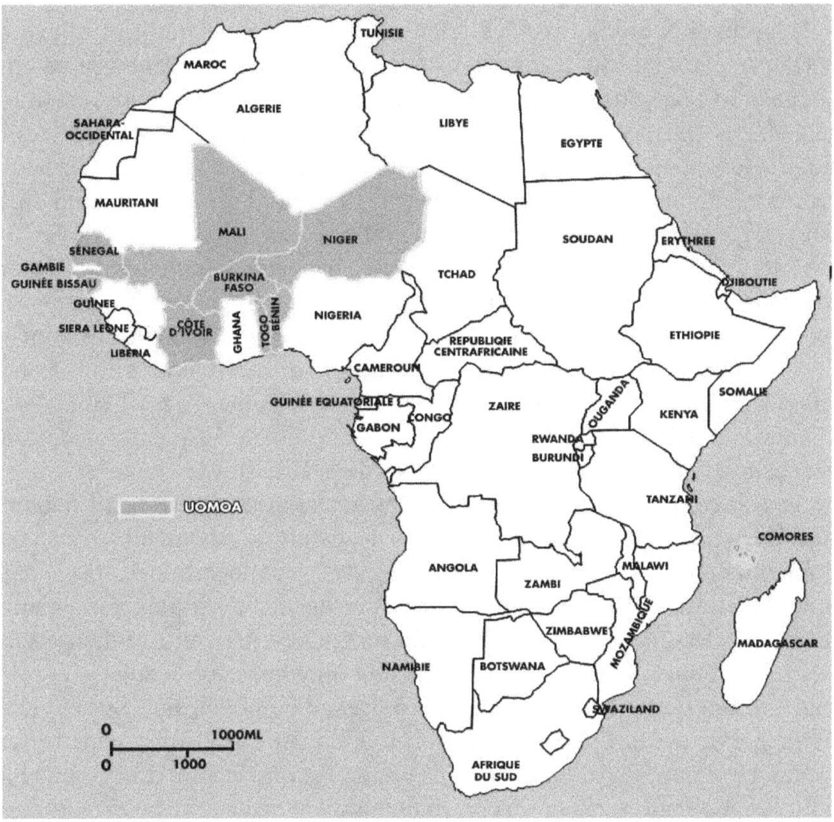

Source : Komi ABALO, à partir du recoupement des informations.

Outre la centralisation des réserves de devises de la B.C.E.A.O, elle a pour missions principales de :

- émettre la monnaie ;
- gérer la politique monétaire ;
- organiser et surveiller l'activité bancaire ainsi que l'assistance aux États membres.

À l'origine, c'était la « Banque du Sénégal » qui était devenue avec le temps l'Institut d'émission de l'Afrique occidentale française et du Togo entre 1955 et 1959. Dans cette perspective, « le premier objectif du marché monétaire est de mettre à la disposition des participants un cadre adéquat pour

[1] *Ibid.*, p.13.

échanger des liquidités à des conditions librement débattues. Le marché interbancaire représente la première source de fonds pour les banques avant de recourir aux concours de la Banque centrale. Son rôle est d'assurer la répartition des liquidités excédentaires d'abord à l'intérieur de chaque pays et ensuite, par le biais d'opérations transnationales, à l'intérieur de la zone B.E.A.C[1]. »

L'accès aux crédits par les populations est très restreint et relève d'un véritable parcours du combattant. Les banques n'accordent généralement, aucun crédit de consommation aux ménages démunis ; les seules institutions financières qui peuvent intervenir dans ce cas sont les microfinances[2]. La B.C.E.A.O a un conseil d'administration constitué de deux (2) personnes représentant chacun des huit pays membres. Deux Français ayant un droit de véto siègent dans ce conseil d'administration.

Par ailleurs, « la gravité de la crise bancaire a conduit les autorités monétaires à réviser le système de contrôle des banques assuré jusque-là de façon imparfaite par les banques centrales en raison de la tutelle des ministères des Finances. À cet effet, la création d'une commission bancaire supranationale a été décidée en 1990 pour chaque zone d'émission. La Commission bancaire de l'U.M.O.A, qui comprend 18 membres dont deux Français, est présidée par le Gouverneur de la B.C.E.A.O[3]. »

Dans ce conseil d'administration, les décisions sont prises à l'unanimité. Ainsi, les décisions « doivent recueillir l'unanimité des membres du conseil d'administration[4]. » La validation des délibérations du conseil d'administration est subordonnée à la présence d'au moins deux tiers des membres (18x2/3=12). Bien que majoritaires, les Africains seuls ne peuvent pas prendre une décision, même s'ils sont unanimes sur le sujet à l'ordre du jour ; il faut donc obligatoirement la présence des Français[5]. Sur ce, la non-participation de la France au conseil d'administration suffit pour briser un projet. Un exemple l'illustre bien : le cas de la construction d'un marché local pour les populations rurales. À partir du moment où ce projet n'est pas accepté par les Français membres du Conseil d'administration, ce marché ne verra jamais le jour. Ainsi, « tant que le gouvernement d'un pays sous-développé reste entre les mains d'administrateurs coloniaux, l'économie est dirigée au mieux des intérêts non pas des autochtones, mais des citoyens du pays

---

[1] JM. PARMENTIER et R. TENCONI, (1996). *Zone franc en Afrique : Fin d'une ère ou renaissance* ? Paris, L'Harmattan, p.191.

[2] C'est un moyen d'épargne en commun dont l'intégralité bénéficie et permet d'allouer des crédits aux participants, sous des formes parfois non financières avec la mise en gage des biens immobiliers et/ou du bétail.

[3] JM. Parmentier et R. TENCONI, (1996). *Zone franc en Afrique : Fin d'une ère ou renaissance* ? Paris, L'Harmattan, p.29.

[4] Statuts de la BCEAO, Article 51.

[5] Article 82 et 83 des statuts de la BCEAO.

colonisateur. Une amélioration du niveau de vie de la masse du peuple est impensable tant que le pouvoir politique n'est pas passé dans ses mains[1]. »

Officieusement, la France exerce un contrôle plus ou moins important sur certains d'entre eux. En effet, la garantie illimitée par la France justifie et légitime son intervention directe dans la gestion de l'économie africaine à travers sa représentation dans les instances supérieures de décision et de contrôle des Banques centrales d'Afrique et des Comores. La France dispose et exerce son droit de veto sur toutes les décisions prises lors des Assemblées générales (AG) et conseils d'administration. Sa décision prime sur le point de vue des représentants africains, même si ces derniers émettent des réserves. Pour certains auteurs, à l'instar de Nicolas AGBOHOU, la responsabilité du retard des pays de la zone franc revient au premier magistrat de chaque État membre pour son refus d'associer l'indépendance politique à l'indépendance économique. Dans cet ordre d'idées, « les dirigeants africains sont aujourd'hui, responsables de la misère socio-économique de leurs pays parce qu'ils prétendent être indépendants politiquement et, curieusement, ils refusent d'assumer les conséquences logiques de cette autonomie qui exige le rejet total de toute tutelle monétaire et économique ! Si les premiers leaders africains pouvaient trouver une excuse dans leur ignorance des problèmes monétaires dans les années 1950, il ne peut en être de même pour les Chefs d'État africains actuels[2]. »

Pour cet auteur, il est clair que la France ne poursuivait pas un but humanitaire en s'implantant en Afrique à travers ses différentes sociétés. Son objectif à travers les accords de coopération est de poursuivre la prédation de l'Afrique. Aujourd'hui, les ex-colonies britanniques d'Afrique sont plus avancés que celles de l'Afrique francophone sur le plan politique, économique et social. Dans cette même veine, l'ancien premier ministre du Togo Me Yawovi AGBOYIBOR reste un peu dubitatif : « Les chefs d'État sont déterminés par rapport à leur peuple, et que cette politique plaise aux autorités françaises ou pas, il faut se taire. Les Africains n'ont pas réellement de contrôle sur les avantages liés à cette monnaie. Les dirigeants africains préfèrent protéger les intérêts de la France pour rester au pouvoir que de parler de la question monétaire. Le Togo est une goutte d'eau dans ce combat ; ceux qui ont tenté de se révolter contre la France sont écartés du jeu politique. La France surveille les positions de chaque chef d'État africain sur ce sujet[3]. »

Aujourd'hui, très peu de chefs d'État africain se préoccupent de ce problème monétaire qui, non seulement fait partie des reliquats de problèmes

---

[1] Kwame Nkrumah, (1994). *L'Afrique doit s'unir*. Paris, Présence africaine, p.72.

[2] Nicolas AGBOHOU, (1999). *Le franc CFA et l'euro contre l'Afrique : pour une monnaie africaine et de la coopération Sud-Sud*. Paris, Solidarité mondiale A. S., p.42.

[3] Entretien du 22 avril 2018.

coloniaux, mais continue de les aliéner économiquement, faisant d'eux de véritables sous-préfets de Paris qui décide de celui à qui attribuer la gestion des territoires de son pré-carré. Dans cette même optique, MIGANI affirme que « la France estime qu'il n'est pas possible d'accorder aux États associés un régime plus favorable que le régime d'avant l'indépendance. Une telle décision aurait des conséquences fâcheuses sur les relations eurafricaines[1]. »

2- CAS DE LA B.E.A.C

La Banque des États de l'Afrique centrale (BEAC) est l'institution d'émission des six États membres de la Communauté économique et monétaire de l'Afrique centrale (C.E.M.A.C), cf. la carte n° 2. « La Banque des États de l'Afrique Centrale prévue à l'article 3 est un établissement multinational africain, à la gestion et au contrôle duquel participe la France en contrepartie de la garantie qu'elle apporte à sa monnaie[2]. »

---

[1] Guia MIGANI, (2008). *La France et l'Afrique sub-saharienne, 1957-1963 : histoire d'une décolonisation entre idéaux eurafricains et politique de puissance.* Bruxelles, P.I.E. Peter Lang, p.224.

[2] Banque de France, Article 7 de la Convention de coopération monétaire entre les États membres de la banque des États de l'Afrique centrale (B.E.A.C) et la République Française, https://www.tresor.economie.gouv.fr/Institutionnel/Niveau3/Pages/a7297dab-a192-44f4-85f9-ab11bc539fea/files/a1788f5f-8b97-415d-af60-db317f6a8d21, consulté le 11 février 2023.

Carte n° 2. Les six pays de la C.E.M.A.C membres de la zone franc

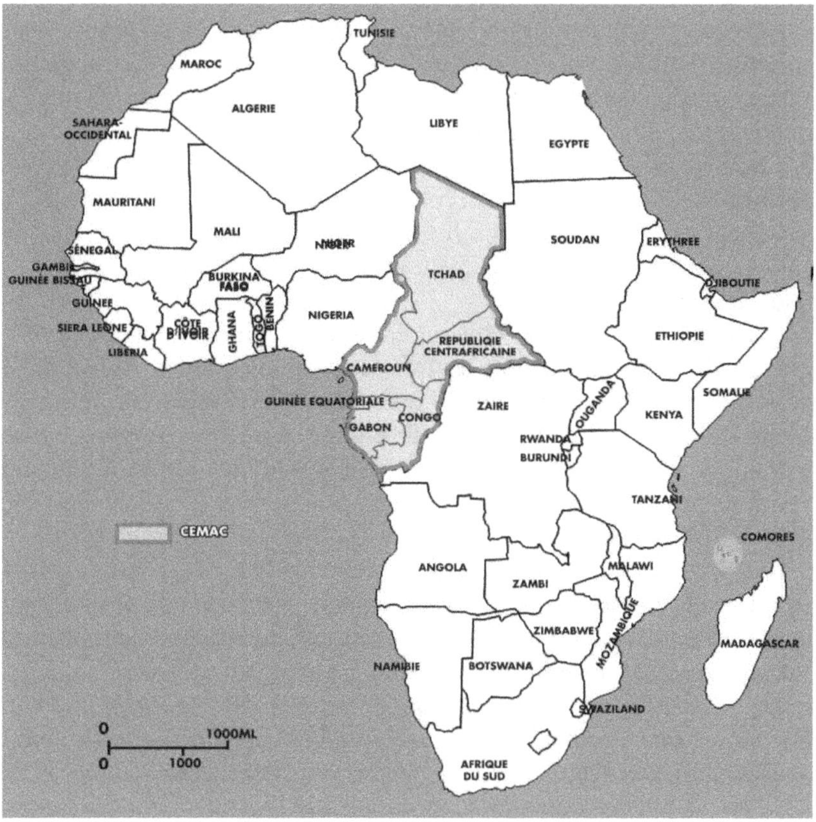

Source : Komi ABALO, à partir de recoupement des informations.

Elle a été créée par la convention de coopération monétaire signée à Brazzaville les 22 et 23 novembre 1972, respectivement entre les cinq États fondateurs (Cameroun, République centrafricaine, Congo, Gabon, Tchad) et entre ceux-ci et la France. La Guinée équatoriale fera son entrée au sein de la zone en 1985. « L'objectif de la B.E.A.C. est de garantir la stabilité de la monnaie. Sans préjudice de cet objectif, la B.E.A.C. apporte son soutien aux politiques économiques générales élaborées dans les États membres de l'Union monétaire[1]. » La Banque émet la monnaie de l'union et garantit sa stabilité. « La Banque de France communiquera trimestriellement à la B.E.A.C le montant des achats et des ventes de devises étrangères effectués

[1] Banque de France, Article 21 de la Convention régissant l'Union monétaire de l'Afrique centrale à la France, https://www.banque-france.fr/sites/default/files/media/2016/11/02/umac.pdf, consulté le 11 février 2023.

en France par les intermédiaires agréés pour le compte de chacun des États membres[1]. » La Banque a pour mission d'émettre la monnaie et d'assurer le bien-être de la population, de définir et de conduire la politique monétaire applicable dans les pays membres de l'Union, de conduire les opérations de change, de détenir et de gérer les réserves de change des pays membres et de promouvoir le bon fonctionnement du système des paiements. Le Gouverneur de la Banque est nommé par la Conférence des Chefs d'État de la C.E.M.A.C. La durée de son mandat est de sept ans non renouvelables. La France assure la transparence et la convertibilité illimitée du franc CFA par le biais des comptes d'opération des pays membres de l'espace monétaire. Dans cette logique,
« La convention de compte courant entre la Banque de France et la Banque des États de l'Afrique centrale est une convention purement monétaire tandis que la convention des comptes d'opérations entre le Trésor français et la Banque des États de l'Afrique centrale est une anomalie, une entorse française au droit monétaire. De la sorte, par le mécanisme des comptes d'opérations, la périphérie continuera perpétuellement à nourrir et à enrichir le centre de toutes ses richesses[2]. »

Tout comme une administration publique, la B.E.A.C possède un Conseil d'administration composé de 14 administrateurs à raison de deux (2) par État membre et de deux (2) Français. Les décisions du Conseil d'administration ne sont valables que lorsque chaque État membre et au moins un des deux Français assistent à la séance[3]. Partant de cette étude, la politique de la chaise vide par les deux Français suffit pour que le conseil d'administration ne se réunisse, d'où l'échec dans la prise de certaines décisions. Sur ce, le conseil « délibère valablement lorsqu'au moins un administrateur par État membre et un administrateur Français sont présents ou représentés[4]. » L'examen précédant les institutions de la zone franc a montré la place qu'occupe la France dans la gestion et le contrôle du franc CFA en Afrique. L'Afrique noire francophone, par cette convention, aliène donc, de fait, sa souveraineté monétaire et fait face à une forme de « recolonisation » que beaucoup considèrent comme du « néocolonialisme ». Le contrôle de cette monnaie par

[1] Banque de France, Article 13 de la Convention de coopération monétaire entre les États membres de la banque des États de l'Afrique centrale (BEAC) et la République Française, https://www.tresor.economie.gouv.fr/Institutionnel/Niveau3/Pages/a7297dab-a192-44f4-85f9-ab11bc539fea/files/a1788f5f-8b97-415d-af60-db317f6a8d21, consulté le 11 février 2023.

[2] Dominique KOUNKOU, (2008). *Monnaie africaine : La question de la zone franc en Afrique centrale*. Paris, L'Harmattan, p.83-84.

[3] Article 29 et 31 des statuts de la B.E.A.C.

[4] Statuts de la Convention de coopération monétaire entre les pays de la BEAC et la France, Article 38.

la France empêche un vrai décollage de ces pays et limite surtout la concurrence des matières premières dont la France est le premier acheteur.

Dans cette logique, « il faut noter que Paris a depuis longtemps un censeur au sein des comités monétaires nationaux de la B.E.C. sans que cela ait empêché, au Cameroun comme au Congo, les abus du crédit dévoyé vers des personnalités politiques ou affecté à des projets douteux. Tant que les réserves internationales de la B.E.A.C étaient suffisantes, le censeur, sur ordre de Paris, ne se croyait pas en droit de relever la mauvaise gestion de ressources monétaires employées de façon discutable[1]. » De l'analyse de ces lignes, on constate que les ministres des Finances représentent la France. Du côté africain, c'est plutôt le président du conseil de la B.E.A.C qui assure le poste de Gouverneur. Cela étant, les enjeux de ce compte d'opération auront un intérêt particulier pour la France. « Les ministres des Finances, les présidents des institutions régionales et les gouverneurs des banques centrales ont souligné la nécessité de poursuivre la mise en œuvre des mesures permettant de renforcer l'intégration régionale, facteur de résilience et de solidarité des États de la zone franc, face aux chocs exogènes, dans un contexte sécuritaire régional difficile et un environnement économique international incertain[2]. »

Gérard KEBABDJIAN[3] dans son ouvrage analyse les comportements économiques des grandes puissances face aux pays du Sud. Pour lui, il faut retenir que l'économie politique internationale s'est en effet développée à partir des années 1970 avec un triple objet :

1- Appliquer la méthode de l'analyse économique pour expliquer le comportement des acteurs politiques (les États) dans les relations internationales ;
2- Montrer comment la confrontation des stratégies d'un État et des demandes émanent des groupes de pression nationaux, ce qui conduit à formuler des politiques extérieures en matière de protection, de libre-échange, de régime de change ;
3- Expliquer pourquoi et comment se constitue une organisation des relations économiques internationales, c'est-à-dire un ensemble de règles, de normes, de procédures et d'institutions qui réalisent une forme d'ordre politique internationale.

En effet, un quatrième point que nous avons jugé utile d'intégrer à celui de l'auteur est la domination de certains peuples. L'Afrique servira de vaste marché de consommation conquis et gardé pour écouler le surplus des produits

---

[1] Olivier VALLÉE, (1989). *Le prix de l'argent CFA : Heurs et malheurs de la zone franc*. Paris, Karthala, p.7.

[2] Banque de France, Réunion des ministres des Finances de la Zonz franc, Paris le 11 octobre 2019.

[3] Gérard KEBABDJIAN, (1999). *Les théories de l'économie politique internationale*. Paris, Éditions du Seuil, 308 pages.

industriels afin que n'émerge pas l'idée d'une industrialisation. Dans cette logique, l'économie africaine serait une économie extravertie par le libre-échange avec l'Europe mais son seul partenaire demeure la France. Ainsi,

« Pour les théoriciens de la dépendance, le système mondial est stratifié par la logique du capital entre, d'un côté, les pays du "centre" qui bénéficient d'une croissance élevée du fait de l'échange inégal avec les sous-développés, et de l'autre côté, le groupe des pays qui forment la "périphérie" du capitalisme mondial (tiers-monde ou "capitalisme périphérique") et où le développement se trouve inhibé en raison du rapport de dépendance généré par la soumission du "marché mondial"[1]. »

Cette forme de gérance de la politique monétaire des pays de la zone franc peut avoir de lourdes conséquences sur l'économie des pays africains : la pauvreté avec pour corollaire le sous-développement qui accentue les phénomènes migratoires à la fois entre les pays du Sud, mais beaucoup plus vers les pays du Nord. De ce fait, « quoi qu'en disent les zélateurs de la zone franc, on constate que la Chine de Mao Tsé Toung n'a pas besoin des garanties monétaires étrangères pour asseoir solidement les bases réelles du développement socio-économique dont le plein épanouissement fait actuellement de ce pays le centre d'attraction des capitaux des pays occidentaux, malgré l'inconvertibilité de sa monnaie (le Yuan)[2]. »

À travers ces lignes, on peut comprendre que garantir sa monnaie par une puissance étrangère ne permet pas forcément un décollage économique et surtout un développement industriel, d'où la nécessité pour les pays de la zone franc de rompre ce cordon ombilical qui les lie à la France. La B.C.E.A.O et la B.E.A.C ne sont pas vraiment les équivalents d'une Banque centrale gérant un espace monétaire, comme l'est la Banque européenne vis-à-vis de l'Euro par exemple. En réalité, ces deux instituts dits « Banques centrales » n'ont pas l'indépendance d'une banque centrale. Elles relèvent toutes deux de la Banque de France ; elles ont un compte à la Banque de France avec les principes des Comptes d'opération. « Tous les pays de la C.E.M.A.C ont accumulé des arriérés extérieurs ou intérieurs en 2017 en raison des difficultés budgétaires et de trésorerie induite par la dégradation de la situation macroéconomique. Aux Comores, des arriérés sur le service de la dette extérieure ont également été observés en 2017[3]. »

---

[1] *Ibid.* p.29.

[2] Nicolas AGBOHOU, (1999). *Le franc CFA et l'euro contre l'Afrique : pour une monnaie africaine et de la coopération Sud-Sud.* Paris, Solidarité mondiale A. S., p.50.

[3] Banque de France, Réunion des ministres des Finances de la zone franc, Paris, le 8 octobre 2018.

D'après N'buéké GOEH-AKUE[1], « l'économie de traite explique tout de cette relation entre la France et ses ex-colonies. La France importe prioritairement les matières premières de ses ex-colonies et exporte les produits finis. Les ex-colonies étaient obligées d'acheter les produits français et ont l'interdiction d'acheter les produits des autres zones. On peut également vendre hors zone euro mais on nous paie dans d'autres devises. Celles-ci doivent nécessairement passer par la France, ce qui amène à la création d'un Compte d'opération. Nous sommes tenus donc de rapporter des devises à la France, c'est triste. »

3- CAS DE LA B.C.C

La Banque centrale des Comores (B.C.C) est un établissement public français chargé de l'émission monétaire dans les collectivités d'outre-mer du Pacifique ayant pour monnaie le franc pacifique (confer la carte n° 3). Cette monnaie est légèrement, en termes de valeur, différente du franc CFA[2]. L'Institut d'émission d'outre-mer est créé le 22 décembre 1966.

---

[1] Professeur titulaire (historien à la retraite) à l'Université de Lomé, entretien du 23 décembre 2020 à Lomé.

[2] Le franc comorien est différent du franc CFA par sa parité avec l'Euro et la centralisation des réserves de change auprès du Trésor français. En effet, 1 Euro = 655,957 CFA pour les pays de la zone franc CFA alors que 1 Euro = 491, 96775 FC pour les Comores. L'obligation de centralisation des réserves de change des banques centrales auprès du Trésor français est passée de 65% à 50 % pour la Banque centrale de l'Afrique de l'Ouest en 2005 et pour la Banque des États de l'Afrique centrale en 2007. Elle a, en revanche, été maintenue à 65% pour la Banque centrale des Comores.

Carte n° 3. La République Islamique des Comores membre de la zone franc

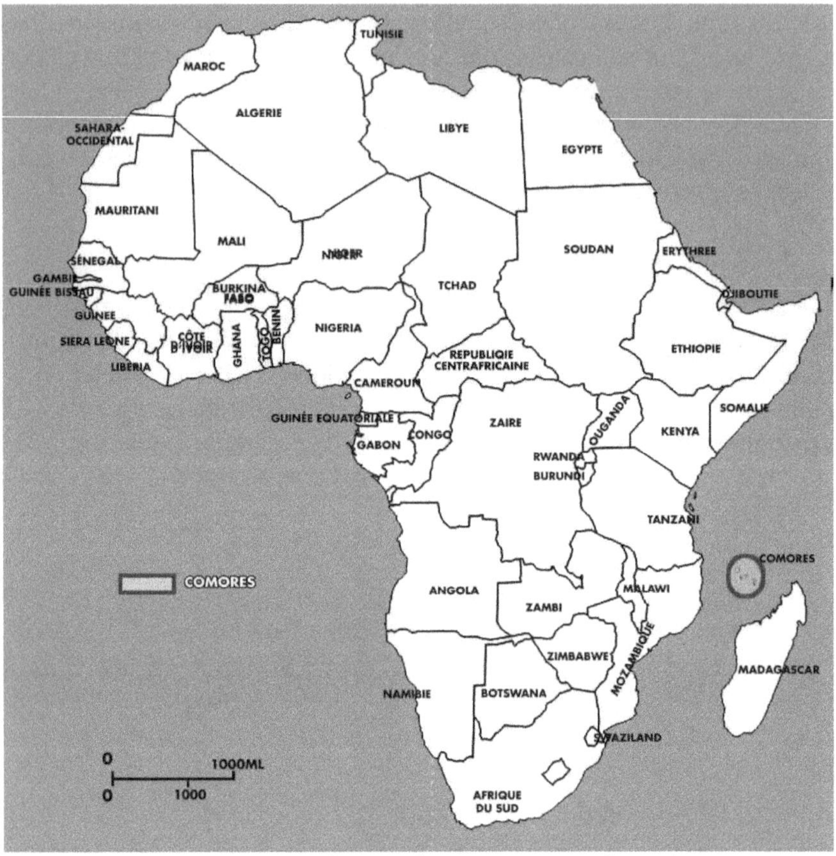

Source : Komi ABALO, d'après le recoupement des informations.

Les missions de l'Institut d'émission d'outre-Mer (I.E.O.M) sont diverses : des missions de banque centrale, de service public, et des services d'intérêt général rendus à la collectivité. La Banque centrale des Comores est présidée par le gouverneur de la Banque de France. Le conseil d'administration est composé de huit membres, c'est-à-dire quatre (4) administrateurs africains et quatre (4) administrateurs français, les décisions devant être adoptées à la majorité absolue des membres du conseil d'administration. Le conseil d'administration « délibère valablement lorsque au moins six de ses membres sont présents ou représentés. Les délibérations doivent être adoptées par au moins six des membres présents ou représentés[1]. » Sachant que le conseil d'administration comorien est composé de quatre Français et de quatre

[1] Statuts de la BCC des Comores, Titre III, Article 38.

Africains, aucune décision n'est valable sans l'accord des Français qui y siègent.

Les Africains seuls ne sont pas capables de prendre les décisions ; même s'ils atteignent les deux tiers, le principe de l'unanimité reste de mise[1]. Pour que le conseil d'administration se réunisse, il faut au minimum 6 administrateurs ; si le point inscrit à l'ordre du jour n'intéresse pas les Français, il leur suffit de faire la « politique de la chaise vide » et le conseil d'administration ne siègera plus. Leur abstention aux votes entraîne automatiquement la non-adoption de la résolution. Ainsi,

« En général, toute Banque Centrale est un établissement public. Il en résulte que la France [...] gère le franc CFA, influence directement le niveau de vie moyen imposé aux Africains francophones utilisant sa sous-monnaie. Contrairement à d'autres anciennes colonies, la plupart des pays africains, après avoir acquis l'indépendance politique, renoncent, de fait, à celle-ci par le rejet de leur souveraineté monétaire sans laquelle aucun développement socio-économique harmonieux et durable ne peut être envisagé[2]. » L'auteur montre l'importance de la monnaie au cœur d'un État si seulement la décision de le faire appartenait aux Africains. Aujourd'hui, on parle de développement dans les pays en voie de développement (les pays africains, en l'occurrence), le raisonnement étant en lien avec la croissance économique.

Plus loin, il rajoute : « L'omniprésence de la France dans les différents centres de décisions stratégiques des PAZF en est une autre illustration de domination par le pouvoir monétaire. D'ailleurs, les premiers dirigeants de la France n'ont jamais contesté ce rôle éminemment politique de la monnaie[3]. » Pour certains auteurs, tel François-Xavier VERSCHAVE, la France n'avait pas pour objectif de libérer politiquement et économiquement ses ex-colonies. Le but était de leur accorder l'indépendance politique, tout en les maintenant dans la dépendance monétaire à travers le franc CFA. L'indépendance accordée aux pays africains peut être considérée comme « un iceberg » dont la face émergée est l'indépendance politique, mais la face cachée, c'est-à-dire le contrôle de la monnaie des anciennes colonies étant l'apanage de Paris.

Ndongo Samba SYLLA[4] défend une thèse sur quatre principes qui démontre que cette monnaie fait plutôt le bonheur de la France que celui des Africains :

---

[1] Article 34 et 38, Titre III de l'Accord de coopération monétaire entre la République Française et la République islamique des Comores.

[2] Nicolas AGBOHOU, (1999). *Le franc CFA et l'euro contre l'Afrique : pour une monnaie africaine et de la coopération Sud-Sud.* Paris, Solidarité mondiale A. S., p.25-126.

[3] *Ibid.* p.147-148.

[4] Ndongo Samba SYLLA, (2016), « Émerger avec le franc CFA ou émerger du franc CFA », in Kako NUBUKPO et *al, Sortir l'Afrique de la servitude monétaire : À qui profite le franc CFA* ? Paris, La Dispute, p.161.

1- Premièrement, le franc CFA est une monnaie pour le pire, car la majorité des pays qui la partagent n'ont eu durant ces cinquante dernières années que des performances économiques faibles et en dessous de la moyenne africaine ;
2- Deuxièmement, le franc CFA est une monnaie coloniale dont la finalité principale a toujours été de faciliter l'extraction du surplus économique de l'Afrique vers l'étranger, ce qui explique l'ampleur extraordinaire des transferts de profits et des flux financiers illicites qui continuent de saigner la zone franc ;
3- Troisièmement, le franc CFA est une monnaie dysfonctionnelle dont la combinaison avec les autres outils de politique économique donne la recette d'un cocktail économique mortifère ;
4- Quatrièmement, si le franc CFA a pu perdurer malgré son échec manifeste à susciter le développement, c'est parce qu'il est aussi le nom d'un système structuré de répression politique.

L'aspiration de l'Afrique de l'Ouest à accéder à son autonomie et à son indépendance politique dépend de trois facteurs, selon Victor Komla ALIPUI[1] :

1- L'importance de l'épargne intérieure : ressources tirées de la fiscalité directe ou indirecte, mobilisation de l'épargne bancaire (dépôt à terme) ou de sommes d'argent oisives détenues par les particuliers et les entreprises, mais mobilisables par emprunt ;
2- L'ampleur du commerce international : possibilité pour ces unités territoriales de dégager un solde commercial positif ;
3- La capitalisation de dix années d'expérience de développement semble montrer, en dépit de quelques succès, que ces sources motrices du développement connaissent des limites.

Les situations énumérées ci-dessus par rapport à la B.C.E.A.O, la B.E.A.C et la B.C.C ne sont pas très différentes des autres administrations coloniales. Mais, à la différence des ex-colonies britanniques, la dépendance des ex-colonies françaises et les conditions de l'indépendance n'étaient pas pareilles.

Ainsi, « les négociateurs anglais de notre constitution comprenaient mieux les aspirations fédérales de l'opposition que le point de vue du C.P.P,[2] qui correspondait aux désirs de la majorité. L'opinion de l'opposition reposait sur une intention de séparatisme politique, reflétée par les clauses relatives à

[1] Victor Komla ALIPUI, (2020). *Le rôle de la monnaie dans le développement économique et social de l'Ouest africain*, Paris, L'Harmattan, p.17-18.

[2] Parti de la convention du peuple est un parti politique ghanéen d'inspiration socialiste fondé sur les idées de l'ancien président Kwame Nkrumah.

l'institution d'Assemblées régionales. De même, la constitution donnait toutes les possibilités de faire obstacle à nos efforts de développement[1]. »

On se rend compte du fondement de la désunion qui est bien entretenue entre les pays nouvellement indépendants et la métropole qui devrait céder le pouvoir en toute légalité. Dans cette lutte, il importe que l'indépendance politique marche de pair avec l'indépendance économique. Cette perception du franc CFA a considérablement varié durant ces 60 dernières années, car le contexte a évolué, les générations également, aussi bien en Afrique, en France que dans le monde. Cela nourrit un débat qui débouche sur des prises de conscience et annonce des mesures proches. À cet effet, « l'entrée de la France dans le système monétaire de l'Union Européenne a en effet, considérablement modifié ses relations avec les États africains, en particulier l'application de la Convention de coopération monétaire signée le 22 novembre 1972 à Brazzaville (Congo) par laquelle la France et les États membres de la Banque des États de l'Afrique centrale (B.E.A.C) ont convenu de poursuivre leur coopération monétaire dans le cadre de la zone Franc[2]. » La France apporte son soutien aux pays membres de la zone CFA à travers la garantie de la monnaie (le franc CFA) et sa convertibilité en d'autres devises. « La coopération monétaire offre un cadre économique stable pour la conduite des politiques économique des 3 zones. L'ancrage à l'euro a plusieurs avantages : il offre aux économies une meilleur résistance aux chocs macroéconomiques et permet de maitriser l'inflation en assurant la stabilité de la devise, ce qui est favorable aux échanges et aux investissements[3]. »

Cette situation pose, pour l'auteur, deux questions fondamentales : celle de la caducité de la convention de 1972 et celle du rapport de la monnaie CFA à l'euro dont la France est la maîtresse de la partie. Dans certaines circonstances, le franc CFA pourrait être un instrument de développement pour les pays d'Afrique qui en bénéficient. En outre, il est possible que certains investissements français dans ces pays puissent faciliter leur développement en fonction de la manière dont ils sont menés. Pour rejoindre les auteurs précédents dans leur analyse et corroborer l'hypothèse selon laquelle les pays africains de la zone franc sont victimes d'une monnaie contrôlée rigoureusement par la France depuis la nuit des temps, Nicoué L. GAYIBOR trouve que : « Aujourd'hui, en aucun cas, la France ne peut se prévaloir que sa colonisation a été une réussite. Vous savez que l'histoire n'est pas une

---

1 Kwame NKRUMAH, (1994). *L'Afrique doit s'unir*. Paris, Présence africaine, p.83.

2 Edmond JOUVE, (2008), « Préface », in Dominique Kounkou, *Monnaie africaine : La question de la zone franc en Afrique centrale*, Paris, L'Harmattan, p.9.

3 Ministère de l'Europe et des Affaires étrangères, « la coopération monétaire entre l'Afrique et la France : le franc CFA », décembre 2021, https://www.diplomatie.gouv.fr/fr/dossiers-pays/afrique/la-cooperation-monetaire-entre-l-afrique-et-la-france-le-franc-cfa/#sommaire_2, consulté le 10 janvier 2023.

science exacte, elle est faite par des hommes et chacun avec sa sensibilité. L'Afrique aurait pu mieux évoluer sans la coopération avec la France dont l'intérêt passe avant la vie des Africains. Cependant, pour le commun des Européens, l'Afrique a bénéficié elle aussi de la colonisation[1]. » Il ajouta par ailleurs : « Nous avons une opinion bien définie par rapport à nos recherches et celle-ci n'est nullement neutre, tout comme le travail de terrain que vous faites qui ne sera pas neutre, du moment où la France contrôle encore le système monétaire de ses ex-colonies françaises à travers le franc CFA. »

Quoi qu'il en soit au sujet de cette question monétaire, on constate le manque d'unanimité des chefs d'États africains pour prendre des décisions devant la France. Le professeur Kako NUBUKPO défend la thèse de l'instrumentalisation de l'Afrique comme laboratoire du néocolonialisme avec la complicité de ses propres élites. Il tire la sonnette d'alarme sur les réalités d'un continent à la dérive. Il y a urgence car, la croissance démographique fait du continent africain une terre de prospérité future ou une véritable bombe à retardement. Pour lui, le continent a perdu tout espoir de décollage après les indépendances, celui-là qui devrait donner un élan à tous les pays de la zone franc. « Au moment des indépendances, la donne économique conduisait à garder le franc CFA. Parce qu'on avait des relations étroites avec l'ancienne métropole. Dans ce contexte, l'idée de l'indépendance jouait comme une force centrifuge : elle devait conduire à sortir de la zone franc[2]. » Il rajouta qu'« au Togo, Sylvanus OLYMPIO voulait créer une monnaie togolaise. Modibo Keita, dès juillet 1962, renonça aux accords de l'Union monétaire ouest-africaine (UMOA) qui dataient du mois de mai 1962 et fit sortir le Mali de la zone, de même que la Guinée de Sékou Touré qui dit non au général de Gaulle en 1958 dans un discours resté célèbre[3]. »

C'est à ce manque d'unanimité entre les dirigeants africains pour faire face aux ex-colonisateurs que Kwame NKRUMAH[4] fait référence quand il dit que « l'Afrique doit s'unir ». Pour l'auteur, parmi les pays indépendants, le parti commun serait un élément d'unification fort contre l'ex-pouvoir colonial. Des chercheurs universitaires pensent également que la question d'unanimité devrait permettre à l'Afrique d'asseoir une politique économique beaucoup plus stable. Ainsi, « l'intérêt de la question économique, pour un meilleur développement économique des pays africains doit avoir un sens pour la population. La vraie question qui se pose est de connaître aussi la priorité des pays africains. […]. Chaque pays africain veut son émergence mais aucun

---

[1] Entretien du 21 décembre 2020.

[2] Kako NUBUKPO, (2019). *L'Urgence africaine : changeons le modèle de croissance*. Paris, Odile Jacob, p.18.

[3] *Ibid.*

[4] Ancien président de la République du Ghana, mort en 1972. Dans son ouvrage intitulé : *L'Afrique doit s'unir*, publié en 1964, proposait une unification monétaire de l'Afrique, tout comme Mouammar Kadhafi le fera plus tard après lui.

pays africain n'a les moyens à lui seul d'y arriver [...]. Je pense que la priorité serait que les pays africains convergent leur force afin de se battre entre eux pour se diviser le travail, voici ce que j'appelle l'émergence d'une manière commune[1]. » Pour recentrer le débat et aller au-delà des discours politiques et économiques, l'avis de ceux qui vivent la monnaie compte plus que ce qui est publié. Dans le même esprit que l'auteur précédent, l'ex-président ivoirien Laurent GBAGBO appelait à une unité africaine lors de la récente création de son nouveau parti P.P.A-C.I[2].

La figure 3 ci-dessous présente l'avis de la population pour un remplacement de la monnaie CFA.

Figure n° 3. Question liée au remplacement du franc CFA

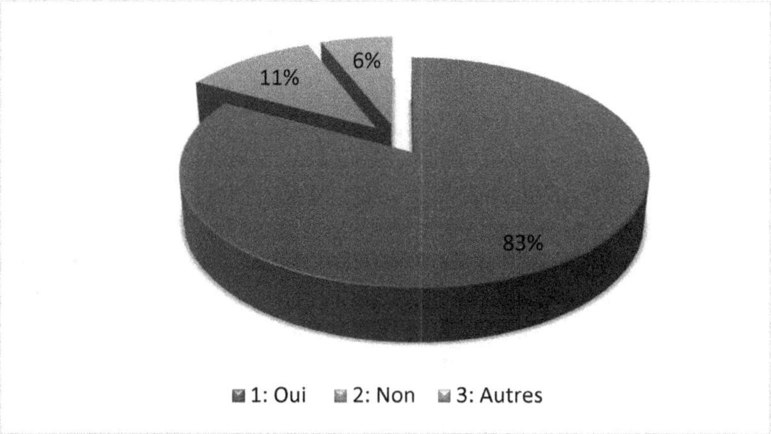

Source : Komi ABALO d'après les résultats de nos travaux de terrain, 2019.

Nos recherches nous ont permis de mieux cerner « la question de savoir si les anciennes colonies françaises doivent ou non garder cet héritage colonial ». Ainsi, d'après la figure n° 5, 86% adhèrent à l'idée de remplacer le franc CFA par une autre monnaie, 11% sont contre cette idée et 6% des personnes enquêtées ont donné d'autres propositions.

- Le remplacement d'une monnaie par une autre ne garantit rien si une meilleure gestion n'est pas prévue ;
- Le cas de la Chine est exemplaire. En effet, la Chine n'a pas une monnaie aussi forte, mais sa réputation aujourd'hui dépasse certains

---

[1] Entretien du 1er septembre 2022 par visioconférence avec Mandé Issiaka, professeur de science politique à l'Université du Québec à Montréal (UQAM).

[2] Parti des peuples africains-Côte d'Ivoire. Lors de sa mise en place, l'ancien président ivoirien lance lors du congrès constitutif des 16 et 17 octobre 2021 en Côte d'Ivoire un appel à l'unité africaine.

pays de la zone euro. Ceci revient à prendre conscience de la situation pour en tirer profit ;

- Il faut aussi reconnaître que les contours du franc CFA ne permettent pas l'industrialisation et l'autonomie des pays africains.

On comprendra qu'une grande partie de la population est prête à passer à une autre monnaie. Certains vont plus loin en soutenant que c'est une monnaie qui rappelle un passé douloureux : celui de la colonisation. À la question de savoir s'il faut créer une autre nouvelle monnaie pour remplacer le franc CFA, Victor Komla ALIPUI [1] se prononce :

« Oui on peut créer de la monnaie que ce soit Naira, Eco... mais cela dépendra de ce que vous voulez faire avec. Alors, il revient de comprendre que le problème monétaire CFA est un problème théorique. Si vous avez de la monnaie, c'est pour créer du travail pas seulement pour les échanges. Vous pouvez recruter et augmenter la capacité des entreprises. Le travail, ce sont les ressources humaines et cela fait partie des facteurs de production ; ce que nous n'en avons pas réellement. »

Pour illustrer son idée, l'ancien ministre de l'Économie et des Finances du Togo a utilisé « la théorie de multiplicateur ». Pour lui, mettre en place une monnaie c'est comme une production de champs de maïs qu'on cultive et la récolte est divisée en sous-section : la part pour manger, la part pour la période de soudure en temps de crise et la part pour la nouvelle saison qui est l'épargne. Les économistes raisonnent en termes de capital et le capital c'est le travail accumulé. Si nous plantons une graine de maïs à la récolte, nous pouvons récolter deux à trois épis sur une tige avec des centaines de graine. Si cela est possible alors pourquoi ne pas multiplier la production pour accroître la croissance. C'est sur cet exemple que certains se sont basés pour accroître leur production. La Chine de Mao Tsé-Toung a commencé avec le procédé de multiplication et surtout la dévotion des peuples chinois. Le point de vue de notre interviewé fait comprendre à quel point le pauvre paysan n'a pas besoin de discours. Il a besoin qu'on lui garantisse le terrain, les intrants et qu'il sache comment utiliser ce dernier. Maintenant, la question est de savoir comment accroître le rendement au travers du rôle de la monnaie. Il soutient que « les pays africains, en l'occurrence les ex-colonies françaises, peuvent utiliser la théorie de Jupiter. Si tu n'as pas d'épargne comme on négocie dans les banques, il suffit de créer la monnaie : le crédit. Si j'ai une structure qui permet aux paysans d'avoir du crédit, cela permettrait de financer des projets[2]. »

---

[1] Victor Komla ALIPUI, ancien ministre de l'Économie et des Finances du Togo, d'après nos entretiens de terrains en décembre 2020.

[2] Victor Komla ALIPUI, ancien ministre de l'Économie et des Finances du Togo, d'après nos entretiens de terrains en décembre 2020.

À regarder de près, les maux dont souffre l'Afrique ont diverses origines (figure n° 4).

Figure n° 4. L'origine des maux dont souffre l'Afrique

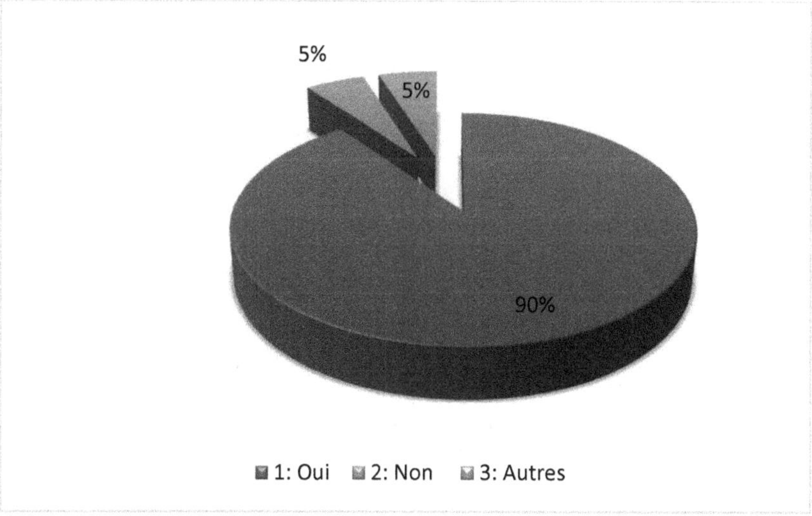

Source : Komi ABALO d'après les résultats de nos travaux de terrain, 2019.

L'étude de ce graphique montre que 90 % des interviewés lient les maux de l'Afrique à la monnaie. Ainsi, la monnaie est au centre des débats de chaque pays, le premier élément qui fait sa force et son identité.

Nous avons également, à travers nos études de terrain, relevé certains points qui freinent le développement économique et social des pays de la zone franc depuis les indépendances. Ainsi, les maux dont souffre l'Afrique sont en partie liés :

- au faible taux (la valeur) du franc CFA ;
- au fait que le contrôle de la monnaie échappe aux pays africains ;
- à une monnaie coloniale qui a perduré dans le temps.

Comment peut-on amorcer à un vrai développement sans le contrôle de sa politique monétaire ? Le franc CFA ne permet pas un réel développement, parce que la monnaie et le développement vont de pair. Le fruit du développement doit permettre à la population de vivre correctement mais tel n'est pas le cas du franc CFA.

L'impact du retard du continent fait débat car les auteurs africanistes comme occidentaux ne partagent pas les mêmes points de vue. D'aucuns pensent à une rupture avec l'ancien maître sur tous les plans. D'autres encore continuent de tisser de nouvelle corde au bout de l'ancienne, ce qui implique qu'il faut garder le lien avec la France. L'Afrique est un continent d'opportunités avec tout le potentiel en matière de ressources et des bras valides, ceux de la jeunesse, même si elle a de nombreux maux (explosion démographique, réchauffement climatique, guerres, terrorisme, etc.). Philippe HUGON[1] distingue trois composantes dans la démographie africaine :

- la pression démographique pouvant conduire, en l'absence de changement technique ou à la suite de chocs extérieurs, à des migrations (cas des Hauts Plateaux ou du Sahel) ;
- le rythme de croissance démographique rendant nécessaires des investissements démographiques (éducation, santé, etc.) ;
- les structures par âge indiquant le poids respectif des scolarisables.

CONCLUSION

Au lendemain de leur accession à l'indépendance nationale, un certain nombre de pays africain sont convenus de maintenir leur communauté monétaire héritée de la période coloniale et de céder une partie de leur souveraineté en matière de gestion monétaire à des instituts d'émission communs (B.C.E.A.O, B.E.A.C). L'attente est que la zone franc donne un socle au développement économique. Cependant, les conditions dans lesquelles l'ajustement de la parité du FCFA par rapport à l'euro a eu lieu ont donné le sentiment que le franc CFA n'est pas africain. Cela conduit certains à croire que derrière le franc CFA se trouverait la France à qui l'on prête l'intention de retarder le développement des pays utilisateurs de cette monnaie.

L'Afrique, prise d'assaut par les puissances impérialistes, a souffert de l'exploitation abusive de ses ressources naturelles et de ses métaux précieux, tels que l'or, le diamant ainsi que de sa main-d'œuvre. Cette intrusion a eu pour corollaires le bouleversement économique, social et culturel, une division géopolitique et un assujettissement politique. D'un autre côté, le transfert d'éléments de la civilisation européenne et la constitution d'unités politiques plus larges ont ouvert de nouvelles perspectives. L'empire colonial français, le deuxième en extension après celui de la couronne britannique, a développé tout un mécanisme dans l'administration des territoires à travers la politique d'exploitation et de traite.

Aujourd'hui, le débat autour de l'Afrique se recentre sur l'insécurité grandissante dans le Sahel avec les phénomènes djihadistes, la question démographique, l'instabilité politique dans les ex-colonies françaises, la situation socioéconomique, d'où les inégalités. Les pays de la zone franc peuvent-ils réellement enclencher le processus de la mondialisation basée sur les outils rudimentaires ? Autant d'interrogations auxquelles les dirigeants et élites africains doivent apporter des réponses. Les défis auxquels doit faire

[1] HUGON Philippe, (2016). *Afrique : Entre puissance et vulnérabilité*. Paris, Armand Colin, p.147.

face l'Afrique sont énormes, d'abord en commençant par la technologie et la nouvelle révolution industrielle[1]. L'Afrique peut-elle brûler les étapes et accéder à la deuxième révolution industrielle du XXIe siècle ? L'Afrique est-elle en mesure de faire un « plaidoyer pro domo », c'est-à-dire être l'avocat de sa propre cause face aux grands défis de la mondialisation ?

[1] On parle aujourd'hui de la robotisation qui devrait remplacer les actions humaines bientôt en Occident : les robots industriels, les robots de terrain et les robots intelligents.

CHAPITRE DEUXIÈME.

LES RAPPORTS FRANCO-AFRICAINS DE 1960 AUX ANNÉES 2000

INTRODUCTION

Comprendre les différents rapports politiques entre la France et ses anciennes colonies françaises d'Afrique au Sud du Sahara entre 1960 et 2000 nécessite de rappeler le contexte qui prévalait entre la période courant de 1945 à 1960. En effet, l'architecture des relations entre la France et ses anciennes colonies après les indépendances est basée entre autres, sur la reconstruction des pays africains dans une perspective d'autonomie des Africains, afin de mettre fin aux prêts et à l'endettement. Les conditions de gestion de ces prêts sont basées essentiellement sur des rééchelonnements des dettes et crédits, la dévaluation du franc CFA (en 1994), et les politiques d'ajustements structurels, ainsi que les mesures d'accompagnement face aux crises socio-économiques. La coopération française, depuis plusieurs années, s'est forcée de favoriser les projets d'intégration régionale de la zone franc, en ce qui concerne les marchés, en aidant à mettre en place des réformes fiscalo-douanières sous-régionales.

Les analyses menées dans ce chapitre ne reposent pas sur un examen du système français mais sur la compréhension de l'aspiration d'un peuple à se libérer d'une dépendance monétaire au système français. Le partenariat entre la France et les pays africains mérite une attention très particulière.

I- DES ÉCHANGES FRANCO-AFRICAINS À PARTIR DE 1945

La France a introduit une monnaie afin de faciliter les échanges avec ses ex-colonies. Depuis le début de la période coloniale jusqu'à la veille des indépendances, l'enjeu politique, stratégique et économique de chaque puissance coloniale était d'avoir le contrôle sur les peuples africains. L'économie africaine était une économie de traite[1] à caractère dualiste, « indigène » et « européen ». Comment alors gouverner autrement l'Afrique quand les règles du jeu ramènent au pouvoir les mêmes hommes, les mêmes projets politiques et les mêmes habitudes au sommet des États ? Les causes principales de la pauvreté de l'Afrique, au-delà de l'aspect caricatural sont d'ordre historique. L'Afrique reste pour le monde occidental (européen,

---

[1] Le mécanisme de cette forme d'économie est de pousser les ex-colonies à produire les cultures commerciales (café, cacao, coton, entre autres) qui seront exportées vers la métropole afin d'importer en retour des biens consommables.

américain) une réserve en ressources énergétiques et minérales, à l'exception de quelques pays d'Afrique qui sont classées comme pays développés (Afrique du Sud, Nigéria...), les autres pays étant toujours à la traine. Force est de constater que la situation de dépendance économique totale, financière, commerciale, technologique – dans laquelle se trouvaient les pays africains, en l'occurrence les anciennes colonies françaises – sont de nature politique ; ce qui met à genou cette partie du monde[1].

Très peu de pays surmontaient les dépendances économiques après les indépendances. L'étroitesse de chaque marché national à la suite de la balkanisation de l'Afrique était une conséquence directe de la colonisation. L'un des facteurs qui ont contribué à l'instabilité des États africains fut le rôle des sociétés commerciales. Après les indépendances, presque tous les secteurs étaient aux mains des étrangers. Le commerce extérieur et intérieur de l'Afrique noire française était dominé par trois groupes de sociétés : l'U.A.C[2] appartenant aux britanniques, tandis que la C.F.A.O[3] et la S.C.O.A[4] sont français. En effet, « la France, pour préserver ses débouchés extérieurs et ses approvisionnements se replia alors sur son empire colonial, transformé en un vaste marché protégé par des mesures douanières appropriées. L'instauration de ce marché privilégié a d'ailleurs favorisé un essor considérable des échanges commerciaux entre la métropole et ses colonies de 1931 à 1938[5]. » Ces auteurs présentent de façon claire le fonctionnement et le mécanisme de la zone franc en passant en revue l'historique de cette monnaie. Ils montrent aussi les conséquences prévisibles de la dévaluation de 1994 et font un bilan de l'impact sur le développement économique des pays sous le joug monétaire de la France. L'économie de traite a permis aux grandes entreprises européennes de disposer de matières premières vitales à leur industrialisation.

Hubert BONIN[6] décrit l'économie de traite à travers les firmes marseillaises qui se veulent être d'importants acteurs dans le trafic et la commercialisation des marchandises et autres produits utiles à l'économie de la métropole. Il précise également l'affrontement entre les marchands français et les marchands des pays anglophones (Ghana, Nigeria) qui sont considérés

---

[1] Victor Komla ALIPUI, ancien ministre de l'Économie et des Finances du Togo, d'après nos entretiens de terrains en décembre 2020.

[2] L'Union africaine de commerce (U.A.C) était une société britannique au cours du 20e siècle spécialisé dans le commerce en Afrique de l'Ouest.

[3] La Compagnie française de l'Afrique occidentale (C.F.A.O) est un groupe de sociétés spécialisés dans les secteurs de la commercialisation des automobiles.

[4] La Société commerciale de l'Ouest africain (S.C.O.A) était une entreprise commerciale française présente dans les ex-colonies françaises d'Afrique de l'Ouest.

[5] DELAGE et MASSIERA, (2000). *Le franc CFA : Bilan et perspectives*. Paris, L'Harmattan, p.8.

[6] BONIN, H., (2008). *CFAO (1887-2007) : la réinvention permanente de commerce d'outre-mer*. Paris, Publications de la SFHOM, 766 pages.

comme les grands commerçants de l'Afrique occidentale. Dans cette logique, « l'africanisation est portée par le recours à un vivre informel qui s'est constitué à l'échelle de la côte occidentale d'Afrique. Comme dans l'entre-deux-guerres, des "ethnies " ou " peuples " fournissent souvent des cadres idoines[1]. » Les Accords de coopération signés entre la France et ses anciennes colonies permettent à la France d'assumer la convertibilité et le contrôle des monnaies des pays de la zone franc.

« Dans la réalité, les vrais pouvoirs reconnus statutairement à la Conférence des Chefs d'État et au Conseil des Ministres sont fictifs. Car, en octroyant sa garantie monétaire illimitée aux Africains, la France se donne objectivement le droit de décider de la sortie et de l'adhésion de nouveaux membres dans la zone franc. C'est donc la France qui choisit en dernier ressort, qui entre ou qui sort de la zone franc[2]. » L'auteur rappelle l'importance de la monnaie dans le développement d'un État. Les ex-colonies françaises peinent encore à gérer en toute autonomie cet outil. Son analyse vient à point nommé pour appuyer notre travail. Le constat est clair : le pouvoir de décision de la politique socio-économique des ex-colonies françaises échappe aux Africains.

Dans cette même veine, Fanny PIGEAUD et Ndongo Samba SYLLA[3] soutiennent l'idée selon laquelle la France est responsable des différents maux dont souffre l'Afrique occidentale francophone. Dans cette logique, « l'histoire du franc CFA qui mêle colonialisme, économie, business, géopolitique et diplomatie, le tout sur fond de répression, visible ou discrète, est finalement à la fois celle d'un pays, la France, qui n'a pas encore tourné le dos à son passé colonial et celle d'États africains dont les dirigeants tardent à " couper le cordon " et à porter politiquement les aspirations de leur peuple[4]. » L'intérêt de cet ouvrage réside dans l'analyse du système monétaire français en Afrique. D'abord, la méthode coloniale française est différente de celles des autres puissances, notamment britannique, qui elles, ont accordé plus de pouvoirs décisionnels à leurs anciennes colonies. La stratégie française est le maintien en dépendance, à travers le franc CFA, ses ex-colonies devenues pourtant indépendantes depuis soixante ans.

---

[1] *Ibid.,* p.391.

[2] Nicolas AGBOHOU, (1999). *Le franc CFA et l'euro contre l'Afrique : pour une monnaie africaine et de la coopération Sud-Sud.* Paris, Solidarité mondiale A. S., p.33-37.

[3] PIGEAUD, F. et SYLLA, S.N., (2018). *L'arme invisible de la Françafrique : une histoire du franc CFA.* Paris, la Découverte, 227 pages.

[4] *Ibid.,* p.9.

1. LES LEGS COLONIAUX DE LA FRANCE EN AFRIQUE (1945-1960)

Du point de vue historique, les Britanniques ont été les premiers à avoir créé une zone monétaire en Afrique. Après leur victoire lors de la guerre contre l'Espagne en 1898, les Américains créèrent à leur tour « une zone d'arrangement monétaire » aux Philippines en 1903, puis au Panama en 1904. « En 1959, à environ un an de la date de proclamation de l'indépendance de la Côte d'Ivoire, la France propose à sa colonie, et obtient d'elle une convention de contrôle direct de l'administration et du Trésor public ivoirien par le personnel français. Mais ces contrôles n'ont pas été organisés à la même date ni au même endroit[1]. » Au début du XXe siècle, les Britanniques ont créé la zone monétaire d'Afrique de l'Ouest en 1913 avant la création de la zone franc en 1939. Au même moment, on a assisté à la mise en place de la zone de contrôle britannique de l'Afrique de l'Est. Ces deux zones fusionneront en une seule en 1939 pour devenir la zone sterling. En ce qui concerne la France, « jusqu'en 1939, les industriels français se sont efforcés avec succès de maintenir au stade du produit brut nos colonies qui les alimentaient en matières premières et leur assuraient des débouchés privilégiés pour leurs produits finis[2]. »

La zone franc naît la même année, mais le franc CFA ne sera créé qu'en 1945. Ainsi, « la Grande-Bretagne mit en place une zone monétaire organisée autour de sa monnaie, la livre sterling. Baptisé zone sterling, cet ensemble regroupait des pays qui avaient adopté la livre comme monnaie nationale... L'objectif de Londres était à la fois de protéger la valeur de la livre et de promouvoir le commerce au sein de son empire colonial. Les autorités britanniques instaurèrent des règles de libre-échange à l'intérieur de la zone et prirent des mesures protectionnistes en tout ce qui concernait les relations entre l'Empire et l'extérieur. La France ne tarda pas à imiter la Grande-Bretagne[3]. »

La France est sortie affaiblie du Second conflit mondial. Son économie était dévastée. La situation financière était très mauvaise tant en Europe qu'en Afrique, le franc français ayant perdu beaucoup de sa valeur. Pour résoudre ses problèmes, la France a décidé de recourir à ses colonies. Le but est l'expansion économique et le progrès social à travers le maintien du franc

---

[1] Koulibaly MAMADOU, (2005). *Les servitudes du pacte colonial*. Abidjan, Nouvelles Édition Ivoirienne, p. 17.

[2] Considération générale sur l'économie impériale, 7 avril 1951. Identification du carton : cote de communication 2 APOM 13, présentation du contenu : questions monétaires, le franc CFA (1946-1953). Le lot portant sur les problèmes économiques et financière de (1946-1955).

[3] PIGEAUD et SYLLA, (2018). *L'arme invisible de la Françafrique : une histoire du franc CFA*. Paris, la Découverte, p.19.

CFA. « L'expérience de la mondialisation montre également que des changements sont nécessaires pour renforcer l'intégration de l'Afrique à l'économie mondiale. Pour développer les industries d'import-substitution, les Africains doivent aller vers l'intégration régionale, en vue de créer des marchés plus vastes, permettant de déployer de nouvelles technologies, de réaliser des économies d'échelle et de baisser les coûts[1]. »

L'émergence de l'Afrique n'a été possible que par la volonté des Africains de s'imposer à un moment de leur histoire en réclamant l'indépendance politique. Le processus de décolonisation dans la plupart des pays africains s'est opéré pacifiquement, à l'exception de la Guinée de Sékou Touré. Dans le processus de l'indépendance, le constat est que la France n'était pas prête à accorder l'autonomie à ses ex-colonies, sa politique étant basée sur le projet de Communauté française de 1958 proposé par le général de Gaulle. En effet, l'idéal des Français était de retrouver leur grandeur en Afrique après leur défaite lors de la Seconde Guerre mondiale. Cela a par la suite eu de graves conséquences sur la nature des régimes qui seront mis en place au profit de la métropole et de la « politique du ventre » pour les élus locaux. « Depuis la fin de la Deuxième Guerre mondiale, la Banque mondiale et le FMI étaient dirigés de manière exclusive par les pays occidentaux comme une extension de leur politique étrangère. Les États-Unis et l'Europe nommaient les dirigeants et ces institutions, définissaient les politiques à suivre et jouaient un rôle prépondérant dans les instances de décision. Leur modèle de développement avait une valeur quasi-biblique[2]. »

Pour l'auteur, l'intégration de l'Afrique dans l'économie mondiale nécessite le remplacement de l'État-gendarme omniprésent par un État-stratège, à la fois régulateur et capable d'impulser le développement. L'indépendance accordée par la France à ses anciennes colonies a été donc incomplète. Après la proclamation de l'indépendance politique, le projet de la France était d'accompagner progressivement les pays nouvellement indépendants vers l'industrialisation afin de leur permettre de prendre leur propre envol, comme ce fut le cas des ex-colonies britanniques d'Afrique. Mais ce projet n'a jamais vu le jour car il ne correspondait pas aux intérêts des grandes entreprises françaises en Afrique.

Bon gré mal gré, les Africains ont hérité des résultats de cette collaboration avec leurs anciennes métropoles : d'abord, la question d'identité monétaire à travers le franc CFA où la France assume l'entière convertibilité ; ensuite,

[1] Eugène NYAMBAL, (2008). *Afrique : les voies de la prospérité, dix clés pour sortir de la pauvreté*. Paris, L'Harmattan, p.42.
[2] *Ibid.*, p.69.

l'appartenance des anciennes colonies françaises à la francophonie ou au Commonwealth (le cas du Cameroun, du Togo et du Gabon) ; enfin, la consécration des frontières coloniales africaines afin d'éviter d'éventuels conflits entre les pays voisins. Le modèle des sociétés africaines, surtout sur le plan administratif et celui de l'instruction, est basé sur les héritages coloniaux. Les vestiges coloniaux constituent des preuves palpables de l'existence de différentes formes de domination et de modes de vie qu'ont connus toutes les parties de l'Afrique. Mais certaines traces au-delà des édifices restent très sensibles de nos jours dans le quotidien des populations en matière de dépendance monétaire des ex-colonies françaises vis-à-vis de la France.

2. POIDS DU FRANC CFA DANS L'ÉCONOMIE AFRICAINE

L'analyse des différentes thèses sur l'avenir de la zone franc CFA face à l'adoption de la monnaie unique européenne et en rapport avec les réalités africaines relève d'une véritable gageure. La politique africaine doit réfléchir à de nouveaux paradigmes afin de permettre au continent d'avoir une monnaie pouvant répondre efficacement à ses réalités car la monnaie unique éliminerait les risques de change et les coûts des transactions. En effet, la vision d'une monnaie unique en Afrique devrait permettre une libre circulation des biens et des personnes, et éviterait toutes les formalités de conversion des monnaies entre pays de différentes zones. En ce sens, « la monnaie unique implique une transparence des prix entre les pays car aucune entreprise ne peut maintenir longtemps des écarts importants. Cette transparence profite aux consommateurs. En plus, la monnaie unique favorise les investissements à des coûts réduits. La discipline budgétaire et sa cohérence avec la politique monétaire devraient permettre les taux d'intérêt aussi bien à court terme qu'à long terme, de se situer à un niveau relativement faible[1]. »

Quand on se réfère aux différentes dispositions mises en place par le mécanisme du franc CFA, on peut comprendre que tout rattachement du franc CFA à l'euro doit requérir une décision prise à l'unanimité par les pays membres de l'Union et les Français qui siègent au conseil d'administration. « L'essentiel est pour eux d'exister, même en théorie. Ils tâchent de créer des États et nous devons les aider à s'organiser, à faire les choses régulièrement : l'État, l'administration, le budget. Il est important que ce mouvement ne se tourne pas contre la France malgré, bien entendu, tous les incidents qui pourront avoir lieu, séquelle de surenchères démagogiques ; mais rien au fond, ne devrait les détourner de nous[2]. »

---

[1] Victor Komla ALIPUI, (2020). *Le rôle de la monnaie dans le développement économique et social de l'Ouest africain*, Paris, L'Harmattan, p.5.

[2] CHAN, Fonds privé Foccart, dossier 130, Réunion des hauts-représentants, envoyés exceptionnels et ambassadeurs en Afrique noire d'expression française, 4 février 1961.

D'aucuns pensent qu'il s'agit d'un simple problème d'interprétation des dispositions, mais il convient d'analyser le contexte particulier de la gestion de ces trois structures dont le pouvoir de décision échappe aux Africains. Certains dirigeants africains ont vite compris cette situation avantageuse à la France et ont décidé de prendre leur responsabilité. Cependant, les conséquences n'ont pas tardé : ils ont payé le prix fort pour leur tentative de sortie de la zone franc. Il s'agit, comme nous l'avons dit plus haut de Sylvanus Olympio[1] du Togo qui voulait imprimer une monnaie nationale en vue de supprimer la monnaie coloniale française de son territoire. Il fut assassiné le 13 janvier 1963, deux jours avant la rupture de l'accord franc CFA qui lie son pays à la France. De son côté, Modibo Keita, dans sa prise de conscience par rapport à l'importance et aux enjeux auxquels il se serait confronté s'il maintenait cette monnaie coloniale, décida de la refuser en 1962 en battant une monnaie nationale malienne[2]. Contrairement à l'évolution des pays émergents de l'Asie (Chine, Singapour, Inde, Corée du Sud, Corée du Nord), le continent africain ne répond guère dans son ensemble, aux espoirs attendus des indépendances. Le franc CFA serait-il un handicap au développement de ces pays ?

Ainsi, « quant au Nigeria dont le Naira n'est pas convertible, il est de loin un géant économique devant n'importe quel pays africain de la zone franc. Le fait que les investisseurs occidentaux se détournent des pays africains à monnaie convertible pour s'implanter au Nigeria, en Asie et dans les pays de l'Est européen à monnaie non convertible démontre que la garantie de convertibilité monétaire est un atout de plus en plus vidé de sa substance[3]. » L'auteur, partant de cette démonstration ajoute que l'Afrique noire doit se débarrasser au préalable de toutes les structures coloniales modernisées si elle veut réellement vaincre la faim et le sous-développement qui perdurent et sous-tendent des guerres ethniques ou tribales. Il fait une seconde comparaison entre les ex-colonies britanniques, en l'occurrence le Nigeria[4] et les anciennes colonies françaises d'Afrique, ainsi que les départements d'outre-mer français. Il souligne que les pays nouvellement industrialisés d'Asie n'ont pas eu besoin de recourir au tutorat monétaire de leurs anciens

[1] Sylvanus Olympio est homme politique togolais, premier président de la République togolaise d'avril 1958 au 13 janvier 1963, date de son assassinat.

[2] OLOUGBEGNON et ABALO, (2022), « Sanctions contre le Mali : apocalypse du système français ou genèse d'un Mali nouveau ? », in *Togobreakingnews.info*, 18 janvier 2022.

[3] Nicolas AGBOHOU, (1999). *Le franc CFA et l'euro contre l'Afrique : pour une monnaie africaine et de la coopération Sud-Sud.* Paris, Solidarité mondiale A. S., p.50.

[4] Ancienne colonie britannique, le Nigeria est la première puissance économique du continent africain en 2016, et la 27e au niveau mondial (PIB) selon la Banque mondiale. Le poids économique et démographique du Nigéria lui a valu le surnom de « géant d'Afrique ».

colonisateurs avant leur décollage économique. « Avec les réserves que soulève naturellement cette trajectoire futuriste de 1959, force est de constater que toutes ses prémonitions ne sont pas erronées. La Fédération nigériane, anglophone a accédé à l'indépendance sous cette forme et en dépit de débuts politiques difficiles, a pu aisément prendre rang de géant dans le monde régional qui l'environne sans pour autant, devenir un péril au demeurant[1]. »

L'article d'AMOUSSOUGA[2] fait une excellente analyse du franc CFA et du marché parallèle de certains pays voisins, en l'occurrence le Nigeria qui utilise le Naira come devise. Il est axé autour de deux centres d'intérêts : le premier explique les fondements théoriques du change parallèle et présente le cas concret du marché du Naira contre le franc CFA ; le second analyse l'impact de la dévaluation du franc CFA sur le marché parallèle du Naira contre le franc CFA et dégage les leçons de politique[3].

Le constat fait par plusieurs chercheurs économistes, historiens africains ou spécialistes de la géopolitique de l'Afrique conclut que la relation franco-africaine a été un échec pour les pays africains. Sur le sujet, Jean-Paul GOUREVITCH revisite cinq siècles de présence française sur le sol africain. Au terme de cette recherche, il conclut que l'aide à l'Afrique a échoué car elle n'a ni favorisé son décollage économique ni ralenti l'émigration de sa jeunesse vers l'Europe. Pour lui, depuis les indépendances, aucun pays africain n'a connu la paix civile, alors que le continent africain ne manque ni de richesse, ni d'atouts pour son décollage industriel. La synthèse lucide de son ouvrage bouscule les préjugés et invite à changer de regard sur une Afrique qui sera partenaire ou adversaire d'une France européenne. En effet, « l'aide fournie par la France qui tient à bout de bras l'économie d'un certain nombre de pays et paye les fins de mois pour éviter l'explosion sociale est un frein, d'autant plus qu'elle en retire peu de bénéfices, qu'elle ne peut la justifier devant son opinion publique et qu'elle compromet son propre développement[4]. »

Le continent noir, malgré ses atouts naturels vit des miettes que lui versent les États qui exploitent ses ressources. Non seulement les matières premières sont mises en valeur en dehors de son territoire (ce qui est un manque à gagner en matière de création d'emplois), mais aussi leurs prix sont fixés par les mêmes acheteurs. C'est à juste titre que GOUREVITCH trouve que l'Afrique devrait se démarquer complètement de cette politique commerciale qui

---

[1] Jean-Claude ALLAIN, (1983), « Introduction » in *Relations internationales, L'Afrique noire dans les relations internationales depuis la deuxième guerre mondiale*, n° 34, p.152-153.

[2] Fulbert-Gero AMOUSSOUGA, (1994), « La dévaluation du franc CFA et les marchés parallèles de change autour de la zone franc : le cas du marché du naira contre franc CFA », *Revue d'économie financière*, p.459-474.

[3] *Ibid.*, p.459.

[4] Jean-Paul GOUREVITCH, (2004). *La France en Afrique : Cinq siècles de présence : vérités et mensonge*. Paris, Le Pré aux clercs, p.306.

n'arrange que la France. Dans cette logique, « l'utilisation de la zone franc permet à la France de bénéficier d'un apport de devises et supprime les risques de change. Mais la France achète souvent à ses anciennes colonies au-dessous des prix mondiaux. En revanche, les achats des pays africains à la France sont limités du fait de la faiblesse de leur économie[1]. » L'auteur critique l'aide à l'Afrique et conclut que les Africains ne sont pas responsables des différentes dettes qu'ils accablent. Il soutient par ailleurs, que la décolonisation reste inachevée. Pour lui, la France a toujours soutenu les dictatures africaines favorables à ses intérêts. « L'aide à l'Afrique ? Elle est inadéquate car faite de projets trop ambitieux, réalisés pour une part par des entreprises françaises qui gagnent de l'argent sans risque puisqu'elles sont garanties par la Coface, alors que les infrastructures sont en retard et que les transferts technologiques ne peuvent être appropriés par des populations non préparées à utiliser ces matériels sur le terrain[2]. »

Le maintien du franc CFA comme monnaie arrimée à l'euro ne favorise pas la classe moyenne africaine. Il pénalise gravement les producteurs locaux, surtout les agriculteurs et les artisans, qui ne peuvent pas supporter la concurrence des entreprises européennes et les importations alimentaires largement subventionnées par l'Union européenne. Kako NUBUKPO[3] qualifie le franc CFA de « monnaie des élites » et interroge la pertinence des institutions régissant le CFA du point de vue du financement de l'émergence des pays de la zone franc. Il souligne également la faiblesse des échanges intracommunautaires dans la zone CFA.

Cet héritage ne garantit pas aux anciennes colonies africaines une monnaie indépendante et adaptée à leurs réels besoins. Il permet aux élites fortunées de bénéficier d'un accès privilégié et restreint au marché mondial par une monnaie « aussi bonne » que l'euro, pour reprendre les mots de Kako NUBUKPO. Ce dernier affirme que l'une des raisons qui font que le franc CFA n'avantage pas les Africains sur le marché international relève de son appartenance au régime de change fixe[4]. « Dans un régime de change fixe, l'inflation contribue, du fait de la perte de compétitivité qu'elle engendre, à la détérioration progressive des comptes extérieurs et à la surévaluation du taux de change, fragilisant ainsi la parité entre les monnaies[5]. »

---

[1] *Ibid.,* p.306-307.

[2] *Ibid.,* p.390-391.

[3] NUBUKPO, K., (2016). *Sortir l'Afrique de la servitude monétaire : À qui profite le franc CFA ?* Paris, La Dispute, 243 pages.

[4] En régime de change fixe, la parité est fixe comme c'est le cas entre le franc CFA et l'euro.

[5] Kako NUBUKPO, (2016). *Sortir l'Afrique de la servitude monétaire : À qui profite le franc CFA ?* Paris, La Dispute, p.130.

Le franc CFA est à parité fixe avec l'euro. Cela signifie que sa valeur évolue en fonction de celle de la monnaie européenne. L'euro étant une devise forte, les pays de la zone franc souffrent de leur monnaie surévaluée et cela touche plus la classe moyenne que les élites. « Tout en tentant de se prémunir des risques d'argumentaires exclusivement focalisés sur l'origine de l'institution du franc CFA, les lectures contemporaines ne renoncent pas à l'étalement d'une colonialité monétaire et des reproductions associées. Le franc CFA, ses acteurs et bénéficiaires supportent alors le soupçon d'une monnaie pour des classes aisées, institutions dont la valeur ajoutée pour les Africains ordinaires n'est guère probante, si ce n'était leurs services de facilitation aux dispositifs de prédations au bénéfice des puissants[1]. »

NUBUKPO[2] remet en cause l'utilisation du franc CFA dans les deux zones intracommunautaires (B.C.E.A.O, B.E.A.C). En effet, l'échange entre les deux zones est très faible (moins de 15 %) et ne favorise pas les pays des deux zones dans leur ensemble. « La part des échanges entre les économies de l'Union économique et monétaire ouest-africaine (U.E.M.O.A) est structurellement faible, comprise entre 10 et 15% d'une année à l'autre. Cette faiblesse du commerce intracommunautaire n'est qu'en apparence étonnante : en effet, dans la mesure où les économies de l'U.E.M.O.A maintiennent une insertion primaire au sein du commerce international, elles sont plus substituables que complémentaires les unes vis-à-vis des autres[3]. »

Un économiste élabore : « Les théories du commerce international tentent d'expliquer pourquoi les pays échangent entre eux. La première raison soulignée concerne leurs différences qui s'expriment par les prix relatifs différents des produits[4]. » Si cette assertion est jugée valable, alors les pays africains échappent à ce type de critère, parce qu'ils sont des consommateurs[5] et n'exercent aucune influence sur la fixation du prix de leur produit.

L'économie informelle[6] occupe une place centrale dans toutes les sociétés africaines au point de concurrencer à son avantage, le secteur formel.[7] Entre les années 1950 et 1980, l'Afrique fait face à un défi majeur : le boom démographique inversement proportionnel à la croissance économique. Ainsi, les dirigeants africains commencent à prendre conscience de la situation liée

---

[1] *Ibid.,* p.25.

[2] *Ibid.,* p.24.

[3] *Ibid.,* p.24.

[4] Jean-Louis MUCCHIELLI, (2005). *Relations économiques internationales*. Paris, Hachette, p.37.

[5] Les pays africains ne transforment pas leurs produits bruts en produits finis, et sont donc les plus consommateurs de ces produits finis importés.

[6] L'économie informelle désigne l'ensemble des activités économiques et sociales qui échappent à la régulation de l'État.

[7] Le secteur formel est un ensemble d'activités ou d'entreprises officielles, reconnues par l'État et la statistique nationale en tient compte.

au manque d'emplois dans le secteur formel pour accueillir tous les jeunes diplômés. Avec la mise en œuvre de la politique d'ajustement structurel du FMI ayant eu pour effets la réduction des salaires, la diminution des effectifs de la fonction publique, la privatisation des entreprises d'État entre autres, le secteur informel sera la seule alternative possible pour compenser la faiblesse des salaires.

La création des petites et moyennes entreprises (P.M.E) échappe souvent au contrôle du gouvernement car certaines entreprises ne sont pas officiellement déclarées et souvent, ne respectent pas les lois du marché de travail (l'âge légal pour le travail, le salaire minimal fixé par l'État, le droit des employés...). Comme autre indicateur de l'importance du secteur informel, on peut évoquer le faible taux de bancarisation qui persiste en Afrique subsaharienne (pas plus de 20 %, selon la Banque mondiale). Le manque de compte bancaire amène des commerçants à gérer d'une manière ou d'une autre leur système financier, à travers des épargnes auprès des « microfinances » ou encore des « tontines[1] ». Des fonctionnaires mal payés arrondissent leurs fins de mois en exerçant le soir une autre activité informelle (de nombreux fonctionnaires sont conducteurs de taxi-bagages). Ainsi, la difficulté liée au contrôle de ce secteur amène les banques à « privilégier l'octroi de crédit aux entreprises d'État nouvellement privatisées ou en voie de l'être, à forte rentabilité escomptée, et à réduire de leur portefeuille les activités de financement de long terme et/ou des petites et moyennes entreprises. Dans ce contexte, le nombre extrêmement faible de banques à capitaux sous régionaux opérant dans l'UEMOA et la faillite des banques dites de "développement", emportées par une mauvaise gouvernance chronique, empêchent l'exercice d'un véritable partenariat pour le développement de la zone[2]. »

L'Afrique se retrouve dans une impasse et sa situation économique devient de plus en plus précaire. Les pays de la zone franc sont tenus de créditer en permanence leur compte d'opération auprès du Trésor public français qui leur garantit la convertibilité illimitée. « Le Trésor français apporte ainsi une garantie de convertibilité présentée comme illimitée des monnaies émises par les instituts d'émission de la zone franc. En contrepartie de cette convertibilité, les réserves de change sont centralisées à deux niveaux : les États des deux zones U.E.M.O.A et C.E.M.A.C centralisent leurs réserves de change auprès de leur banque centrale, lesquelles sont tenues d'en déposer 50% auprès du

---

[1] Une association collective d'épargne où chaque membre prend un capital à tour de rôle ou pour investir en commun.
[2] NUBUKPO, *op. cit.,* p.128.

Trésor français, sur un compte d'opérations ouvert au nom de chacune d'elles[1]. »

Franck-Batiano BASSAMBIE[2] explique la pertinence et les stratégies de mise en œuvre de la politique monétaire commune. L'intérêt de l'ouvrage réside dans le fait qu'il allie théorie et pratique. Il présente les inconvénients des différents régimes de change dans le monde et surtout en Afrique. Ainsi, « la question de la stabilité financière est devenue très largement internationale ; elle concerne aussi bien les systèmes financiers des pays développés que ceux des économies émergentes avec des effets de contagion souvent massifs[3]. » L'auteur passe aussi en revue le mécanisme opérationnel de la B.C.E.A.O avec l'U.E.M.O.A pour lequel il émet des critiques sur la gestion du système administratif de ces deux institutions financières. Toutefois, « la prise en compte des avoirs extérieurs nets peut se justifier par le fait que cet agrégat constitue l'un des objectifs de second rang de la politique monétaire dans la zone U.E.M.O.A. Par ailleurs, l'ancrage de la monnaie commune à l'euro à travers une parité fixe impose le respect de certaines normes de gestion de la politique monétaire[4]. »

L'une des conséquences du retard de la grande partie des pays africains, en l'occurrence les ex-colonies françaises, est la dépendance d'un nombre très restreint de produits d'exportation concurrentiels sur le marché mondial. En outre, le fait que la fixation du prix de ces produits échappe aux pays d'Afrique occasionne un faible taux d'investissement pour transformer les produits locaux sur place. Le continent africain présente aujourd'hui d'immenses richesses comparativement aux autres, mais reste le continent le moins développé et le moins avancé de la planète. À la suite de ce constat, on est en droit de se demander si les richesses du continent africain contribuent à son bien-être ou contribuent plutôt à son enlisement.

Alain BECART[5] questionne à cet effet les différentes difficultés liées à la transformation des sociétés africaines sur le plan politique et économique. Pour lui, le choix du franc CFA comme facteur d'unification entre la France et ses ex-colonies est le tournant dans l'histoire de l'intégration et du développement africain. « Dans de nombreux pays en développement riches en facteurs naturels, tout a été mis en œuvre pour produire et exporter

---

[1] Bruno TINEL, (2016), « Le fonctionnement et le rôle des comptes d'opérations entre la France et les pays africains » in Kako NUBUKPO et *al*, *Sortir l'Afrique de la servitude monétaire : à qui profite le franc CFA* ? Paris, La Dispute, p.106-107.

[2] BASSAMBIE, F-B., (2018). *Politique monétaire et de changement : le franc CFA, un choix optimal pour l'Union monétaire ouest-africaine ?* Paris, L'Harmattan, 323 pages.

[3] *Ibid.,* p.49.

[4] *Ibid.,* p.265.

[5] BECART, A., (1997). *Intégration et développement : bilan et perspectives de la Zone franc en Afrique.* Paris, l'Harmattan, DL, 330 pages.

directement ces ressources souvent agricoles (céréales, café, cacao, coton, sucre…), minières (cuivre, bauxite, manganèse, phosphates, métaux rares…) et pétroliers. Dans les années 1960, près de 85% des exportations des pays en développement se composaient de produits naturels[1]. »

En clair, il défend l'idée selon laquelle les cultures vivrières et les matières premières africaines sont extraverties. Aussi, est-il important de s'interroger sur la responsabilité des dirigeants africains dont certains détournent les biens publics à des fins personnelles et sur la politique d'exportation des ressources naturelles brutes vers le marché mondial au bénéfice d'une petite élite politique. Par ailleurs, dans la plupart des pays francophones, les questions de biens mal acquis, ainsi que les détournements de grande envergure sont légion et font couler beaucoup d'encre et de salive. Il convient de se demander si les dirigeants africains ont le vrai sens de l'intérêt général. Plus loin, il insiste sur les causes de la dévaluation du franc CFA en 1994 sous cinq critères. Selon lui, la dévaluation était inévitable car la zone franc était devenue une région à hauts risques. « Depuis le début des années 1990, les anticipations étaient telles que tout opérateur avisé ne pouvait ignorer l'existence d'un "risque monétaire", puisque le franc CFA qui continuait à être utilisé comme moyen de paiement, intervenait de moins en moins comme étalon de mesure, et plus du tout comme instrument de réserve ; d'un "risque de parité" assimilable à une indétermination de la valeur "interne" de la monnaie, puisque ses trois contreparties étaient devenues "virtuelles"[2]. »

Comme le dit bien René DUMONT[3] : « Si le FMI et la Banque mondiale se permettent souvent des ingérences fort discutables, notamment sur les budgets, on peut légitimement leur reprocher leur non-ingérence face à toute une série de gâchis et de gaspillages autrement dangereux, comme les dépenses excessives d'armements, les fraudes et la corruption, qui aboutissent trop souvent à des gaspillages somptuaires et à la fuite de capitaux. » Plus loin encore, il enchaîne : « À l'échelle mondiale en revanche, l'inexorable "loi du marché" est d'abord appliquée aux seuls produits primaires agricoles et miniers des pays pauvres. Ce qui a abouti à ce que nous avons appelé l'échange inégal entre ce qu'ils nous vendent bon marché (trop bon marché) et ce que nous leur fournissons très cher[4]. »

La politique mise en place par les Européens visait à leur permettre de se servir de l'Afrique comme un réservoir en ressources naturelles et minières. L'indépendance des pays africains n'enclenche rien de nouveau par rapport aux objectifs prédéfinis par certaines anciennes métropoles, en l'occurrence la

---

[1] *Ibid.,* p.37.

[2] *Ibid.,* p.219-220.

[3] René DUMONT, (1991). *Démocratie pour l'Afrique. La longue marche de l'Afrique noire vers la liberté.* Paris, Seuil, vol.1, p.49.

[4] *Ibid.,* p.91.

France avec ses ex-colonies. Cette donne amène Esse AMOUZOU[1] à faire revivre un passé à la fois douloureux et passionnant cinquante ans après les indépendances des pays africains. Il présente les dessous des luttes fratricides, les guerres et les conflits d'intérêts dont sont victimes les Africains.

Ainsi, « l'approche du développement centré sur la primauté des investissements a révélé de graves lacunes au grand jour. Les investisseurs qui étaient pour la plupart des Occidentaux ne pouvaient accepter de contribuer à la mise en place sur le continent des industries qui plus tard, concurrenceront la production européenne[2]. » Il dénonce le désintérêt de la France par rapport au développement de l'agriculture dans ses anciennes colonies. Cependant, les situations auxquelles se sont confrontées les États africains les avaient obligés à prendre un certain nombre de mesures.

3. REFORMES ET PLAN QUINQUENNAL DES ANNÉES 1970 : POUR QUELLE FINALITÉ ?

La politique de ralentissement des investissements à partir des années 1970 s'explique par deux faits majeurs : les mauvaises gestions économique et sociale qu'ont connues les pays de la zone franc après les indépendances et l'inquiétude des bailleurs de fonds qui craignaient d'investir dans des pays à parti unique au dirigisme économique rendant le climat pas assez favorable aux affaires. Les politiques africaines ont subi le diktat des bailleurs de fonds sans réussir à faire de leurs peuples la moelle épinière du développement. Ainsi, « les difficultés actuelles en Afrique subsaharienne sont attribuées en partie au manque de compétitivité des structures économiques et des exportations[3]. »

Soixante ans après les indépendances, on constate que les peuples africains sont bien loin de l'espoir tant prôné par la collaboration avec la France au début des années 60. Ils sont même gangrénés par de multiples maux complexes, à savoir : un taux de chômage élevé ; l'augmentation du taux d'endettement ; l'explosion démographique ; les tensions politiques, économiques et sociales ; les guerres civiles… À la suite de ces constats, il est temps que l'élite africaine dresse un bilan critique des actions de développement menées depuis les indépendances afin de connaître le rôle joué par chaque acteur potentiel aux plans économique et social.

La croissance économique de l'Afrique est relativement faible par rapport à celle des autres continents, ce qui traduit le retard de l'Afrique sur le plan économique. La notion de produit intérieur brut (PIB) fut inventée après la Deuxième Guerre mondiale pour estimer la progression ou la régression d'une

---

[1] Esse AMOUZOU, (2009). *L'Afrique 50 ans après les indépendances*. Paris, l'Harmattan, 273 pages.

[2] *Ibid.*, p.141.

[3] Clair MAINGUY, (1998). *L'Afrique peut-elle être compétitive* ? Paris, Karthala, p.176.

nation[1]. Aujourd'hui, le taux de la croissance démographique en Afrique est alarmant. Selon l'INED[2], l'Afrique subsaharienne conserve la croissance la plus rapide au monde depuis l'an 2000 (autour de 2,7 % par an contre 0,3 % à 1,8 % ailleurs), une fécondité très élevée bien que légèrement en déclin (4,7 enfants par femme en 2017 contre 1,7 à 2,8 ailleurs). La mortalité la plus forte (61 ans d'espérance de vie), mais en nette diminution (8 ans d'espérance de vie la séparent de l'Asie du Sud aujourd'hui, contre 12 ans en 2000). De 2000 à 2017, la population de l'Afrique a augmenté de 58 % alors que celle du reste du monde de 19 %[3].

Selon les données de la Banque mondiale, l'Afrique subsaharienne compte plus d'un milliard d'habitants, dont la moitié aura moins de 25 ans en 2050[4]. Ce continent est aujourd'hui confronté au boom de sa population. Si certains pays de l'Occident sont en phase de veillement, les pays d'Afrique connaissent une croissance démographique assez spectaculaire au cours de la dernière décennie. Ainsi, « la situation instable de certains pays comme ceux de la zone franc en particulier est l'un des facteurs cruciaux qui poussent la jeunesse vers la recherche du bien-être et de l'Eldorado. Les raisons de ce mouvement sont aussi multiples que diverses[5]. » Cela indique que la situation économique de ces populations d'Afrique se dégradera davantage si rien n'est fait pour l'améliorer.

« Pour comprendre ces mauvaises performances, il faut se reporter aux stratégies de développement adoptées par les dirigeants africains au lendemain de l'indépendance, ainsi qu'au mode de fonctionnement même de l'économie de l'Afrique subsaharienne. Ces stratégies s'inspireraient des théories et modèles de développement élaborés par des économistes et experts étrangers[6]. » On se rend compte alors que la théorie appliquée au modèle économique des pays africains répond peu aux réalités économiques africaines. Face à de telles situations, les chefs d'État sont dans l'obligation de contracter de façon massive de l'emprunt extérieur aussi bien à court, à moyen qu'à long terme à des conditions parfois trop onéreuses, plongeant de

---

[1] Le PIB permet d'évaluer la totalité des biens et services dans un pays en un temps donné.

[2] Institut National d'Études Démographiques.

[3]https://www.ined.fr/fr/tout-savoir-population/memos-demo/focus/les-evolutions-demographiques-de-lafrique-subsaharienne-entre-2000-et-2020-et-les-defis-dici-2050/, consulté le 9 décembre 2021.

[4] https://www.banquemondiale.org/fr/region/afr/overview#1, consulté le 9 décembre 2021.

[5] Komi ABALO, (2021), « La France sans sa botte, l'Afrique réalité un jour ? », in *Togobreakingnews*, 18 novembre 2021.

[6] ALIPUI, *op. cit.*, p.3.

plus en plus le continent dans un gouffre sans fond. Selon Stéphane Ballong[1], la dette africaine est estimée à 771 milliards de dollars en fin 2018 et les quatre groupes de créanciers sont la Chine, le club de Paris[2], le FMI, la Banque mondiale et les investisseurs privés. Le constat est aujourd'hui clair : les Africains ne vivent pas mieux de nos jours qu'il y a cinquante ou soixante ans.

Dans cette situation, le poids de la dette finit, le plus souvent par conduire les États dans les privatisations de leurs propres sociétés. Les grands bailleurs de fonds capables d'acheter les entreprises ou mini industries sont encore les étrangers, en l'occurrence les Français qui achètent des matières premières à travers les sociétés qui relèvent de leur zone d'influence. Ainsi, « les différentes sociétés africaines sont achetées par les étrangers pour pallier les déficits de l'État, mais contribuent en réalité à l'assujettissement des populations ; d'autant puisque les ressources mobilisées sont exportées vers le pays d'origine des acquéreurs[3]. »

Dans cette logique, avec des succursales des banques françaises, il est plus facile pour un Français d'emprunter pour acheter une entreprise africaine. Face à un tel enjeu, les Africains n'ont pas les moyens de racheter leur entreprise. Même s'ils en ont l'intention, le prêt auprès d'une banque française serait un défi capital, à partir du moment où un Français veut le même prêt pour acheter la même entreprise. Ces entreprises sont souvent achetées à vil prix en complicité parfois avec certains dirigeants africains. « La politique économique africaine devient de plus en plus fragile. Elle est à l'image des soldes en Occident : tant que les Occidentaux n'ont pas sifflé la fin de la partie, les prix des matières premières resteront au *statu quo* ou continueront de chuter davantage. L'Afrique n'a pas besoin d'argent ni de l'aide de l'Occident, mais de transfert de technologie. Pour fabriquer de l'engrais, nous avons besoin de phosphate du Togo par exemple avec des gens capables d'assumer la bonne gestion. L'important n'est pas de créer une monnaie[4]. » Par la même occasion, on crée aussi l'inflation si les politiques de contrôle ne sont pas bien définies.

---

[1] Dans *Jeune Afrique*, « qui détient la dette africaine », 15 juin 2020. https://www.jeuneafrique.com/1001378/economie/qui-detient-la-dette-africaine/, consulté le 7 décembre 2021.

[2] Le Club de Paris compte 22 membres permanents parmi lesquels la France, les États-Unis, la Belgique, l'Allemagne, le Japon, la Suisse et le Brésil.

[3] Victor Komla ALIPUI, ancien ministre de l'Économie et des Finances du Togo, d'après nos entretiens de terrains en décembre 2020.

[4] Komi ABALO, (2021), « La présence française en Afrique : pour quel bilatéralisme enfin ? », in *Togobreakingnews.info*, 21 mars 2021.

D'après Victor Komla ALIPUI[1], pour résoudre les questions de financement et encourager les transformations, trois moyens peuvent être envisagés : la monnaie, le commerce international et l'aide internationale.

- **En ce qui concerne la monnaie,** il s'agit de lui faire jouer son rôle de division de travail et de redistribution de revenu indispensable à la réorientation de l'économie et à la formation de capital. La monnaie doit servir comme un élément d'incitation pour encourager certains secteurs de la production et utiliser également la réinsertion des jeunes diplômés sans-emploi et des chômeurs dans le circuit économique.
- **Pour le commerce international,** la stratégie consistera à dégager un excédent de la balance commerciale, à l'instar des pratiques de l'époque mercantiliste. Cet excédent servira non seulement à soutenir l'effort d'assainissement du système moderne, mais à financer l'importation des équipements et la technologie indispensable à la redynamisation du secteur traditionnel et à la résorption du chômage.
- **L'aide internationale** complètera l'excédent de la balance commerciale. Mais un mécanisme de contrôle doit être conçu pour éviter qu'elle ne conduise à une situation d'endettement excessive. Les investissements directs susceptibles de contribuer à la politique d'assainissement et de transformation pourront être encouragés ; l'une des exigences à envisager étant le transfert de technologie.

Seul le travail est à la base de toute création de richesse d'une nation, aucune aide ne peut se substituer à lui. L'aide accordée aux pays africains par la France par exemple, est en euro et déposée dans un compte en France. Le pays à qui l'aide est accordée procède par l'acquisition de ce compte, tout en acceptant les clauses de certains contrats déjà préétablis ; pour l'achat des marchandises de marques françaises, le transport est assumé par les compagnies françaises jusqu'au port de Lomé par exemple, incluant les frais de frets et d'assurance. Une fois à destination, les frais de douane et de déchargement s'appliquent. « L'aide est toujours liée et est différente d'un don. À titre illustratif, si quelqu'un vous aide c'est qu'il a trouvé un crédit. Si la France vous accorde 10 milliards dans une banque française, cela est synonyme de crédit qu'on ouvre à une échéance. Vu que c'est un prêt, il faut le rembourser avec des intérêts[2]. »

Ce manque ou cette absence de contrôle de la politique monétaire des pays de la zone franc démontre parfaitement la confiscation de la souveraineté monétaire des pays de la zone franc. À titre illustratif, lors de la colonisation, les travaux tels que la construction des chemins de fer, les routes et toutes sortes de travaux forcés ont été réalisés par les Africains qui ont les bras

---

[1] ALIPUI, V, K., (1998), *« Le développement économique vu par les Africains »*, inédit, p.15.

[2] Victor Komla ALIPUI, ancien ministre de l'Économie et des Finances du Togo, d'après nos entretiens de terrains en décembre 2020.

validides, tout comme en France quand les Nazis l'ont occupée. Aujourd'hui, il suffit de donner des emplois à la jeunesse. Cela éviterait que les jeunes partent en Occident au péril de leur vie par des voies illégales et souvent dangereuses.

Claire MAINGUY[1] s'interroge fréquemment sur les raisons du manque de compétitivité de l'Afrique et sur les moyens d'y remédier. Elle trouve que les efforts entrepris pour développer d'autres activités, notamment dans le secteur manufacturier, ont connu des succès éphémères. Elle se pose des questions sur les perspectives de compétitivité. L'auteur analyse les manques de précision qui caractérisent souvent l'utilisation du concept de compétitivité et donne une approche qui permet de mieux comprendre le contexte africain. Kwame NKRUMAH pense que : « Nous avons à nous arracher aux griffes de l'impérialisme économique et à protéger notre liberté. En même temps, nous devons travailler sans relâche à la complète libération et à l'unité de l'Afrique[2]. » Œuvrer pour son autodétermination ne serait pas sans doute chose facile. Il faut donc aussi s'attendre à des représailles, comme ce fut le cas de « l'opération persil ».

4. OPÉRATION PERSIL

L'opération persil fut une action secrète menée par le gouvernement français en 1959 dans le but de déstabiliser la Guinée de Sékou Touré à la suite de son rejet du franc CFA et de son opposition au projet de Communauté française proposée par le général de Gaulle aux colonies française en 1958. L'objectif de cette opération, au-delà de viser le renversement de l'homme fort de la Guinée d'alors, Sékou TOURE, aux tendances communistes, était également de faire couler économiquement son pays à travers l'inflation afin de jeter du discrédit sur la nouvelle monnaie (franc guinéen). La France inondait de ce fait, de fausses monnaies dans le pays ; les faux billets plus résistants remplacent les billets originaux, bien que la masse monétaire fût restée à peu près constante[3].

Plus que jamais résolue à punir la Guinée, et craignant qu'elle devienne un moyen pour le bloc de l'Est de déstabiliser la toute nouvelle Communauté française d'Afrique, la France décide, début 1959, de faire tomber le pouvoir

[1] Claire MAINGUY, (1998). *L'Afrique peut-elle être compétitive ?* Paris, Karthala, 215 pages.

[2] Kwame Nkrumah, (1994). « *L'Afrique doit s'unir* », Paris, Présence africaine, p.15.

[3] La rédaction de Mondafrique, « Série guerre froide (1/4) le fiasco de l'opération Persil contre Sékou Touré », *Jeune Afrique*, 28 décembre 2021, https://mondafrique.com/serie-guerre-froide-1-le-fiasco-de-loperation-persil-en-guinee/#_ftn2, consulté le 10 janvier 2022.

en place[1]. Baptisée « Persil », du nom d'une lessive vantée alors par toutes les publicités, cette opération a un quartier général (QG) installé à Dakar, au Sénégal[2]. Considéré comme l'un des plus grands contestataires de l'ordre colonial en Afrique subsaharienne, Sékou Touré, à la différence des autorités africaines à l'époque, n'a pas mâché ses mots devant le général de Gaulle. À partir de 1958, presque toute l'Afrique subsaharienne était encore sous la dépendance des métropoles européennes, à l'exception du Ghana[3] qui venait d'accéder à son indépendance le 6 mars 1957. En effet, la Guinée de Sékou Touré avait été le seul pays francophone qui le 2 octobre 1958, devint indépendant.

Ainsi, pour Dossou OLOUGBEGNON et Komi ABALO[4], « le Mali, tout comme les autres anciennes colonies françaises d'Afrique, a hérité et subi l'impérialisme colonial français. En 1960, l'accession du Mali à la souveraineté internationale lui permit certes, de prendre en mains son destin, mais la persistance du franc CFA demeura l'une des reliques qui le liait à son passé colonial. Les nouvelles autorités du Mali indépendant ont très tôt compris qu'aucune souveraineté n'est possible sans une autonomie monétaire. »

Quant à la déstabilisation de la Guinée, Maurice Robert[5] avoua bien des années plus tard qu'il y avait participé. « Nous devions déstabiliser Sékou TOURÉ, le rendre vulnérable, impopulaire et faciliter la prise de pouvoir par l'opposition. Nous avions donc décidé d'armer et d'entraîner des opposants guinéens pour qu'ils développent un climat d'insécurité en Guinée et si possible, qu'ils renversent Sékou TOURÉ[6]. » On comprend mieux l'intérêt

---

[1] Feu Yawovi AGBOYIBOR, homme politique et ex Premier ministre du Togo du 20 septembre 2006 au 6 décembre 2007, entretien du 22 avril 2018 à son domicile à Lomé.

[2] Christian Eboulé, Guinée, « la souveraineté monétaire, une histoire mouvementée, TV5 Monde, 9 mars 2020, https://information.tv5monde.com/afrique/guinee-la-souverainete-monetaire-une-histoire-mouvementee-344029, consulté le 21 janvier 2022.

[3] Le Ghana accéda à son indépendance le 6 mars 1957 et est une ex-colonie britannique.

[4] ABALO et OLOUGBEGNON, (2022), « Sanctions contre le Mali : apocalypse du système français ou genèse d'un Mali nouveau ? », in *Togobreakingnews.info*, paru le 18 janvier 2022.

[5] Maurice Robert est un proche de Jacques Foccart et un ancien membre du service de documentations extérieures et de contre-espionnage (S.D.E.C.E) et chef du secteur Afrique du SDECE. Il fut également ambassadeur au Gabon et l'un des piliers de la Françafrique.

[6] « Ministre de l'Afrique », Entretien avec André Renault, le Seuil, 2004, cité dans la Rédaction Monafrique, 28 décembre 2021.
https://mondafrique.com/serie-guerre-froide-1-le-fiasco-de-loperation-persil-en-guinee/#_ftn1, consulté le 14 janvier 2022.

français dans cette partie d'Afrique. L'opération persil contre la Guinée est une forme de mise en garde adressée aux pays africains sous dépendance monétaire française. Elle traduit le danger qui les guette s'ils osent sortir de la couverture monétaire du franc CFA. Cette crise a marqué pendant longtemps la situation géopolitique de la Guinée. « La France accepte le fait accompli, mais ne procède pas à la reconnaissance. Elle transfert à la Guinée les bâtiments officiels, laisse sur place des équipes réduites, mais annonce qu'il n'y aura plus d'aide budgétaire et que de nombreux projets seront arrêtés. On brûle des dossiers, on emballe des archives, on rapatrie militaires et fonctionnaires[1]. »

Avec le temps, Sékou TOURÉ devient la bête noire de Paris et de l'Élysée. La France révise son agenda et supprime son aide à la Guinée à cause de son projet trop ambitieux, ses comptes sont gelés auprès des institutions financières françaises. Cela va pousser progressivement la Guinée à se tourner vers le bloc de l'Est pour se protéger économiquement[2]. Ainsi, une nouvelle forme de politique se dessine par le rapprochement de la Guinée avec le bloc de l'Est. Dans cette logique, « malgré les coups très rudes portés par l'ancienne puissance coloniale, le régime de Sékou TOURÉ résiste, soutenu en particulier par la Chine et l'Union soviétique. Au fil des mois, il devient socialiste. Le courage du jeune président lui attire sympathie et rayonnement international. Le 1er mars 1960, soit dix-sept mois après l'indépendance, le franc guinéen est créé, en même temps que la BRG, la Banque de la République de Guinée, le nouvel institut d'émission[3]. »

Le désir de Modibo Keita du Mali de dégager son pays du joug monétaire de la France, tout comme celui de son homologue du Togo indépendant, Sylvanus OLYMPIO, aboutit à un échec fatal. Leur objectif est de mettre sur pied leur propre monnaie, le franc du Mali en 1962, aux dépens du franc. Nationaliste convaincu, Modibo aurait payé le prix de son combat contre le franc CFA par sa chute à travers le coup d'État orchestré contre lui par Moussa TRAORÉ le 19 novembre 1968[4]. Le projet de De Gaulle ne menait en rien à

---

[1] André Lewin, (2006), « le 02 octobre 1958, la Guinée de Sékou Touré proclame son indépendance », *Jeune Afrique,* 2 octobre 2016. https://www.jeuneafrique.com/132294/archives-thematique/la-guin-e-proclame-son-ind-pendance-2/, consulté le 20 janvier 2022.

[2] Feu Yawovi AGBOYIBOR, homme politique et ex Premier ministre du Togo du 20 septembre 2006 au 6 décembre 2007, entretien du 22 avril 2018 à son domicile.

[3] Christian Eboulé, Guinée, « la souveraineté monétaire, une histoire mouvementée, TV5 Monde, 9 mars 2020, https://information.tv5monde.com/afrique/guinee-la-souverainete-monetaire-une-histoire-mouvementee-344029, consulté le 21 janvier 2022.

[4] ABALO, K. et OLOUGBEGNON, D. O., (2022), « Sanctions contre le Mali : apocalypse du système français ou genèse d'un Mali nouveau ? », Togobreakingnews, 18 janvier 2022.

l'indépendance, mais à une forme de dépendance politique basée sur une collaboration, car les Africains « doivent choisir entre faire partie d'une fédération dominée par la France ou devenir indépendants ; dans ce dernier cas toutefois, De Gaulle a prévenu qu'il ne manquera pas de tirer les conséquences de la nouvelle situation, et qu'il mettra fin à toutes les aides[1]. »

En réponse aux menaces des autorités françaises contre les pays africains afin de les pousser à adopter leur projet de communauté de 1958, Sékou TOURÉ affirme : « Nous ne renoncerons pas et nous ne renoncerons jamais à notre droit légitime et naturel à l'indépendance. » Face au chantage du général de Gaulle qui brandissait l'aide française comme une arme, Sékou TOURE a été très intraitable lorsqu'il affirmait : « Nous préférons la pauvreté dans la liberté à la richesse dans l'esclavage[2]. »

II- ÉTUDE COMPARÉE DES ZONES B.C.E.A.O., B.E.A.C. ET DES COMORES

La France, pour une parfaite maîtrise de sa politique dans ses anciennes colonies, comme à l'époque coloniale d'ailleurs, a su mettre sur pieds différentes zones économiques qui évoluèrent différemment. « L'essence des accords de paiement consiste dans l'ouverture d'un compte - ou de plusieurs comptes - destiné à retracer l'ensemble des transactions entre deux zones monétaires également pourvues d'un contrôle des changes, les deux partenaires prenant les dispositions nécessaires pour que les paiements puissent être effectués, quelles que soient les vicissitudes temporaires de la balance des paiements entre les deux zones. Un tel système suppose donc un accord sur : les transactions à enregistrer dans les comptes de l'Accord ; les modalités de paiement ; les marges de crédit[3]. » L'appartenance à ces trois zones précitées ne donnait pas la possibilité d'échanges systématiques entre elles. Cependant, si un Togolais veut convertir le franc CFA de la zone ouest africaine en franc CFA de la zone centrale ou s'il veut déplacer ses avoirs dans une autre zone, il lui suffit de se présenter dans l'une des banques de sa zone. Grâce à la libre convertibilité, cela lui est possible. Le franc CFA est interchangeable entre les institutions bancaires quand on quitte une zone pour

---

https://togobreakingnews.info/sanctions-contre-le-mali-apocalypse-du-systeme-francais-ou-genese-dun-mali-nouveau/

[1] Guia MIGANI, (2012), « Sékou Touré et la contestation de l'ordre colonial en Afrique subsaharienne, 1958-1963 », in *Monde* (s), 2012/2 (N° 2), p.7.

[2] Claude WAUTHIER, (1995), « *Quatre présidents et l'Afrique : de Gaulle, Pompidou, Giscard d'Estaing, Mitterang* ». in Guia MIGANI, « Sékou Touré et la contestation de l'ordre colonial en Afrique subsaharienne, 1958-1963 », Paris, Le Seuil, p.82.

[3] Archive nationale du Bénin, « le contrôle des changes et du commerce extérieur dans la zone franc », dossier du 5 et 20 juillet 1959, série Q traitant des affaires économiques n° XLVI,1,2, p.7.

une autre. Cela veut dire que les trois monnaies de la zone franc sont convertibles entre elles. Elles le sont à la banque et non sur le marché local. « Grâce à la libre convertibilité et à la libre transférabilité internes dans la zone franc des monnaies de la zone, les hommes et les marchandises peuvent s'y déplacer librement[1]. »

À titre illustratif, deux billets de 10.000 francs dans les deux espaces monétaires (B.C.E.A.O, B.E.A.C).

Photo n° 1. Les différents billets de l'espace BCEAO et BEAC

Recto verso d'un billet de 10.000 franc CFA en Afrique de l'Ouest

Recto verso d'un billet de 10.000 francs en Afrique centrale

Source : Komi ABALO, d'après le regroupement de nos informations

Les différentes monnaies de la zone franc ne sont pas en réalité des devises. Elles sont plutôt des instruments de la monnaie française dont l'une des fonctions est de contrôler la politique économique des pays de la zone franc. C'est une monnaie qui ne donne pas d'accès direct à un pouvoir d'achat sur le marché local. À titre illustratif, lorsqu'on quitte le Togo (appartenant à la zone B.C.E.A.O de l'Afrique de l'Ouest) pour se rendre en Afrique centrale par exemple avec le franc CFA, il est impossible d'acheter quoi que ce soit avec cette monnaie sur le marché, parce que le franc CFA de l'Afrique de l'Ouest est différent de celui de l'Afrique centrale et de celui des Comores. Néanmoins, « dans une zone monétaire, toutes les monnaies sont convertibles entre elles. Pour cette raison, les trois monnaies de la zone franc sont convertibles entre elles : ainsi, si un Sénégalais veut convertir en FCFA des

[1] François Kéou TIANI, (2002). *Le franc CFA, la zone franc et l'euro*. Paris, l'Harmattan, p.39.

francs comoriens qu'il détient, il n'y a pas de formalité, ni de difficultés quelconques. S'il en est ainsi, c'est parce que les différentes monnaies ne sont pas des devises entre elles, mais tout simplement des sous-multiples de la monnaie française[1]. » L'auteur nous fait comprendre la convertibilité du franc CFA d'une zone monétaire à une autre.

Les conséquences pour un simple commerçant demeurent que le franc CFA de l'Afrique de l'Ouest n'est valable que sur le marché local de la même zone monétaire. Comme le taux de la bancarisation en Afrique est faible, les commerçants se déplacent avec une forte somme d'argent. Il est aussi évident de constater que la grande partie de ces commerçants sont analphabètes et donc incapables de bien gérer leurs avoirs dans les banques. « Les limites du fonctionnement du système semblent être atteintes avec la raréfaction de la liquidité. Concrètement, cela veut dire que, dans une aire monétaire où chacun a la garantie de la parité du franc CFA avec le franc français, et donc de la convertibilité de ses avoirs, il est devenu souvent impossible de retirer ses dépôts auprès d'une banque centrale africaine, B.C.E.A.O et B.E.A.C qui sont devenues déficitaires, la perte de ressources des États ayant été telle que les règles de fonctionnement des instituts d'émission n'ont plus été respectées et que le déficit s'est réfugié finalement auprès du Trésor français[2]. »

Olivier VALLEE décrit l'urgence d'une réflexion et d'un débat autour de la zone franc. Pour lui, ce ne sont pas seulement les relations franco-africaines qui sont en cause, ni même l'hypothétique développement du continent. Ce sont également l'avenir d'un modèle de consommation et le statut d'une classe dominante qui se jouent. Le taux de fixité de la monnaie est invariable et mis au point par la France. Cette monnaie n'est pas compétitive à l'échelle internationale, ce qui empêche le développement et la présence des investisseurs de ces pays africains. « Pour la France, la coopération monétaire offre une instance de dialogue avec l'ensemble des États de la zone et permet de promouvoir un cadre macroéconomique stable pour la conduite des politiques économiques. La France est naturellement attachée au développement, notamment économique de ses partenaires[3]. »

Le franc CFA n'est pas convertible en France ; même s'il l'est entre les pays de la zone monétaire, la méthode est différente de celle de l'euro entre les pays qui l'utilise. Un exemple permet de comprendre la situation. Il suffit

---

[1] François Kéou TIANI, (2002). *Le franc CFA, la zone franc et l'euro*. Paris, l'Harmattan, p.38-39.

[2] Olivier VALLÉE, (1989). *Le prix de l'argent CFA : Heurs et malheurs de la zone franc*. Paris, Karthala, p.4.

[3] Ministère de l'Europe et des affaires étrangères, « La coopération monétaire entre l'Afrique et la France : le franc CFA », https://www.diplomatie.gouv.fr/fr/dossiers-pays/afrique/la-cooperation-monetaire-entre-l-afrique-et-la-france-le-franc-cfa/#sommaire_2, consulté le 5 mai lors de nos recherches en France.

de se présenter à n'importe quelle banque (France, Canada, États-Unis...) pour l'échange du franc CFA contre l'euro ou le dollar, la réponse est surprenante : cette monnaie n'est pas reconnue par les institutions financières, pourtant elle a été fabriquée en France pour les pays africains. Le second aspect, c'est qu'entre les pays africains eux-mêmes, cette monnaie n'est pas utilisable sur le marché local quand on se déplace d'une zone monétaire à une autre. Pourtant les deux zones utilisent le franc CFA. Ce serait comme si un Belge ne pouvait prétendre utiliser les billets « euros » qu'il possède quand il se rend en Allemagne. Cela signifie que la France a cloisonné les trois zones monétaires pour en faire sa propriété.

Cette façon de gérer le franc CFA ne peut en aucun cas permettre un développement durable. Partons d'un exemple : un Chinois fait du commerce au Togo et il a obtenu des francs CFA qu'il remet à une institution financière au Togo et celle-ci les remet au guichet de la B.C.E.A.O. Cette dernière les achemine à son tour sur un compte du Trésor français à la Banque de France. La France s'en servira pour racheter sur le marché des « Yuans » qui seront transférés en Chine. Ce sont les problèmes auxquels sont confrontées les Banques africaines au-delà de leur non-souveraineté monétaire. Dans cette analyse, l'Afrique perd, car non seulement elle ne contrôle pas sa monnaie, mais aussi la durée de ces transactions peut faire fuir les bailleurs de fonds ou empêcher les hommes d'affaires d'investir.

Par-dessus les aspects caricaturaux de cette monnaie, il faut reconnaître que le franc CFA a permis de multiples avantages aux Africains. L'appartenance des pays de la zone franc à la Francophonie est une forme d'identité et n'exclut en rien le droit de participer à d'autres organisations similaires, à l'exemple du Cameroun, du Togo et du Gabon qui sont à la fois membres de la francophonie et du Commonwealth. On note également une sorte de solidarité entre les pays de la zone CFA ; celle-ci « se situe à deux niveaux : on distingue la solidarité entre les pays membres de l'Afrique centrale et la solidarité entre les pays membres de l'Afrique de l'Ouest. La solidarité régionale signifie que les pays membres régionaux coopèrent entre eux dans le cadre de la zone franc[1]. » Cette solidarité est née du fait de l'usage de la même monnaie coloniale et surtout de leur appartenance à la francophonie.

On note également une assistance financière prioritaire de la France à ses ex-colonies et la facilité des transferts internationaux à des taux faibles. On peut facilement comprendre aujourd'hui pourquoi il existe des moyens de transfert, tels Western Union, Ria... entre la France et ses partenaires africains. L'aide de la France au développement des pays de la zone franc est un privilège que n'ont pas les autres pays africains. Dans cette perspective, il importe de se demander si l'aide joue réellement un rôle essentiel dans la croissance économique d'un pays. « À Copenhague, lors de la session

---

[1] TIANI, *op. cit.*, p.24.

annuelle du Fonds monétaire international, la France est décidée à soutenir les pays africains et malgache de la zone franc qui s'inquiètent – à juste titre, semble-t-il – des démarches du Japon pour s'octroyer le poste d'administrateur au Conseil du Fonds, poste qu'ils détiennent depuis plusieurs années déjà[1]. »

Dans un numéro de *Jeune Afrique,* Omar THIAM[2] décrit les avantages et les désavantages du franc CFA à travers des exemples précis. « À entendre ses pourfendeurs, il aurait suffi que le franc CFA ne soit plus fabriqué en France, que le compte d'opération, que ses objets de tous les fantasmes n'y soient plus domiciliés, que les responsables et les fonctionnaires des instituts d'émission monétaire concernés soient mal payés pour que les quatorze pays de la zone franc deviennent des « lions marquant leur territoire ». Se taire face à ce discours revient à être complice d'une publicité mensongère[3]. »

Pour l'auteur, certains faits confirment des bienfaits du franc CFA. « L'aspect le plus positif du maintien d'un taux de change fixe pour les pays africains se situe au niveau de la stabilité des prix. Les pays de la zone ne subissent aucun risque de change ni de pénurie de liquidités, en vertu de la convertibilité du franc CFA à l'euro. [...]. Le franc CFA est aussi un facteur de développement des échanges commerciaux et des investissements directs étrangers (I.D.E). »

Plus loin, l'auteur pense que « les principaux détracteurs de cette monnaie seraient en erreur de considérer que le franc CFA est responsable des déficits commerciaux qu'ont connu les pays de la zone franc[4]. » La figure ci-dessous présente la gouvernance des trois banques centrales africaines.

[1] *Daho presse* n° 350 du 30 septembre 1970, « à la conférence de la zone franc : renforcement de la coopération », Archive nationale du Bénin, dossier série Q traitant des affaires économiques.

[2] Omar Thiam, (2019), « Et si le franc CFA n'était pas le problème ? », *Jeune Afrique*, 59 (3040), 61–61.

[3] *Ibid.*

[4] *Ibid.*

Figure n° 5. Architecture des zones

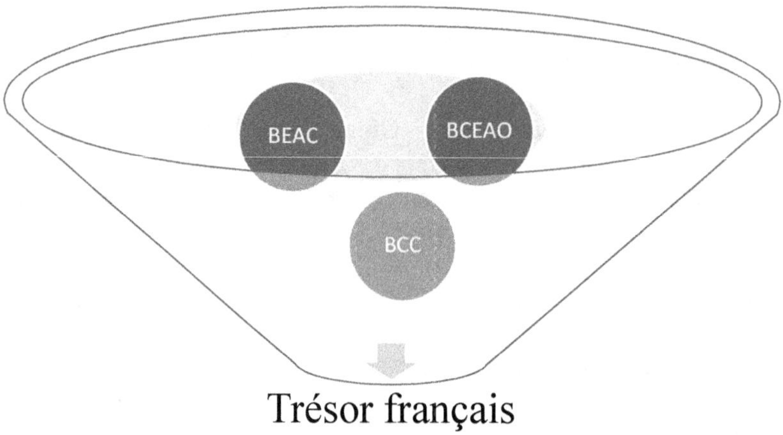

Source : Komi ABALO, d'après les recoupements des informations.

Cette image permet d'expliquer la politique de dépendance monétaire des anciennes colonies françaises vis-à-vis de la France. Comme un système d'entonnoir, les différentes monnaies de la zone franc des trois zones monétaires en Afrique ne sont pas des devises entre elles. Elles sont plutôt, comme dit plus haut, des sous-multiples de la monnaie française, ce qui permet à la France de maitriser la politique économique de ces pays. En réalité, ces trois banques dites « centrales » n'ont en rien la souveraineté d'une banque centrale, comme c'est le cas de la Banque de France pour le franc ou la banque centrale du Nigéria pour le Naira. Cette image donne tout son sens aux Comptes d'opérations auxquelles sont liés les pays de la zone franc. Dans cette politique entre les trois zones monétaires, la France est le maître du jeu. Elle reste l'entonnoir dans lequel se fondent tous les autres systèmes monétaires du franc CFA.

On se rend compte à quel point le franc CFA peut créer des États-clients et les téléguider. La solution de la souveraineté monétaire consiste pour les pays indépendants de la zone franc à adopter leur propre monnaie. Pourtant, force est de constater le manque d'unanimité des chefs d'État africains face aux défis de l'heure. La France imprime une monnaie commune à quinze (15) pays d'Afrique disposant d'importantes richesses. De plus, le continent africain pourrait développer des industries attractives, limitant ainsi les besoins d'alignement de sa monnaie sur les monnaies fortes. De ce point de vue, la monnaie commune d'abord des pays de la zone franc et ensuite de l'Afrique en général serait compétitive sur le marché international. Mais le manque de volonté des gouvernants peut avoir une grande responsabilité dans les crises économiques et politiques. Kwame NKRUMAH[1], était déjà en avance sur son temps lorsqu'il disait : « Pour être sûr que leur hégémonie sur ce continent ne cessera pas, ils feront tout pour combattre chez les masses africaines la volonté croissante d'unité. De même que notre force est dans une politique unie du progrès, de même la force des impérialistes est dans notre désunion. »

Dans la course à la création d'une monnaie commune africaine, feu le président Kadhafi a marqué une grande volonté de la matérialiser en mobilisant ainsi d'importantes ressources. Depuis sa mort, personne n'est plus capable, du moins pour le moment, de tenter une aventure de souveraineté monétaire. Les dirigeants actuels évitent le risque de reprendre le flambeau au regard des conditions de sa mort. Il avait un projet trop ambitieux pour l'Afrique face à un monde occidental capitaliste basé sur la loi du plus fort.

L'Afrique est à la recherche de leaders capables de prendre des décisions pour l'intérêt national. Ceux qui ont été assez téméraires pour s'opposer à la France ont été des exemples à ne pas suivre. La liste n'est pas exhaustive, mais nous pouvons retenir, entre autres, Kwame NKRUMAH du Ghana, père du panafricanisme ; Sylvanus OLYMPIO du Togo pour ses ambitions monétaires pour son pays ; Thomas SANKARA du Burkina Faso qui s'opposa au remboursement des dettes coloniales ; la Guinée d'Ahmed Sékou TOURÉ qui retoqua sèchement le projet de partenariat offert par le général de Gaulle en 1958 (ce qu'il a dû payer au prix fort à travers entre autres, l'opération persil) ; Patrice Lumumba du Congo-Kinshasa assassiné en janvier 1961 avec l'accord de Bruxelles et des États-Unis[2] ; Modibo KEITA du Mali pour ses projets de souveraineté que la France a jugés trop ambitieux pour son pays, notamment sa volonté de rompre avec le franc CFA pour battre sa propre monnaie ; Laurent GBAGBO, président de la Côte d'Ivoire de 2000 à 2011, qui pour sa part, a vite compris que l'indépendance politique sans l'indépendance monétaire n'a pas de sens. Ceci lui valut la déchéance du pouvoir et son incarcération à la Cour pénale internationale pendant dix (10) ans. Une thèse chère à l'ex-président de la Côte d'Ivoire, Laurent GBAGBO, en ce qui concerne la « seconde indépendance » veut que les pays francophones africains réclament des comptes à leur ancienne métropole.

Il résulte de cet état de fait que les pays africains perdent sur plusieurs plans. Sur le plan économique, ils doivent échanger la plupart de leurs produits avec la seule France qui contrôle encore jusqu'à nos jours leur monnaie (pourtant réputée être le principal outil de développement des États). Sur le plan social et culturel, les programmes d'éducation et d'animation

---

[1] Kwame NKRUMAH, (1994). « *L'Afrique doit s'unir* », Paris, Présence africaine, p.15.

[2]https://information.tv5monde.com/afrique/17-janvier-1961-de-l-assassinat-de-patrice-lumumba-la-naissance-d-une-ideologie-lumumbiste, consulté le 21 décembre 2021.

socioculturelle reçoivent toujours l'onction de Paris, comme à l'époque coloniale, puisqu'officiellement, c'est lui qui finance la plupart de ces programmes. Sur le plan militaire et sécuritaire, les instructeurs des armées, les matériels de renseignement ainsi que les armes doivent émaner de la France. À la lumière de cette analyse, nous comprenons que toute action en dehors de ce cadre est qualifiée de rébellion, même au cas où la présence de la France et ses actions dans certains milieux peinent à produire les effets escomptés, comme c'est le cas aujourd'hui au Mali et en Centrafrique. Malgré l'échec patent de la France et ses différents partenaires d'Europe et d'Afrique, le recours à d'autres partenaires, surtout à connotation russe (à l'instar du groupe WAGNER) est considéré comme un acte de défiance et de provocation vis-à-vis de la France. « La plupart des pays de l'Afrique subsaharienne sont devenus des laboratoires de recherche comme l'instituteur et ses élèves dans une salle de classe où les élèves sont tenus de rendre des rapports semestriels et répondre présents à l'appel du Maître[1]. »

Au fait, la présence de la France au Sahel n'a aucun caractère d'action humanitaire. Elle vise à protéger les sociétés françaises qui opèrent dans cette partie du continent (Total en Mauritanie et au Togo et AREVA[2] au Niger par exemple). Aussi, l'occupation du Nord-Mali par l'armée française vise-t-elle à l'exploitation des mines d'or et d'autres gisements du Mali pour reprendre les mots du docteur OLOUGBEGNON. Pour lui :

« Pour que tous les pays sahéliens et au-delà, toute l'Afrique entière recouvrent leur quiétude, il faut que la France quitte totalement et pour toujours le Sahel et repense un nouveau mode de coopération avec ses anciennes colonies, comme l'a fait la Grande Bretagne. Ce départ permettrait à ces pays d'élaborer et de mettre en œuvre leurs propres dispositifs sécuritaires de lutte contre le terrorisme d'une part, et de définir de nouvelles perspectives de développement d'autre part[3]. »

Abordant dans le même sens, Akimou TCHAGNAOU[4] pense que « ce sont les rapports de domination qui ont prévalu depuis les indépendances en 1960 jusqu'à nos jours entre la France et les pays africains[5]. » Malgré les différents accords de coopération, la France n'a jamais perdu la moindre parcelle de son

---

[1] Komi ABALO, (2022), « La France sans sa botte, l'Afrique réalité un jour ? », in *Togobreakingnews.info,* 18 janvier 2022.

[2] Areva est devenu Orano groupe à parti de 2018 à l'issu du regroupement en 2001 de trois entreprises du vaste programme nucléaire civil français : Orano Mining, Orano Med et Orano Recyclage Plus.

[3] Docteur en Histoire à l'Université de Lomé au Togo, d'après nos entretiens par visioconférence le 3 janvier 2022 à 10 heures (heure de Montréal).

[4] Docteur en Science de l'Éducation et de la Formation à l'Université de Lomé. Il est Enseignant chercheur à l'Université de Zinder au Niger, d'après nos entretiens par visioconférence le 7 janvier 2022 à 10 heures (heure de Montréal).

[5] D'après nos entretiens par visioconférence le 7 janvier 2022 à 10 heures (heure de Montréal).

autorité sur les pays africains en général et sur les pays de la zone CFA en particulier. Pour avoir une maîtrise de l'économie, elle avait pour habitude d'actualiser sa politique de collaboration vis-à-vis des Africains à travers plusieurs accords, à l'instar de ceux de Lomé et Cotonou.

III- LES ACCORDS DE LOMÉ ET DE COTONOU

Dans le cadre du partenariat gagnant-gagnant, plusieurs accords de coopération sont instaurés entre les pays européens et ceux d'Afrique nouvellement indépendants. Le plus marquant des partenariats est la convention de Lomé. L'un des objectifs de ce programme est d'apporter une stabilité des prix des matières agricoles afin de renforcer l'économie des pays d'Afrique, des Caraïbes et du Pacifique (A.C.P). L'objectif de la convention de Lomé est aussi de permettre aux pays membres surtout africains, d'être plus compétitifs sur le marché international, l'européen en l'occurrence. Ce sont entre autres, des accords commerciaux entre la Communauté économique européenne (C.E.E) et les pays ACP[1].

La nature contractuelle de ces différents accords est avant tout, une combinaison de politiques d'aide, de commerce, d'industrie ; le tout dans une vision à long terme[2]. « Les représentant des États d'Afrique et de Madagascar ont porté un intérêt spécial aux questions concernant le Marché commun en raison d'une part, de l'accélération au 1er juillet 1960 de la mise en œuvre de ce marché et d'autre part, de l'accession à l'indépendance des États. Ils désirent connaître les conséquences exactes de cette indépendance sur leur association à la CEE. La réunion de conférences consacrées à l'étude de ces problèmes a été demandée par plusieurs délégués[3]. » Dans le domaine de la coopération commerciale, l'objectif de la présente convention est de promouvoir les échanges entre les parties contractantes, en tenant compte de leurs niveaux de développement respectifs et en particulier, de la nécessité d'assurer des avantages supplémentaires aux échanges commerciaux et d'améliorer les conditions d'accès de leurs produits au marché de la C.E.E, de façon à assurer un meilleur équilibre dans les échanges commerciaux des parties contractantes[4].

Cette convention demeure le plus vaste accord collectif de coopération d'alors et vient en remplacement de celle de Yaoundé[5] (la capitale du

---

[1] La première convention fut signée par 46 pays ACP le 28 février 1975.

[2] Cette vision est de cinq ans pour Lomé I, II, II et de dix ans pour Lomé IV.

[3] Centre des Archives économique et financière (CAEF), Fonds Cabinet, dossier 1 A 134, Rapport de la réunion du Comité des Affaires économiques et financières de la Communauté, 6 et 7 juillet 1960.

[4] Titre I, article premier de la convention de Lomé II.

[5]La Convention de Yaoundé fut signée le 20 juillet 1963 entre la Communauté Économique Européenne et les dix-huit États africains et malgaches pour une durée

Cameroun). Elle vise à garantir un accès plus large et facile aux produits des pays de l'A.C.P aux marchés européens. L'objectif de ce programme est aussi de garantir une stabilité des prix des matières agricoles afin de renforcer l'économie des pays A.C.P. Tout comme les autres conventions ultérieures, celles de Yaoundé I et II sont basées essentiellement sur le régime de libre échange entre la C.E.E et les 18 pays africains et malgaches[1], avec comme conséquence l'octroi de préférences tarifaires dans les deux sens. En effet, pour connaître les points forts et les aboutissants de la « convention de Lomé », il importe de préciser de façon critique et didactique les conventions de Yaoundé. « Pour les partenaires européens, l'aide doit d'abord être dirigée vers les pays les plus pauvres, tout en s'assurant qu'ils aient une politique propre à faire vraiment bénéficier de l'aide à la partie de la population qui en a le plus besoin[2]. »

La convention est subdivisée en quatre temps : Lomé I, Lomé II, Lomé III et Lomé IV[3]. Lors de Lomé I, le *Stabex*[4] ou fonds de stabilisation des recettes d'exportation sur les produits agricoles fut mis en place avec une durée de cinq ans sous la forme d'un plan quinquennal[5]. L'un des intérêts du maintien de cette zone par les A.C.P est que les produits originaires des États A.C.P soient favorables à l'importation dans la Communauté sans droit de douane et de taxe, sans que le traitement réservé à ces produits puisse être plus favorable que celui liant les États membres entre eux[6]. Lors de Lomé II, la convention se focalise sur le secteur minier qui couvrait huit produits. La convention de Lomé III est basée sur la production du sucre avec une estimation à l'ordre de 1,3 millions de tonnes de sucre de canne aux prix européens. La convention

---

de cinq ans. Elle visait un libre échange commercial et une aide financière des États membres.

[1] Entre 1960 et 1962, fut l'indépendance de 18 pays africains et malgache.

[2] Togbe Do Anika, « CEE-ACP : Gros plan sur Lomé II », *Togo-Dialogue* n° 41 octobre 1979, p.5, consulté en janvier 2022 au cours de nos travaux de terrains.

[3] La convention de Lomé I fut signée le 28 février 1975 entre la CEE et 46 pays d'Afrique, des Caraïbes et du Pacifique. Elle a été prolongée par la Convention de Lomé II du 31 octobre 1979 avec 57 pays africains, des Caraïbes et du Pacifique. Les deux conventions furent renouvelées à travers Lomé III le 8 décembre 1984 avec la participation de 66 pays ainsi que la convention de Lomé IV du 15 décembre 1989 avec 70 pays en son sein. En 1995, un régime spécial fut mis en place dénommé Lomé IV bis avec le même nombre de pays que la convention précédente. Ces différentes conventions sont des accords commerciaux entre les pays d'Afrique, des Caraïbes et du Pacifique.

[4] Il fut introduit en 1975 par la convention de Lomé et fut aboli en 2000 lors de la signature des Accords de Cotonou.

[5] Le plan quinquennal est un plan d'action et des objectifs de planifications économiques fixant des directives de production sur une période de cinq ans.

[6] Article 2 paragraphe 1 de la Convention de Lomé II.

de Lomé IV s'intéresse pour sa part, à la promotion des entreprises et du secteur privé.

Par-dessus tout, la coopération entre la Communauté et les États A.C.P contribue à l'établissement et au développement de petites et moyennes entreprises à travers le financement d'entreprises, la création d'infrastructures appropriées, la formation et le perfectionnement des cadres. Sur le plan économique, la coopération économique, financière et technique a pour but de corriger les déséquilibres structurels dans les divers secteurs de l'économie des États A.C.P. Elle porte sur la réalisation des projets et programmes d'actions qui contribuent essentiellement au développement économique et social de ces États[1]. Les premiers accords de Lomé I, comme son nom l'indique, furent signés dans la capitale togolaise le 28 février 1975 par les neuf (9)[2] pays membres de la Communauté économique européenne et les 46 pays d'Afrique des Caraïbes et du Pacifique. Le défi est important, puisqu'en 1974, les pays A.C.P vendent à la C.E.E 69 % de leurs exportations et lui achètent 58 % de leurs importations[3]. La coopération A.C.P-C.E.E fondée sur un régime de droit et l'existence d'institutions conjointes, s'exerce sur la base des principes fondamentaux suivants :

- l'égalité des partenaires, le respect de leur souveraineté ;
- l'intérêt mutuel et l'interdépendance ;
- le droit de chaque État à déterminer ses choix politiques, sociaux, culturels et économiques ;
- la sécurité de leur relation fondée sur l'acquis de leur système de coopération[4].

Cela implique le fait que la coopération A.C.P-C.E.E accorde et renforce l'intérêt collectif des États ACP pour intensifier leur coopération au niveau régional et international. Ainsi, « pour les États A.C.P enclavés et insulaires, les objectifs de la coopération visent à définir et stimuler des actions spécifiques afin de résoudre les problèmes de développement posés par leurs situations géographiques[5]. »

Signée le 15 décembre 1989 à Lomé, la quatrième convention A.C.P-C.E.E vise à renforcer davantage les accords de Lomé I. Ces accords ont pour but entre autres, de promouvoir les produits et les différentes méthodes de coopération et de définir les différents frais de fonctionnement des institutions conjointes. Les actions de coopération visant le développement de productions ou coproductions culturelles des États A.C.P ainsi que leur diffusion sont

---

[1] Titre 4, article 40, paragraphe 1 de la convention de Lomé II.

[2] Au début, on notait seulement six pays membres de la Communauté économique européenne plus trois pays candidats : le Danemark, l'Irlande et le Royaume-Uni.

[3]https://www.cvce.eu/education/unit-content/-/unit/dd10d6bf-e14d-40b5-9ee6-37f978c87a01/9a69c7f9-1ea2-4e6c-8cdb-1dee40ac5714, consulté le 3 janvier 2022.

[4] Article 2 de la convention de Lomé III.

[5] Article 7 de la convention de Lomé III.

conçues soit comme composantes d'un programme intégré, soit comme projets spécifiques. La coopération met l'accent sur la diffusion des biens et services culturels des États A.C.P hautement représentatifs dans leurs identités culturelles, tant dans les États A.C.P que dans la Communauté[1]. La coopération promeut les efforts des États A.C.P, tout en valorisant le statut de la femme et les conditions de vie des populations dans tout son ensemble. À la différence des autres conventions, celle de Lomé IV couvrait une période de dix ans, entrecoupés d'une révision à mi-parcours.

Corroborant les faits illustrés ci-dessus, Guy FEUER[2] s'interroge sur les répercussions de la disparition des frontières économiques sur les mécanismes de coopération avec les pays en voie de développement. Il cherche aussi à entreprendre en 1991 les recherches sur les conséquences que pourraient avoir les États A.C.P et l'instauration du marché unique européen. « Les objectifs poursuivis par cette stratégie visent à renforcer les économies des pays en développement, à leur procurer une garantie de croissance, à les amener à construire eux-mêmes leur avenir en diminuant progressivement leur dépendance financière vis-à-vis de l'aide extérieure. On répond par là au souhait si souvent répété par les pays du Tiers Monde : *trade, not aid*[3]. »

Pourtant, la coopération uniforme appliquée aux situations A.C.P extrêmement hétérogènes est un mythe. Dans la perspective du marché unique européen, ne conviendrait-il pas d'envisager des conventions séparées pour les différentes grandes régions d'Afrique, des Caraïbes et du Pacifique, même si les principes, objectifs et modes d'organisation de la coopération régionale continuaient à être établis dans une charte commune[4] ?

---

[1] Article 147 de la convention de Lomé IV.

[2] Guy FEUER, (1994). *Les États ACP face au marché unique européen.* Paris, Economica, 238 pages.

[3] Jacques BOURRINET, (1994), « Les États ACP face au marché unique européen, des mythes et des réalités » in Guy Feuer, *les États ACP face au marché unique européen*, Economica, 1994, p.12.

[4] *Ibid.,* p.20.

Photo n° 2. Image de la première convention de Lomé (28 février 1975)

Source: cvce.eu by uni.lu

Le 28 février 1975, le général Gnassingbé Eyadema, président de la République et chef du gouvernement du Togo accueilli les émissaires européens pour la cérémonie de signature de la première convention C.E.E-A.C.P. Au rang des hôtes européens figurent Claude CHEYSSON, commissaire européen au développement et François-Xavier ORTOLI, président de la commission européenne. L'article 13 de la convention de Lomé II concerne plusieurs points qui devraient permettre une amélioration des conditions du marché de la Communauté avec les marchés régionaux et internationaux. Ces différents points concernent :

- l'amélioration des structures et des méthodes de travail des organismes, services ou entreprises concourant au développement du commerce extérieur des États A.C.P ou la création de tels organismes, services ou entreprises ;
- la formation ou le perfectionnement professionnel de techniciens du commerce extérieur et de la promotion commerciale ;
- la participation des États A.C.P à des foires, expositions, salons spécialisés de caractère international et l'organisation de manifestations commerciales ;
- l'amélioration de la coopération entre les opérateurs économiques des États membres et des États A.C.P et la création de structures de liaison propres à favoriser cette coopération ;
- la réalisation et l'exposition d'études et d'enquête de marchés et de « marketing » ;

- la réalisation et la diffusion sous diverses formes, de l'information commerciale dans la Communauté et dans les États A.C.P en vue du développement des échanges commerciaux. Dans un contexte international marqué par la décolonisation, l'accord de Cotonou[1] est adopté en 2000 pour remplacer la convention de Lomé qui vise à réduire, voire éradiquer, à long terme, la pauvreté sur tous les plans.

Dans son ouvrage, Raymond-Marin LEMESLE[2] apporte un regard analytique sur le premier Fonds européen de développement (F.E.D) mis en place depuis 1958 alors que la décolonisation n'était pas encore achevée dans les ex-colonies françaises. Pour lui, à l'époque, la convention ne concernait que dix-huit États africains et malgache qui, une fois indépendants, signèrent une première et une seconde convention à Yaoundé. Cela est pour l'auteur, le point de départ de quatre générations de la Convention de Lomé[3] pour donner suite à partir de 2000, à la Convention de Cotonou. « Jusqu'à une époque, disons postcoloniale, l'aide accordée aux pays en voie de développement fut souvent déterminée par les liens particuliers existant entre pays donateurs et bénéficiaires. La modification ou la disparition de ces liens, qu'ils soient historiques, politiques ou stratégiques, ont obligé les pays industrialisés à changer leur doctrine ou leur philosophie en matière d'aide afin de pouvoir satisfaire des demandes nouvelles[4]. »

À travers cette analyse, apparaît la méthode d'aide octroyée qui fera place à la coopération bilatérale entre la France et ses ex-colonies. De cette convention, soixante-deux (62) ans après les indépendances, l'Europe reste le premier partenaire commercial de la plupart des pays de l'Afrique subsaharienne. Selon le rapport 2019 de la C.N.U.C.E.D[5] sur le développement économique africain, les échanges intra-africains se sont élevés à environ 15, 2 % du total des exportations de l'Afrique pendant la période de 2015-2017. Un développement exigerait des orientations différentes :

---

[1] La capitale politique du Bénin.

[2] Raymond Marin LEMESLE, (1995). *La convention de Lomé : Principaux objectifs et exemples d'actions 1975-1995.* Paris, Centre des hautes études sur l'Afrique et l'Asie modernes, 210 pages.

[3] Il faut reconnaître que ces conventions représentent le plus long accord de coopération Nord-Sud jamais conclu à la suite des exemples d'objectifs définis et des actions qui déterminent les années à venir dans ce type de partenariat gagnant-gagnant.

[4] Raymond Marin LEMESLE, (1995). *La convention de Lomé : Principaux objectifs et exemple d'actions 1975-199.* Centre des hautes études sur l'Afrique et l'Asie modernes, p.27.

[5] La Conférence des nations unies sur le commerce et le développement, https://unctad.org/fr/system/files/official-document/aldcafrica2019_fr.pdf , consulté le 23 décembre 2021.

- politique de convergence économique et financière autonome qui vise le bien-être des populations et non de l'intérêt d'une puissance étrangère ;
- union douanière africaine bien élargie permettant aux pays membres de commercialiser facilement leur produit car, la coopération issue des différentes conventions de Yaoundé, Lomé et Cotonou n'ont rien apporté de concret aux populations ;
- redéfinition de la politique économique commune africaine pour faire face au marché international qui est jusqu'à présent contrôlé par les marchés occidentaux.

Conclu pour 20 ans avec possibilité de révision tous les cinq ans, l'accord de Cotonou a été signé le 23 juin 2000 dans la capitale économique du Bénin à la fin de la convention de Lomé IV bis. Cet accord a servi à la redéfinition d'un nouveau partenariat entre les membres du groupe des États d'Afrique, des Caraïbes et du Pacifique, d'une part, et la communauté européenne et ses États membres, d'autre part.

Le but de la convention de Cotonou est de parvenir à faire adopter les Objectifs du millénaire pour le développement (O.M.D) définis par l'Organisation des nations-unies en 2000 dont l'échéance a été fixée à 2015. Ces objectifs reposent sur des valeurs, des objectifs, des principes et la détermination de chaque État à faire face aux défis de l'heure. Les Objectifs du développement durable (O.D.D) remplaçaient les OMD[1]. Si la politique interne des différentes conventions est de réduire la pauvreté et de permettre à la population de vivre aisément à travers ces différents accords, force est de constater que la situation socio-économique des différents pays d'Afrique noire n'est guère reluisante.

Dans les années 1960, la dévaluation du franc français modifiait déjà de manière significative l'ordre existant. Les conséquences issues de cette dévaluation sur les partenaires africains engendrèrent de nouveaux défis. Les Africains avaient-ils les moyens d'y faire face ? « Les treize pays africains membres de la zone franc se réunissent cette semaine, et plus précisément le 26 avril 1960 à Paris pour étudier les conséquences monétaires et économiques de la récente dévaluation du franc et du plan d'austérité adopté par la France[2]. »

Jusqu'en 1984, la zone franc était essentiellement constituée de treize (13) pays africains. Ce n'est qu'en 1985 que la Guinée équatoriale entre dans la zone, faisant ainsi passer les pays de la zone à 14. Outre cette situation de

[1] Professeur titulaire (historien à la retraite) à l'Université de Lomé, entretien du 23 décembre 2020 à Lomé.

[2] Kokou Edina Logo, « La politique économique française inquiète les Africains », *Togo-Dialogue* N° 76 avril 1983, p. 36, consulté en janvier 2022 au cours de nos travaux de terrains.

dévaluation, il faut noter une crise interne au sein des pays africains. « Les A.C.P eux-mêmes sont accusés par les autres pays en voie de développement de "se contenter, dans leurs accords avec les commissions européennes de la stabilisation des recettes d'exploitation", au lieu de la stabilisation des recettes. Ils souhaitent la régulation de tous les prix des matières premières et une indexation des revenus tirés de la vente des matières premières comme on le demande au sein de l'ONU, de la CNUCED et autres organisations internationales[1]. »

Du point de vue général, les conventions de Lomé et de Cotonou, y compris celles de Yaoundé n'ont pas produit l'effet escompté. Les pays africains n'ont pas bénéficié de cette collaboration avec les pays de la C.E.E. D'abord, le commerce à l'exception des produits de rente (café, cacao, arachide, riz...), n'a été alimenté que par les matières premières acquises à vil prix avec les produits finis qui reviennent très chers, c'est-à-dire que le pauvre paysan serait incapable d'acheter une barrette de chocolat ; pourtant il est un grand producteur de cacao. Ensuite, l'industrialisation promise aux pays de l'A.C.P est demeurée de belles promesses sans lendemain.

IV- DISCOURS DE LA BAULE DE FRANÇOIS MITTERRAND ET DEBUT DU MULTIPARTISME EN AFRIQUE

Pour faire face à la non-atteinte des objectifs assignés à chaque convention, la France a repensé son partenariat avec les pays d'Afrique, compte tenu aussi de l'évolution du contexte international avec la chute du mur de Berlin en 1989. Mitterrand fixa alors un nouveau cap. Les pays africains nouvellement indépendants ont évolué dans un esprit de collaboration avec leur ancien maître, la France après les indépendances[2]. Dans le discours de François Mitterrand prononcé le 20 juin 1990 à La Baule[3], la question du multipartisme devient une condition *sine qua non* pour bénéficier des accompagnements de Paris[4]. Le président déclare à cet effet : « Lorsque je dis démocratie, lorsque je trace un chemin, lorsque je dis que c'est la seule façon de parvenir à un état d'équilibre au moment où apparaît la nécessité d'une plus grande liberté, j'ai naturellement un schéma tout prêt : système représentatif, élections libres,

---

[1] Togbe Do ANIKA, « CEE-ACP : Gros plan sur Lomé II, *Togo-Dialogue* N° 41 octobre 1979, p.5, consulté en janvier 2022 au cours de nos travaux de terrains.

[2] Il faut retenir que l'indépendance met fin à la fédération de l'AOF et de l'AEF.

[3] La Baule est une commune de l'Ouest de la France dans le département Loire-Atlantique en région pays de la Loire. Au cours de cette 16e conférence, 37 pays africains étaient représentés.

[4] Le discours fut prononcé lors de la 16ème conférence des chefs d'État d'Afrique à La Baule.

multipartisme, liberté de la presse, indépendance de la magistrature, refus de la censure : voilà le schéma dont nous disposons[1]. »

Ce discours ouvre la voie à l'expression démocratique qui allait permettre aux pays africains (dont la plupart évoluaient avec des partis uniques) d'accepter le multipartisme. Les leaders des partis politiques aux idéaux contraires à ceux au pouvoir étaient des *personae non gratae* dans l'espace politique, à l'exception du Sénégal qui s'était déjà ouvert au multipartisme avant cette déclaration. « Qu'ils soient civils ou militaires, les régimes dictatoriaux, autoritaires, à parti unique, dominent récemment encore l'ensemble de l'Afrique – et pas seulement l'Afrique tropicale, notre champ d'étude. Au début de 1990, il n'y avait guère qu'une exception, le Sénégal, qui tolère une liberté d'expression et d'association relative, contrôlée par le parti dominant (qui a succédé au parti unique)[2]. »

De ce fait, seuls les pays engagés dans cette nouvelle dynamique se verraient attribuer les aides au développement. Ce sommet a été celui de la lucidité des nouvelles règles que la France a mises en place entre elle et ses ex-colonies. La France n'accorderait désormais son aide à l'Afrique qu'à condition que ces États adoptent la démocratie. Par ailleurs, elle se résout à être plus vigilant et à cesser d'être garante du maintien au pouvoir des chefs d'État désavoués par leur peuple[3]. Certains mots clés du discours expliquent clairement la vision démocratique : système représentatif, élections libres, multipartisme, liberté de la presse, indépendance de la magistrature, refus de la censure (…).

Le vent du multipartisme, tout comme les mouvements de lutte pour les indépendances fut d'abord incarné à la fois par les mouvements politiques (à la tête desquels se trouvaient les opposants majoritairement contre les intérêts français), des églises (qui défendent l'égalité), des syndicats (pour qui, les salaires et les conditions de vie socio-économiques devraient répondre aux réalités des syndiqués), le mouvement des étudiants nationaux et de la diaspora (qui dénoncent les injustices et défendent l'harmonie entre les dirigeants politiques et la société civile). Le multipartisme est une forme de gouvernance caractérisée par la participation d'un ou plusieurs partis politiques dans la gestion interne et externe d'un pays. Il est une forme de pluralisme politique au sein d'un pays dans la mesure où différents partis politiques peuvent former et participer au gouvernement par exemple. La majorité des pays africains, en l'occurrence ceux des pays francophones n'ont

---

[1] Extrait du discours de La Baule de François Mitterrand prononcé le 20 juin 1990, https://nsarchive2.gwu.edu/NSAEBB/NSAEBB461/docs/DOCUMENT%203%20-%20French.pdf, consulté le 20 décembre 2021 à 21 heures.

[2] René DUMONT, (1991). *Démocratie pour l'Afrique : la longue marche de l'Afrique noire vers la liberté.* Paris, Seuil, vol.1, p.204.

[3] C'est aussi un discours qui prend tout son sens comme le marqueur d'une volonté de changer la politique africaine de la France.

connu l'ère du multipartisme qu'à partir des années 1990. Au cours de cette période, on assiste à de grandes transformations politiques. C'est ce que Gérard CONAC[1] appelle « l'Afrique en transition vers le pluralisme politique ».

Les processus de la démocratisation en Afrique ont en grande partie abouti grâce à la participation de différents acteurs (politiques, civils et religieux) et provoqué de grandes crises politiques. Certains nouveaux partis politiques, avec le vent du multipartisme étaient entièrement financés par les pouvoirs fédéraux ou centraux. D'autres incarnaient l'opinion populaire, avec en tête des opposants convaincus, charismatiques et radicaux dont la seule alternative demeurait le renversement des pouvoirs issus pour la plupart, des partis uniques. Entre ceux inféodés aux pouvoirs en place et les radicaux, transhumaient les meneurs de la "politique du ventre". Cette dernière catégorie était le plus souvent utilisée pour déstabiliser l'opposition radicale, le but du pouvoir étant de diviser pour mieux régner[2]. Pourra-t-on dire que le multipartisme était la meilleure forme de démocratisation pour les pays africains ?

Michel ALLIOT[3] trouvait qu'il n'y a pas d'autorité souveraine pour imposer à tous sa décision ; la décision doit être commune. L'émancipation des peuples africains qui allait conduire sur la route de la démocratisation s'est faite dans la foulée de régimes monopartites qui régnaient en maîtres absolus. Ce fut un climat de peur, d'alliance et de mésalliance entre les peuples nouvellement indépendants et leur ancien maître, car le parti unique était en même temps le parti-État. Les partis au pouvoir étaient prêts à tout pour préserver leurs intérêts et imposer leurs diktats. En d'autres termes, l'État avait le contrôle de ces nouveaux partis et pouvait les manipuler. Ainsi, « la démocratie n'est pas simplement un jeu de formes et d'institutions ; c'est aussi une politique de contrôle et de méfiance vis-à-vis des membres[4]. » Pour d'autres encore, la démocratie c'est aussi une manière d'être, une culture qui n'est pas simplement celle de l'élite, bien que la fonction de celle-ci demeure

[1] Gérard CONAC, (1993). *L'Afrique en transition vers le pluralisme politique*. Paris, Economica, 510 pages, acte du colloque du 12 et 13 décembre 1990 à Paris.

[2] Victor Komla ALIPUI, ancien ministre de l'Économie et des Finances du Togo, d'après nos entretiens de terrains en décembre 2020.

[3] Michel ALLIOT, (1993), « Démocratie et pluralisme », in Gerard Conac *L'Afrique en transition vers le pluralisme politique*. Paris, Centre d'étude juridique et économique, p.121.

[4] Nicoué L. GAYIBOR est un Professeur titulaire (historien) et ancien président de l'Université de Lomé à la retraite, entretien du 21 décembre 2020 au Centre numérique de la francophonie (C.N.F) de l'Université de Lomé.

essentielle[1]. Dans cette démarche vers le pluralisme politique, la France se dit observatrice pour accompagner les États. Mitterrand demande : « Comment voulez-vous engendrer la démocratie (un principe de représentation nationale avec la participation de nombreux partis) ? Comment voulez-vous organiser le choc des idées, les moyens de la presse, tandis que les deux tiers d'un peuple vivraient dans la misère ? Je le répète, la France n'entend pas intervenir dans les affaires intérieures des États africains amis. Elle dit son mot, elle entend poursuivre son œuvre d'aide, d'amitié et de solidarité. Elle n'entend pas soumettre à la question, elle n'entend pas abandonner quelques pays d'Afrique que ce soit[2]. »

On peut comprendre alors que la démocratie est une nouvelle chance donnée à tous afin de permettre aux leaders des partis politiques et aux peuples de s'exprimer. La marche vers la démocratie s'est traduite par des Conférences nationales[3] dans de nombreux pays afin de réunir leurs fils et filles, dans le but d'aplanir les différends et d'apporter de nouvelles idées pour bâtir dans un élan communautaire. Elles ont été organisées dans les anciennes colonies françaises et belges d'Afrique. La plupart de ces conférences ont abouti à l'adoption de nouvelles constitutions.

Les grandes lignes d'avancement dans la rédaction de ces nouvelles constitutions comprirent entre autres, l'abolition de la présidence à vie au profit de l'adoption de la limitation des mandats présidentiels renouvelables ou non selon le type de régimes de chaque pays. Dans l'ensemble, ces mandats présidentiels étaient renouvelables une seule fois et personne n'avait le droit d'exercer d'autres mandats présidentiels consécutifs. En outre, l'État de droit, la démocratie pluraliste et les Droits de l'Homme ont bénéficié d'importantes plages dans les nouvelles constitutions, mais dans la réalité, leur mise en œuvre n'a pas toujours été respectée. Ainsi, depuis les années d'indépendance, certains pays, à l'instar du Togo et du Cameroun n'ont guère connu une réelle avancée démocratique en termes d'alternance au pouvoir. Dans ces pays, l'ancrage des partis au pouvoir était tel que les efforts des partis politiques de l'opposition n'ont pas été à la hauteur de leur force. « De même que des industries naissantes doivent être protégées contre la concurrence

---

[1] Amor ABDEFATTAH, (1993), « l'émergence démocratique dans les pays du tiers monde : le cas des États africains », in Gerard Conac *L'Afrique en transition vers le pluralisme politique,* Paris, Centre d'étude juridique et économique, p.55.

[2] Extrait du discours de La Baule de François Mitterrand prononcé le 20 juin 1990, https://nsarchive2.gwu.edu/NSAEBB/NSAEBB461/docs/DOCUMENT%203%20-%20French.pdf, consulté le 20 décembre 2021.

[3] Les Conférences nationales sont des périodes qui ont ou qui devraient aboutir à des transitions politiques dans la plupart des pays de l'Afrique francophone et belge dans les années 1990. Étant de véritables rencontres de refondation des États, les Conférences nationales avaient pris des résolutions qui ont pour vocation d'endiguer les crises économiques, sociales, politiques et surtout d'instaurer de nouvelles perspectives démocratiques.

internationale, la plupart des théoriciens du développement jugeaient qu'avant d'accéder aux formes les plus raffinées de la démocratie libérale, les États nouveaux devaient éviter de livrer leurs structures encore très fragiles à des luttes intestines entre majorité et opposition[1]. »

Le dynamisme qui allait conduire ce processus de démocratisation à sa réussite fut, d'une part l'attraction d'un modèle international et du vent de l'Est, d'autre part la participation des élites estudiantines en Occident et en Afrique. Les auteurs n'ont pas été unanimes sur le fait qu'on lie l'avènement démocratique dans les pays africains aux vents de l'Est. « Il est bien souvent affirmé que ce sont les événements d'Europe de l'Est qui ont entraîné ceux de l'Afrique. Je ne partage pas cette opinion. Pour moi, vent d'Est et vent du Sud ont été produits par les mêmes causes. Il faut donc ramener à sa réelle dimension la place des bouleversements en Europe de l'Est par rapport aux revendications démocratiques en Afrique, et souligner une particularité internationale dans le cas du Bénin[2]. »

On assiste également à l'émergence des inégalités socio-économiques mises en place par les nouveaux partis politiques. « Certains ont l'argent, d'autres n'en ont pas, la lutte politique risque d'être inégale ; il faudra là aussi revoir en le renforçant, un texte que nous avons préparé, qui est la charte des partis politiques et qui interdit tout parti régionaliste, ethnique ou confessionnel, et combattre et sanctionner légalement toute tentative de corruption et de dépenses ostentatoires en moralisant la vie politique[3]. »

L'avènement du multipartisme devrait permettre la formation d'une opposition capable d'équilibrer le débat politique en face des partis au pouvoir. Mais l'objectif premier de tout parti politique est d'accéder au pouvoir. Le processus de la démocratisation qui conduisit au multipartisme implique que les pays nouvellement indépendants seront contraints d'abandonner leurs pratiques anciennes. Cette forme de gouvernance permettra un jour aux nouveaux partis politiques de s'affirmer d'une manière légitime. Sans elle, les nouveaux partis investis au début des années 1990 se seraient attirés les foudres du parti au pouvoir. « L'Afrique s'engage dans le pluralisme et chante les louanges de l'État de droit aussi unanimement qu'elle avait opté aux lendemains des indépendances pour le parti unique et la personnalisation du pouvoir. Mais une fois encore, elle démontre qu'une extrême sensibilité à l'environnement international n'étouffe pas ses propres

---

[1] CONAC, *op, cit.,* p.13.

[2] Robert DOSSOU, (1993), « Le Bénin : du monolithisme à la démocratie pluraliste, un témoignage », in Gerard Conac *L'Afrique en transition vers le pluralisme politique*, Economica, p.185.

[3] Maurice Ahanhanzo GLÈLÈ, (1993), « Le Bénin », in Gerard Conac *L'Afrique en transition vers le pluralisme politique*, Economica, p.177.

capacités d'innovation. C'est à sa manière qu'elle vit et organise sa transition démocratique[1]. »

Officiellement, les constitutions de la majorité des pays de la zone franc préconisaient la création des partis politiques, mais dans la réalité, le climat politique était délétère, à tel point que seuls quelques téméraires arrivaient à s'opposer véritablement aux partis uniques qui dirigeaient leurs pays avec des régimes militaires pour la plupart. Dans ces conditions, ni la justice, ni le parlement ne pourrait exercer un réel contre-pouvoir à l'exécutif, pour reprendre les expressions de Gérard CONAC[2]. Cette forme de gouvernance n'a pas été facile car les gouvernements en place n'ont pas laissé passer certaines innovations politiques. En effet, la majorité des nouveaux chefs d'État des pays francophones étaient issus des partis uniques. De ce fait, « le parti unique est dans une certaine mesure le produit de l'hystérie du moment de l'indépendance, à la faveur de laquelle certains hommes ont pu s'emparer de l'État et éliminer leurs adversaires. C'est une maladie dont l'Afrique occidentale mérite d'être guérie[3]. » L'alternance au pouvoir était et reste un défi majeur, car chaque parti politique avait sa stratégie singulière et sa feuille de route pour conquérir le pouvoir. Certains pays de la zone francophone ont connu très tôt une alternance au sommet de l'État, d'autres la connaîtront par des coups d'État ; certains dirigeants accèderont au pouvoir après la mort de leur père[4]. Amnesty international[5] qualifie le processus de la démocratie en Afrique de « troisième combat ».

Pour accompagner le multipartisme, les pays occidentaux exigent certaines conditions liées à la participation des partis politiques de l'opposition à de différents postes et fonctions étatiques dans un esprit d'équité. Ainsi, « la prise de position de la France ne restera pas isolée. Tous les grands bailleurs de fonds, les États-Unis, l'Angleterre, l'Allemagne, la Belgique, le Canada et la Communauté européenne se jugèrent en droit d'introduire le pluralisme

---

[1] Gérard CONAC, (1993), « Les processus de démocratisation en Afrique », in *L'Afrique en transition vers le pluralisme politique*, Economica, p.11.
[2] *Ibid.,* p.11-42.
[3] *Ibid.*, p.11.
[4] Les cas, entre autres, du Togo et du Gabon sont illustratifs. Au lendemain de l'adoption du pluralisme politique, leur président (Gnassingbé Eyadema et Omar Bongo) ont pu, par tous les moyens, garder le pouvoir jusqu'à leur mort respectivement en 2005 et en 2009. Ils ont, avec l'aide de l'armée, été remplacés par leurs enfants qui avaient été préparés à cet effet. En effet, au Gabon, Ali Bongo succède à son père Omar Bongo à la suite d'un simulacre d'élection qui avait presque plongé le pays dans le chaos. Au Togo, Faure Essozimna GNASSINGBÉ succède à son père Eyadema GNASSINGBÉ après s'être baigné dans le sang de plus de mille togolais.
[5] Amnesty international est une organisation non gouvernementale internationale qui promeut la défense des droits de l'homme et le respect de la Déclaration universelle des droits de l'homme.

politique dans les clauses de conditionnalité de leur aide[1]. » Cette déclaration était comme un coup de marteau inattendu sur la tête de certains Chefs d'État, comme le général GNASSINGBÉ Eyadema du Togo, Paul BIYA du Cameroun, Omar BONGO ONDIMBA du Gabon, Joseph MOBUTU dit Sese Seko Kukugbendu Wazabanga du Zaïre (actuelle République Démocratique du Congo) qui gouvernaient en maîtres absolus. Les donateurs internationaux ont alors posé des conditions sur la transparence politique, la liberté d'expression et de la presse. Dans ce contexte, les disputes et mésententes entre partis au pouvoir et partis de l'opposition discréditaient les pouvoirs en place sur le plan international. Le processus de multipartisme a évolué dans le temps et chaque État a connu des particularités. Il n'est aucunement question de raisonner ou de considérer l'Afrique comme un bloc monolithique où règnent sans partage les partis uniques. « En 1985, on comptait une dizaine d'États africains à régime politique pluripartite, soit plus du cinquième des pays du continent. Parmi ceux-ci, citons : le Maroc, le Sénégal, la Gambie, la Tunisie, l'Égypte, le Soudan, Maurice, les Seychelles, le Zimbabwe[2]. »

Notons que le processus de transition du monopartisme au multipartisme illimité s'est opéré selon deux modes principaux :

- le mode évolutionnaire qui s'apparente à un processus en deux phases successives (monopartisme aménagé et multipartisme illimité) ;
- le mode révolutionnaire qui implique le parti unique dans une forme de gouvernance sans partage.

Vincent HUGEUX[3] (2012), analyse la progression des esprits démocratiques en Afrique. Pour lui, le prix de cette liberté se traduit parfois par des conflits internes et externes, des putschs militaires, des coups d'État, du maintien de la chaise présidentielle comme une propriété privée. Dans la même veine, Abdoulaye DIARRA (2010) met en lumière l'importance des sociétés africaines précoloniales face à l'émergence des nouvelles nations issues de la colonisation. Il trouve que l'autocratie africaine actuelle n'a pas une origine traditionnelle. Elle reste tributaire de la colonisation et s'est enracinée au fil des années. Il est vrai cependant, que « le constitutionalisme européen est d'inspiration libérale. L'héritage politique et philosophique du XVIIIe siècle a largement marqué les Constitutions européennes qui seront reprises par l'Afrique postcoloniale[4]. »

---

[1] Gérard CONAC, (1993), « les processus de démocratisation en Afrique », in *L'Afrique en transition vers le pluralisme politique*, Economica, p.27.

[2] Ibrahima FALL, (1993), « Esquisse d'une théorie de la transition : du monopartisme au multipartisme en Afrique », in Gerard Conac *l'Afrique en transition vers le pluripartisme politique*, Economica, p.43.

[3] Vincent HUGEUX, (2012). *Afrique : le mirage démocratique*. CNRS Éditions, 80 pages.

[4] Abdoulaye DIARRA, (2010). *Démocratie et droit constitutionnel dans les pays francophones d'Afrique noire : le cas du Mali depuis 1960*. Paris, Karthala, p.29.

Selon Abdoulaye DIARRA, le pluralisme politique en Afrique au début des années 1990 serait dû au nouvel ordre mondial qui permit aux nouveaux partis politiques de s'affirmer. L'historicité des sociétés africaines précoloniales a connu un bouleversement interne et externe, l'élan du développement étant brutalement interrompu par la colonisation. Ces différentes sociétés africaines auraient pu suivre leur propre voie et définir leur modèle politique plutôt que d'accepter la proposition de leur ancienne métropole. « Il est par conséquent possible aujourd'hui de soutenir l'idée selon laquelle le continent noir a non seulement connu l'État avant l'Occident, mais aussi et surtout la déconcentration et la décentralisation comme méthodes de gouvernement[1]. » Même après les indépendances, malgré l'aspect caricatural qui en a été donné, il faut reconnaître qu'il n'était pas facile pour les nouveaux chefs d'État qui n'étaient pas unanimes sur l'évolution politique, de définir des recommandations communes sur la politique indigène[2]. L'instabilité politique en Afrique francophone influence les systèmes juridiques mis en place. Ainsi, une poignée d'hommes peuvent faire feu de tout bois pour toiletter la constitution afin de se maintenir au pouvoir.

V- MULTIPARTISME EN AFRIQUE FRANCOPHONE : CAS DU TOGO À PARTIR DE 1950

Depuis la fin de la Première Guerre mondiale, le Togo, à l'image du Cameroun, était un territoire sous mandat de la S.D.N administré par la France, choisie par la S.D.N comme puissance mandataire entre 1920 et 1945. Au sortir de la Seconde Guerre mondiale, il sera placé sous la tutelle de l'O.N.U, administré toujours par la France, car la SDN, n'ayant pas pu éviter la guerre fut dissoute et remplacée par l'O.N.U. Il accède à l'indépendance le 27 avril 1960 et a à sa tête Sylvanus OLYMPIO comme premier président. Ce dernier est considéré comme le père de l'indépendance en raison de ses multiples sacrifices pendant la période de l'autodétermination. Son assassinat le 13 janvier 1963[3] a porté Nicolas GRUNISKY au pouvoir le 16 janvier 1963. Ce nouveau chef d'État sera renversé par l'armée le 13 janvier 1967 et une nouvelle constitution sera mise en place, suivie de la dissolution de l'Assemblée nationale. Kléber DADJO est choisi par l'armée après le putsch du 13 janvier 1967 et assuma le poste de la présidence du 14 janvier au 14 avril 1967.

Cette crise politique amena le lieutenant-colonel Etienne Gnassingbé EYADEMA au pouvoir le 14 avril 1967. Il y restera jusqu'à sa mort en 2005.

---

[1] *Ibid.*, p.29.

[2] Komi ABALO, (2022), « La France sans sa botte, l'Afrique réalité un jour ?», in *Togobreakingnews*, 18 janvier 2022.

[3] Ce coup d'État fut le premier de toute l'histoire de l'Afrique noire après les indépendances.

Il sera remplacé, la même année, par son fils Faure Essozimna GNASSINGBÉ. Entre-temps, avant l'élection qui a porté Faure GNASSINGBÉ au pouvoir, la transition fut assumée par Abass BONFOH qui, à l'époque était le président de l'Assemblée. Il assuma l'intérim comme président de la République entre le 25 février et le 4 mai 2005[1]. « Les années 1990 voient le renforcement de l'intégration régionale et la substitution de l'euro au franc. Afin de faire face à la détérioration de la compétitivité économique des partenaires africains, il est procédé le 11 janvier 1994 à une dévaluation de 50% des francs CFA et de 33% du franc comorien – la seule enregistrée depuis 1948[2]. »

Au Togo, le multipartisme s'est déployé dans un climat à la fois de confiance et de méfiance. Ainsi, la charte du multipartisme fut promulguée le 12 avril 1991, ce qui a conduit à la création de nombreux partis politiques. Le début des années 1990 avait été marqué par un succès euphorique en matière d'apaisement et de changement politique, ce qui allait conduire progressivement le pays vers la démocratisation, du moins sur le plan théorique. C'est une période au cours de laquelle, on constate la démocratisation avec pour corollaire la cohabitation entre le parti au pouvoir (RPT[3]) et les nouveaux partis politiques émergents (C.A.R, U.T.D, C.D.P.E.A). À tort ou à raison, « l'opposition accuse le pouvoir d'avoir créé de toutes pièces des associations et des partis politiques satellites bidons, dont le seul but est de brouiller les cartes[4]. »

Au début des années 1990, les éléments majeurs tournaient autour de la conférence nationale. Le 8 juillet 1991, à l'Hôtel du 2 février, débute un évènement mémorial dans la vie politique des Togolais à travers la Conférence nationale souveraine (C.N.S), qui est le fruit d'un accord entre les acteurs de l'opposition et le gouvernement. Phillipe Fanoko KPODZRO[5] était le président du présidium qui a dirigé le déroulement de la conférence. À la fin, il sera également à la tête des hauts conseillers de la République, une sorte de

[1] Comme le prescrit la loi fondamentale du Togo, en son article 65, le Président de l'Assemblée nationale assure l'intérim en l'absence du Président de la République jusqu'à l'organisation d'une élection présidentielle.

[2] Banque de France, Un peu d'histoire, https://www.banque-france.fr/economie/relations-internationales/partenariats-afrique-france/cooperations-monetaires-afrique-france/un-peu-dhistoire, consulté le 11 février 2023.

[3] Rassemblement du peuple togolais.

[4] Gilbert Lam KABORÉ, « Gnassingbé Eyadema au banc des accusés : l'heure de vérité d'un général président », *Jeune Afrique* N° 1594 du 17 au 23 juillet 1991, https://www.jeuneafrique.com/338712/politique/jour-8-juillet-1991-togolais-placent-leurs-espoirs-conference-nationale/, consulté le 11 janvier 2022.

[5] Philipe Fanoko KPODZRO fut à l'époque archevêque de Lomé. Il dirigea la Conférence nationale souveraine du 1er juillet au 28 août 1991. Par la suite, il fut nommé président de l'Assemblée nationale du 20 août 1991 à février 1994.

parlement mis sur pied pour gérer la période de transition. Joseph Kokou KOFIGOH[1] fut choisi comme premier ministre du gouvernement de cette transition d'un an dont l'objectif était de proposer une nouvelle constitution et d'organiser les élections présidentielles de 1993. Le but de cette C.N.S était de recentrer les pouvoirs décisionnels en faveur de la population togolaise en mettant fin au régime autoritaire à parti unique (instauré par le général Eyadema depuis 1967), afin d'instaurer la démocratisation du pays. La C.N.S dans ses clauses limitait significativement le pouvoir du président en exercice, Gnassingbé Eyadema. Ce dernier ne voulait pas du multipartisme ou, tout au moins, il estimait qu'« il ne pouvait être instauré par l'effet d'une baguette magique. Il voulait y aller par étapes. Eyadema ne voulait pas non plus de la conférence nationale qu'il assimilait à un coup d'État civil[2]. »

À la place de la C.N.S, Eyadema préférait un forum national de dialogue[3], mais les acteurs potentiels tels que les syndicats, l'opposition politique, les associations de défense des droits de l'homme et des peuples opprimés étaient tous d'avis contraire. « La démocratie "à l'africaine" fait partie d'un grand récit, d'une vision téléologique du destin d'un peuple. Elle correspond à une logique d'affirmation. Le plus souvent, elle est conçue dans une forme qui l'associe à d'autres modèles. Le socialisme africain par exemple, découle de l'idée d'un partage des ressources dans les sociétés traditionnelles africaines[4]. »

Ce duel entre pouvoir et nouvelles forces vives a contribué à la dégradation du climat politique, avec pour conséquences les troubles sociaux. Nombreux sont les Togolais tombés sous les balles lors de différentes manifestations pour l'instauration du multipartisme. Il convient de comprendre que la conférence nationale est un aboutissement d'une dure période qui a fait de nombreuses victimes. « Le 5 octobre 1990, réprimant les manifestations contre le procès de onze opposants, les forces de l'ordre ouvrent le feu. Bilan officiel : cinq morts et trente-quatre blessés. Ce 5 avril 1991, deux adolescents qui font partie d'un groupe protestant contre le régime tombent à leur tour, fauchés par les

---

[1] Joseph Kokou KOFFIGOH le 1er premier ministre du gouvernement post-conférence national. Il fut le fondateur de la Ligue togolaise des droits de l'homme.

[2] Gilbert Lam KABORÉ, « Gnassingbé Eyadema au banc des accusés : l'heure de vérité d'un général président », *Jeune Afrique* N° 1594 du 17 au 23 juillet 1991, https://www.jeuneafrique.com/338712/politique/jour-8-juillet-1991-togolais-placent-leurs-espoirs-conference-nationale/, consulté le 11 janvier 2022.

[3] Gilbert Lam KABORÉ, « Gnassingbé Eyadema au banc des accusés : l'heure de vérité d'un général président », *Jeune Afrique* N° 1594 du 17 au 23 juillet 1991, https://www.jeuneafrique.com/338712/politique/jour-8-juillet-1991-togolais-placent-leurs-espoirs-conference-nationale/, consulté le 11 janvier 2022.

[4] Patrick QUANTIN, (2009), « La démocratie en Afrique à la recherche d'un modèle », in *Pouvoir*, 2009/2 (n°129), p.5.

balles par les forces de l'ordre. Enfin, quelques jours plus tard, une vingtaine de cadavres étaient repêchés dans la lagune de Bè[1]. »

Depuis l'avènement du RPT[2] le 30 août 1969, le parti unique a été maître des destinées du Togo jusqu'en 1992, avec une monopolisation de la vie politique. Aucune voix discordante n'était autorisée. Vers la fin des années 80, l'ambiance s'était considérablement crispée. De plus en plus d'associations s'organisaient en sourdine pour dénoncer certains faits du régime dictatorial et autoritaire de Lomé II. Aussi, sur le plan international, la chute du mur de Berlin en 1989 a favorisé l'éclosion de nouveaux modes de pensée, épris de liberté, contraignant la plupart des régimes issus des indépendances ou ceux qui ont vu le jour juste après à faire des concessions politiques dans leurs pays. À cet effet, le discours de La Baule de François Mitterrand est intervenu comme un rendez-vous à ne pas manquer pour les mouvements d'opposition qui agissaient jusqu'ici dans l'ombre[3]. Pour Dossou Ogoutchina OLOUGBEGNON[4], « les actions du régime sont dénoncées et on assiste à l'émergence des médias favorables à la défense des idéaux de l'opposition. Par ailleurs, les régimes en place ne pouvaient plus éviter de faire des réformes à cause à la fois, des pressions internes de plus en plus irritantes (avec la réclamation de plus en plus de liberté d'expression et d'opinion, entre autres) et internationales contraignantes (l'aide au développement étant désormais conditionnée par l'acceptation et l'adoption de la démocratie, donc du multipartisme). »

Pour OLOUGBEGNON, le régime d'ÉYADEMA a été fragilisé surtout avec la survenue de la grève générale illimitée. Au terme de la Conférence nationale qui a vu l'adoption d'une nouvelle constitution, l'environnement devient donc assez favorable à l'avènement des partis politiques. C'est dans ces conditions que le Togo recouvrit réellement son multipartisme interrompu par la création du RPT en 1969. Ainsi, les premières élections multipartites intervinrent en 1993. Les problèmes issus du pluralisme relèvent beaucoup plus d'une culture occidentale : « certes, la prise en compte de l'historicité des conceptions de la démocratie ne permet pas de dire si l'Afrique contemporaine est "démocratisable". Mais est-ce la bonne question ? Elle a peu d'intérêt tant que ne sont pas dispersés les malentendus tenaces contrariant la compréhension réciproque entre le Nord et le Sud, chercheurs et opinions

---

[1] *Ibid.*, p.4.

[2] Le Rassemblement du peuple togolais est un parti politique togolais fondé en 1969 par le général Gnassingbé Eyadema. À l'époque le RPT régnait en maître absolu.

[3] Nicolas Lawson est un homme politique d'État togolais et président du parti PRR (Parti du renouveau et de la rédemption).

[4] Docteur en Histoire à l'Université de Lomé au Togo, d'après nos entretiens par visioconférence le 3 janvier 2022 à 10 heures (heure de Montréal).

publiques confondus sur ce qui est entendu par la démocratie et sur ce qui est attendu de la démocratie[1]. »

L'élection ne faisant pas la démocratie[2], les débats sur la démocratisation en Afrique restent ouverts. Cependant, une analyse des trente dernières années montre qu'il y a encore du chemin à faire pour que les institutions de certains pays d'Afrique répondent aux critères du respect des droits de l'homme par exemple, et il importe de tenir compte des réalités africaines et non de copier de force ce qui répond aux réalités des pays développés. Sur ce point, « les Africains ont perdu la maîtrise de leur destin et ils l'ont perdue au bénéfice de gens peu soucieux de leurs libertés, de leurs possibilités, de leurs besoins essentiels, de leurs vies – et même de leur survie. Au bénéfice d'abord des dirigeants – j'en qualifierais certains de tyrans, malgré de grandes différences dans le degré de tyrannie[3]. »

Dans cette logique et pour paraphraser René DUMONT, il n'y aura pas de vraie démocratie tant que s'approfondiront les inégalités et se maintiendra le pouvoir d'une minorité qui accapare les richesses, et surtout tant que subsistera et s'accroitra la misère. En effet, retraçant l'histoire des partis politiques africains depuis la période coloniale tout en mettant un accent particulier sur les partis d'oppositions, Issaka K. SOUARE[4] fournit de précieuses informations sur les questions démocratiques des partis politiques en Afrique subsaharienne ainsi que sur les questions liées à l'alternance entre partis au pouvoir. Il montre que les partis au pouvoir ou de l'opposition sont des partis comme les autres et sont appelés à s'entendre. L'intérêt de l'ouvrage est dû à plusieurs points : d'abord, l'évolution des partis politiques en Afrique postcoloniale et le cadre institutionnel ; ensuite, le regard porté sur les stratégies de conquête des partis d'oppositions pour le siège présidentiel ; et enfin, le rôle que représentent les différents acteurs pour l'intérêt national par-dessus leur parti politique.

CONCLUSION

Depuis la période coloniale jusqu'aux années des indépendances, et par extension jusqu'à nos jours, les relations franco-africaines n'ont pas réellement évolué. Les indépendances ont certes changé en partie leur forme, puisque les colonies sont devenues, du moins sur le papier, des États souverains, leurs relations se déroulant désormais entre États souverains ou

---

[1] Patrick QUANTIN, (2009), « La démocratie en Afrique à la recherche d'un modèle », in *Pouvoir*, 2009/2 (n°129), p.3.

[2] HUGEUX, V., (2012), *op.cit.,* p.19.

[3] René DUMONT, (1991). *Démocratie pour l'Afrique : la longue marche de l'Afrique noire vers la liberté.* Paris, Seuil, vol.1, p.92.

[4] Issaka K. SOUARE, (2017). *Les partis politiques de l'opposition en Afrique : la quête du pouvoir.* Montréal, Presses de l'Université de Montréal, 226 pages.

supposés tels. Mais le fond n'a pas changé d'un iota. Les rapports sont et demeurent à l'avantage de Paris qui contrôle tous les domaines de la vie politique et économique et surtout monétaire de ses anciennes colonies.

Dans les années 80, la politique des organisations internationales, telles le F.M.I et la Banque mondiale ont saigné l'Afrique avec leur politique d'ajustement structurel au détriment des États africains en pleine construction. Presque tous les pays de la zone franc sont aujourd'hui sur la liste de l'Agence française de développement. Par ailleurs, sur le plan économique, la France et d'autres partenaires occidentaux ont engagé plusieurs accords avec les États africains à travers les ententes de Yaoundé (I et II), Lomé (I, II, III, IV) et de Cotonou. Sur le plan politique, ils imposent à la tête de ces États des présidents acquis à leur cause. Ceux qui veulent ramer à contre-courant sont, soit assassinés (comme Sylvanus OLYMPIO en 1963 et Mouammar Kadhafi en 2011), soit déchus (comme Modibo Kéita en 1968 et plus récemment Laurent GBAGBO en 2011). Ces personnalités furent vite neutralisées, parce qu'elles voulaient élargir la marge de manœuvre de leurs pays. Aujourd'hui, plus de 60 ans après les indépendances, la France est toujours présente dans son « pré carré » en Afrique, ce qui sème le doute et déclenche les troubles socio-politiques et les rancunes des uns et des autres.

CHAPITRE TROISIÈME.

ENJEUX DU FRANC CFA DANS LES PROJETS DE DÉVELOPPEMENT ÉCONOMIQUE ET SOCIAL EN AFRIQUE À PARTIR DE 1960 JUSQU'AUX ANNÉES 2000

INTRODUCTION

L'euphorie née de l'accession à la souveraineté internationale s'est vite estompée à cause des difficultés auxquelles vont faire face les autorités africaines, au sortir de la colonisation. Le franc CFA devint un réel enjeu géopolitique et géostratégique dans les relations franco-africaines. Aujourd'hui, comme aux premières heures des indépendances, le franc CFA joue un rôle important dans la gouvernance politique et économique. Le désir des autorités de certains pays nouvellement indépendants était d'inscrire les besoins de leurs populations au cœur de leurs actions. Cette ambition a été mal perçue et vécue par la métropole qui jusqu'ici, décide en dernier ressort, des politiques économiques de ces pays africains. Par moments, les polémiques autour de cette monnaie rendent les relations électriques entre Paris et ses anciennes colonies, occasionnant des troubles dans la gouvernance intérieure avec en ligne de mire les intrusions militaires dans la vie politique. Quelle est la place du franc CFA dans les enjeux de développement en Afrique au lendemain des indépendances ?

Dans ce chapitre, nous décrypterons d'abord les conceptions qu'ont certains chefs d'État africains et certaines personnalités françaises des enjeux du franc CFA. Nous éluciderons ensuite l'opinion des activistes et scientifiques sur les impacts de cette monnaie par rapport au niveau de développement des pays utilisateurs. Pour finir, nous analyserons la place du franc CFA dans le développement des pays africains.

I- LE FRANC CFA, UNE AFFAIRE POLITIQUE ET DE CONTROVERSE

Dans tous les pays au monde, la monnaie a toujours représenté un grand enjeu dans les politiques de développement économique. Cette réalité a été et demeure la pierre angulaire dans la politique de collaboration entre plusieurs États. Vu sa domination sur les Africains, la France dispose d'une priorité sur les contrats dans ses ex-colonies dont elle a le contrôle économique. Ainsi, en

2017 au Sénégal, Thierno Alassane Sall[1] prend l'initiative de démissionner de son poste de ministre à la suite d'un désaccord avec le gouvernement. Le litige porte sur le contrat d'exploitation du pétrole et du gaz au géant français TOTAL.

L'ex-ministre reproche au président de la République sénégalaise de privilégier les intérêts de la France au détriment des intérêts nationaux. Il rejette les raisons évoquées par le président de la République Macky SALL pour justifier l'attribution de ce contrat à TOTAL. Aux dires du ministre, le Président trouve que la France donne de temps en temps des subventions, 65 milliards de franc CFA pour payer les salaires, 100 milliards pour ceci et cela. TOTAL qui occupait le 5ème rang par rapport à BP Cosmos qui détenait le 1er rang sur ce marché, a été sélectionné sous prétexte qu'il fait des offres qui soient de loin les meilleures qu'on ait jamais enregistrées depuis 1985 au moins […] « Je suis de la génération qui lutte pour l'émancipation et l'indépendance économique, sociale et politique de notre pays, je ne suis pas de ceux-là qui pensent que parce que la France nous donne des sucettes, on doit leur donner notre pétrole en échange[2]. »

Les conditions dans lesquelles TOTAL a obtenu le contrat sont illégales, injustes et asymétriques en défaveur des intérêts du Sénégal. Rien ne garantissait que TOTAL trouverait le pétrole. Le contrat a été exclusivement rédigé par TOTAL qui en a imposé les termes au gouvernement sénégalais[3]. Les raisons pour lesquelles Macky SALL apporte son soutien à TOTAL démontrent une fois encore, l'emprise de la France sur les dirigeants de ses anciennes colonies. Les mobiles de cette décision résideraient dans les ententes qu'il a passées avec la France avant son accession au pourvoir. La « Françafrique[4] » et le « pré-carré » français demeurent de grands maux qui pénalisent l'Afrique. La France, tout comme les autres grandes puissances, est à la recherche des États qui peuvent lui servir de marché où elle peut négocier ses contrats et écouler le surplus de ses produits finis. Elle impose ainsi à ses ex-colonies une politique monétaire et économique ainsi que la fixation du prix des matières premières. « Depuis les années 1990, la France n'a plus les moyens financiers et militaires de gérer l'Afrique, ou de jouer les Zorro sur le

[1] Thierno Alassane Sall a été entre octobre 2012 et juillet 2014, ministre des Infrastructures, des Transports terrestres et du Désenclavement puis de juin 2015 à mai 2017, ministre de l'Énergie et du Développement des énergies renouvelables.

[2] https://www.youtube.com/watch?v=75Nldp87N_Y

[3] https://emedia.sn/THIERNO-ALASSANE-SALL-TOTAL-A-T-ELLE-MEME-ECRIT-LE-CONTRAT-ET-DEMANDE-AU-SENEGAL.html

[4] La Françafrique est un terme péjoratif souvent utilisé dans les relations franco-africaines qui qualifie cette relation néocoloniale par les détracteurs. Elle désigne également la partie immergée de l'iceberg. En effet, les pays africains sont indépendants sur le plan politique, mais dépendants économiquement et monétairement de la France.

continent. Elle doit reconsidérer le modèle de sa relation avec ses anciennes colonies. Les besoins de l'Afrique augmentent très vite et la France n'a plus la capacité de les satisfaire[1]. »

Aujourd'hui, on fait face à une dépendance totale des pays africains francophones vis-à-vis de leur ancienne métropole. D'aucuns vont jusqu'à penser même que les dirigeants s'évertuent à préserver des intérêts français. En contrepartie, la France leur garantit leur fauteuil présidentiel. Conscient de la situation, François Mitterrand lors de son « discours de La Baule » le 20 juin 1990, reconnaît que les pays africains souffrent de leur dépendance vis-à-vis de la France : « Le colonialisme n'est pas mort. Ce n'est plus le colonialisme des États, c'est le colonialisme des affaires et des circuits parallèles. Nous parlons entre États souverains, égaux en dignité, même si nous ne le sommes pas toujours en moyens. Il existe entre nous des conventions de toutes sortes. Il existe des conventions de caractère militaire[2]. »

1. Les dirigeants africains face aux réalités de gouvernance du FCFA

La question de souveraineté, bien qu'elle suscite beaucoup de passions tant au niveau des populations que des dirigeants, n'a pas tardé à placer les gouvernants devant le fait accompli. Du coup, on assiste à l'apparition de deux camps. D'un côté, les détracteurs qui souhaitent une indépendance aussi bien politique qu'économique à travers la maîtrise de la politique monétaire. De l'autre côté, se retrouvent les admirateurs – souvent des profrançais et/ou considérés comme tels – de la monnaie coloniale qu'est le franc CFA. « Ils sont bien gentils, je les aime tous, mais enfin quand même, ils auraient bien pu en peu s'entendre ![3] » Lors de cet interview, le général De Gaulle met en valeur le manque d'unanimité dans les prises de décisions des dirigeants africains. Le fait que les Français aient laissé la Guinée battre sa propre monnaie avait une double signification : d'abord, faire de la Guinée un "élève rebelle" afin de dissuader les autres anciennes colonies de lui emboîter les pas. Pour cela, la France n'a pas lésiné sur les moyens quand il s'était agi de punir la témérité de Sékou TOURÉ. Après la Guinée, le Mali a voulu suivre ses pas, mais, Modibo KÉÏTA n'a réussi à conduire son projet d'indépendance

[1] Laurent GBAGBO et François MATTEI, (2018). *Pour la vérité et la justice*. Paris, Max Milo, p.7.

[2] *Vie publique au cœur du débat public,* « Discours de François Mitterrand », prononcé le 20 juin 1990 lors du 16ème sommet franco-africain à La Baule du 19 au 21 juin 1990.

[3] Archives orales de la Fondation Charles de Gaulle, propos recueilli par Jean Charbonnel, homme politique français d'appartenance gaulliste auprès du général Charles de Gaulle, 8 novembre 1993.

monétaire que sur six ans (1962-1968) avant d'être renversé par un coup d'État militaire orchestré par Moussa TRAORÉ. Ainsi, « le cas du Mali est similaire à celui de la Guinée, avec la différence qu'au Mali, l'entreprise de déstabilisation du régime de Modibo KÉÏTA a débouché sur un coup d'État militaire, qui a ouvert la voie au retour de ce pays dans le giron français quelques années plus tard, après la liquidation par les militaires des acquis des premières années d'indépendance[1]. »

En outre, la France met en place sa stratégie pour faire peur aux Africains. Aujourd'hui plus que jamais, le contexte de la mondialisation pose à l'Afrique le défi de prendre globalement son destin en mains afin que la France n'ait plus les moyens de punir ces pays africains qui autrefois étaient sous son emprise. À cette fin, la solidarité africaine à travers l'Union africaine (U.A) et les mouvements panafricanistes peuvent être un atout considérable. « Mais le contexte mondial a profondément changé, et l'Afrique avec, au cours du demi-siècle écoulé depuis les "indépendances" octroyées et contrôlées. La France n'a plus les moyens de "punir" un pays, comme elle l'a fait avec la Guinée ou le Mali. Les Africains ont de nouveaux partenaires et alliés sur lesquels ils peuvent compter. En outre, la solidarité africaine et la prise de conscience de l'opinion publique africaine sont autant de remparts contre toute politique visant à isoler un pays qui veut s'émanciper de la tutelle de la France[2]. »

Il y a plus d'un demi-siècle que ce système du franc CFA perdure. S'il a pu absorber des États non-membres de l'ex-empire colonial français sur le continent africain, l'on peut s'interroger sur les raisons pour lesquelles ces deux zones n'ont pas réussi à attirer davantage d'États du monde et d'Afrique, libérés du joug colonial ou devenus membres actifs ou passifs de la Francophonie. Nicoué L. GAYIBOR trouve que « beaucoup de leaders africains sont éliminés de la scène politique en voulant défendre les intérêts de l'Afrique parce que la France veut toujours rester la maitresse du jeu. De Gaulle avec Foccart surnommé homme d'Afrique ont réussi à mettre en place le "pré carré" français avec les accords de défense et la politique de contrôle économique ; à partir de là, que peut devenir l'Afrique ?[3] » Il rajouta que « ceux qui sont assez téméraires pour s'y opposer ont été un exemple à ne pas suivre : Sylvanus Olympio, Thomas Sankara, Modibo Keïta, pour ne citer que ceux-là[4]. »

---

[1] Demba Moussa DEMBELE, (2016), « De la nécessité de la souveraineté monétaire dans les pays africains de la zone franc », in Kako Nubukpo, *sortir l'Afrique de la servitude monétaire : À qui profite le franc CFA* ? Paris, La Dispute, p.147-148.

[2] *Ibid.,* p.149.

[3] Nicoué L. GAYIBOR est un Professeur titulaire (historien) et ancien président de l'Université de Lomé à la retraite, entretien du 21 décembre 2020 au Centre numérique de la francophonie (C.N.F) de l'Université de Lomé.

[4] *Ibid.*

Par ailleurs, la politique de gestion monétaire du franc CFA qui est adossé à des monnaies fortes ne favorise pas non plus l'essor économique des pays africains. La figure 6 ci-dessous présente des données sur l'arrimage du franc CFA à un panier de devises comme le yuan, l'euro ou le dollar.

Figure n° 6. Arrimage du franc CFA à d'autres paniers de devises

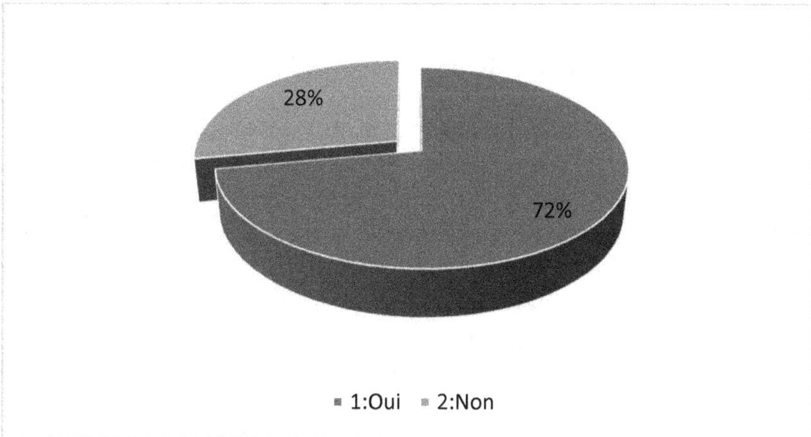

Source : Résultats de nos travaux de terrain, 2018.

D'après la figure n° 7 ci-dessus, qui illustre la politique de fixité du franc CFA par rapport à l'Euro par exemple, 72% des enquêtés sont d'avis que le franc CFA ne soit plus lié à l'euro mais souhaitent son arrimage à des paniers de devises, tels que l'euro, le dollar, le rouble ou le yuan. Seulement 28% des enquêtés acceptent de garder cette monnaie en l'état, avec une convertibilité fixe. En réalité, le franc CFA en lui-même ne pose pas de problème pour certains, selon nos résultats. Mais sa parité fixe avec l'euro pénalise les commerces, les petites et moyennes entreprises et, par-dessus tous les paysans.

Aujourd'hui, peu de dirigeants africains s'indignent publiquement contre le franc CFA, probablement pour échapper aux débats problématiques qui pourraient les hanter. La France promet une protection à ses ex-colonies et en retour, les Chefs d'États africains deviennent les garants de la politique française dans leur pays. L'ancien président sénégalais Abdoulaye Wade[1], rapporté par Frédéric MAURY et Stéphane BALLONG, disait : « Il serait irresponsable de ma part de m'attarder trop longtemps sur le franc CFA. Ne comptez pas sur moi pour dire s'il est surévalué ou non. Irresponsable, car contrairement à ce que croient certains journalistes qui pensent qu'on peut dire ce qu'on veut, je pense que certaines choses ne se disent pas. »

---

[1] Il s'est exprimé le 19 octobre 2016 dans un amphithéâtre de Sciences-Po à Paris sur la question : que pensent les dirigeants africains du CFA ? Il était l'invité de l'association des étudiants de Sciences-Po pour l'Afrique (ASPA).

Grand économiste dont le sujet de thèse était « Économie de l'Ouest africain : unité et croissance » en 1959, Abdoulaye WADE aurait pu apporter des réponses pertinentes à la question liée au franc CFA. Il a préféré esquiver la question. Le débat sur le franc CFA fait peur à plus d'un dirigeant africain, pas par méconnaissance systématique du sujet, mais parce qu'ils craignent le châtiment qui leur sera réservé. Le même président avait déjà dénoncé en 2010 le caractère négatif de cette monnaie en ces termes : « Après cinquante ans d'indépendance, il faut revoir la gestion monétaire. Si nous récupérons notre pouvoir monétaire, nous gérerons mieux. Le Ghana a sa propre monnaie et la gère bien. C'est le cas aussi de la Mauritanie, de la Gambie qui financent leurs propres économies[1]. » Ce président, qui souffle à la fois le chaud et le froid, craint certainement des représailles et évite la question à laquelle il avait pourtant répondu six ans plus tôt. Cela témoigne de la complexité liée à la problématique du franc CFA. Même si, dans les coulisses, on entend des bourdonnements de tout genre, rares sont les téméraires qui arrivent à exprimer à haute et intelligible voix leur désaccord par rapport à ce sujet.

Pas une année ne passe sans que la monnaie commune aux quatorze pays francophones d'Afrique ne fasse débat dans les médias tant occidentaux qu'africains. La figure ci-dessous nous présente les différents points de vue de certains présidents africains sur le franc CFA.

[1] MAURY et BALLONG, (2016), « Ce que pense nos présidents du débat sur le franc CFA », in *Jeune Afrique*, paru le 09 novembre 2016.

Figure n° 7. Quelques présidents africains et leur opinion sur le franc CFA

Source : Frédéric Maury et Stéphane Ballong, Jeune Afrique, 9 novembre 2016.

À travers cette image ci-dessus, nous remarquons le manque d'unanimité des chefs d'État africains face à la question monétaire du franc CFA. Certains, à l'instar du président tchadien, feu Idriss DÉBY ITNO, sont favorables à la sortie de la zone franc CFA, sinon à sa réforme en profondeur au cas échant. En face, d'autres se montrent beaucoup plus conservateurs conciliants et prudents, comme Ouattara et Macky SALL. Des deux camps qui s'opposent, qui sont alors les défenseurs de cette monnaie et à quel prix ?

À la lecture de l'image ci-dessus, Alassane Ouattara, président de la République de Côte d'Ivoire, Macky SALL, chef d'État du Sénégal et Patrice Talon, Président du Benin, défendent le franc CFA et trouvent qu'il se porte très bien en Afrique.

° Selon **Alassane OUATTARA** : « Le CFA est une monnaie qui rend service au peuple africain[1]. » Lors de sa récente visite d'État en France, le président ivoirien a réitéré son engagement à maintenir son pays dans la zone franc CFA. Comme il l'a déclaré lors d'une conférence de presse conjointe avec le président français Emmanuel Macron. Alassane OUATTARA, ne s'inquiète pas de la stabilité de la monnaie : « Nous couvrons quand même les trois quarts de nos émissions monétaires et la banque centrale a plus de cinq mois d'importations, donc en devises il n'y a pas d'inquiétude[2]. » Le président ivoirien est considéré aujourd'hui comme l'un des défenseurs les plus farouches du franc CFA à travers ses différentes sorties médiatiques. Il rajoute plus loin : « J'ai entendu beaucoup de déclarations sur le franc CFA (...). Je ne comprends pas ce faux débat. Le franc CFA est notre monnaie, c'est la monnaie de pays qui l'ont librement choisi depuis l'indépendance dans les années 1960. Elle est solide, elle est appréciée, elle est bien gérée. Nous sommes très, très heureux d'avoir cette monnaie qui est stabilisante[3]. »

° **Macky SALL,** quant à lui, disait avant un déplacement officiel en France en 2012 : « Nous avons une institution forte et crédible. Et il ne faut pas la déstabiliser, car quoi que l'on dise, le franc CFA est une monnaie stable. Cela dit, si on arrive à nous prouver sans considération politicienne, de lutte anticoloniale par exemple, qu'il faut choisir une autre voie, nous sommes assez autonomes et responsables pour l'emprunter. Pour le moment, j'aimerais qu'on nous éclaire davantage. En attendant, je dis que le franc CFA est une bonne monnaie à garder[4]. »

Tout comme son homologue ivoirien, le président sénégalais se présente aussi comme un conservateur du franc CFA. Cet engagement du président sénégalais s'est à nouveau matérialisé en août 2017 avec l'expulsion de Kémi SÉBA du Sénégal vers la France pour avoir brûlé sur son territoire un billet de 5.000 FCFA, lors d'une manifestation pacifique contre cette monnaie coloniale. Du coup, le ministre sénégalais de l'intérieur a annoncé avoir « prononcé une mesure d'expulsion du territoire sénégalais à l'encontre du ressortissant franco-béninois Stélio Gilles Robert Capo Chichi, alias Kémi

[1] https://news.abidjan.net/articles/621524/le-franc-cfa-rend-service-au-peuple-africain-selon-alassane-ouattara, consulté le 10 avril 2020.

[2] RFI, « Emmanuel Macron et Alassane Ouattara plaident la cause du franc CFA », https://www.rfi.fr/fr/afrique/20170831-emmanuel-macron-alassane-ouattara-plaident-cause-franc-cfa, consulté le 10 avril 2020.

[3] *Jeune Afrique*, « Côte d'Ivoire : Ouattara défend le franc CFA d'une monnaie solide »", paru le 19 février 2019.

[4]https://www.nofi.media/2016/12/francafrique-2-0-macky-sall-franc-cfa-bonne-monnaie-a-garder/33904, consulté le 10 avril 2020.

SÉBA », précisant que sa présence sur le territoire national constitue « une menace grave contre l'ordre public[1]. »

° **Patrice TALON** a également plaidé pour le maintien du franc CFA en l'état dans plusieurs pays d'Afrique de l'Ouest. Il affirme : « Notre monnaie se porte très bien. Nous n'avons pas de problèmes d'échange sur le plan international. Nous comprenons qu'il y a lieu de donner une réponse forte à la communauté internationale, à nos concitoyens, sur d'abord la santé du CFA, sur le chemin parcouru par le CFA et sur l'avenir du CFA[2]. » Lors de son invitation à l'émission de RFI le dimanche, 16 avril 2017 autour d'un débat qui porte sur l'Afrique, le président TALON a expliqué que les économies de l'espace UEMOA n'ont pas le niveau pour atteindre les effets d'une dévaluation ou d'un ajustement monétaire. Il pense que la dévaluation du franc CFA a été un grand mal pour l'Afrique. Il réaffirme qu'une nouvelle « dévaluation du franc CFA va générer pour l'espace ouest-africain beaucoup de pauvreté et de misère dans une situation déjà assez difficile[3]. » De prime abord, le président béninois affirme que la zone franc CFA n'a pas de problème d'échange sur le marché international ; ensuite, il s'oppose à une autre dévaluation de cette monnaie.

En dehors de ces chefs d'États africains qui soutiennent le maintien du franc CFA, on trouve des dissidents de la gouvernance de cette zone à travers le franc CFA. Ils trouvent que le franc CFA met en péril certaines politiques qui peuvent contribuer à un réel décollage économique des États africains. Certains chefs d'États africains ont essayé de sortir leur pays du franc CFA pour battre leur propre monnaie.

1-1. Le cas du Mali

Le Mali est un pays d'Afrique de l'Ouest qui partage ses frontières au nord avec la Mauritanie et l'Algérie, à l'est avec le Niger, au sud avec le Burkina Faso, la Côte d'Ivoire, au sud-ouest avec la Guinée et à l'ouest avec le Sénégal. Ancien Soudan français avec le Sénégal, le Mali est devenu indépendant le 22 septembre 1960, avec pour premier président Modibo Keita. Lors d'une de ses adresses à son peuple en 1961, Modibo Kéita affirme : « Je proclame ma foi en l'avenir de notre République. Cette foi, nous la

---

[1] *Le Nouvelliste*, « Le Sénégal expulse Kémi Séba », 6 septembre 2017, https://lenouvelliste.com/article/176051/le-senegal-expulse-kemi-seba, consulté le 13 juin 2022.

[2] *La Tribune Afrique*, « Bénin : en tournée ouest africaine, Talon défend le CFA », https://afrique.latribune.fr/politique/politique-publique/2017-10-11/benin-en-tournee-ouest-africaine-talon-defend-le-cfa-753732.html, consulté le 10 avril 20220.

[3] Khadim MBAYE, (2017), « Patrice Talon : la dévaluation du franc CFA appauvrirait l'Afrique », in *La Tribune Afrique*, 17 avril 2017, https://afrique.latribune.fr/economie/budget-/-fiscalite/2017-04-17/patrice-talon-la-devaluation-du-franc-cfa-appauvrirait-l-afrique.html, consulté le 11 mai 2022.

partagerons tous, j'en suis convaincu, car il ne peut en être autrement quand il s'agit d'un peuple qui a su garder son calme et sa dignité en des heures où d'autres les auraient perdus, qui a donné des preuves éclatantes de la fermeté de son caractère, qui a affirmé avec force sa patrie et qui, s'il le fallait, n'hésiterait pas à offrir ce à quoi les hommes tiennent le plus, leur vie, pour que vive et prospère un Mali libre dans une Afrique unie[1]. »

Modibo KEÏTA est un panafricaniste et un nationaliste convaincu de la première heure. Il aurait payé le prix de son combat contre le franc CFA par sa chute à travers le coup d'État conduit par Moussa TRAORÉ le 19 novembre 1968. À cause de sa fin tragique, Modibo bénéficie d'une grande admiration auprès de l'opinion tant malienne qu'africaine, car il est l'un des rares dirigeants africains à avoir bravé l'autorité française. Par ailleurs, « si Modibo Keita bénéficiait d'un grand prestige auprès de ses concitoyens, ce n'était donc pas seulement à cause de son charisme, ni des premiers succès des toutes premières années de l'indépendance : le régime intègre que fut le sien y a grandement contribué[2]. » Il continua : « C'est pourquoi tout chef qui gouvernera le Mali devra soutenir la comparaison avec le premier président sur ce chapitre de l'honnêteté, car même si les dernières générations n'ont pas vécu les années 60, de telles vérités sont fixées dans la mémoire collective et transmises de génération en génération[3]. »

De cet instant jusqu'au 16 mai 1977, date de son décès à Bamako dans des conditions non éclaircies jusqu'à nos jours, Modibo Keita est emprisonné à Kidal par le Comité militaire de libération nationale (C.M.L.N) dirigé par Moussa TRAORÉ. À cet effet, feu Me Yawovi AGBOYIBO déclare : « Aucune main ne liait la France à cet assassinat mais l'ambition de Modibo Keita était trop grande pour avoir osé défier la France sur la question monétaire et d'avoir osé battre sa propre monnaie : le franc malien[4]. »

Moussa Konate[5] a trouvé à juste titre que l'État malien, avec la fin tragique de Modibo KÉITA, est rentré dans un marasme économique et social. En effet, l'un des mérites du régime de Modibo Keita est, non pas d'avoir été le bâtisseur de la nation malienne, mais de l'avoir consolidée après l'indépendance[6]. Il signale également l'apport de la population à travers des

---

[1] Modibo Keïta fut le premier président la République du Mali du 23 septembre 1960 au 19 novembre 1968.

[2] Moussa KONATE, (1990). *Mali : ils ont assassiné l'espoir*. Paris, L'Harmattan, p.28.

[3] *Ibid.*

[4] Feu Yawovi AGBOYIBOR, homme politique et ex-Premier ministre du Togo du 20 septembre 2006 au 6 décembre 2007, entretien du 22 avril 2018 à son domicile à Lomé.

[5] Moussa KONATE, (1990). *Mali : ils ont assassiné l'espoir*. Paris, L'harmattan, 143 pages.

[6] *Ibid.*, p.22.

mouvements d'émancipation et des formes d'organisation mises au point par les Africains dans le processus des indépendances et des décisions prises après les indépendances. C'est cette forme de réorganisation sociétale que M'BOKOLO[1] qualifie de « nationalisme anticolonial ». La position de Modibo incarne le rêve et l'expression du peuple malien.

Après les indépendances et dans le souci de jouir de l'autonomie démocratique, Modibo Keita affirme devant le peuple malien le 22 août 1967 :« Nous n'hésiterons pas, nous ne reculerons pas et nous vous donnons l'assurance que nous sommes déterminés à prendre toutes les mesures qui s'imposent pour que le pouvoir révolutionnaire triomphe définitivement des forces rétrogrades et malsaines qui tentent de s'opposer à la route de l'histoire. Les démagogues en mal de places, les anarchistes peuvent également être assurés qu'ils nous trouveront sur leur chemin pour leur faire comprendre que le socialisme, c'est aussi l'ordre et la discipline[2]. » Il rajoute un peu plus loin dans le même discours : « Ce qui est en cause est trop important et dépasse nos vies et nos préoccupations personnelles ; il s'agit en effet, de l'avenir du Mali dont le sort, au demeurant, ne saurait être dissocié de celui de l'Afrique ; il s'agit de notre indépendance nationale qu'il nous faut sauvegarder par tous les moyens ; il s'agit enfin de jeter les bases d'une société juste, égalitaire, ou les mêmes chances seront données à tous sans distinction de races, de religions[3]. »

Dans la même veine, DEMBÉLÉ pense que le caractère revendicateur de la souveraineté du franc CFA relève de la seconde indépendance ; ce n'est pas une revendication à caractère subjectif, comme peuvent le penser d'autres personnes. La souveraineté monétaire fait partie intégrante de la souveraineté nationale. « Les arguments politiques contre l'abandon du franc CFA évoquent des doutes sur la capacité des pays africains à assumer leur souveraineté monétaire, surtout compte tenu de la nature du leadership africain, qui manque souvent de volonté politique et de vision. On évoque également le manque de solidarité entre pays africains, surtout en cas de difficultés[4]. »

L'espoir tant attendu après les indépendances effrite progressivement au fil du temps avec pour conséquences les troubles politiques. Les travaux de

---

[1] Elikia M'BOKOLO, (1985). *L'Afrique au XXème siècle : le continent convoité.* Paris, Seuil, p.131.

[2] 22 août 1967, révolution active, http://news.abamako.com/h/168746.html, consulté le 15 janvier 2023.

[3] *Ibid.*

[4] Demba Moussa DEMBELE, (2016), « De la nécessité de la souveraineté monétaire dans les pays africains de la zone franc », in Kako NUBUKPO, *sortir l'Afrique de la servitude monétaire : À qui profite le franc CFA* ? Paris, La Dispute, p.149.

Romain YAKEMTCHOUK[1] lancent le débat sur la question des coups d'État. Pour l'auteur, l'indépendance des pays africains dans les années 1960 n'a pas bénéficié de véritables institutions démocratiques fortes. Par ailleurs, le modèle étatique forgé sur le modèle occidental n'a pas tenu ses promesses, ce qui a vite fait place aux régimes autoritaires et autocratiques dont la plupart sont issus des coups d'État militaires[2]. « Dans une démocratie, l'armée reste en dehors de la politique, elle est une grande muette, elle est au service de la nation, non d'un gouvernement, d'un parti ou d'un individu. Dans une démocratie, la mission de l'armée n'est pas d'ordre interne, mais externe : son rôle consiste à assurer la sécurité et l'intégralité territoriale du pays en le protégeant – seule ou avec l'aide des pays amis – des attaques venues de l'extérieur[3]. »

Notons que la situation est bien différente en Afrique noire. L'armée n'est ni un arbitre ni un quelconque pouvoir de tutelle limité dans le temps. Elle entend gouverner et en même temps exercer aussi le pouvoir. Le pire constat est que les sociétés africaines à travers leurs gouvernants usent et abusent de leur pouvoir. On voit que des hommes politiques ou leurs proches sont à la manœuvre dans la prise des décisions qui relèvent de l'intérêt général. Force est de reconnaître aussi que les coups d'États en Afrique sont des éléments perturbateurs dans les relations politiques, économiques et sociales. Cette perturbation trouve parfois sa première cause dans l'intérêt des grandes puissances. La France accepte le coup d'État au Tchad et, dans les mêmes circonstances, mène une guerre contre les autorités militaires du Mali et du Burkina Faso qui sont pourtant, applaudies et approuvées par leurs populations. Dans les mêmes conditions, on peut être ami avec Ali Bongo Ondimba du Gabon, fils d'ancien président et Paul Biya du Cameroun, aujourd'hui âgé de 90 ans et au pouvoir depuis plus de 40 ans. La France reste la seule entité impérialiste qui développe une politique peu immuable avec ses anciennes colonies qui remettent en cause le sens de la démocratie. Cette politique a doublé de vitesse et le paternalisme de la France à l'égard des pays africains fait des uns, des maîtres et des autres, des sujets[4].

Les coups d'état se produisent régulièrement en Afrique dans les décennies qui ont suivi les indépendances. En effet, entre 1960 et 2000, le continent africain a connu 82 coups d'État qui ont été un frein au développement des pays africains. Les avantages pour les commanditaires de ces putschs sont fabuleux : la prise de pouvoir et l'accès illimité aux ressources de l'État.

---

[1] Romain YAKEMTCHOUK, (1985), « Coups d'État militaires en Afrique dans leurs incidences internationales », in *Studia Diplomatica,* vol 38, N° 1 (1985), p.43-108.
[2] M'BOKOLO, *op. cit.,* p.1.
[3] YAKEMTCHOUK, *op. cit.,* p.2.
[4] Ifê ADANI, d'après nos entretiens de terrain du 12 janvier 2021 à Lomé.

L'attrait d'un coup d'État par conséquent, existera toujours[1]. En effet, l'Afrique a sans doute des richesses qui attirent les étrangers. Le groupe Bolloré est soupçonné d'avoir fiancé des campagnes électorales en échange de concessions en Afrique. Selon la magasine *Libre Eco*[2], les juges parisiens Serge TOURNAIRE et Aude BURESI ont demandé à Vincent Bolloré de s'expliquer sur ses agissements en Afrique. Ceux-ci soupçonnent les dirigeants du groupe Bolloré d'avoir financé à travers Havas, la filiale spécialisée dans la communication, des campagnes pour favoriser l'accès au pouvoir de dirigeants africains[3].

Comme le souligne Peter ANYANG' NYONG'O[4], le coup d'État a généralement tendance à engendrer une culture politique qui fait que les élites rivalisant pour les postes de commande le considèrent toujours comme un moyen de résoudre leurs conflits. Les propos de cet auteur viennent confirmer l'hypothèse selon laquelle l'instabilité politique grandissante en Afrique tire en partie sa source dans les intérêts personnels des dirigeants africains.

Sur le plan politique, Modibo Keïta déclenche la « révolution active » et suspend la constitution en créant le Comité national de défense et de la Révolution (C.N.D.R) à partir de 1967. Les troubles socio-politiques et la question liée à la dévaluation du franc malien en 1967 conduisent à un mécontentement général. « Nous ne transigeons pas, nous ne reculerons pas ; l'œuvre d'assainissement, nous la mènerons à bout jusqu'au jour où les conditions seront créées pour permettre au Parti de se donner dans la clarté, la direction qu'il lui faut pour conduire notre peuple au but suprême et noble qu'il s'est fixé : la construction d'une société socialiste dans la liberté et la souveraineté nationale[5]. » C'est ainsi que Modibo Keïta s'adressa à son peuple le 22 août 1967 pour redresser la situation politique et socio-économique du Mali.

---

[1] Joseph SIEGLE, (2022), « Les coups d'États en Afrique et le rôle des acteurs extérieurs », *Centre d'étude stratégique de l'Afrique*, https://africacenter.org/fr/spotlight/les-coups-detat-en-afrique-et-le-role-des-acteurs-exterieurs/, consulté le 20 mars 2023.

[3] https://www.lalibre.be/economie/entreprises-startup/2018/04/12/vincent-bollore-soupconne-davoir-finance-des-campagnes-electorales-en-echange-de-concessions-en-afrique-XF4H3EE76ZBWDBFRUZJUOQEBWM/, consulté le 20 févier 2023.

[4] Peter ANYANG' NYONG'O, P., (1988), « Instabilité politique et perspectives de démocratie en Afrique », in Thierry de Montbrial, *Politique étrangère*, vol. 53, N° 3, p.594.

[5] Modibo Keïta, *Discours et interventions*, Archives sonores Radio-Mali, août 1967.

Photo n° 3. Feu Modibo Keïta, ancien chef d'État malien

Source : Jeune Afrique, 18 septembre 2020.

Le combat de Modibo KEITA contre le franc CFA à l'époque est sans doute l'un des aspects qui ont contribué à sa chute. En effet, M. KEITA, conscient de l'importance de la situation et des enjeux auxquels il se serait confronté s'il acceptait cette monnaie coloniale, décida de la refuser et de battre une monnaie nationale malgré les intimidations et des enjeux stratégiques. « L'histoire nous enseigne que le pouvoir politique s'accompagne toujours et nécessairement du droit de battre monnaie, que le pouvoir est inséparable de la souveraineté nationale, qu'il en est le complément indispensable, l'attribut essentiel. Pouvoir politique et pouvoir monétaire ne sont donc, à dire vrai, que les aspects complémentaires d'une seule et même réalité : la souveraineté nationale[1]. » Son ambition de battre sa propre monnaie est-elle la cause de son assassinat ? Nul ne saurait le dire, parce qu'il n'y a pas de preuves directes. Même si ces preuves existent, les Africains endossent l'entière responsabilité pour camoufler les vraies raisons de qui a dit quoi et de qui a envoyé qui faire quoi !

[1] Extrait du discours du premier président du Mali, Modibo Keïta, le 30 juin 1962.

1-2. Le cas du Togo

Le Togo est un pays d'Afrique de l'Ouest dont la population est de 8 095 498 d'habitants en 2022[1], avec une superficie de 56 785 km2. Il est limité au nord par le Burkina Faso, au sud par l'océan Atlantique, à l'Est par le Bénin et à l'ouest par le Ghana. Son premier président fut Sylvanus OLYMPIO qui marqua profondément l'histoire de son peuple. Né à Lomé le 6 septembre 1902, il fut formé à London School of Economics à Londres. Après les indépendances en 1960, année qui inaugura une nouvelle ère dans l'histoire des pays africains, OLYMPIO avait confié à l'Agence France-Presse (AFP) : « Je vais faire mon possible pour que mon pays se passe de la France[2]. » Il est de ces Chefs d'État qui voulaient se libérer du joug économique et monétaire de la France. Ainsi, il a décidé d'imprimer une monnaie nationale et de mettre fin au franc CFA sur son territoire. À cet effet, « il avait donc préparé avec la Banque de France un accord de rupture qui devait être signé le 15 janvier 1963. Et il lança un appel d'offre d'émission qui fut remporté par l'Angleterre qui émettrait une nouvelle monnaie qui serait garantie par l'Allemagne[3]. »

OLYMPIO est assassiné le 13 janvier 1963, deux jours avant la rupture de l'accord sur le franc CFA avec la France. La nouvelle monnaie devrait s'adosser au Deutsch Mark. Selon feu Yawovi AGBOYIBOR[4], « historiquement et d'une manière directe, il n'y a rien qui lie la France à cet assassinat mais j'ai appris que sa politique d'émancipation de l'Afrique sur la question monétaire lui a valu la mort. » L'attaque de la résidence du président commence le 12 janvier à 23h ; son assassinat intervient le lendemain à 7h15 min. devant le portail de l'ambassade des États-Unis, d'où il a été extrait. Entre ces deux évènements, il s'est passé huit heures durant lesquelles des coups de fil ont été échangés et des ordres transmis. Les États-Unis et la France ne disent toujours rien de ce qu'ils savent.

---

[1] Selon le 5è Recensement général de la population et de l'habitat (RGPH5) de 2022.

[2]http://jsuistonchauffeur.skyrock.com/3139039244-L-histoire-moderne-du-Togo.html

[3] Komla KPOGLI, (2012), « Assassinat de Sylvanus OLYMPIO le 13 janvier 1963 : continuer la lutte », in *Mouvement pour la Libération totale et la reconstruction de l'Afrique* (MOLTRA), paru le vendredi 13 janvier 2012.

[4] Feu Mr Yawovi AGBOYIBOR, homme politique et ex-Premier ministre du Togo du 20 septembre 2006 au 6 décembre 2007, entretien du 22 avril 2018 à son domicile à Lomé.

Photo n° 4. Sylvanus OLYMPIO, premier président du Togo

Source : Photo archive du 27 avril.com, 22 juillet 2017.

Comme on peut le déduire, l'assassinat d'OLYMPIO est bien organisé. Ce sont certes, des militaires togolais qui l'ont assassiné, mais un esprit avisé pouvait identifier un appui extérieur. En effet, si OLYMPIO réussissait sur le plan monétaire, cela signifie que les autres colonies nouvellement indépendantes pouvaient faire de même. Dans cette perspective, il n'est pas exclu que la France ait participé à cet assassinat pour défendre ses intérêts. OLYMPIO est neutralisé par un groupe d'anciens légionnaires étrangers. « Le chef des Légionnaires s'appelait GNASSINGBE Eyadema et a reçu l'équivalence de 550 euros de l'ambassade française pour l'attaque, selon le Telegraph britannique[1]. »

Quatre ans plus tard, précisément le 15 avril 1967, Eyadema est promu avec le soutien de Paris, nouveau président du Togo. Aussitôt arrivé au pouvoir, il établit jusqu'à sa mort en 2005, une dictature sans partage. Eyadema Gnassingbé avait revendiqué publiquement l'assassinat du premier président du Togo : « Je l'ai descendu parce qu'il ne voulait pas avancer[2]. », disait-il. Est-ce lui le vrai auteur de cet assassinat ou aurait-il agi sur l'ordre de Paris ? Faute de témoin direct, on ne le saura peut-être jamais.

Plus tard, « Eyadema dira que ce n'était pas lui qui avait tiré sur le président, laissant croire à l'œuvre d'une main française directe. Laquelle ?

---

[1] https://www.panorapost.com/post.php?id=19598, consulté le 12 janvier 2023.

[2] *Journal de Paris* n°720 du 26 janvier 1963.

Quelques sources avaient évoqué le nom de Georges Maîtriser[1] lui-même[2]. » Pourquoi avoir changé subitement de version ? Cette volte-face d'ÉYADÉMA nous laisse penser qu'il n'aurait pas été le vrai auteur de cet assassinat. On peut ainsi, à la suite de BOISBOUVIER, admettre que : « Cet assassinat porte la marque de la France, car la mort du président OLYMPIO fut annoncée par la radio France Inter à 06 h du matin, soit une heure à l'avance. Comme ce fut le cas avec le coup d'État contre Mamadou TANDJA du Niger en février 2010, qui fut annoncé par Bernard Kouchner avant même sa réalisation sur le terrain[3]. » Après la mort du Général Eyadema en 2005, son fils Faure Essozimna GNASSINGBE prit le pouvoir et le conserve jusqu'à ce jour. Selon Me Yawovi AGBOYIBOR, « La France surveille les réactions de chaque Chef d'État africain. Quand vous suivez les médias, vous verrez que très peu d'intellectuels se prononcent. Ce problème monétaire fait partie des reliquats des problèmes coloniaux. Même si au début il y aura des répercussions à long terme, les intellectuels ne peuvent pas tirer davantage. Dans tous les cas, ce débat est lancé au niveau de la CEDEAO où, s'il y a quelques réserves à faire valoir, cela ne durera pas[4]. »

1-3. Le cas de la Côte d'Ivoire

La Côte d'Ivoire est un pays de l'Afrique de l'Ouest et un membre de l'Union africaine avec une population de 26,38 millions en 2020. Elle est limitée au nord par le Mali et le Burkina Faso, à l'ouest par le Liberia et la Guinée, à l'est par le Ghana et bordée au sud par l'océan Atlantique. Sa capitale politique et administrative est Yamoussoukro, et Abidjan comme principale centre économique. Elle accède à l'indépendance le 7 août 1960 sous Félix Houphouët-Boigny, premier président de la République[5]. Après de nombreuses crises de succession nées des suites du décès de Félix Houphouët-Boigny, le pays réussit à adopter une nouvelle Constitution et à organiser la première élection présidentielle le 22 octobre 2000, élection qui porte Laurent Gbagbo au pouvoir. Notons que l'arrivée de Gbagbo à la présidence sera une source de nombreuses tensions et d'instabilité politique et sociale.

---

[1] Il fut en 1963, le commandant et patron de la gendarmerie togolaise.

[2] Komla KPOGLI, (2012), « Assassinat de Sylvanus OLYMPIO le 13 janvier 1963 : continuer la lutte », in *Mouvement pour la Libération totale et la reconstruction de l'Afrique* (MOLTRA), paru le vendredi 13 janvier 2012.

[3] Christophe BOISBOUVIER, (2013), « Togo : qui a tué l'ancien président Sylvanus Olympio ? », *Jeune Afrique*, paru le 18 janvier 2013.

[4] Feu Mr Yawovi AGBOYIBOR, homme politique et ex-Premier ministre du Togo du 20 septembre 2006 au 6 décembre 2007, entretien du 22 avril 2018 à son domicile à Lomé.

[5] Il présida sans partage jusqu'à sa mort en 1993. Pendant sa présidence, le pays connut plus ou moins de stabilité et de développement, ce qui faisait de lui la locomotive économique de l'espace UEMOA.

Comprendre la crise franco-ivoirienne implique de connaître les grands principes de la Françafrique et leurs ramifications actuelles[1]. La Côte d'Ivoire avant Laurent Gbagbo, n'a jamais connu une passation pacifique de pouvoir. En effet, Henri Konan Bédié succède à Houphouët-Boigny lors des élections de 1995. Or l'opposition adopte un code électoral qui veut que le Chef de l'État ivoirien soit issu d'un père et d'une mère ivoiriens. C'est alors qu'il s'exile en France après le coup d'État du général Robert Guéï contre lui le 24 décembre 1999. Laurent Gbagbo arrive au pouvoir après être sorti gagnant de l'élection face à R. Guéï le 25 octobre 2000.

Gbagbo est très tôt devenu une épine dans le pied pour Paris, car son ambition à un moment était de sortir son pays de la zone franc pour battre une monnaie. Ce climat de tension conduit au déclenchement d'une crise politico-militaire à partir du 19 septembre 2002. La crise va perdurer et s'aggraver au lendemain des élections présidentielles de 2010 qui ont opposé Laurent GBAGBO à Alassane OUATTARA. Selon les résultats des urnes, ce dernier perd au second tour, battu par Gbagbo à 51% des suffrages. Contestant les résultats, Ouattara va alors créer une rébellion au nord pour soutenir sa cause. Le poste de présidence de Gbagbo « est notamment marqué par une crise politico-militaire qui coupa le pays en deux[2] » : le pouvoir central ne contrôle plus qu'Abidjan et sa périphérie ; le nord avec pour capital Bouaké est aux mains des rebelles.

Photo n° 5. Laurent Gbagbo, ancien président de la Côte d'Ivoire en vie

Source : Afriqueactuelle.net, 18 juin 2020.

[1] Laurent GBAGBO et François MATTEI (2018). *Pour la vérité et la justice.* Max Milo, Paris, p.31.

[2] http://dictionnaire.sensagent.leparisien.fr/Laurent%20Gbagbo/fr-fr/

Laurent GBAGBO refuse alors de quitter le pouvoir, ce qui suscite une nouvelle crise politique et économique de plusieurs mois. Il est arrêté par les forces françaises avant d'être remis aux rebelles ivoiriens sous le contrôle d'Alassane OUATTARA le 11 avril 2011. « Le président de la République française, Chef des armées, leur a ordonné d'ouvrir la porte aux rebelles rebaptisés Forces Nouvelles, puis de livrer Laurent GBAGBO, afin d'installer leur chef, Alassane OUATTARA au pouvoir. Ce dernier se dit élu avec 54,10 % des voix au second tour de l'élection présidentielle du 28 novembre 2010, selon le décompte du président de la Commission électorale indépendante qui s'est exprimé seul, sans avoir consulté les membres de sa commission. Ce chiffre ne sera pas avalisé par le conseil constitutionnel, seule juridiction à pouvoir se prononcer sur la validité d'un scrutin et en proclamer le vainqueur [1]. »

Laurent GBAGBO fut incarcéré à la Cour pénale internationale à La Haye à partir du 30 novembre 2011, car accusé de crimes contre l'humanité. Il ne s'agissait après tout que d'un litige électoral : on ne fait pas la guerre si on a gagné les élections, disait Laurent GBAGBO[2]. Selon lui, la Présidentielle de 2010 en Côte d'Ivoire a été le canal utilisé par la France pour installer Alassane OUATTARA à la tête du pays. Il insinue que des fraudes ont été organisées par l'entreprise française chargée des opérations techniques pour faire pencher la balance du côté de son adversaire. « Barack Obama et le représentant spécial de l'ONU en Côte d'Ivoire, Young-Jin Choi, valideront cet incroyable mode opératoire et ce résultat, dont Nicolas SARKOZY a activé l'aboutissement par une lettre au président de la Commission électorale. Exfiltré en hélicoptère, Youssouf BAKAYOKO[3] se réfugie en France, à Neuilly-sur-Seine, immédiatement après son annonce, conscient et sans doute effrayé par l'illégalité de sa proclamation[4]. » BAKAYOKO fut le président de la Commission électorale qui a proclamé le 2 décembre 2010 les résultats du deuxième tour de l'élection présidentielle du 28 novembre[5]. Cette annonce

[1] GBAGBO et MATTEI, (2018). op. *cit., p.13.*

[2] *Ibid.,* p.13.

[3] Youssouf Bakayoko est un homme politique et diplomate ivoirien. Il fut ministre des Affaires étrangères sous Laurent Gbagbo de 2005 à 2010. Il fut également président de la CEI (Commission électorale indépendante). Il a joué un rôle très important lors de la présidentielle de 2010 en annonçant la victoire d'Alassane Ouattara.

[4] Laurent GBAGBO et François MATTEI, (2018). *Pour la vérité et la justice.* Paris, Max Milo, *p.13.*

[5] Art. 86. La Commission chargée des élections procède au recensement général des votes et à la proclamation provisoire des résultats du scrutin au niveau de chaque circonscription administrative, en présence des représentants présents des candidats. La Commission chargée des élections communique au Conseil constitutionnel un exemplaire des procès-verbaux accompagnés des pièces justificatives dans les trois jours qui suivent le scrutin. La Commission chargée des élections, le ministère de l'Intérieur et le chef-lieu de la circonscription administrative conservent chacun un

intervint hors délai, soit quatre jours après le scrutin, alors que les textes en prévoient trois. En réalité, il revenait au Conseil constitutionnel de proclamer des résultats définitifs. Quels sont les motifs qui ont guidé les actions de BAKAYOKO ? Sans doute, un achat de conscience ! Son transfert par un hélicoptère spécial vers Paris en dit beaucoup et devrait nous renseigner sur le rôle et l'intérêt français dans cette crise.

En effet, « le 2 décembre, Youssouf BAKAYOKO sort du chapeau, avec la bénédiction de Sarkozy et des Nations unies, le nom d'Alassane OUATTARA en violation de la Constitution ivoirienne. Le Conseil constitutionnel de la Cote d'Ivoire proclame le lendemain, 3 décembre 2010, le président GBAGBO élu avec 51,45 % des suffrages. Ce faisant, il prend acte des fraudes massives ayant eu lieu dans la partie Nord du pays sous contrôle des rebelles[1]. »

C'est ainsi que commence le drame post-électoral de la Côte d'Ivoire où chacun des candidats a prêté serment de son côté ; Laurent Gbagbo selon les ordres constitutionnels et Alassane OUATTARA dans son quartier général (QG) de campagne, applaudi par la communauté internationale. « Je crois qu'il faut arrêter de recevoir des leçons. Je me suis battu pour instaurer le multipartisme en Côte d'Ivoire contre le parti unique de Houphouët validé par Paris, puis pour bâtir des institutions dans mon pays. Je les dérangeais parce que j'étais populaire[2]. »

Laurent GBAGBO[3] depuis sa geôle, s'adresse au peuple ivoirien sur le modèle de société à venir et surtout le sens de la démocratie à travers des projets politiques, économiques, sociaux et internationaux. D'après lui, se mettre à l'abri de la guerre, c'est se donner les moyens de décider ensemble, des orientations de son développement. Le temps serait venu de travailler ensemble à l'avènement d'une vie commune meilleure, d'une vie protégée des incertitudes et des angoisses de la guerre[4]. L'ex-président ivoirien s'interroge également sur l'état financier des pays de la zone franc qui ont une monnaie commune les liant à la France.

Plus loin, il soutient que la cohabitation de cette monnaie commune aux pays de la zone U.E.M.O.A avec quatre ou cinq autres monnaies nationales est un handicap au développement rapide de la coopération sous-régionale. Laurent GBAGBO[5] co-écrit un second ouvrage depuis la prison avec François

---

exemplaire des procès-verbaux. La proclamation définitive des résultats des élections est faite par la Commission chargée des élections.

[1] GBAGBO et MATTEI, (2018). *op.cit.,* p.18.

[2] *Ibid.,* p.8.

[3] Laurent GBAGBO, (2010). *Bâtir la paix sur la démocratie et la prospérité.* Paris, L'Harmattan, 169 pages.

[4] *Ibid.,* p.6.

[5] Laurent GBAGBO et François MATTEI, (2018). *Pour la vérité et la justice.* Paris, Max Milo, 303 pages.

MATTEI[1]. Dans cet ouvrage, il hausse le ton et revient sur les manipulations du scrutin de 2010, les dessous et sous-dessous des relations entre la France, Nicolas Sarkozy et la CPI pour se débarrasser d'un innocent dont les ambitions commencèrent à menacer les intérêts français en Afrique. Parlant des motifs réels qui le conduisent à la CPI, GBAGBO affirme : « Ce qui m'a amené ici, c'est le vieux débat pour l'émancipation du cadre ancien imposé en Afrique par la constitution française de 1958. En Afrique la bataille pour l'indépendance réelle...[2]. »

Laurent GBAGBO pense qu'il était temps que la Côte d'Ivoire et les autres pays membres de la zone franc CFA aient une autre monnaie qui serait au service des populations et non celle de la France. L'on peut retenir de ces deux ouvrages deux approches. La première admet le franc CFA et préconise son élargissement aux autres États. La seconde désavoue le franc CFA et le rend responsable des problèmes de développement. Gbagbo sait que ses prédécesseurs qui ont voulu affirmer ouvertement leur sortie de la zone franc l'ont fait à leurs dépens. Mais, comme le dit un proverbe africain : « un vieux, même assis dans le fond d'une caverne, voit plus loin qu'un jeune placé sur le faîte d'un arbre. »

Interrogé par Mediapart depuis sa détention, l'ancien président Laurent GBAGBO affirme être otage et non prisonnier. Pour corroborer cette thèse, il atteste que la France maintient ainsi le contrôle sur son pays avec le franc CFA et sa force militaire. Pour lui, la France est l'instigatrice des rébellions de 2002 avec l'actuel président, Alassane OUATTARA. « La France m'a mis à la C.P.I pour que OUATTARA soit à la présidence. Cela permet à la France d'avoir la mainmise sur la Côte d'Ivoire[3]. » Il soutient son argument par le fait que Silvio Berlusconi [4] l'aurait prévenu en 2002 que la France le trahirait pour sa position hostile aux intérêts français. À la lecture de la situation et des deux ouvrages précédents, l'on peut tirer une conclusion sur le rôle joué par la France dans le contrôle de certains pays africains, en l'occurrence dans la crise socio-politique de la Côte d'Ivoire et l'arrestation de Laurent Gbagbo. « Quant à Laurent Gbagbo qui tout en se disant francophile et francophone, entend affranchir son pays du carcan postcolonial, il a tout pour déplaire. Non

[1] Jean-François Mattei est un journaliste. Le projet de cet ouvrage date de 2012. Il résulte de très nombreuses visites et entretiens en prison avec Gbagbo.

[2] Laurent GBAGBO et François MATTEI, (2018). *Pour la vérité et la justice*. Paris, Max Milo, p.35.

[3] Georges MOIHET, G., (2017), « Côte d'Ivoire. Laurent Gbagbo : « Je suis otage » de la France », in *Le 360 Afrique*, du 08 juin 2017.

[4] Silvio Berlusconi est homme d'affaires et homme d'État italien. Il fut président du conseil des ministres de 1994 à 1995, de 2001 à 2006 et de 2008 à 2011. Il est le fondateur de la holding financière Fininvest puis du groupe de communication Mediaset. C'est l'un des hommes les plus riches d'Italie avec une fortune estimée à plusieurs milliards d'euros.

seulement il ne suit pas la politique de révérence habituelle vis-à-vis de Paris mais surtout, son accession au pouvoir s'est déroulée sans l'aide de la France. Sa très longue expérience politique le rend difficilement manipulable[1]. » Après dix (10) ans de détention suivie de plusieurs audiences, le président Gbagbo et son codétenu Charles Blé GOUDÉ, sont acquittés en première instance le 15 janvier 2019. Cette décision est entérinée le mercredi, 30 mars 2021 par la chambre de la CPI qui prononce leur acquittement définitif[2]. Les rapports détaillés de certaines organisations internationales et humanitaires dénoncent les atteintes aux droits de l'homme qui ont conduit à des milliers de morts.

1-4. Le cas du Burkina Faso

Ancienne Haute-Volta, le pays est rebaptisé « Burkina Faso », c'est-à-dire « Pays des hommes intègres » en 1984 par le capitaine Isidore Thomas SANKARA. Le Burkina Faso est un pays d'Afrique de l'Ouest entouré par le Mali au nord et à l'ouest, le Niger à l'est, le Bénin au sud-est, le Togo et le Ghana au sud et la Côte d'Ivoire au sud-ouest. Il accède à la souveraineté internationale le 5 août 1960 avec pour capitale Ouagadougou. Ses habitants sont connus sous le nom de « Burkinabè[3] ». Thomas SANKARA, surnommé le « Che Guevara africain » aux côtés de son homologue Patrick Lumumba du Congo, est l'un des présidents ayant marqué l'histoire politique et économique de ce pays. Il dirige le pays de 1983 jusqu'à son assassinat le 15 octobre 1987 à Ouagadougou. C'est un homme pragmatique, anti-impérialiste, panafricaniste. Pour lui, il faut une décolonisation totale de l'Afrique sur tous les plans. « Je suis pour le moment anti-impérialiste. Il en est de même pour le camarade Président. Nous pensons que cela relève d'une idéologie bien précise. C'est déjà suffisant pour nous, pour être utile à notre peuple, surtout lorsque ce peuple ne s'embarrasse pas d'étiqueter ses dirigeants, mais les juge surtout à la tâche révolutionnaire. On verra plus tard[4]... »

Durant sa période de gloire (quatre années seulement), SANKARA entreprend le développement du Burkina Faso. Par ailleurs, il fait de la lutte

---

[1] GBAGBO et MATTEI. *Pour la vérité et la justice.* Paris, Max Milo, p.23.

[2] Les deux prévenus étaient poursuivis pour leurs responsabilités dans la perpétration des crimes contre l'humanité à Abidjan, du 16 décembre 2010 au 12 avril 2011 : meurtres, viols, autres actes inhumains, tentatives de meurtres et persécutions. Les crimes commis pendant la crise post-électorale de 2010 – 2011 avaient couté la vie à au moins 3 000 personnes, Laurent LARCHER (2021), « Acquittement de Laurent Gbagbo : un nouveau revers pour la CPI », *La croix*, paru le_01 avril 2021.

[3] C'est un mot invariable en genre et en nombre.

[4] Interview de Thomas SANKARA par Mongo Béti pour la revue *Peuples Noirs Africains* (1985), inédit. SAMBE, Bulletin de la Société des Amis de Mongo BETI N° 5-6 année (2005), p. 1-9.
https://mongobeti.arts.uwa.edu.au/Sambe5_6.pdf, consulté le 31 janvier 2022.

contre la corruption et la libération du joug colonial français son cheval de bataille. De formation militaire avec son meilleur ami Blaise Compaoré, ils furent tous deux officiers à l'école militaire de Yaoundé au Cameroun. Il fonde avec Blaise Compaoré, le Regroupement des Officiers Communistes (ROC). Des années plus tard, le discours de Thomas SANKARA devient trop gênant, car celui-ci prône la liberté des peuples à décider d'eux-mêmes contre les intérêts des Occidentaux dans une Afrique plus ou moins stable à l'époque, où la France avait presque le contrôle sur tout. Il est renversé et assassiné par un coup d'État militaire le 15 octobre 1987. Il faut noter que les circonstances de sa mort restent encore mystérieuses, car il est déclaré après autopsie décédé de mort naturelle par un médecin militaire.

Photo n° 6. Thomas SANKARA, ancien président du Burkina Faso

Source: The New York Times, 11 octobre 2022.

L'un des objectifs premiers de Thomas SANKARA est d'affranchir les mentalités africaines des différentes illusions que les pays occidentaux leur faisaient miroiter depuis les indépendances. La France a-t-elle joué un rôle dans l'assassinat de Thomas SANKARA ? Il est presque impossible aujourd'hui d'apporter une réponse définitive car, il n'existe pas à ce jour, de preuves inculpant la France. Mais le doute persiste, car sa vision d'une Afrique libre et prospère de toute injonction dérange la France. Thomas SANKARA affirme lors de son interview avec Mongo Béti[1] : « Que la monnaie soit convertible ou inconvertible n'a jamais été la préoccupation du paysan africain. Il a été plongé à son corps défendant dans un système économique

[1] Il faut retenir que cette interview n'a jamais été publiée jusqu'à ce que la femme de Mongo Béti, Odile Tobner fasse la publication après la mort de son mari sur le site de la Société des Amis de Mongo Béti (SAMBE).

contre lequel il est impuissant. Il faut, je pense, l'éduquer pour qu'il se protège contre les méfaits d'un tel système. C'est là que se situe le problème, dans la mesure où la monnaie n'est pas isolée de tout système économique[1]. »

Plus loin, les sources de première main du Benin confirment les faits précédents ; « le Gouvernement français a dû négocier avec tous ses partenaires. L'existence de monnaie inconvertible a conduit à la création d'accords de paiement bi et multilatéraux qui entrainent dans la limite des plafonds prévus par chacun de ces textes, des crédits de gouvernement à gouvernement[2]. »

Jusqu'à nos jours, SANKARA est toujours considéré comme un véritable visionnaire pour un meilleur devenir de l'Afrique. Tout ce qui est d'actualité aujourd'hui, il l'avait évoqué en son temps. En effet, Thomas SANKARA était trop en avance sur son temps. Pour lui, « notre révolution n'aura de valeur que si, en regardant derrière nous, en regardant à nos côtés et en regardant devant nous, nous pouvons dire que les Burkinabè sont, grâce à elle, un peu plus heureux. Parce qu'ils ont de l'eau saine à boire, parce qu'ils ont une alimentation abondante, suffisante, parce qu'ils ont une santé resplendissante, parce qu'ils ont l'éducation, parce qu'ils ont des logements décents... La révolution, c'est le bonheur. Sans le bonheur, nous ne pouvons pas parler de succès[3]. »

Son assassinat émeut plus d'un et fait l'objet de nombreuses études. Ainsi, pour François-Xavier VERSCHAVE[4], « l'élimination du président burkinabé Thomas SANKARA est sans doute le sacrifice fondateur. Foccart et l'entourage de Kadhafi convinrent en 1987 de remplacer un leader trop intègre et indépendant, au point d'en être agaçant, par un Blaise Compaoré infiniment mieux disposé à partager leurs desseins. L'Ivoirien Houphouët fut associé au complot[5]. »

Trente-quatre ans après la mort de Thomas SANKARA, s'ouvre enfin le 11 octobre 2021 le procès de son assassinat devant le tribunal militaire de Ouagadougou. Le dossier comporte deux volets : le volet national au Burkina Faso et le volet international. Ce procès est possible à la suite de la visite d'Emmanuel MACRON au Burkina-Faso qui soulève le volet international et

[1] Interview de Thomas Sankara par Mongo Béti pour la revue *Peuples Noirs Africains* (1985), inédit. SAMBE, Bulletin de la Société des Amis de Mongo Beti N° 5-6 année (2005), p.1-9.
https://mongobeti.arts.uwa.edu.au/Sambe5_6.pdf, consulté le 31 janvier 2022.

[2] Archive nationale du Bénin, « le contrôle des changes et du commerce extérieur dans la zone franc », dossier du 5 et 20 juillet 1959, série Q traitant des affaires économiques n° XLVI,1,2, p.11.

[3] C'est en ces termes que Thomas SANKARA s'adressait à son peuple le 2 octobre 1987, c'est-à-dire treize jours avant son assassinat (le 15 octobre 1987).

[4] François-Xavier VERSCAHVE, (2000). *Noir silence : qui arrêtera la Françafrique*. Paris, Les Arènes, 591 pages.

[5] *Ibid.* p.346-347.

appelle à une déclassification des documents relatifs à l'assassinat de Thomas SANKARA. « Le président français Emmanuel MACRON avait salué la mémoire de Thomas SANKARA et annoncé la levée du secret-défense sur des documents relatifs à son assassinat[1]. » Il promet l'aide du gouvernement français pour que lumière soit faite. « Deux premiers lots d'archives françaises parviennent au Burkina Faso en novembre 2018 et janvier 2019… le 17 avril 2021, est organisée une cérémonie de remise du troisième lot de documents des archives françaises. L'ambassadeur de France les remet au ministre délégué chargé de l'intégration et des Burkinabè de l'extérieur, en présence de la presse[2]. »

Au cours de ce procès, quatorze des principaux accusés sont jugés, dont Blaise Compaoré qui lui avait succédé pendant 27 ans. Le procès est annoncé après la période de transition qui a suivi l'insurrection de 2014. Compaoré est condamné par contumace, car il s'est exilé depuis sa chute en Côte d'Ivoire où il fut même naturalisé. Hyacinthe KAFANDO, ancien adjudant de l'ancienne garde présidentielle de Blaise est également au banc des accusés et soupçonné d'être le chef commando des opérations, mais il est en fuite. Au total douze (12) sur les quatorze (14) accusés sont présentés pour l'audience.

L'un des accusés, Yamba Élisée ILBOUDO, soldat de première classe à l'époque et âgé de soixante-deux (62) ans en 2022, reconnaît des faits de complicité d'atteinte à la sûreté de l'État lors du procès de l'assassinat de Thomas SANKARA, mais il nie la préméditation : « Je ne savais pas qu'on partait faire un coup d'État, à plus forte raison ôter la vie de quelqu'un. Le 15 octobre 1987, jour du coup d'État au cours duquel Thomas SANKARA et 12 de ses compagnons ont été tués, nous étions au domicile de Blaise Compaoré. Hyacinthe KAFANDO qui nous commandait en tant que chef de sécurité, m'a demandé de démarrer un véhicule pour nous rendre au conseil de l'Entente[3]. »

Il revient par-dessus tout de connaître les commanditaires et les mobiles qui ont poussé ces soldats à abattre de sang-froid un Chef d'État en exercice. Ainsi, « après les premiers tirs, j'ai vu Thomas SANKARA sortir de la salle de réunion, les mains en l'air, demander ce qui se passe. C'est Hyacinthe

---

[1] TV5MONDE et AFP. Burkina Faso : le procès de l'assassinat de Thomas SANKARA s'ouvre de lundi, 34 ans après sa mort », 10 octobre 2021, https://information.tv5monde.com/afrique/burkina-faso-le-proces-de-l-assassinat-de-thomas-sankara-s-ouvre-ce-lundi-34-ans-apres-sa#:~:text=Le%20proc%C3%A8s%20de%20l'assassinat%20en%201987%20lors%20d'un,le%20tribunal%20militaire%20de%20Ouagadougou, consulté le 01 février 2022.

[2] Tangi BIHAN, (2022), « *les enjeux du procès sur l'assassinat de Thomas SANKARA- entretien avec Bruno JAFFRÉ* », in *Le Vent se lève* (LVSL), 27 février 2022,
https://lvsl.fr/enjeux-proces-de-lassassinat-de-sankara/, consulté le 01 février 2022.

[3] *France 24*, « Burkina Faso : un soldat reconnaît les faits lors du procès de l'assassinat de Thomas SANKARA », 27 octobre 2022.

KAFANDO et MAÏGA qui l'ont croisé et j'ignore qui a tiré en premier sur le président SANKARA. Il est tombé sur les genoux avant de basculer sur le côté gauche, a-t-il développé Yamba. Si nous faisons le lien, on peut déduire que Blaise Compaoré est le cerveau présumé puisque Hyacinthe KAFANDO est sa sécurité rapprochée. À plus forte raison après le putsch, Compaoré est porté à la tête du pays. S'il est le cerveau de la bande, comment aurait pu-t-il organiser ce coup d'État sans l'aide des puissances occidentales ? Était-il le pion de la France pour faire disparaître les pistes ? Aurait-il pu apporter les précisions à ces faits s'il avait été présent à l'audience ? C'est plausible, mais il est difficile de l'affirmer sans preuves. Même s'il est absent au procès, le parquet militaire demande au tribunal de reconnaître Blaise Compaoré coupable d'atteinte à la sureté de l'État, de recel de cadavre et de complicité d'assassinat et condamné à trente (30) ans de prison ferme [1].

L'ex-président est soupçonné d'avoir été le cerveau commanditaire de l'assassinat de son ami Thomas SANKARA. Le 6 avril 2022, Compaoré est condamné par contumace à la prison à perpétuité pour l'assassinat de son prédécesseur, ami et frère d'armes Thomas Sankara[2]. Le 26 juillet 2022, à travers une lettre lue par Lionel Bilgo, porte-parole du gouvernement, il demande pardon à la famille de Sankara et au peuple burkinabè pour tous les crimes commis durant son mandat. « Je demande pardon au peuple burkinabè pour les actes que j'ai pu commettre durant mon magistère, plus particulièrement à la famille de mon frère et ami Thomas Isidore Noël Sankara. J'assume et déplore du fond du cœur, toutes les souffrances et drames vécus par toutes les victimes durant mes mandats à la tête du pays et demande à leurs familles de m'accorder leur pardon[3]. »

1-5. Le cas du Tchad

Le Tchad, un pays de l'Afrique centrale, est limité au sud par la Libye, à l'est par le Niger, le Nigeria et le Cameroun, au nord par la République centrafricaine et à l'ouest par le Soudan. Il accède à son indépendance le 11 août 1960. Pays agricole, producteur de coton, d'arachides, de bovins, le

---

[1] *Le Temps*, « Procès Sankara : 30 ans ferme requis contre Blaise Compaoré », 8 février 2022, https://www.letemps.ch/monde/proces-sankara-30-ans-ferme-requis-contre-blaise-compaore, consulté le 12 février 2022.

[2] https://information.tv5monde.com/afrique/burkina-faso-le-proces-de-l-assassinat-de-thomas-sankara-s-ouvre-ce-lundi-34-ans-apres-sa#:~:text=Le%20proc%C3%A8s%20de%20l'assassinat%20en%201987%20lors%20d'un,le%20tribunal%20militaire%20de%20Ouagadougou, consulté le 12 janvier 2023.

[3] https://www.voaafrique.com/a/la-demande-de-pardon-de-blaise-compaor%C3%A9-diversement-appr%C3%A9ci%C3%A9e/6675976.html, consulté le 12 janvier 2023.

Tchad est devenu en 2003 exportateur de pétrole, accroissant ainsi considérablement les ressources financières de l'État, sous l'autorité de son ancien président, feu Idriss DÉBY ITNO[1]. Il fait partie des rares présidents qui ont dénoncé le franc CFA comme une monnaie de servitude au profit de la France.

Photo n° 7. Feu Idriss DÉBY ITNO, ancien président du Tchad

Source: thecitizen.co/news, 09 Avril 2021.

Né le 18 juin 1952, Idriss DÉBY est un homme politique tchadien et président de la République du 28 février 1991 au 20 avril 2021, jour de sa mort. Après son baccalauréat, il entre à l'école des officiers de N'Djaména puis obtient en 1979 une licence de pilote professionnel en France (spécialité transport des troupes) à l'Institut aéronautique Amaury de la Grange. De retour au Tchad, il collabore avec Hissène HABRÉ, l'ancien président du Tchad de 1982 à 1990. Idriss DÉBY devient commandant en chef des Forces armées du nord. Il est élevé au rang de colonel plus tard, puis conseiller en défense et de sécurité de Hissène HABRÉ. Entre-temps, avant les affrontements, le 10 novembre 1990, DÉBY décide de partir à l'assaut, tandis que Habré appelle en vain le président Mitterrand à son secours. Le chef de l'État tchadien joue le tout pour le tout[2] mais sans succès. Quatre jours plus tard, Habré fait un

---

[1] Chassant Hissène HABRÉ de la tête de son pays en 1990, Idriss DÉBY ITNO devint le président du Tchad qu'il gouverna sans partage jusqu'à sa mort par traumatisme balistique au front (selon la version officielle) le 20 avril 2021.

[2] Olivier MATHIEU, « Tchad : les six vies d'Idriss DÉBY" », *Jeune Afrique*, 20 avril 2021,

discours émouvant à son dernier conseil des ministres : « Si Idriss veut le pouvoir, qu'il le prenne[1]. » Le 2 décembre, Idriss DÉBY est salué par l'ambassadeur de France François GENDREAU comme chef de l'État. En clair, Idriss réussit à s'imposer en tant que président de la République avec l'aide de la France. Au crépuscule de sa gouvernance, Idriss DÉBY commence à dénoncer certaines clauses de la coopération financière et surtout du franc CFA. Pour lui, le franc CFA ne profite en rien à l'Afrique.

Il faut donc, pour ce dernier, en finir avec cette monnaie garantie par le Trésor français pour le bien des Africains. Pour lui, « cette question n'est pas un tabou. Celui qui veut faire de cette question un tabou va tuer l'Afrique et demain on va être condamné par les générations futures[2]. » Il dit qu'il ne s'agit pas de s'opposer à la France, mais de normaliser la relation entre celle-ci et les pays africains. Il ajoute aussi que, si frapper sa propre monnaie coûterait cher et nécessiterait des technologies spéciales, il vaudrait qu'un appel d'offres soit lancé pour pallier ce problème. Bien que cette décision raisonne mal en France, Idriss DÉBY affirme que c'est une décision courageuse que la France doit prendre. Dans sa logique, il ne renie pas la monnaie héritée de la période coloniale. Toutefois, il insiste sur la façon dont cette monnaie est gérée entre la France et ses ex-colonies et la juge préjudiciable au développement des pays africains qui l'utilisent.

Idriss DÉBY demeure une figure emblématique à travers ses positions tardives contre le franc CFA. Pour lui, il est temps de « couper le cordon ombilical qui empêche l'Afrique de décoller ». Il réclame clairement l'indépendance du CFA : « Il faut maintenant que réellement dans les faits, cette monnaie soit la nôtre pour que nous puissions le moment venu, faire de cette monnaie une monnaie convertible et une monnaie qui permet à tous ces pays qui l'utilisent de se développer. Je crois que c'est une décision courageuse que nos amis français doivent prendre[3].On n'a pas besoin de chercher de midi à 14 heures. Nous allons continuer à cœur, l'amitié avec la France[4]. »

Au travers de cette position sur le franc CFA, nous comprenons que le président Itno commençait à s'en lasser du joug colonialisme dont il a pourtant

---

https://www.jeuneafrique.com/1138123/politique/tchad-idriss-deby-itno-ou-les-six-vies-du-marechal/, consulté le 2 février 2022.

[1] *Ibid.*

[2] Hessoun CHARLY, « Franc CFA : l'Afrique doit avoir sa propre monnaie pour Idriss DÉBY », in *La Nouvelle Tribune*, 13 août 2015, https://lanouvelletribune.info/2015/08/franc-cfa-l-afrique-doit-avoir-sa-propre-monnaie-pour-idriss-deby/, consulté le 3 février 2022.

[3] Ckeikh DIENG, « Idriss DÉBY appelle les pays africains à se débarrasser du franc CFA », 14 août 2015, https://www.afrik.com/idriss-deby-appelle-les-pays-africains-a-se-debarrasser-du-franc-cfa, consulté le 2 février 2022.

[4] *Ibid.*

servi et contribué à enraciner. En effet, Idriss DÉBY n'a pas été tendre envers le rôle que joue la France dans l'assujettissement des pays africains, surtout ceux utilisant le franc CFA. Les présidents en exercice savent qu'ils courent des risques en faisant du franc CFA une préoccupation personnelle. Interrogé par RFI, TV5 Monde le 25 juin 2017, sur la question « Faut-il mettre un terme au franc CFA ? », DÉBY répond : « Il y a une convention qui a été faite au lendemain des indépendances entre la France et les pays africains. Le président Hollande était ouvert à une renégociation. Il appartient maintenant aux Chefs d'États africains, comme je le pense, de renégocier cette convention qui nous lie à une monnaie qui n'est pas la nôtre avec une parité fixe. Le seul intérêt du franc CFA, c'est d'avoir 14 pays avec une monnaie commune. »

Il ajouta : « Il faut que les 14 pays restent regroupés et qu'ils renégocient pour que le Trésor français ne nous gère plus. C'est à nous de gérer notre monnaie avec notre banque centrale. Au niveau du conseil d'administration de notre banque centrale, nous avons trois Français qui siègent avec le droit de véto. Où est alors la souveraineté monétaire ? Comment voulez-vous que l'Afrique se construise ? ». Les propos d'Idriss DÉBY ont pu déplaire à la France et aux autres puissances partenaires occidentales qui profitent de cette collaboration. Sa mort a beaucoup de raisons dont le franc CFA.

1-6. Le cas de la Guinée équatoriale

Pays de l'Afrique centrale, la Guinée équatoriale est limitée au nord par le Cameroun, à l'est et au sud par le Gabon et est bordée à l'ouest par l'océan Atlantique. Comme Idriss DÉBY, le président Théodoro Obiang NGUEMA dénonce lui aussi le néocolonialisme subtil du franc CFA et appelle la France à une discussion sans tabou ni totem. Ainsi, « il y a des problèmes pour lesquels des décisions sont difficiles à prendre. C'est le cas de notre monnaie. Nous avons appris que l'Afrique de l'Ouest va peut-être changer sa monnaie, mais ici en Afrique centrale, on a déjà échangé nos points de vue sur le sujet. Mon point de vue est que nous devons négocier préalablement avec la France pour lui présenter certaines difficultés que nous rencontrons en relation avec la couverture qu'elle fait de notre monnaie, plutôt que de se lancer dans un processus de changement de cette monnaie[1]. »

Théodoro n'est pas dans une posture d'abandon du franc CFA mais implore la bonne foi des autorités françaises pour qu'elles acceptent d'ouvrir une discussion afin de permettre une renégociation des différents accords liés à la gestion du franc CFA, son pays étant membre de la zone CEMAC. Il

[1] Ckeikh DIENG, « Idriss DÉBY appelle les pays africains à se débarrasser du franc CFA », 14 août 2015, https://www.afrik.com/idriss-deby-appelle-les-pays-africains-a-se-debarrasser-du-franc-cfa, consulté le 2 février 2022.

souhaite qu'il y ait une valeur en lien avec les économies africaines. Selon ce dernier, le fait que cette monnaie porte une marque de la France rappelle un passé lourd et il serait raisonnable que cette monnaie réponde aux problèmes des Africains et non à ceux de la France. Certains présidents africains se sont insurgés contre le franc CFA, monnaie qu'ils considèrent comme outil d'assujettissement et d'aliénation. À l'opposé, d'autres acteurs politiques français et africains ont souligné l'apport du franc CFA au développement de la France.

En lien avec l'autonomie monétaire de l'Afrique, certains auteurs[1] affirment que la mort du guide libyen s'explique par son soutien à une monnaie commune africaine. En effet, avoir une monnaie unique en Afrique suppose une rupture avec toutes les puissances coloniales. « À suivre les médias occidentaux et plus précisément français, on retiendra que la guerre que l'Occident livrait à Kadhafi avait deux objectifs universels : les droits de l'homme - il s'agissait d'empêcher le guide libyen de "massacrer son propre peuple" - et la démocratie – aider le peuple libyen à choisir librement et démocratiquement ses dirigeants. Personne de raisonnable n'allait s'inscrire en faux contre de pareils buts[2]. » Il rajoute plus loin qu'« on avait au préalable évoqué les initiatives de Kadhafi en faveur du renforcement de l'Afrique dans la légitime reconquête de sa dignité et de sa liberté ; ses efforts pour réaliser l'unité du continent ; son soutien actif aux mouvements africains de libération et sa contribution significative pour soustraire l'Afrique aux relents de colonialisme et au joug de l'apartheid ; son rôle pionnier dans la construction de l'Union africaine[3]. » Nous avons retenu trois raisons qui ont permis à l'Occident d'abattre Mouammar Kadhafi : « la première des "vraies raisons de la guerre de Libye" évoquées était la volonté d'empêcher une indépendance africaine en matière de réseau satellitaire[4][...]. La deuxième raison d'abattre Kadhafi était le fait que le Guide voulait garantir à l'Afrique son indépendance financière[5] [...]. La troisième raison évoquée était liée la volonté occidentale de stopper la construction de l'Union Africaine dont Kadhafi était le maître d'œuvre et l'artisan[6]. » Certains journaux et hommes politiques affirment que la France serait en ligne de mire avec ses alliés occidentaux pour faire taire la politique du guide libyen. « C'est Paris qui insista le plus pour frapper le régime de Mouammar Kadhafi, avec le soutien de Washington et de Londres.

---

1 Etienne L. DAMOME, (2011). « Pourquoi beaucoup d'Africains soutiennent Kadhafi », *Outre-Terre*, 29, p.123-133, https://doi.org/10.3917/oute.029.0123

2 *Ibid.,* p.2.

3 *Ibid.,* p.2.

4 *Ibid.,* p.6.

5 *Ibid.*, p.7.

6 *Ibid.*, p.8.

Un soutien que Barack Obama regrettera dans un entretien accordé[1] à la fin de sa présidence[2]. »

II- LE POINT DE VUE DES AUTORITÉS FRANÇAISES ET OCCIDENTALES SUR LE FRANC CFA

Le débat sur le franc CFA gagne de plus en plus du terrain et n'est plus le fait exclusif des Africains. Il suscite aussi de remous dans la classe politique française où l'on rencontre aussi bien des partisans que des détracteurs du maintien du franc CFA.

1. Jacques Chirac

Jacques Chirac[3] est l'une des plus hautes personnalités françaises qui ont reconnu ouvertement l'apport du franc CFA dans le développement de la France et que la richesse de la France émane en partie de l'exploitation de ses anciennes colonies d'Afrique[4]. « Une grande partie de l'argent qui est dans notre porte-monnaie vient de l'exploitation, depuis des siècles de l'Afrique. Pas uniquement. Mais beaucoup vient de l'exploitation de l'Afrique. Alors, il faut avoir un peu de bon sens. Je ne parle pas de générosité. De bon sens, de justice pour rendre aux Africains, je dirais, ce qu'on leur a pris. D'autant plus que c'est nécessaire, si l'on veut éviter les pires convulsions ou difficultés, avec les conséquences politiques que ça comporte dans un proche avenir[5]. »

Jacques Chirac affirme que la France a accepté l'indépendance de la plupart des pays africains qu'elle a colonisés, mais qu'elle maintient leur dépendance monétaire vis-à-vis de la France. Les pays africains doivent déposer par exemple 50 % de leurs avoirs sur leur compte d'opération auprès du Trésor français. Chirac reconnait indirectement la part de responsabilité de la France dans le sous-développement des pays de l'Afrique francophone. Il ajoute un peu plus loin : « Nous avons saigné l'Afrique pendant quatre siècles

---

[1] « The Obama Doctrine », *The Atlantic*, 10 mars 2016.

[2] Frédéric CHARILLON, (2021). *La France dans le Monde*. Paris, Éditions CNRS, p.19.

[3] Premier ministre de 1974 à 1976 puis de 1986 à 1988, Jacques Chirac a été président de la France du 17 mai 1995 au 17 mai 2007.

[4] https://www.youtube.com/watch?v=oIoLJm2f-fE, consulté le 15 janvier 2022.

[5] *Le Monde Afrique*, « France-Afrique : la fin des années Chirac », par Philippe Bernard et Jean-Pierre Turquoi, 13 février 2007, propos tenu par Chirac lors du sommet Franc-Afrique de janvier 2001 à Yaoundé au Cameroun. https://www.lemonde.fr/afrique/article/2007/02/13/france-afrique-la-fin-des-annees-chirac_866796_3212.html
https://www.francetvinfo.fr/monde/afrique/politique-africaine/jacques-chirac-nous-avons-saigne-lafrique-pendant-quatre-siecles-et-demi_3633009.html, consulté le 2 février 2022.

et demi. Ensuite, nous avons pillé ses matières premières ; après, on a dit : les Africains ne sont bons à rien. Au nom de la religion, on a détruit leur culture et maintenant, comme il faut faire les choses avec plus d'élégance, on leur pique leurs cerveaux grâce aux bourses d'études. Puis, on constate que la malheureuse Afrique n'est pas dans un état brillant, qu'elle ne génère pas d'élites. Après s'être enrichi à ses dépens, on lui donne des leçons[1]. »

2. Nicolas Sarkozy

Lors d'une interview à BFMTV le 5 janvier 2016, Nicolas Sarkozy[2] s'est illustré par ses propos sur le franc CFA. Pour lui, un moyen de préserver la bonne santé de l'économie française est de maintenir le franc CFA comme la seule monnaie utilisable dans les anciennes colonies françaises d'Afrique. Il déclare : « La France ne peut pas permettre que ses anciennes colonies créent leur propre monnaie pour avoir le contrôle total sur leur Banque centrale. Si cela se produit, ça sera une catastrophe pour le trésor public qui pourra entrainer la France au rang de 20ème puissance économique mondiale. Pas question de laisser les colonies françaises d'Afrique avoir leur propre monnaie[3]. » À lire ce discours de ce Chef d'État français, la France n'est pas encore prête à donner l'indépendance économique à ses anciennes colonies.

3. François Hollande

Le président français François HOLLANDE[4] déclare le 15 mars 2017, qu'il est « ouvert à toutes les propositions » des quatorze (14) pays africains qui ont en partage le franc CFA. « En prévision de la réunion des ministres de la zone franc CFA qui se tiendra en avril à Abidjan, François Hollande a réaffirmé son ouverture à toutes les propositions que les États membres de la zone pourraient formuler à cette occasion, rappelant que cette monnaie et cette zone appartenaient aux pays qui la composent[5]. »

---

[1]https://www.francetvinfo.fr/monde/afrique/politique-africaine/jacques-chirac-nous-avons-saigne-lafrique-pendant-quatre-siecles-et-demi_3633009.html, consulté le 12 janvier 2023.

[2] Homme d'État français, Nicolas Sarkozy a été président de la République française du 16 mai 2007 au 15 mai 2012.

[3] Judicaël ZOHOUN, « Autour du sommet Afrique-France à Montpellier », *24 heures au Bénin*, 16 octobre 2021, https://www.24haubenin.info/?Autour-du-Sommet-Afrique-France-a-Montpelier#:~:text=Sur%20BFMTV%2C%20des%20ann%C3%A9es%20avant,total%20sur%20leur%20Banque%20centrale, consulté le 13 février 2022.

[4] Homme d'État français, François Hollande a été président de la République française du 15 mai 2012 au 14 mai 2017.

[5] L'AFP, « Paris ouvert à toutes propositions lors de la réunion des pays de la zone franc CFA en Avril à l'Élysée », in *Lexpress.fr*, 15 mars 2017,

Même si le président HOLLANDE se montre favorable à la réforme du franc CFA, il ne prend point clairement position sur son abandon par la France. Chose curieuse, les concernés, c'est-à-dire les chefs d'État, ne saisissent pas cette « ouverture ». La seule initiative prise à cet effet est le désir de passer à une autre monnaie : l'ex-président tchadien Idriss DÉBY prône le retrait du franc CFA. Ses homologues ivoirien (Alassane OUATTARA) et sénégalais (Macky SALL) sont pour le maintien de la « zone franc ». Dans une interview qu'il a accordée à l'hebdomadaire français *Jeune Afrique*, l'ancien président nigérien Mahamadou ISSOUFOU a réitéré que l'objectif est d'aller vers une monnaie commune au sein de la CEDEAO à l'horizon 2020. Il prend soin de souligner que cette intégration ne vise personne, même si le débat actuel donne l'impression d'être motivé par une position contre la France. « Ce ne sera donc pas le CFA sous un autre nom, ainsi que j'entends parfois. Ce ne sera pas non plus une réforme contre la France, mais une réforme pour le développement de l'Afrique de l'Ouest, pour les investissements, pour la création d'emploi sur le continent et donc dans l'intérêt de tous[1]. »

4. Emmanuel Macron

Pendant l'élection présidentielle de 2017, Emmanuel MACRON condamne la colonisation en la qualifiant de « crime contre l'humanité ». Après son élection, il s'illustre en tant que président de la République française sur la question du franc CFA en déclarant le mardi, 28 novembre 2017 à Ouagadougou (Burkina-Faso), être totalement ouvert sur la question de l'avenir du franc CFA, son périmètre, son nom et son existence même. Ainsi, disait-il : « N'ayez pas sur ce sujet une approche bêtement post-coloniale ou anti-impérialiste. Ça n'a aucun sens, ce n'est pas de l'anti-impérialisme, ce n'est pas vrai. La France accompagnera la solution qui sera portée par vos dirigeants. J'accompagnerai la solution qui sera portée par l'ensemble des présidents de la zone franc[2]. »

---

https://lentreprise.lexpress.fr/actualites/1/actualites/paris-ouvert-a-toutes-propositions-lors-de-la-reunion-des-pays-de-la-zone-franc-cfa-en-avril-elysee_1889540.html, consulté le 13 février 2022.

[1] François SOUDAN, « Mahamadou ISSOUFOU : Ma décision de respecter la Constitution et de ne pas me représenter est irrévocable », *Jeune Afrique*, 12 novembre 2019, https://www.jeuneafrique.com/mag/814617/politique/mahamadou-issoufou-ma-decision-de-respecter-la-constitution-et-de-ne-pas-me-representer-est-irrevocable/, consulté le 15 février 2022.

[2] *France 24*, « Supprimer ou renommer le franc CFA : Emmanuel MACRON ne dit pas non », le 29 novembre 2017, https://www.france24.com/fr/20171129-afrique-franc-cfa-emmanuel-macron-changement-perimetre-nom, consulté le 22 avril 2021.

Les critiques à l'égard de ce dispositif monétaire se sont multipliées ces dernières années à cause des déséquilibres du système économique dont la France a le contrôle. La France, à travers son président, veut porter son soutien aux pays africains qui utilisent cette monnaie et trouver une solution aux différentes crises de cet espace. MACRON avait-il l'intention de faire du franc CFA un débat ou un « non-sujet » ? « S'ils veulent en changer le périmètre, j'y suis plutôt favorable. S'ils veulent en changer le nom, j'y suis totalement favorable. Et s'ils veulent, s'ils considèrent qu'il faut même supprimer totalement cette stabilité régionale et que c'est mieux pour eux, je considère que c'est eux qui décident et donc je suis favorable[1]. »

Comme ses prédécesseurs, MACRON ne prône pas la rupture monétaire avec les pays de l'ancien empire colonial français. Malgré les réformes qu'il désire, si les dirigeants africains le souhaitaient, MACRON ne se prononce pas sur le veto de la France sur la zone franc, la cessation du maintien du seuil minimal de réserve de change que les deux banques centrales de la zone (B.C.E.A.O et B.E.A.C) doivent garder dans la Banque de France, ou la fin du service d'impression de la monnaie africaine.

5. Le point de vue de l'ex-premier ministre italien Luigi Di Maio face à la question monétaire CFA

Le franc CFA demeure aujourd'hui un sujet controversé tant sur le continent africain que dans les médias internationaux. Luigi Di Maio, ancien vice-premier ministre italien accuse la France d'appauvrir l'Afrique à travers le franc CFA qu'il considère comme une monnaie coloniale. Il dénonce aussi la politique de contrôle mise en place par la France après avoir accordé l'indépendance politique à ses ex-colonies d'Afrique. « La France est l'un de ces pays qui, en émettant une monnaie pour quatorze (14) pays africains, empêche leur développement économique et contribue au fait que les réfugiés partent de leurs pays et meurent ensuite en mer ou arrivent sur nos côtes[2]. »

Pour cette personnalité italienne, le maintien des relations entre la France et ses ex-colonies à travers le franc CFA fragilise l'économie de ces pays et encourage la jeunesse à recourir à la migration. Cela met à mal l'Italie qui, de par sa position géographique, reste la première destination de ces migrants. Il accuse le gouvernement français de manipuler les économies des anciennes colonies françaises en Afrique à travers le franc CFA. Il continue en ajoutant que la monnaie est émise par la France – mais la valeur à injecter sur les marchés est décidée par les banques centrales des deux zones. Il appelle

[1] *France 24*, « Supprimer ou renommer le franc CFA : Emmanuel MACRON ne dit pas non », le 29 novembre 2017, https://www.france24.com/fr/20171129-afrique-franc-cfa-emmanuel-macron-changement-perimetre-nom, consulté le 22 avril 2021.

[2] *BBC News Afrique*, « Une monnaie de l'ère coloniale est-elle le moteur de la migration vers l'Europe ? », 25 janvier 2019, https://www.bbc.com/afrique/region-46999469, consulté le 10 février 2022.

l'Union Européenne à imposer des sanctions contre la France pour sa politique en Afrique. Il déclare enfin que la France n'a jamais cessé de coloniser des dizaines d'États africains, et que sans l'Afrique, la France se classerait 15ème parmi les économies mondiales, non parmi les six premières[1].

III- POSTURE DE QUELQUES AFRICAINS ET ACTIVISTES FACE AU FRANC CFA

Les enjeux du franc CFA dans le décollage économique des États africains ont été et continuent d'être une préoccupation dans diverses couches sociales, aussi bien en Afrique que dans les autres régions du monde. Plusieurs acteurs, au rang desquels les scientifiques (économistes, sociologues, historiens, géographes, juristes, etc.) chevronnés, analystes (politiques, activistes, blogueurs, etc.) et organisations de la société civile, ont pris à bras le corps le problème du franc CFA dans l'enlisement économique des pays africains.

1. Kako NUBUKPO, un fervent adepte de la mort du franc CFA

Le franc CFA est presqu'un sujet tabou sur lequel parler ouvertement n'est point sans conséquences. Depuis plus de vingt ans déjà, Kako NUBUKPO est l'un des rares scientifiques qui se livrent au jeu dangereux, à leur corps défendant et soutenant ouvertement la souveraineté monétaire à travers la dénonciation du franc CFA. À ce propos, Me Yawovi AGBOYIBOR[2] dit : « Kako NUBUKPO ne fait pas partie des têtes qui soutiennent les intérêts de la France. Alors, le faire tomber est inévitable. Ceci nous fait comprendre que même à la tête de la francophonie, la France détient le plein pouvoir pour faire sauter n'importe qui quand son intérêt est menacé. » Qui est cet homme (photo n° 8) et quelle est sa vision du franc CFA ?

---

[1] *BBC News Afrique*, « Une monnaie de l'ère coloniale est-elle le moteur de la migration vers l'Europe ? », 25 janvier 2019, https://www.bbc.com/afrique/region-46999469, consulté le 10 février 2022.

[2] Feu Yawovi AGBOYIBOR, homme politique et ex-Premier ministre du Togo du 20 septembre 2006 au 6 décembre 2007, entretien du 22 avril 2018 à son domicile à Lomé.

Photo n° 8. Professeur Kako NUBUKPO

Source : Jeune Afrique, 15 avril 2022.

De nationalité togolaise, Kako NUBUKPO fut ancien ministre de la Prospective et de l'Évaluation des politiques publiques dans le gouvernement de Faure GNASSINGBE au Togo de 2013 à 2015. Né à Lomé (Togo) en 1961, il s'est imposé ces dernières années parmi les économistes réputés en Afrique et sur la scène internationale. Dans les milieux politique, diplomatique, économique et financier, son nom est reconnu comme celui du porte-flambeau d'une génération africaine en conflit avec une monnaie dont le sigle autrefois signifiait « franc des colonies françaises d'Afrique ». En mars 2016, il occupait le poste du Directeur de la francophonie économique et numérique au sein de l'Organisation internationale de la Francophonie. Il se fait limoger en décembre 2017 à cause de ses positions anti CFA.

En effet, dans une tribune publiée le 17 juillet 2017 sur Financial Afrik, Kako NUBUKPO est bien droit dans ses bottes : « Mes interrogations sur le franc CFA ne sont pas un objet d'étude de tour d'ivoire. Chercheur, acteur institutionnel, j'ai éprouvé sous diverses facettes, les limites de notre système monétaire, frein au développement des pays qui en sont encore tributaires. C'est contre cette servitude volontaire que je m'élève pour l'avenir de nos pays et de nos enfants[1]. » Le limogeage de Kako NUBUKPO de

---

[1] Kako NUBUKPO, « Mon combat contre le Franc CFA », *Financialafrik.com*, 17 juillet 2017, https://www.financialafrik.com/2017/07/17/kako-nubukpo-mon-combat-contre-le-franc-cfa/, consulté le 02 février 2022.

l'Organisation internationale de la francophonie (OIF) a lieu à cause de sa réplique à l'intervention du président français Emmanuel MACRON lors de sa visite à Ouagadougou dans la capitale du Burkina-Faso.

Le sujet est d'abord d'ordre sécuritaire. Le chef de l'État rend hommage à son prédécesseur François Hollande qui a envoyé des troupes au Mali. Il se place donc dans une continuité. Ensuite, sur le plan politique, il salue la jeune démocratie burkinabè. Il dénonce ceux qui pensent avoir le même pouvoir pendant des décennies, mais il n'est pas allé plus loin. « Je ne suis pas venu ici vous dire quelle est la politique africaine de la France comme d'aucuns le prétendent. Parce qu'il n'y a plus de politique africaine de la France[1]. » Il continue et promet une politique de développement à travers l'octroi des bourses pour la formation des jeunes Africains dans les grandes écoles françaises pour qu'en retour, cela puisse être bénéfique à l'Afrique. Il promet également une prolongation de longue durée des séjours pour les étudiants étrangers qui étudient en France.

D'abord, parler devant les étudiants et surtout répondre à leurs questions est un grand risque qu'aucun président français n'a pris avant lui. Le président français promet de mettre fin à ce caractère de personnalisation du pouvoir des présidents africains et surtout à la Françafrique. À la suite de ces propos, NUBUKPO fait une déclaration médiatique qui change la donne et lui coûte son poste à l'OIF. L'ancien ministre togolais trouve que les propos de MACRON sont « déshonorants pour les dirigeants africains ». Il écrit : « Ce que nous redoutions depuis des années s'est produit hier mardi 28 novembre, à l'Université Joseph KI-ZERBO de Ouagadougou, au Burkina Faso, lors des échanges qui ont fait suite au discours de M. MACRON. Une façon arrogante, pour ne pas dire plus, de la part de M. MACRON, d'exprimer le déni de l'histoire monétaire Françafricaine, renvoyant les dirigeants africains à leur servitude monétaire volontaire, les mettant à nu de la pire des façons, à travers des réponses d'une violence symbolique inouïe[2]. »

Pour justifier son renvoi, l'OIF invoque le « devoir de réserve » auquel est tenu le professeur NUBUKPO en tant que fonctionnaire international qu'il aurait délibérément violé en dépit de multiples avertissements. Le renvoi de NUBUKPO est bien accueilli par les défenseurs de cette monnaie, à l'instar de l'actuel président ivoirien OUATTARA. NUBUKPO considère de son côté que « la monnaie faisant partie de l'économie » et « qu'il est en droit de

---

[1] *Jeune Afrique*, « Le discours d'Emmanuel Macron à Ouagadougou », *Jeune Afrique*, 28 novembre 2017, https://www.jeuneafrique.com/497596/politique/document-le-discours-demmanuel-macron-a-ougadougou/, consulté le 03 février 2022.

[2] NUBUKPO, K., (2017), « Franc CFA : les propos de M. MACRON sont déshonorants pour les dirigeants africains », *Le Monde*, le 29 novembre 2017, https://www.lemonde.fr/afrique/article/2017/11/29/franc-cfa-m-macron-il-ne-faut-pas-dormir-sur-la-natte-des-autres_5221951_3212.html, consulté le 5 février 2022.

s'exprimer sur ce sujet[1] ». Est-ce la première fois que NUBUKPO se fait démettre de son poste par rapport à sa position sur le franc CFA ? L'économiste avait déjà perdu son poste de ministre pour les mêmes raisons en 2015. Lors d'une conférence organisée à l'Université de Lomé (Togo) le 24 mai 2017, il explique les raisons de son renvoi du gouvernement. « J'ai quitté le gouvernement parce qu'il y a un président étranger, OUATTARA (Alassane Dramane OUATTARA de la Côte d'Ivoire) qui a demandé à notre président Faure (Faure GNASSINGBÉ) de me virer du gouvernement parce que je critique le franc CFA[2]. »

Ses critiques sur le franc CFA qu'il qualifie de monnaie des riches, lui auraient coûté sa mise à l'écart de l'équipe gouvernementale. Tout le monde s'en doutait jusqu'à ce que l'homme ait abordé le sujet lors de cette conférence. Cela l'amena à être beaucoup plus virulent dans sa lutte contre le franc CFA. « J'ai définitivement quitté mes fonctions de directeur de la francophonie économique et numérique au sein de l'Organisation Internationale de la Francophonie (OIF)[3]. » Après son départ, il est élu Doyen de la Faculté des Sciences économiques et de la gestion (FASEG) de l'Université de Lomé. Il démissionne de ce poste après qu'il ait été désigné par le Togo comme son représentant au poste de conseiller économique du président de la commission de l'UEMOA depuis le 14 avril 2021.

2. Kémi SÉBA, le meneur du mouvement « Urgence panafricaniste »

Dans cette lutte pour l'émancipation et la souveraineté du continent noir, certains meneurs, nonobstant leur statut et leur (nouvelle) identité, se sont engagés. En effet, Kémi SÉBA ne s'est pas contenté de son statut de citoyen français pour regarder le continent noir sous la tutelle occidentale. Il reste l'un des grands activistes et meneur de la lutte anti franc CFA. Présent sur plusieurs tribunes et au-devant de nombreux combats, Kémi ne lésine pas sur l'usage de tout moyen pour faire entendre sa voix. Dans cette perspective, il brûle un billet de 5000 F CFA lors d'un rassemblement le 19 août 2017 à Dakar (photo

---

[1] *Jeune Afrique*, « *Francophonie : comment Kako NUBUKPO s'est retrouvé sur la sellette à l'OIF* », *Jeune Afrique*, 8 décembre 2017, https://www.jeuneafrique.com/500602/politique/francophonie-comment-kako-nubukpo-sest-retrouve-sur-la-sellette-a-loif/, consulté de 5 février 2022.

[2] https://togobreakingnews.info/nubukpo-presente-ses-excuses-a-gnassingbe-et-ouattara-apres-la-polemique/?print=print, consulté le 6 février 2022.

[3] Nephthali Messanh Ledy, « *Kako Nubukpo quitte « définitivement » la Francophonie pour de nouveaux horizons* », *Financialafrik.com,* 27 mars 2018, https://www.financialafrik.com/2018/03/27/kako-nubukpo-quitte-definitivement-la-francophonie-pour-de-nouveaux-horizons/, consulté le 4 février 2022.

n° 9) ; un billet qu'il assimile à un simple papier qui ne prend une valeur monétaire que lorsqu'il est échangé contre les ressources africaines.

Photo n° 9. L'activiste Kémi SEBA

Source : Jeune Afrique, le 29 août 2017.

Né le 9 décembre 1981 à Strasbourg, SÉBA se présente comme un anti-impérialiste convaincu. Franco-Béninois, l'homme se souvient de son origine béninoise et use aujourd'hui de sa stature internationale pour s'ériger en grand défenseur de la cause monétaire des pays utilisateurs du franc CFA. Président du mouvement « Urgence panafricaniste », SÉBA trouve qu'on ne peut pas se prétendre être souverain, tout en dépendant de la monnaie coloniale qu'est le franc CFA. Pour lui, la souveraineté implique la possession de sa propre monnaie. Il considère la méthode archaïque, désuète, voire rétrograde, de la politique française comme un handicap sociologique, économique, politique et social. Il est l'initiateur de plusieurs centaines de manifestations à travers des associations de défense des peuples opprimés en Afrique et en Occident.

Par ailleurs, SÉBA a déjà été à la tête de nombreux mouvements à travers plusieurs villes africaines pour dire non au franc CFA et surtout à la politique française en Afrique : au Bénin, au Sénégal, au Gabon et à Bamako. Certaines de ces manifestations sont pacifiques, mais d'autres se sont vu dispersées et réprimées de la plus sauvage des manières. Il est considéré aujourd'hui comme un défenseur de la souveraineté africaine à travers son ONG « Urgence panafricaniste ». Son plus grand combat est de faire comprendre aux dirigeants africains les dangers liés à l'utilisation du franc CFA. Après le succès historique du Front anti CFA, l'activiste panafricaniste, essayiste et analyste de la géopolitique lance un appel à la mobilisation générale contre la Françafrique le 19 août 2017 dans près de onze (11) pays d'Afrique francophone[1]. La jeunesse africaine s'indigne à travers les réseaux sociaux et dénonce haut et fort les acteurs politiques qui détruisent les différents projets de développement dans les pays de la zone CFA. Aujourd'hui, Kémi a des problèmes avec la justice en raison de ses propos jugés antisémites, suprémacistes, de son opposition aux vaccins contre la Covid-19 et surtout ses relations avec la Russie. Il œuvre à sa façon en faveur d'une sensibilisation sur les enjeux du franc CFA.

Malgré ce noble combat au profit de l'émancipation des peuples opprimés d'Afrique, Kémi reste un enfant mal aimé de certains dirigeants qui doivent leur pouvoir à la docilité dont ils font montre vis-à-vis de Paris. Ainsi, il fait à maintes reprises, l'objet d'expulsions et/ou d'interdiction de séjour dans certains pays, à l'instar de la Côte d'Ivoire de Dramane Ouattara et du Sénégal de Macky Sall.

3. Le mouvement Martin Luther King du Togo

Le Mouvement Martin Luther KING (MMLK), coordonné par le pasteur Komi EDOH, a pour but d'exiger non seulement la souveraineté monétaire des quatorze (14) pays africains de la zone franc mais aussi la suppression ou l'abolition du franc CFA. Cette organisation de la société civile milite aussi pour la fin de la Françafrique et de l'ingérence de la France dans les affaires politique et économique africaines. Le MMLK entend, par ses sorties médiatiques exiger aussi le déblocage des importantes réserves financières déposées au Trésor public français.

Photo n° 10. Le siège du Mouvement Martin Luther King à Lomé

Source : D'après les résultats de nos travaux de terrain, 2019.

[1] https://www.nofi.media/2017/08/francafrique/41987, consulté le 7 février 2022.

Le MMLK a appellé à la mobilisation africaine contre le franc CFA devant l'ambassade de France à Lomé (Togo) le samedi, 23 février 2019[1]. À l'ordre du jour, plusieurs faits sont soulevés sur la question monétaire. L'objectif de cette manifestation est de mettre fin à la dépendance monétaire à laquelle les pays de la zone franc CFA sont confrontés par, entre autres :

- la sensibilisation de la population sur les bienfaits et les méfaits du franc CFA ;
- les sorties médiatiques sur les inconvénients du franc CFA ;
- l'effort pour faire comprendre aux autorités africaines de prendre une décision dans les meilleurs délais pour une Afrique libre et prospère.

Sur des pancartes, on peut lire : « La France est à l'origine des maux dont souffrent les pays de la zone franc » ; « À bas le franc CFA » ; « À bas la politique française en Afrique après les indépendances » ; « À bas le néocolonialisme » ; ...

La jeunesse instruite sur le sol africain et en Occident comprend les enjeux politique et économique du franc CFA. Aucun pays ne peut s'industrialiser et s'affirmer quand son portefeuille est géré par une autre puissance. Tous les mouvements de lutte contre le franc CFA trouvent que cette monnaie empêche le développement des pays qui l'utilisent et fragilise leur politique économique. Les différentes manifestions en Afrique et en Occident ces dernières années témoignent d'une sorte de résilience des pays africains face au franc CFA, conséquences d'une mauvaise gouvernance même de cette monnaie.

CONCLUSION

Au terme de ce chapitre, retenons que l'instabilité politique et économique que traversent les pays de la zone franc est le fruit de nombreux facteurs. Des dirigeants français et européens aux activistes africains, en passant par les scientifiques convaincus, chacun se fait ses opinions sur les réels enjeux du franc CFA. Au moment où il paralyse le décollage économique des États africains qui l'utilisent, le franc CFA aide la France à se maintenir au rang des grandes puissances mondiales.

L'échec dans la gouvernance du franc CFA, qui conduit à sa dévaluation en 1994 fait partie des maux dont souffre l'Afrique. Les conditionnalités économiques introduites par les institutions de Bretton Woods créent une modification des politiques socio-économiques inadaptée aux réalités des

[1] Nous avons pu assister à cette manifestation mais de loin, lors de nos travaux de terrain en 2019. Notre participation à cette manifestation nous a été d'une grande importance, car à la fin, nous avons pu négocier des rendez-vous pour des entretiens sur la question liée à la dévaluation de 1994. Retenons que la majorité des personnes présentes sont déterminées à mettre fin à cette domination monétaire à laquelle font face les pays de la zone franc.

pays africains. Le manque d'unanimité et de vision à long terme des dirigeants africains face à l'intérêt national, voire continental a largement contribué au retard de ces pays.

CHAPITRE QUATRIÈME.

LA POLITIQUE DE GOUVERNANCE DU FRANC CFA ET LE TAUX DE BANCARISATION EN AFRIQUE ENTRE 1960 ET 1994

INTRODUCTION

Lorsqu'au XVIIe siècle la France a commencé la conquête des territoires au-delà des mers, l'Afrique vivait sans monnaie métallique. Dans les territoires conquis, les transactions se faisaient sous la forme de troc, d'or et de cauris[1]. Au début du XIXe siècle, la monnaie métallique va faire progressivement son apparition dans les colonies, sans toutefois mettre fin aux anciennes pratiques transactionnelles. C'est dans cette perspective que naquit le franc CFA entre la France et ses anciennes colonies d'Afrique subsaharienne à partir de 1945. Cette monnaie qui était appréciée jusqu'à sa dévaluation en 1994, demeure aujourd'hui un sujet sensible dans le quotidien des Africains. L'un des volets de l'histoire de cette monnaie fut son administration entre 1960 et 1994, année marquant sa dévaluation de 50 % dans tous les pays membres de l'U.E.M.O.A et de la C.E.M.A.C et de 33 % pour le franc comorien.

Cette dévaluation, résultat de près de cinquante ans de mal-gouvernance de cette monnaie, est due en partie aux difficultés de compétitivité des marchés africains face à la crise économique enregistrée, ainsi qu'à la chute du prix de pétrole au début des années 1990. Cette situation de fait a occasionné une suspension temporaire de la convertibilité du franc CFA sur le marché international. Par ailleurs, les institutions financières ont peu réussi à s'intégrer aux habitudes des populations. Celles-ci recourent difficilement aux banques à travers l'ouverture et la domiciliation de leurs avoirs. Cela explique le faible taux de bancarisation dans les pays utilisateurs du franc CFA. Au regard de toutes ces constatations, comment peut-on expliquer l'échec de la gouvernance du franc CFA entre 1960 et 1994, et quelles sont ses incidences sur la bancarisation en Afrique ?

Mener à bien cette démarche revient à passer en revue, dans un premier temps, les différentes politiques mises en place pour administrer cette monnaie coloniale qui continue de survivre après la décolonisation. Dans un second temps, il faudra mettre cette politique en rapport avec le taux de bancarisation qui reste une pratique de certains privilégiés et des élites.

---

[1] Les cauris étaient l'une des devises les plus répandues au monde, en particulier en Afrique de l'Ouest.

I- DE L'ÉCHEC DE LA GOUVERNANCE À LA DÉVALUATION DU FRANC CFA (1960 À 1994)

À partir du XVIIe siècle, la France commença ses conquêtes coloniales en Afrique qui à l'époque, ignorait pratiquement les monnaies métalliques. Dans le but d'assurer la bonne gestion de ses territoires, la France va les doter à partir de 1945 d'une monnaie moderne (le franc CFA), une monnaie qu'elle gère elle-même, ses administrés n'étant que des utilisateurs/consommateurs.

Toute monnaie s'échange avec d'autres monnaies à un cours donné fixé selon plusieurs critères. Cela permet de connaître les rapports de l'économie du pays concerné avec les autres pays. La mauvaise gestion d'une monnaie entraîne la baisse de son cours de change si elle est convertible par rapport aux autres paniers de devises. Dans le cas des monnaies à parité fixe comme c'est le cas du franc CFA, la dévaluation reste la seule solution qui vaille. L'équilibre obtenu à partir de ces relations peut être modifié selon l'évolution économique, surtout si l'on se trouve dans une situation de monnaie surévaluée, sous-évaluée ou encore dévaluée. Me Yawovi AGBOYIBOR affirme : « Il manque de données statistiques sur les échanges de matières premières entre la France et ses ex-colonies. Les rares qui existent sont très peu connue du grand nombre. Si rien n'est fait dans les jours à venir sur cette question monétaire, je crains des révoltes. Ce problème monétaire a un impact sur l'avenir de l'Afrique[1]. »

Par définition, la dévaluation est une mesure de politique économique prise par les autorités qui consiste à modifier la parité de la monnaie nationale en diminuant sa valeur. En revanche, la réévaluation est une mesure symétrique de changement de parité qui consiste à modifier la parité en augmentant la valeur de la monnaie. La dévaluation est de ce fait une politique de change dans un contexte de régime de change fixe[2]. Autrement dit, la parité d'une monnaie est fixe par rapport à une autre. « Quand on importe plus qu'on en exporte, on connaît un déficit commercial et comme les pays africains importent plus qu'ils n'exportent, alors la loi de la demande s'applique [...]. Quand le prix augmente et que l'on n'a pas une monnaie forte comme ce fut le cas des pays de la zone franc, la seule possibilité pour rétablir l'équilibre du

[1] Feu Yawovi AGBOYIBOR, homme politique et ex-Premier ministre du Togo du 20 septembre 2006 au 6 décembre 2007, entretien du 22 avril 2018 à son domicile à Lomé.

[2] En régime de change fixe, la valeur de la monnaie est fixe par rapport à une autre : le cas du franc CFA par rapport au franc français et aujourd'hui à l'Euro (**1 euro = 655, 957 FCFA).** Cependant, en régime de change flexible, la monnaie fluctue parce que seul le marché établit les taux de change des devises.

déficit est de dévaluer la monnaie afin de répondre aux problèmes économiques et sociaux de la population[1]. »

D'un autre côté, les facteurs liés aux différents régimes d'échanges sont défavorables à la stabilité de cette monnaie selon les études des économistes. Le désavantage en temps de crise est traduit par une dévaluation. La dévaluation de 1994 est due à un solde négatif des économies africaines de l'époque ; ceci peut s'expliquer par la mauvaise gestion des revenus des matières premières par les autorités africaines ou encore par le fait que la fixation du prix de ces matières premières leur échappe[2].

La dévaluation du franc CFA a été l'un des facteurs principaux de la dégradation des systèmes économiques des pays de la zone franc. Par rapport à ces réalités, on peut dire que la dévaluation du franc CFA en 1994 était justifiée lorsqu'on regarde ce qui a contribué à sa dévaluation. Un des éléments importants est constitué par les déficits extérieurs. Autrement dit, la valeur de la monnaie doit tenir compte du déficit, c'est-à-dire que la valeur de la monnaie devrait diminuer au fur et à mesure que le déficit se creuse. Plus la demande d'un produit est élevée, plus son prix augmente, et comme les pays africains ne fabriquent pas de produits finis, on connaît un déséquilibre économique entre les pays du Nord et ceux du Sud. Quand le prix d'un produit augmente et que l'on n'a pas une monnaie forte comme (c'est le cas des pays de la zone franc), la seule possibilité pour rétablir un tant soit peu l'équilibre est d'appliquer une dévaluation.

Cette politique de dévaluation a occasionné des importations relativement plus chères qu'auparavant. Cela permet de comprendre à titre illustratif, que le kilo de cacao qui coûtait environ cinq (5) euros avant la dévaluation revenait à 10 euros après 1994. Pour quelqu'un qui se trouve dans la zone franc CFA, c'était un véritable désastre économique. Pendant la même période, les salaires n'ont pas augmenté pour permettre aux populations de répondre à la crise. Quand les exportations augmentent et que les importations diminuent, les déficits baissent. La dévaluation était nécessaire pour rétablir l'équilibre et l'ordre. Les États africains connaissaient une grande dégradation économique qui a conduit en partie à la dévaluation du franc CFA en 1994, comme le présente le tableau ci-après.

---

[1] Komi ABALO, (2020), « Les effets de la dévaluation du franc CFA de 1994 sur le quotidien des populations du Togo », *in* Étienne THÉVENIN, *Solidarités en Afrique noire et en France à l'époque contemporaine*, Nancy, Éditions Kaïros, p.115.

[2] *Ibid.*, p.115.

Tableau n° 2. Commerce entre la France et les pays de la zone franc CFA (en million de franc)

	Exportations		Importations		Solde		Variation
	1993	1994	1993	1994	1993	1994	94/93
BÉNIN	887	658	63	25	824	633	-191
BURKINA	642	474	172	140	471	333	-138
CAMEROUN	1 943	1 681	2 144	2 376	-200	-695	-495
CENTRAFRIQUE	250	289	25	47	225	243	18
COMORES	126	114	52	36	75	79	4
CONGO	1 274	997	419	365	855	631	-224
CôTE D'IVOIRE	3 513	2 958	3 291	3 615	222	-657	-879
GABON	2 254	1 632	2 525	2 263	-270	-630	-360
GUINÉE ÉQUATORIALE	55	37	12	28	43	9	-34
MALI	677	530	52	46	625	484	-141
NIGER	570	472	814	461	-243	11	254
SÉNÉGAL	2 271	2 001	874	1 009	1 397	993	-405
TCHAD	316	285	43	51	273	235	-38
TOGO	336	425	53	94	283	331	49
TOTAL (CAF-FAB)	15 117	12 554	10 538	10 555	4 579	1 999	-2 580
dont : UEMOA	8 897	7 518	5 318	5390	3 579	2 128	-1 451
BEAC	6 093	4 921	5 168	5 129	925	-208	-1 133

Source : Ministère du Budget - Direction générale des Douanes et des Droits indirects
Réalisation : Banque de France - Service de la Zone franc

Source : Banque de France, Rapport de la zone franc 1994.

On peut comprendre, partant de ce tableau que la dévaluation du franc CFA était plus qu'inévitable. Les pays africains sous le joug monétaire français n'avaient pas d'autre choix que de subir le choc de cette dévaluation. Ainsi, la dévaluation du franc CFA a permis de résorber les déséquilibres creusés au cours de la seconde moitié des années 80. Presque tous les pays de la zone franc ont connu une balance commerciale déficitaire entre 1993-1994. Au début des années 1994, la B.E.A.C a enregistré un solde déficitaire au sein de sa zone. Ce fut le début de la crise qui allait conduire progressivement à la dévaluation du franc CFA. Les populations qui ignoraient cette évidence n'ont pas été consultées à ce sujet.

De l'avis d'Edoh KOMI[1], le processus de dévaluation aurait dû faire l'objet d'un référendum afin de recueillir les opinions d'une grande majorité à l'avance ou encore l'avis des élus locaux qui représentent la population à l'Assemblée. Ce fut en réalité, une décision prise unilatéralement par la France et imposée aux Chefs d'État africains. La mesure était « un coup de massue tombé sur la tête des pays de la zone franc CFA et avec toutes ses

[1] Lors de nos entretiens du 12 mars 2019 avec Edoh KOMI, président du Mouvement Marthin Luther KING.

conséquences. Un franc français (1 FF) à l'époque était à 50 F (franc) et d'un seul coup 1FF était porté à 100F. Vous imaginez ce qui était arrivé aux populations. On note la diminution des coûts, des transactions, dans les relations entre la France et ses ex-colonies. Mais notons que c'est la France qui est encore sortie gagnante de cette dévaluation, étant donné que notre économie était déjà fragile[1]. »

Même si la dévaluation était prévisible, la France a usé de son pouvoir pour imposer cette dévaluation qui a conduit plusieurs pays à revoir leurs dépenses et leurs budgets. Depuis lors, la balance commerciale de ces pays est toujours déficitaire[2]. C'était une période de soudure pour les pays de la zone franc. Le franc CFA serait-il encore en mesure de retrouver un équilibre dans le commerce international ? Peut-on avoir une politique économique durable pour l'Afrique sans l'avis des Africains eux-mêmes ? En effet, la dévaluation décidée par les partenaires africains a été recommandée par les institutions de Breton WOODS. Le Fonds monétaire international et le groupe de la Banque mondiale sont prêts, chacun de son côté, à contribuer de façon significative au financement des pays de la zone franc[3].

Nadim Mochel KALIFE écrit : « Concernant la politique monétaire de la B.C.E.A.O et de la B.E.A.C, en raison de la garantie donnée par le Trésor français pour la fixité absolue du taux de change entre le franc CFA et le FF, ces deux Banques centrales n'avaient pas à se soucier du cours de leur monnaie commune, le franc CFA, par rapport aux devises étrangères[4]. » Pour certains détracteurs de cette monnaie, c'est une illusion que les pays africains aient foi en une monnaie purement et simplement coloniale. Ainsi, « les Africains ne devraient rien attendre de l'Euro. Parce que cette monnaie européenne est l'expression du néocolonialisme pur et dur. Or, ce courant de pensée est inadapté aux économies très fragiles africaines où le rôle socio-économique de l'État est encore vital[5]. »

---

[1] Lors de nos entretiens du 12 mars 2019 avec Edoh KOMI, président du Mouvement Marthin Luther KING.

[2] La particularité essentielle du franc CFA est qu'il est à la fois monnaie double et monnaie commune, monnaie imposée et monnaie acceptée avec les accords peu satisfaisants pour les pays qui l'utilisent.

[3] *Togo-Presse*, « Dévaluation du franc *CFA* », du mardi 18 janvier 1994, consulté le 10 février 2022 au cours de nos travaux de terrains, p.9.

[4] Nadim Mochel KALIFE, (2016), « Genèse du franc CFA », in Kako Nubukpo, *Sortir l'Afrique de la servitude monétaire : À qui profite le franc CFA* ? Paris, La Dispute, p.95.

[5] Nicolas AGBOHOU, (1999). *Le franc CFA et l'euro contre l'Afrique : pour une monnaie africaine et de la coopération Sud-Sud.* Paris, Solidarité mondiale A. S., p.81.

Photo n° 11. Lecture de la déclaration sur la dévaluation du franc CFA en 1994

Source : Jeune Afrique, 9 novembre 2016.

La forte présence des Français sur l'image ci-dessus traduit en effet, la domination de la France sur le franc CFA. En 2023, vingt-neuf ans après cette déclaration de dévaluation, l'instabilité économique des sociétés africaines devient de plus en plus critique. La fixation du pouvoir d'achat est devenue un véritable diktat imposé par la France, car c'est elle qui a le contrôle de cette monnaie. « La réunion des ministres des Finances de la zone franc est l'instance principale de dialogue réunissant toutes les parties prenantes des quinze pays de la zone franc, soit les ministres de l'Union économique et monétaire ouest-africaines (U.E.M.O.A), ceux de la communauté économique et monétaire de l'Afrique centrale (C.E.M.A.C), le ministre comorien, les gouverneurs des trois banques centrales, les présidents des banques de développement régionales et des commissions[1]. » Les effets de la dévaluation sont violents au point où certains nous ont affirmé au cours de nos travaux de terrain qu'ils ont été obligés de vendre leurs biens immobiliers pour faire face à la situation. Certains ont été ruinés avec des dettes à rembourser auprès des institutions financières (banques, micros-finances…) alors que les pays africains vivaient déjà une crise politique et économique au lendemain de la chute du mur de Berlin. En dépit des difficultés des pays africains, la France a fait fi de leurs problèmes. En effet, quelques semaines avant la dévaluation, « le premier ministre Pierre Bérégovoy et Michel Sapin, son ministre des

[1] Services des archives économiques et financières, note aux rédactions du 12 avril 2018 n° 446 du déplacement de Bruno Le Maire à la réunion des ministres des Finances de la zone franc.

Finances, ont adressé au président de la République une note recommandant la dévaluation[1]. » L'avis des Africains n'a vraiment pas compté sur cette question monétaire.

L'objectif de la France avant tout est de mieux contrôler ses ex-colonies. Cette dévaluation du franc CFA par rapport au franc français lui permet de bien maîtriser le pouvoir d'achat des Africains et surtout de soumettre l'économie africaine à une forme de dépendance totale vis-à-vis de l'extérieur. L'article de Kouassy Oussou[2], critique l'ouvrage de Rémi Godeau[3]. Pour l'auteur, le mérite de l'ouvrage est réel. En revanche, « à propos de l'ajournement de la décision de dévaluer le franc CFA, l'ouvrage semble le mettre essentiellement sur le compte de la résistance des Chefs d'État africains. Or, la place centrale de la France dans les mécanismes de la zone franc et les relations étroites entre la politique française et l'évolution de la zone franc ont été documentées de façon convaincante dans la première partie de l'ouvrage. On devrait mettre cet ajournement également sur le compte des hésitations françaises en rapport avec la portée réelle de la dévaluation et les craintes politiques qu'elle suscitait[4]. »

1. Les conséquences de la dévaluation

La dévaluation du franc CFA détruit les économies africaines aussi bien sur le plan national qu'international. L'histoire des économies africaines démontre une difficulté liée à un faible pouvoir d'achat de leur monnaie. « En dehors de quelques politiques véreux qui profitent des avantages du pouvoir, donc affiliés à la cause française, nombreuses sont les voix qui proclament la mort du franc CFA. Un mouvement social animé par les économistes, sociologues, anthropologues, historiens, panafricanistes, activistes, voire profanes etc., se dessine en faveur de la rupture avec cette monnaie[5]. »

La figure ci-dessous traduit l'opinion des interviewés sur les conséquences de la dévaluation du franc CFA.

[1] François Soudans et Géraldine Faes, « Histoire secrète d'une dévaluation », *Jeune Afrique* N° 1724, 20-26 janvier 1994.

[2] Kouassy OUSSOU, (1998), « Godeau, le franc CFA : pourquoi la dévaluation de 1994 a tout changé », in *International Journal of African Historical Studies*, 31(2), p.420-421.

[3] Rémi Godeau, (2016). *Le franc CFA : pourquoi la dévaluation de 1994 a tout changé ?* Paris, Sépia, 220 pages.

[4] *Ibid.*, p.421.

[5] Komi ABALO, (2021), « Le franc CFA : Un malade qui refuse de mourir ? », in *Togobreakingnews.info*, paru le 18 mai 2021.

Figure n° 8. Conséquences négatives de la dévaluation du franc CFA

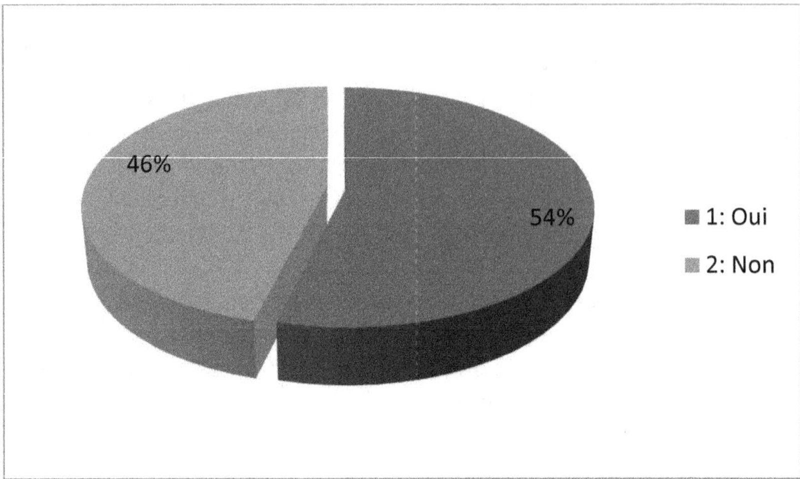

Source : Komi ABALO, 2020.

Les données issues de cette collecte exposent l'avis des enquêtés sur l'importance des conséquences négatives de la dévaluation par rapport aux avantages. À l'issue de cette enquête, 54% des interviewés ont été témoins ou se rappellent les moments de cette dévaluation ; 46% étaient en bas âge ou sont nés après la période de dévaluation. Cette figure permet de faire un bilan sur les personnes ayant assisté et/ou qui se souviennent de cette période. Il apparaît ainsi que les jeunes générations intellectuelles sont très informées de la question et sont majoritairement hostiles au franc CFA et au maintien de la situation monétaire actuelle, héritée de la colonisation. La population trouve que « la différence du pouvoir d'achat peut facilement se constater quand les touristes français sont libres de dépenser autant qu'ils veulent dans nos pays, car la dévaluation n'impacte pas sur leur monnaie[1]. »

Au Togo par exemple, certains qui ont de proches parents dans le parti au pouvoir ont su déplacer leurs avoirs vers l'étranger afin d'échapper à la dévaluation. Cette décision unilatérale imposée aux Chefs d'État africains a mis les populations devant le fait accompli. Le multipartisme a refait surface au début des années 1990. En 1994, les différents partis de l'opposition étaient faibles face aux régimes issus des partis uniques. Pour Me Yawovi AGBOYIBOR, « avant comme aujourd'hui, les Chefs d'État sont déterminés par rapport à leur peuple. Les dirigeants africains préfèrent protéger les

[1] Kokou Edina Logo, « La politique économique française inquiète les Africains », *Togo-Dialogue,* N°76, avril 1983, p.37, consulté en janvier 2022 au cours de nos travaux de terrains.

intérêts de la France pour rester au pouvoir plutôt que de parler de la question monétaire[1]. »

Les conséquences de la dévaluation du franc CFA en 1994 se traduisent par la chute du revenu national [2]. Cette dévaluation n'a pas pu empêcher la dérive des finances publiques ni prévenir la crise bancaire. Avant cette dévaluation, la France a imposé des programmes rigoureux d'ajustement et de profondes réformes structurelles. Les auteurs se sont proposés d'analyser l'évolution des pays de la zone franc et de donner les raisons qui ont conduit ces pays à s'engager sur la voie des réformes. « En décidant de rester volontairement dans le sillage de la France, les pays africains concernés étaient parfaitement conscients des risques qu'ils encouraient. D'une part, ils perdaient une grande partie de leur autonomie dans la conduite de leur politique monétaire. D'autre part, ils devaient subir les conséquences d'une variation des prix intérieurs français et d'une modification éventuelle de la parité extérieure du franc français[3]. »

Nous avons recueilli l'avis des populations sur la nature et l'allure que devrait avoir une éventuelle monnaie africaine qui se substituerait au franc CFA (figure n°9).

Figure n° 9. L'avenir d'une nouvelle monnaie pour les pays africains

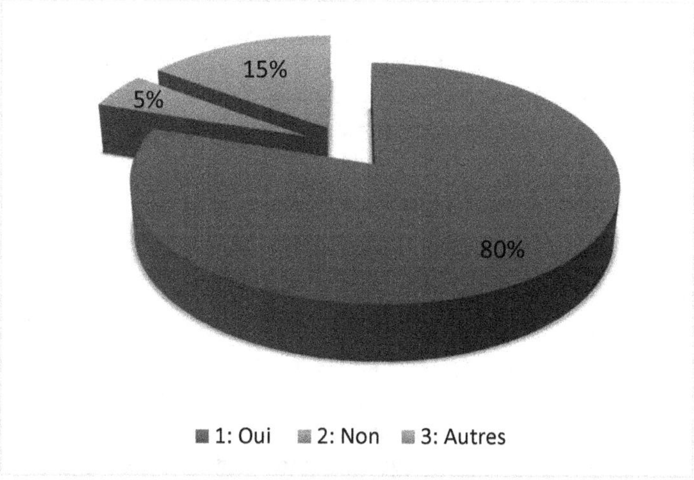

Source : Komi ABALO, 2020.

---

[1] Feu Yawovi AGBOYIBOR, homme politique et ex-Premier ministre du Togo du 20 septembre 2006 au 6 décembre 2007, entretien du 22 avril 2018 à son domicile à Lomé.

[2] Jean-Marie Parmentier, R. TENCONI, (1996). *Zone franc en Afrique : Fin d'une ère ou renaissance ?* Paris, L'Harmattan, 212 pages.

[3] *Ibid.*, p.40.

De l'analyse de ce graphique, nous remarquons que 80 % des enquêtés sont persuadés qu'une nouvelle monnaie pour les pays africains les aiderait dans leur quête de développement. Ils ont de ce fait souhaité que cette monnaie soit purement africaine, non affiliée à une monnaie forte, mais liée à un panier de devises et qu'elle soit fabriquée en Afrique et contrôlée par les Africains. Seulement 5% sont contre cette idée. Ils affirment : « La France ne peut jamais se permettre de telles choses, si cela arrivait, la France perdrait sa place sur le plan mondial en termes de puissance. Pour éviter le chaos que pourrait créer la France, nous préférons continuer avec notre monnaie actuelle, c'est-à-dire le franc CFA. Cependant, nous ne serions pas contre une quelconque réforme qui favoriserait davantage les Africains. » Enfin, 15% ont donné d'autres réponses :

- l'arrimage de cette monnaie à un panier de devises (euro, dollar, yuan) ;
- la revue des accords entre les pays africains avec les pays occidentaux : que cette monnaie soit fabriquée en Afrique et contrôlée par les Africains ;
- la venue d'une nouvelle monnaie peut entraîner le retard de l'économie de ces pays africains qui utilisent déjà le franc CFA, l'exemple de la Guinée de Sékou Touré étant une illustration.

La zone franc est le fruit d'un héritage colonial et un ensemble de règles fondées sur des principes acceptés par les pays concernés. C'est une construction juridique mise en place avec le consentement de tous les États membres sans connaître les conséquences à long terme. C'est aussi une monnaie qui servira à des échanges avec le système monétaire européen. Pour sa part, Nadim Michel KALIFE retrace l'histoire du franc CFA jusqu'à sa dévaluation en 1994. L'auteur trouve que le franc CFA dans les colonies d'Afrique durant les années 1930 était fondé sur les réserves d'or détenues par la Banque de l'Afrique occidentale. Ce n'est qu'à partir de 1945 que le franc des colonies françaises d'Afrique s'est défini par rapport au franc français. « Pour faire reconnaître cette monnaie coloniale par le FMI, sa convertibilité dut être entièrement garantie par le Trésor public de la France, sous réserve que le franc CFA ne circule qu'à l'intérieur de la zone franc et ne soit pas soumis aux assauts des spéculateurs cambiaires[1]. »

La différence entre les pays africains est encore présente lorsqu'on s'intéresse aux performances enregistrées au niveau de chaque pays en matière de développement économique et social après les indépendances. Seuls les pays sous le contrôle français ont manqué au rendez-vous du décollage économique à cause, non seulement de la dévaluation du franc CFA survenue

[1] Nadim Mochel KALIFE, (2016), « Genèse du franc CFA », in Kako Nubukpo, *Sortir l'Afrique de la servitude monétaire : À qui profite le franc CFA* ? Paris, La Dispute, p.86.

en 1994, mais aussi de la volonté manifeste de Paris de maintenir ses anciennes colonies dans la dépendance. Cet héritage de la colonisation ne garantit pas aux États issus des anciennes colonies françaises d'Afrique, une monnaie forte par rapport au franc français hier, et à l'euro aujourd'hui. L'un des aspects qui font que le franc CFA est une monnaie des élites est que la majorité des activités en Afrique ou dans les pays de la zone franc relèvent du secteur informel. L'économie informelle occupe une place centrale dans toutes les sociétés africaines. La pratique dans ce secteur échappe au contrôle du gouvernement. Le poids de ce secteur informel[1] contribue énormément à l'amélioration des conditions de vie de la population, parce que l'État est limité dans la création des emplois à la jeunesse. Ainsi, « peu de gouvernements s'y attaquent, parce qu'elle fonctionne comme un amortisseur social et correspond à une vision particulière des rapports humains. Cependant, certaines activités font l'objet de tentatives de "formalisation"[2]. »

De manière plus détaillée, l'Agence Française de Développement (A.F.D) a relevé en 2006 après enquête sur le terrain, que 90 % des personnes actives exercent dans l'informel au Cameroun et au Sénégal, contre 80 % en Afrique du Sud, 50 % en Éthiopie et moins de 40 % au Maroc[3]. Comme autre indicateur de l'importance du secteur informel, on a le faible taux de bancarisation qui persiste en Afrique subsaharienne (pas plus de 20 % selon la Banque mondiale). Le faible taux d'ouverture de comptes amène des commerçants à gérer d'une manière ou d'une autre leur système financier à travers les épargnes dans les micros finances et les tontines. Cela illustre le fait que le secteur informel joue un rôle essentiel dans la stagnation de l'économie de nombreux pays africains. Des entreprises ont parfois recours à des sous-traitants non fiscalisés. Des fonctionnaires mal payés arrondissent leurs fins de mois en exerçant le soir une autre activité informelle : *zémidjan* (taxi-moto), une pratique très répandue au Togo et au Bénin… Si les prix augmentent et que les revenus n'augmentent pas, le pouvoir d'achat baisse naturellement. Au cas où le pouvoir d'achat diminue, on aboutit à une précarisation de la situation des individus, ce qui entraîne des tensions et souvent des grognes sociales. C'est exactement ce que les pays de la zone franc CFA ont connu en 1994. Avec le franc CFA, le développement des pays

[1] Communément appelé le « marché noir » dans d'autres sphères, le secteur informel est basé sur une activité loin du regard ou de la régulation de l'État.

[2] CESSOU Sabine, « *Le poids du secteur informel* », *Le Monde diplomatique*, novembre 2015, https://www.mondediplomatique.fr/mav/143/CESSOU/53893#:~:text=De%20mani%C3%A8re%20plus%20d%C3%A9taill%C3%A9e%2C%20l,moins%20de%2040%20%25%20au%20Maroc, consulté le 20 décembre 2021.

[3] *Ibid.*

membres est retardé. Par exemple, lorsque la France veut alourdir la dette de ses ex-colonies, il lui suffit de dévaluer la monnaie.

2. Mesures d'accompagnement

Pour répondre aux nouvelles donnes issues de la dévaluation, les institutions financières internationales ont dû imposer un certain nombre de mesures d'accompagnement aux pays africains. Il convient de distinguer : « D'une part, celles [des mesures] qui se rattachent aux politiques d'ajustement mises en œuvre dans le cadre des programmes du Fonds monétaire international. D'autre part, celles qui visaient à atténuer les conséquences défavorables de la dévaluation, notamment sur les catégories les plus vulnérables de la population, ainsi que sur l'encours et le service de la dette extérieure[1]. » Malgré ces résultats et promesses encourageants, beaucoup reste à faire. Les pays de la zone franc doivent définir de nouveaux critères de convergence qui leur permettront d'accroître leur revenu afin de réduire la pauvreté et élever le niveau de vie de leurs habitants.

Les différentes réformes envisagées devraient permettre la poursuite et l'amélioration de la compétitivité des économies résultant de la dévaluation. Ceci incitera un plus grand nombre d'opérateurs économiques à investir dans les pays membres de la zone franc CFA. Les mesures d'accompagnement élaborées par les organismes internationaux et étatiques ont permis d'accompagner les populations qui traversent des moments de crises économiques. Tout compte fait, comme l'a reconnu François Mitterrand, « il est vrai que l'Afrique est l'oubliée de la croissance, la laissée pour compte du progrès ; je dis ceci d'une façon rapide car, dans tel ou tel pays, on observe des efforts récompensés par le succès. Nous n'allons pas nous attarder pour tenter de désigner le coupable. Les responsabilités sont partagées. Dans mon esprit, elles commencent par l'insouciante ou l'irresponsabilité des pays, qui par solidarité internationale et dans leur intérêt, devraient comprendre qu'une large et audacieuse politique Nord-Sud s'impose[2]. »

Aussi diverses qu'elles soient, les mesures d'accompagnement sont d'abord élaborées par chaque pays avec le concours des experts du FMI et de la France. Nous avons entre autres, les Programmes d'Ajustements Structurels (PAS) et les mesures face aux conséquences de la dévaluation. Au sein des pays concernés, nous pouvons constater la réforme des tarifs douaniers pour renflouer les caisses de l'État. Cette dévaluation vient compléter et renforcer la politique économique déjà mise en œuvre. Elle permet notamment, de :

---

[1] Extrait de la note d'information n° 106 de la Banque de France.

[2] Extrait du discours de la Baule de François Mitterrand prononcé le 20 juin 1990, https://nsarchive2.gwu.edu/NSAEBB/NSAEBB461/docs/DOCUMENT%203%20-%20French.pdf, consulté le 20 décembre 2021.

- réduire le déséquilibre extérieur en positionnant de façon plus favorable les exportations de la zone par rapport à la concurrence internationale ;
- abaisser les coûts de production, en particulier le coût du travail ;
- relancer l'économie, les productions nationales devenant compétitives, compte tenu du renchérissement des importations[1].

Ces mesures ont permis de mettre en confiance les bailleurs de fonds bilatéraux et multilatéraux dans leurs activités afin de ne pas interrompre les différents accords en termes de commerce. L'Afrique subsaharienne est confrontée à une croissance démographique rapide qui met à mal la capacité des pays à assurer un approvisionnement stable en produits alimentaires. Pour une valeur monétaire réduite de moitié, le même produit au même prix devenait subitement inaccessible. Cette situation a ravivé le "système D" (le débrouillardisme), qui a permis aux populations de s'en sortir face à un État absent dans l'accompagnement des mesures d'assistance aux citoyens.

La corruption s'est répandue à tous les niveaux à cause de la crise due à la dévaluation du franc CFA. En effet, les salaires n'ont pas augmenté alors que le marché a été réévalué. Le pouvoir d'achat des consommateurs a largement baissé et la seule réponse des autorités politiques a été le silence face à la tentation des travailleurs de chercher par tous les moyens à arrondir leurs fins de mois. Les économies africaines étaient entièrement tournées vers l'extérieur dont elles dépendaient, mais le coût de la dévaluation a dynamisé le secteur industriel qui désormais, oriente en priorité ses activités vers la transformation et la production de biens consommables localement. L'épargne aussi est désormais disponible pour participer aux programmes de développement. Selon le rapport annuel de la zone franc en 2017, « les programmes associés aux facilités du FMI jouent un rôle de catalyseur pour l'intégration régionale, en raison de leur cadre de gestion standardisé. En 2017, tous les pays de l'U.E.M.O.A ont eu recours aux facilités ou instruments de soutien du F.M.I[2]. »

Les chefs d'État présents dans la capitale sénégalaise pour la dévaluation du franc CFA en janvier 1994 ont quitté de gré ou de force le champ politique. Les derniers furent le Burkinabè Blaise Compaoré chassé en 2014 à la suite d'un soulèvement par son peuple et Idriss Deby du Tchad, mort au front le 20 avril 2021. Certains ont su résister et ont su bien collaborer avec la France au péril de leur vie et de celle de la population, comme Theodoro Obiang NGUEMA MBASOGO de la Guinée Équatoriale et Paul BIYA du Cameroun.

---

[1] *Togo-Presse*, « Dévaluation du franc CFA », Grand quotidien d'information, mardi 18 janvier 1994, consulté le 10 février 2022 au cours de nos travaux de terrains, p.9.
[2] Banque de France, « Rapport annuel de la zone franc en 2017 », p.77.

3. Programmes d'ajustement structurel (P.A.S)

La politique d'ajustement structurel est avant tout la stabilisation de l'économie à court terme, ainsi qu'un volet structurel, qui vise à mettre en œuvre des réformes destinées à accroître l'efficacité de l'économie et le retour à une croissance durable. Dans cette optique, le programme est piloté par les institutions de Breton WOODS, telles que le FMI et la Banque mondiale, en collaboration avec la France et ses partenaires de l'UE. « Pour la Banque mondiale et le FMI, les PVD[1] ne sont endettés que parce qu'ils ont vécu "au-dessus de leurs moyens". Ils doivent donc faire des économies afin de pouvoir rembourser leurs créanciers. Pour cela, une politique d'austérité doit combattre l'inflation et atténuer le poids des déficits budgétaires. Pour atteindre la stabilité financière, les IFI[2] préconisent d'encadrer le crédit afin de restreindre l'offre de monnaie[3]. »

Selon les rapports de la Banque de France, cette politique permettra de « réduire le déficit budgétaire, tant par un accroissement des recettes que par une meilleure maîtrise des dépenses et financer les programmes d'investissement public indispensables à la reprise de la croissance, ainsi que les programmes sociaux prioritaires. Le rééquilibrage des finances publiques devait permettre de dégager les ressources nécessaires pour rembourser les arriérés intérieurs et extérieurs accumulés au cours des années[4]. »

Pilotée par le Fonds monétaire international ou la Banque mondiale en accord avec les dirigeants africains dans le cadre d'une issue favorable avant et après la dévaluation de 1994, la politique d'ajustement structurel est un programme qui participe aux réformes économiques des pays africains touchés par les grandes crises socio-économiques. « On aurait tort d'exagérer le pouvoir que les institutions financières internationales pouvaient exercer sur les gouvernements africains. Les dirigeants en place, dans leur grande majorité, voyaient que les programmes d'ajustement structurel menaçaient leurs revenus, leur pouvoir et leur liberté d'action[5]. »

Pour que le programme d'ajustement structurel puisse réussir, la participation de l'État dans la mise en application des différentes politiques économiques élaborées par le FMI et la Banque mondiale doit être encouragée. Dans ce cas, les gouvernants africains sont contraints de prendre de meilleures décisions avant l'épuisement de l'aide par les institutions de

---

[1] Par définition : les pays en voie de développement.

[2] Institutions financières internationales.

[3] Manuel Domergue, (2003), « Les politiques d'ajustement structurel sont la clé de la croissance et de la prospérité pour les pays en voie de développement », in *Université du Québec à Montréal*, p.2, consulté le 01 mars 2022.

[4] Extrait de la note d'information n° 106 de la Banque de France.

[5] John ILIFFE, (2016). *Les Africains : histoire d'un continent*. Paris, Flammarion, p.568.

Bretton Woods[1]. Pour donner suite à cette analyse, un effet direct fut constaté sur le pouvoir d'achat des couches urbaines avec pour conséquence, des troubles sociaux. Cette crise inflationniste des produits de première nécessité sera l'une des causes des revendications des populations qui vivent déjà sous le seuil de la pauvreté à cause des inégalités sociales. Dans cette perspective, « le gouvernement doit apprécier les coûts politiques des mesures mises en œuvre. Il est nécessaire de faire une distinction entre les mesures de stabilisation et les mesures d'ajustement structurel proprement dites : les unes et les autres sont généralement complémentaires dans les programmes d'ajustement, mais leurs natures sont différentes au plan économique et au plan politique[2]. »

4. Mesures d'allègement des effets de la dévaluation

Les difficultés économiques connues par les pays de la zone franc avant la dévaluation ont généré, comme nous l'avons développé plus haut, des mesures d'accompagnement. Face à ces conséquences, il est urgent de prêter une attention particulière aux populations afin de continuer d'entretenir la compétitivité des pays concernés sur le marché mondial, mais aussi surtout de créer des emplois pouvant permettre de rétablir l'équilibre dans la seule optique d'améliorer le niveau de vie des populations. Ainsi, « aux yeux du FMI, la dévaluation est une mesure indispensable à la mise en œuvre du Programme d'ajustement structurel (PAS). Elle présente des avantages théoriques : d'une part, augmenter le volume et les recettes des exportations, puisque les produits africains seront désormais de moitié moins chers sur les marchés extérieurs, donc plus compétitifs, y compris les produits industriels ; il s'agit d'autre part, d'inciter les capitaux étrangers à l'investissement[3]. »

Certaines mesures prises par la France et les différents partenaires pour venir en aide aux pays africains sous le coup de la dévaluation sont entre autres, l'allègement des dettes, voire leur rééchelonnement et la création des fonds spéciaux de développement. Notons que, « le gouvernement français a décidé d'effacer totalement les dettes d'Aide publique au développement (APD) dues par les pays les moins avancés et d'annuler à hauteur de 50 % la dette APD des quatre pays à revenus intermédiaires de la zone. Cette mesure

[1] Les institutions de Breton WOODS concernent le FMI et la Banque mondiale, sont des systèmes monétaires basés sur la libre convertibilité des monnaies et la fixité des taux de change.

[2] Jean-Pierre BERDOT, (1998), « l'ajustement structurel dans les pays en développement. Une analyse de la faisabilité » in *Revue économique*, volume 49, n° 4, p.1157.

[3] Pierre-Marie DECOUDRAS, (1994), « Niger : démocratisation réussie, avenir en suspens », in CAEN, *L'Afrique politique : vue sur la démocratisation à marée basse.* Paris, l'Afrique politique, p.55.

représente la somme de 25 milliards de FF, soit 2.500 milliards FCFA[1]. » Afin d'amortir le choc des importations pour les populations et d'encourager une consommation locale, un programme de fonds d'aide sera envisagé afin d'éviter le chaos sur le plan national, car la barrette de chocolat qui était à 50 franc CFA est passée à 100 francs. À cet effet, « pour atténuer les difficultés importantes qu'entraîneront ces changements, la France a créé un Fonds spécial de développement qu'elle a doté de 300 millions de FF, soit 30 milliards FCFA, qui serviront à l'accompagnement social de la dévaluation[2]. » La France et ses pays partenaires ont également contacté d'autres partenaires commerciaux et bailleurs de fonds pour les aider dans la garantie d'une stabilité financière et mobiliser les fonds à investir dans les pays qui ont subi le choc de la dévaluation.

Certains pays comme le Togo ont reçu un traitement spécial aux fins de paiement d'un mois de salaire à ses fonctionnaires. « Connaissant les difficultés des salariés de l'État togolais depuis un an, le gouvernement français a décidé de donner au Togo 300 millions de francs CFA pour le paiement d'un mois d'arriéré de salaire aux fonctionnaires qui ont subi des retards dans le versement de leurs traitements[3]. » La Banque mondiale a également participé à l'amélioration des conditions de vie des populations victimes de la dévaluation. « Le président de la Banque mondiale recommande un soutien solide de la part des pays donateurs pour permettre aux pays de la zone franc de réussir. En ce qui concerne son institution, il a annoncé qu'elle est prête à intensifier ses propres programmes de soutien des efforts de développement des pays concernés[4]. » Les responsables des pays de la zone franc ont également sensibilisé les populations sur les conséquences de cette dévaluation et ont appelé les commerçants à éviter la flambée des prix des produits de première nécessité, au risque d'aggraver la situation. L'État à son tour œuvre pour un réajustement des salaires pour faire face à la crise.

Les autorités ont également rencontré les responsables des différentes banques et institutions des sous-régions pour réfléchir à une politique qui permettra de venir en aide à la population et surtout à gérer la crise économique issue de la dévaluation. Pour le cas du Togo par exemple, le ministre de l'Économie et des Fiances d'alors, Do Franck FIANYO disait : « Il a été amené à accepter la dévaluation par solidarité avec les autres pays de la zone franc et pour éviter de faire l'expérience amère de la Guinée et du

---

[1] OBOUBE, O., « Dévaluation du franc CFA : quelques mesures d'accompagnement prises par la France », *Togo-Presse*, Grand quotidien d'information du jeudi 20 janvier 1994, p.5, consulté le 10 février 2022.
[2] *Ibid.*
[3] *Ibid.*
[4] *Ibid.*

Mali qui, entre-temps avaient leur propre monnaie en dehors de la zone franc[1]. »

Les avis sur les mesures prises pour faire face à la dévaluation ne sont pas les mêmes quand on passe d'une presse à une autre, c'est-à-dire de la presse publique à la presse privée. En effet, *Forum Hebdo*, un journal privé ne partage pas forcément l'avis du journal public (propriété de l'État) *Togo-Presse* sur la dévaluation, car ce dernier est une propriété de l'État. Pour le *Forum Hebdo*, les fameuses mesures d'accompagnement ne sont que de la poudre aux yeux. « Quelle absurdité et quel non-sens que de vouloir remettre debout quelqu'un qu'on a terrassé soi-même ? [...] Le vin est tiré et pour l'instant il faut le boire. Nous sommes conduits loin, très loin de la berge, loin du soleil des indépendances. [...] Mais en attendant nous devrons nous passer du lait de Hollande, du fameux riz parfumé, du whisky écossais pour vraiment consommer africain[2]. »

Si les rapports de l'IDH confirment que les pays de la zone franc occupent la dernière place, le franc CFA oblige les pays africains à réfléchir pour trouver une solution avant que cela ne soit trop tard, bien que certains optimistes croient à une stabilité de la zone franc. L'inflation que connaissent les pays africains depuis des décennies peut se traduire par la perte du pouvoir d'achat et surtout de la compétitivité de leur monnaie sur le marché international.

Parlant de l'arrimage du franc CFA à un panier de devises, le cas du Yuan chinois peut aider à mieux comprendre. En effet, le Yuan chinois n'est pas une monnaie forte par rapport à l'euro, mais l'économie chinoise a connu une forte croissance. Les pays africains peuvent aussi faire mieux avec leur propre monnaie s'il y a une volonté de la France de laisser ses ex-colonies évoluer, s'il y a une bonne gouvernance et une bonne gestion des ressources de chaque pays de la zone franc CFA.

5. Phénomène migratoire comme résultat d'une mauvaise gouvernance monétaire

L'instabilité économique liée parfois à la mauvaise gouvernance, aux changements climatiques et en partie aux conséquences issues de la dévaluation du franc CFA en Afrique, avec pour corollaire la dégradation du tissu social, a amené la jeunesse à rechercher par elle-même les solutions à ses propres problèmes, parfois au péril de sa vie. Aujourd'hui, la majorité des migrants africains vivant en France sont issus des anciennes colonies

[1]HOURGNAMD Wéndana, B., « Dévaluation du franc CFA : en vue d'échanger des informations », *Togo-Presse*, Grand quotidien d'information du Samedi 22 janvier 1994, p.5, consulté le 10 février 2022 au cours de nos travaux de terrains.

[2] DOUMBIA, A., « Dévaluation du F CFA : l'Afrique du franc CFA dévalisée et lâchée », *Forum Hebdo* du lundi 17 janvier 1994, p.7.

françaises d'Afrique. Comme le dit ce proverbe africain : « On ne demande pas le toit chez un parent d'en face tant qu'on est bien chez ses propres parents. » L'instabilité politique, économique et sociale de plusieurs pays africains favorise les volontés migratoires. Aucun homme ne quitte son pays pour le plaisir d'émigrer. « C'est le nombre d'immigrés subsahariens qui a connu la plus forte augmentation en pourcentage entre les deux derniers recensements : +45 %, contre +17 % pour les originaires d'Afrique du Nord. Cette forte augmentation s'inscrit dans la continuité d'une croissance régulière amorcée dès les soixante (60) années[1]. »

Les difficultés que rencontrent ces jeunes dans leur pays poussent des milliers d'entre eux à préférer l'exode, loin de leur terre natale, quelle qu'en soit sa forme. Ces voyages sont parfois menés dans des conditions déplorables (photo n°12).

Photo n° 12. Traversée de la mer par les jeunes africains vers l'Occident

Source : Le Devoir, 21 avril 2016.

L'image ci-dessus traduit l'horreur et les péripéties que vivent les migrants clandestins. Malgré les risques encourus, nous voyons des vagues successives et alarmantes chaque année de ces jeunes qui partent vers l'Occident via la mer Méditerranée avec des pirogues et des bateaux de fortune. Une panne de moteur ou une trop grosse vague est souvent mortelle. Ils tentent le tout pour le tout pour ce voyage et nombreux sont ceux qui y laissent leur vie. Certains

[1] Jacques BAROU, (2010), « Immigrés africains en France et au Royaume-Uni : quels liens avec l'Afrique ? in *OpenEdition Journals*, p.2. https://journals.openedition.org/hommesmigrations/1733?lang=en#ftn2, consulté le 10 février 2022.

malchanceux sont renvoyés dans leur pays d'origine. Ceux qui, malgré tout, atteignent leur destination, se buttent au problème de l'intégration.

On se demande ce que font les autorités africaines pour conjurer la situation d'instabilité qui est la cause première du départ de ces jeunes de leur pays. Les raisons de ce mouvement sont aussi multiples que diverses (économiques, politiques, climatiques, réfugiés de guerre...). Le phénomène du chômage pousse les jeunes diplômés à rechercher les emplois dans les domaines pour lesquels ils ont peu de qualification dans les pays d'accueil. Il s'instaure ainsi un problème de concurrence déloyale entre citoyens et immigrés, d'où les tensions dans les pays comme la France. Malgré les conditions difficiles de vie et de travail de ces migrants, la plupart constitue le pilier sur lequel repose l'espoir de leurs parents restés au pays. Selon un rapport de la Banque mondiale de 2020, les transferts de la diaspora africaine vers leur pays représentent 85,2 milliards de dollars, soit environ 12,20 % des transferts mondiaux effectués par les migrants en 2019.

Aujourd'hui, « les pays n'accueillent des migrants que pour des métiers pour lesquels ils ont besoin de la main-d'œuvre, comme le stipule bien la politique d'immigration canadienne par exemple. Par ailleurs, les intellectuels formés dans les Universités africaines partent aussi à cause du manque d'emplois adaptés dans leur pays d'origine[1]. » La forme très sélective de l'immigration est la source première de l'hémorragie interne à long terme qui fragilise les pays africains avec la fuite des intellectuels capables de prendre la relève. Les pays comme les États-Unis et le Canada ne peuvent pas prétendre se construire sans l'aide ou l'apport des étrangers ; la France non plus. Beaucoup de pays africains en retour se sont également développés grâce aux savoir-faire des immigrés français, américains, chinois et surtout grâce aux fonds que les émigrants africains envoient dans leurs pays d'origine[2]. Le franc CFA, étant une monnaie arrimée à l'euro, est de facto une monnaie aussi forte que l'euro. Le sous-développement est le premier mal des pays de la zone franc.

« Nous sommes en France. Pour les Français, la colonisation est positive. Voilà l'imaginaire collectif dans la mentalité des politiques françaises, que ce soit de gauche ou de droite ; pour eux, la colonisation a joué un rôle positif. En fait, la France ne s'est pas encore démarquée de ses colonies. Pour avoir pratiqué la colonisation pendant un siècle, elle a du mal à se détacher de ses anciennes colonies, même 60 ans après les indépendances[3]. »

---

[1] Komi ABALO, (2022), « La France sans sa botte, l'Afrique réalité un jour ? », in *Togobreakingnews*, paru le 18 janvier 2022.

[2] *Ibid.*

[3] Têtê Jean-Philippe GUNN, chercheur / Postdoc à UR7338 Pléiade de l'Université Sorbonne Paris Nord, lors de nos entretiens du 02 mai 2022 à Paris (France).

Il rajouta : « Pour la France et pour beaucoup de Français, la colonisation est bénéfique à l'Afrique. Mais pour nous Africains, est ce que la colonisation est bénéfique ? La colonisation n'a jamais été une bonne chose parce qu'elle est basée sur la domination, l'exploitation et le pillage. Donc voilà deux idéologies qui sont vraiment opposées. »

VI- DU RÔLE DES BANQUES ET DES MICROFINANCES EN AFRIQUE DE L'OUEST : POUR QUELS TAUX DE BANCARISATION ?

Assurant l'osmose économique entre l'État et les administrés, les banques et les microfinances constituent des mécanismes incontournables dans la gestion des fonds publics et privés.

1. Place des banques et des microfinances dans l'économie ouest-africaine

Les banques et les institutions de microfinances occupent une place de choix dans la politique de gouvernance économique et financière. Les partisans de la thèse du décrochage du franc CFA de l'euro ont soulevé plusieurs manquements, mais ils ont oublié que le mal a été beaucoup plus accentué dès le moment où ont été prises les décisions de la dévaluation du franc CFA. Quoi qu'on puisse faire, on ne peut pas éviter les conséquences de cette mesure qui se traduit par la manifestation de l'appauvrissement progressif des pays africains. Aujourd'hui, l'arrimage du franc CFA à l'euro contraint les pays de la zone franc à pratiquer la politique monétaire d'un pays fort dans des économies faibles. « En Afrique, la pandémie de Covid-19 a conduit à un recul important de l'activité économique. Dans un contexte de croissance démographique forte, elle a débouché également sur une forte baisse de la richesse par habitant (mesurée par le PIB par tête), de nature à remettre en cause les progrès observés dans l'atteinte des Objectifs de Développement Durable (O.D.D) au cours de la dernière décennie[1] .» Le bilan de ces soixante-dix dernières années est dramatique : la productivité des économies demeure très faible, les pays de la zone franc font partie des derniers dans les classements des Nations-Unies sur le développement humain, ces pays échangent très peu entre eux. Dans la zone franc, les deux zones monétaires (B.C.E.A.O et C.E.M.A.C) n'échangent pas beaucoup entre

[1] Banque de France, (2021), « Coopérations monétaires Afrique-France : Rapport économique et financier 2020 sur la CEMAC, l'UEMOA et l'Union des Comores », p.21,
https://publications.banque-france.fr/rapport-annuel-des-cooperations-monetaires-afrique-france-2020
consulté le 3 mai 2022 lors de nos recherches en France.

elles. La proportion des échanges intracommunautaires est à moins de 15% et pour comparaison la zone euro est à plus de 60%.

Cela revient à comprendre que depuis sa création, le franc CFA n'a jamais engendré l'augmentation des échanges intracommunautaires entre U.E.M.O.A et la C.E.M.A.C ; il n'est pas au service du développement de l'Afrique. Si la monnaie peut être considérée comme l'avenir économique et politique d'un pays, alors la zone franc n'a pas atteint ses deux objectifs, et l'espoir tant attendu aux lendemains des indépendances des États africains de la zone franc fait de moins en moins illusion. Les problèmes qui surviennent en Afrique au cours de ces dernières années dans le système bancaire s'expliquent par une analyse minutieuse qui ne date pas d'aujourd'hui. En ce sens, les systèmes politiques instaurés après les indépendances en Afrique ont évolué dans le temps, parallèlement aux accords signés avec des banques étrangères. Sur ce, « les besoins de crédit sont apparus en Afrique subsaharienne avant la création des institutions de microfinance moderne et trouvent leur origine dans trois motifs : la liquidité, l'investissement et le développement des infrastructures locales[1]. »

Dans la sous-région ouest-africaine, la majorité des pauvres n'ont pas accès aux services bancaires. Les problèmes liés aux faibles taux de bancarisation en Afrique peuvent s'expliquer par le manque de certains documents indispensables à l'ouverture des comptes en banque à savoir : une carte d'identité nationale, une preuve d'adresse officielle de domiciliation à travers une facture d'eau ou d'électricité, une photo passeport, un acte de naissance. Les différentes banques africaines ont pour mission de faire reculer la pauvreté, tout en contribuant au développement économique à travers le financement et l'accompagnement des projets. Ces banques sont membres de l'Union Economique et Monétaire Ouest-Africaine (U.E.M.O.A) et dépendent de la Banque Centrale des Etats de l'Afrique de l'Ouest[2] (B.C.E.A.O). « La B.C.E.A.O, devenue un établissement public international, est liée au Trésor français par une convention de compte d'opération. La France dispose d'un tiers des sièges à son conseil d'administration et garantit incontestablement le franc CFA[3]. » Elle avait fortement augmenté ses taux d'intérêt à la suite de la

---

[1] Komi DJADE, (2011). *L'économie informelle en Afrique subsaharienne.* Paris, l'Harmattan, p.15.

[2] Conformément à l'article 8 des statuts de la Banque Centrale des États de l'Afrique de l'Ouest (BCEAO), l'objectif prioritaire de la politique monétaire de la BCEAO est d'assurer la stabilité des prix.

[3] *Journal officiel de la République française*, « Avis et rapport du conseil économique et social : les problèmes monétaires de la zone franc, session des 10 et 11 mars 1970 », Bibliothèque nationale de France, 25 avril 1970, p.192, https://gallica.bnf.fr/ark:/12148/bpt6k9764487q/f7.item.r=cr%C3%A9ation%20de%20la%20zone%20franc%20CFA, consulté le 25 avril lors de nos travaux de terrain en France.

dévaluation du franc CFA de janvier 1994. Depuis cette date, le retour à la stabilité des prix a permis l'application d'une politique de baisse progressive des taux d'intérêt[1]. « Globalement, en Afrique subsaharienne, la profondeur et la sophistication des secteurs financiers demeurent faibles, même si l'on tient compte du niveau de revenu par habitant. Les secteurs financiers y sont généralement de petites dimensions, sous-développés et dominés par un secteur bancaire très concentré[2]. »

Plus proches de la population, les microfinances jouent un rôle très important dans le quotidien des populations et leur facilitent l'accès au crédit en vue de la réalisation des différents projets qui ne nécessitent pas les différents documents requis par les Banques avant tout décaissement. Cela traduit la singularité démunie du secteur rural en Afrique qui implique la transformation progressive des activités informelles. Les IMF[3] accompagnent la population en accordant non seulement des microcrédits, mais en proposant parfois des solutions d'épargne. La différence entre ces deux structures réside dans le fait que les banques ont le pouvoir de création d'une monnaie tandis que les institutions de microfinances ne disposent pas de cette licence ; elles n'opèrent qu'à partir des fonds collectés. En d'autres termes, ce sont des institutions financières non monétaires. Sans les banques, les microfinances ne verraient pas le jour. « L'activité économique reprendrait légèrement dans la C.E.M.A.C ? C'est en 2017 (+ 0,5 %) dans une conjoncture internationale plus favorable. Cette reprise succéderait à une période de forte détérioration des conditions économiques observée depuis 2014, du fait de la chute des prix du pétrole[4]. »

Pour régler la question déficitaire des pays de la zone franc, des politiques d'adaptation qui compensent un peu la perte des durées d'indépendance de la politique monétaire doivent être menées. Plus loin, que les politiques d'adaptation soient plus fortes vis-à-vis des institutions. Dans les projets d'intégration régionale, que les réformes structurelles comme le dit le FMI, se basent sur la compétitivité économique. Le développement économique est la question essentielle qui se pose pour tous les pays du monde mais les questions d'ordre politique, militaire, juridique, sociale et culturelle pèsent aussi de leur poids.

« Les groupes bancaires s'installent là où ils veulent. C'est la liberté du commerce ; ensuite, il faut utiliser un agrément bancaire qui est délivré par la

---

[1] Banque de France, rapport annuel de la zone franc CFA 2006, d'après nos travaux de terrain d'avril 2022,
https://www.banque-france.fr/sites/default/files/medias/documents/zone-franc-rapport-annuel_2006.pdf#page=54, consulté le 3 avril 2022.

[2] https://www.eib.org/attachments/efs/economic_report_banking_africa_digital_financial_inclusion_fr.pdf, consulté le 2 avril 2022.

[3] Les institutions de microfinance.

[4] Banque de France, la lettre de la zone franc, n° 9 de décembre 2017, p.2.

commission bancaire régionale. Autrement dit, il faut que vous montriez que vous avez suffisamment de capitaux, que les gens sont compétents, bref il faut adosser l'agrément bien fait. C'est comme ça que les banques se développent d'un pays à un autre. Une dimension importante de l'U.E.M.O.A comme celle de la C.E.M.A.C, c'est qu'on peut avoir des commissions bancaires nationales[1]. » La bancarisation est toujours entre guillemets en Afrique, sans oublier que dans beaucoup de pays d'Afrique de l'Ouest, les gens ne sont pas encore prêts à déposer leur argent dans les banques ni auprès des microfinances, surtout dans les zones rurales. Le paysan préfère garder son argent auprès de lui. Donc il y a pas mal d'idées africaines sur la bancarisation, étant donné aussi que la banque ne va pas vers les populations. Pouvons-nous aujourd'hui conclure que le faible taux de bancarisation en Afrique a une incidence sur le développement des pays ? « Quand on parle de bancarisation, ce n'est pas forcément juste aller ouvrir un compte et déposer son argent. C'est tout un système, c'est-à-dire avoir une carte de crédit, faire ses achats en ligne, utiliser les services bancaires, faire un virement instantané, avoir beaucoup de choses, etc. Cela existe en Afrique de l'Ouest, mais à un très faible taux[2]. »

On comprend aisément de cette affirmation que les banques africaines sont toujours restées l'outil des classes bourgeoises et des élites. Il faut que les banques se déplacent vers la population. C'est ce que les microfinances font aussi bien dans les zones reculées que dans les centres urbains. Quand on parle de microfinances, ce n'est pas la bancarisation non plus. Les microfinances sont dans les zones reculées, très proches des populations afin de diversifier leurs services mais, les services bancaires sont absents, car leurs locaux sont généralement dans les villes sous la forme d'une administration. Beaucoup de paysans et agriculteurs n'ont ni compte bancaire, ni carte d'identité. Dans certaines localités rurales en Afrique, les paysans n'ont que la carte d'électeur comme pièce d'identité. Or la carte d'identité nationale ou le passeport sont les pièces indispensables à l'ouverture d'un compte en banque, et pour faire les opérations. « Le développement économique et humain de la zone franc demeure affecté par des faiblesses structurelles. Les économies de la zone, trop peu diversifiées et industrialisées, restent ainsi fortement exposées aux chaos de termes de l'échange, notamment en lien avec les prix internationaux des matières premières[3]. »

---

[1] Cette question est posée à un cadre de la Banque de France par l'intermédiaire de notre directeur de recherche en France (le prof. Etienne THÉVENIN). Notre interlocuteur a décidé de garder l'anonymat que nous avons respecté. Cet entretien a eu lieu le 22 mai 2022 par voix téléphonique au cours de notre voyage de recherche en France du 19 mai au 7 avril 2022.

[2] Têtê Jean-Philippe GUNN, chercheur / Postdoc à UR7338 Pléiade de l'Université Sorbonne Paris Nord

, lors de nos entretiens du 02 mai 2022 à Paris (France).

[3] Banque de France, « Rapport annuel de la Zone franc – 2018 », p.13,

Dans son ouvrage, Komi DJADE[1] analyse les points du secteur informel qui seraient issus des capitaux des microfinances. Pour lui, la micro finance est un moyen fort pour sortir les pays du sous-développement ou des pièges de la croissance. Les différentes analyses de l'auteur se focalisent sur des données de la comptabilité nationale et d'enquêtes portant sur les activités d'institutions de microfinance. « À côté des banques agricoles et du crédit intégré dans les projets de développement, il y avait dans les différents pays, des organisations d'inspiration mutualiste. Les coopératives d'épargne crédit qui ont commencé à s'implanter en Afrique dans les années 70, étaient regroupées en fédérations, et leur objectif principal était de sécuriser l'épargne[2]. »

Le financement du secteur agricole est basé sur les cultures de rente[3]. « Ces banques avaient été conçues à partir des modèles existants dans les économies industrielles et largement orientées vers le crédit aux grandes filières de culture de rente (culture tournée vers l'exportation), dont elles finançaient les intrants, ce qui était un rôle nécessaire, mais insuffisant[4]. » À l'analyse de ces lignes, on se rend compte de l'obligation des paysans à s'adonner aux cultures de rente plutôt qu'aux cultures vivrières. Les paysans qui n'avaient pas une vision de culture tournée vers l'exportation étaient ignorés.

L'arrivée des microfinances changea la donne. Pour répondre au manque de crédits provenant des banques, les paysans s'organisaient par groupe pour porter une sorte de cotisation par personne de 3 à 10 et plus dénommée « Tontine ». C'est un groupe de solidarité qui permet aux membres de mettre en commun leurs avoirs. À tour de rôle, chacun à son tour peut rafler la cagnotte cotisée, parfois par semaine ou par mois. Cette forme de solidarité se basait sur la confiance afin d'éviter que ceux qui ont déjà touché ne refusent de verser leur cotisation. Au Nigéria par exemple, quand un membre ne remplissait pas ses engagements, on disait « il meurt [5]» pour reprendre les expressions de K. DJADE. Les clauses de cette entraide varient d'une communauté à l'autre et d'un pays à l'autre, selon les traditions et les réalités de chaque peuple. Parfois, les grands commerçants assuraient également les prêts et crédits aux petits détaillants ou aux paysans à un taux beaucoup plus avantageux que dans les banques et les microfinances : le cas par exemple au

---

https://www.banque-france.fr/rapport-annuel-de-la-zone-franc-2018, consulté le 3 mai 202 lors de nos recherches en France.

[1] Komi DJADE, (2011). *L'économie informelle en Afrique subsaharienne.* Paris, l'Harmattan, 250 pages.

[2] Komi DJADE, (2011). *L'économie informelle en Afrique subsaharienne.* Paris, l'Harmattan, p.17.

[3] Une culture destinée à l'exportation.

[4] Komi DJADE, (2011). *L'économie informelle en Afrique subsaharienne.* Paris, l'Harmattan, p.16-17.

[5] *Ibid.,* p.18.

Togo avec les « Nana Benz[1] ». La fortune de « ces femmes d'affaires qu'on appelait autrefois "Nana Benz", à elles seule dépassait plus de dix (10) fois celle des microfinances réunies. Les banques togolaises couraient derrière elles pour les amener à placer leur argent dans leurs institutions[2]. »

L'un des problèmes qui poussent les gens à préférer les microfinances par rapport aux banques réside dans le simple fait que les unes demandent moins de garantie que les autres. On peut croire que les pays moins avancés, comme ceux de la zone franc CFA, manquent d'initiatives, mais le vrai problème est qu'ils manquent de capital nécessaire pour créer des entreprises. C'est facile d'obtenir un prêt à la microfinance avec une simple ouverture de compte alimenté au minimum pendant trois mois de façon régulière. On peut ainsi prétendre à un prêt allant jusqu'à trois fois ce que l'on possède sur le compte. En revanche, c'est plus compliqué de contracter un prêt dans une institution financière bancaire en Afrique de l'Ouest. Non seulement il faut présenter les preuves d'une garantie morale (terrain, maison…), mais aussi il faut une garantie physique (une personne qui endossera les responsabilités en cas de manquement de remboursement). Les microfinances ont pu exister grâce à la « loi Parmec[3] » qui permet d'institutionnaliser et de protéger les coopératives d'épargne et de crédit. Sur ce, « au 31 décembre 2015 selon la Banque centrale des États de l'Afrique de l'Ouest (B.C.E.A.O), le secteur de la microfinance totalise dans les pays de l'UEMOA plus de 679 institutions pour 9 millions de bénéficiaires. Les dépôts collectés s'élèvent eux à plus de 881 milliards de F CFA, et les encours de crédit dépassent les 850 milliards de FCFA[4]. »

Les microfinances connaissent, tout comme les banques, des limites dans l'exercice de leur fonction. Il a été constaté que ces institutions poussaient des gens à s'endetter à travers des taux d'intérêt exorbitants. Les biens matériels mis en garantie étaient parfois saisis et les garants physiques étaient souvent tenus de rembourser les prêts qu'ils ont cautionnés. Dans cet esprit de comparaison des banques et microfinances, seul un examen au cas par cas permet de mieux se prononcer sur l'efficacité de ces deux structures. Nous nous sommes entretenus le 4 avril 2018 avec un responsable d'une institution bancaire dénommée "ORABANK" au Togo sur lequel nous gardons l'anonymat (selon le souhait de l'interviewé). À la question de savoir s'il est

---

[1] Ce sont des femmes d'affaires originaires du Togo qui contrôlaient le grand marché de Lomé et le poumon du commerce des pagnes dans les années 1960 à 1980. L'héritage est transmis de génération en génération ; d'où leur existence de nos jours.

[2] Nicolas Lawson est un homme politique d'État togolais et président du parti PRR (Parti du renouveau et de la rédemption), entretien du 13 avril 2018 à Lomé (Togo).

[3] C'est une loi qui fut adopté en 1993 par l'U.E.M.O.A et qui permet aux ministères des Finances nationaux de délivrer des licences d'exportation exclusivement aux coopératives de crédit et aux coopératives financières.

[4]https://www.inter-reseaux.org/wp-content/uploads/gds72_microfinance.pdf, consulté le 10 mars 2022.

d'accord avec l'idée selon laquelle le franc CFA est une monnaie des élites, il nous livre en substance ce qui suit : « Je dirai oui le franc CFA est une monnaie des élites. Dans nos locaux, nos crédits ne sont pas accessibles à toutes les couches de la population. En effet, nous n'accordons de crédit qu'à nos clients. Pour avoir accès à un prêt, il faut un capital et une garantie physique et/ou en biens matériels pour assurer la sécurité dudit crédit. C'est une monnaie qui tourne aux mains des élites de ce pays et des grands commerçants[1]. »

Cela traduit l'idée selon laquelle la majorité des populations dans les pays à faibles revenus ne remplissent pas les conditions d'ouverture d'un compte en banque pour prétendre à un prêt. En plus de la lourdeur des conditions d'ouverture, il faut être en mesure de garantir le remboursement par des preuves physiques et matérielles. Il rajoute par la suite : « Comparativement à la zone euro, le taux d'intérêt dans la zone franc CFA est trop élevé. Aujourd'hui, nous accordons des crédits à des taux qui varient. La moyenne est de 8,5% sur un remboursement inférieur à 5 ans. Malheureusement, le crédit n'est pas accessible à tout le monde et j'en conclus que c'est une monnaie des riches. Pour le pauvre paysan qui a besoin d'un prêt pour développer son champ de plantation de café cacao, par exemple, il lui est impossible tant qu'il ne dispose pas d'un capital et un garant physique ou matériel. »

Au même moment, ce taux est de moins de 1% en France pour la même période de remboursement. Notons qu'avec la pandémie Covid-19, les taux d'intérêts des banques françaises sont passés de 1,10% à 3,17% entre décembre 2021 et juillet 2023[2]. Les seules institutions financières capables d'accorder du crédit aux paysans sont les microfinances. Elles opèrent sous la forme des « tontines », car les bénéficiaires doivent épargner quotidiennement dans leur compte une partie de leur recette. Ces microfinances sont qualifiées de « Banque des pauvres ». C'est un moyen basé sur la collecte d'épargne locale pour octroyer du crédit à ses membres avec des sommes qui varient en fonction de la nécessité. En effet, « aux débuts de ces coopératives, les prêts concernent des montants relativement faibles (entre 50 000 et 200 000 FCFA). Aujourd'hui, ils peuvent atteindre 50 à 200 millions de F CFA. Les taux d'intérêt annuels varient entre 10 % et 20 %[3]. » Les microfinances sont donc les moyens d'ouvrir la voie vers l'autonomie des populations les plus démunies en les accompagnants dans la réalisation de leur projet de société. La microfinance a longtemps joué un rôle très important dans la lutte contre la pauvreté grandissante en Afrique de l'Ouest au moment où les banques sont

[1] Entretien du 4 avril 2018, l'interviewé a décidé de garder l'anonymat.
[2] Banque de France, « Panorama des prêts à l'habitat des ménages », https://www.banque-france.fr/panorama-des-prets-lhabitat-des-menages, consulté le 14 août 2023.
[3]https://www.inter-reseaux.org/wp-content/uploads/gds72_microfinance.pdf, consulté le 10 mars 2022.

absentes sur le terrain. « Les secteurs de la microfinance dans l'U.E.M.O.A comptaient 601 institutions fin 2018, contre 595 en 2017. Les établissements dont la supervision est assurée par la Commission bancaire de l'U.E.M.O.A sont seulement ceux dont le niveau d'activité est le plus important (encours de dépôts ou de crédits supérieurs à 2 milliards de franc CFA au terme de deux exercices consécutifs), soit 158 unités (contre 146 en 2017[1]. »

Selon le rapport de décembre 2013 du ministre de l'Économie et des Finances, la population africaine doublera d'ici 2050 pour atteindre quasiment 2 milliards d'individus ; ce qui fera certes, de l'Afrique l'un des plus grands marchés de consommation du monde, mais au même moment, il ne faudrait pas perdre de vue les lourdes charges que cette explosion démographique engendre[2]. Le constat étant cependant inéluctable, en raison de la forte croissance de cette population, il convient de trouver une solution idoine. Si la population africaine double effectivement d'ici à 2050 et que rien n'est fait par les dirigeants africains à long terme, le système risque d'exploser, car les coûts sociaux de la démographie en Afrique susciteraient de vifs débats. « Pour les théoriciens de la dépendance dont l'influence était remarquable dans les pays du tiers-monde au cours des années 1960-70, les causes du sous-développement sont perçues de l'extérieur et s'appuient notamment sur l'inégalité des relations et des échanges entre les pays industrialisés et les pays du tiers-monde[3]. »

Alpha OUEDRAOGO et Dominique GENTIL[4], à travers l'exemple du Togo et du Burkina Faso ont essayé d'abord, d'analyser et de comprendre la logique des coopératives d'épargne et de crédit (COOP.E.C) dès les années 1970. Pour les auteurs, l'illusion conçue par ces structures et acceptée par la population était de collecter l'épargne en milieu rural, d'octroyer du crédit capable d'être remboursé à 100%. Ces coopératives se sont professionnalisées et informatisées avec le temps. L'ouvrage présente avec intérêt les raisons de l'implantation de ces différentes structures. « Dans le domaine du crédit, les années 1960 et le début des années 1970 ont été marqués par des difficultés ou les faillites des banques de développement étatiques. La plupart des banques agricoles spécialisées, les Caisses nationales de crédit agricole (C.N.C.A) ou les Banques nationales de développement agricole (B.N.D.A), sauf si elles étaient adossées à des filières coton bien gérées, ont connu à leur

---

[1] Banque de France, « Rapport annuel de la Zone franc - 2018 », p.46, https://www.banque-france.fr/rapport-annuel-de-la-zone-franc-2018, consulté le 3 mai 2022 lors de nos recherches en France.

[2]http://proxy-pubminefi.diffusion.finances.gouv.fr/pub/document/18/16490.pdf, consulté le 5 avril 2022.

[3] Bruno SARRASIN, (1999). *Ajustement structurel et lutte contre la pauvreté en Afrique : la banque mondiale face à la critique*. Paris, l'Harmattan, p.17.

[4] Alpha OUEDRAOGO et Dominique GENTIL, (2008). *La micro finance en Afrique de l'Ouest : Histoire et innovation*. Paris, Karthala, 322 pages.

tour d'importants problèmes de remboursement des prêts et d'équilibre financier[1]. »

En réalité, deux faits vont faire perdurer le système des microfinances dans le temps : « d'une part, la prise de conscience que les femmes constituent une part très minoritaire des COOP.E.C, de l'ordre de 10 %. À l'exception des femmes ayant des revenus élevés, comme les grandes commerçantes de la côte atlantique ou du milieu urbain [...] ; d'autre part, l'accroissement considérable des besoins financiers en volume et en durée de certains membres, avec l'implantation croissante en milieu urbain [...] et l'apparition d'une nouvelle clientèle d'entrepreneurs ou de salariés[2]. »

Dans cette logique, on constate que la mise en place de ces coopératives s'est d'abord basée sur une mise en confiance et un système de réseautage, car il conviendrait de se convaincre qu'il est possible de collecter en milieu rural, d'octroyer des prêts aux paysans. Les membres étaient conscients que les fonds proviennent de leur propre épargne et non de l'extérieur. D'un autre point, la mise en place de ces microfinances vise à réussir dans l'informel là où le secteur bancaire moderne a échoué.

Sous un même angle que l'auteur précédent, Abdoulaye KANE[3], sociologue de formation fait une analyse en combinant traditions et modernité, réciprocité et marché, continuité et innovation. Pour lui, la tontine change pour s'adapter aux moyens et besoins des participants. Les tontines sénégalaises par exemple, relèvent des travailleurs et grands commerçants en passant par les Sénégalais de l'extérieur. « Pour comprendre le dynamisme qui caractérise aujourd'hui les tontines dans les milieux populaires africains, il s'avère indispensable de repérer leur ancrage dans les pratiques millénaires de réciprocité et de sociabilité dont les rapports de parenté et de voisinage constituent les principaux supports. Les échanges de dons et de contre-dons au cours des évènements sociaux majeurs tels que les mariages, les fêtes religieuses, les funérailles et les baptêmes sont au cœur du lien social en Afrique[4]. »

La pratique des tontines fait partie d'une sorte de communautarisme pour venir en aide à un groupe d'individus dans la nécessité. Dans cette perspective, « les raisons évoquées par les femmes pour expliquer leur choix de participer dans les tontines sont diverses. Mais la raison considérée comme déterminante est d'être ce que sont ses parents, ses voisins et ses amis. Ce qui veut dire que, comme nous l'avons déjà souligné, l'affirmation d'une certaine appartenance

---

[1] *Ibid.,* p.11.

[2] *Ibid.,* p.12-13.

[3] KANE, A., (2010). *Tontines, caisses de solidarité et banquiers ambulants : univers des pratiques financières informelles en Afrique*. Paris, L'Harmattan, 249 pages.

[4] Abdoulaye KANE, (2010). *Tontines, caisses de solidarité et banquiers ambulants : univers des pratiques financières informelles en Afrique*. Paris, L'Harmattan, Études africaines, p.10.

sociale est plus importante pour l'individu qui participe dans une tontine que les bénéfices économiques ou financiers qu'il peut en tirer[1]. »

De cette analyse, nous comprenons que la monnaie a un rôle capital dans le quotidien des Africains. Le manque de contrôle de celle-ci peut occasionner les déséquilibres économiques. « La monnaie joue un rôle parce que les pays qui ont le pouvoir de décision sur leur propre monnaie ont une évolution plus remarquable que ceux qui ont arrimé leur monnaie à un taux de change fixe. Ils peuvent changer le taux directeur, ils peuvent dévaluer, ils peuvent provoquer une inflation à tout moment parce qu'ils comprennent leur monnaie[2]. » Sur le plan macroéconomique, la situation se présente ainsi : « Le déficit budgétaire moyen, dons compris, devrait se stabiliser en 2017 à 4,7% du PIB, puis se réduire à 4,3% du PIB en 2018. Les politiques monétaires ont été orientées différemment selon les pays, en lien avec les différences de niveaux d'inflation[3]. »

2. *Rapport entre taux de bancarisation* **et secteur d'activité**

En Afrique, comprendre le faible taux de bancarisation revient à questionner le rapport qu'entretiennent les populations avec les institutions financières et bancaires selon leur secteur d'activité. En effet, le secteur formel concerne la tranche de population qui travaille dans le public ou le privé légalement constitué et qui paie normalement les impôts au ministère des Finances. Ce sont entre autres, les activités légales, reconnues par l'État et dont les données statistiques sont disponibles. Il diffère du secteur informel qui ne paie pas généralement les taxes, mises à part certaines contributions journalières et/ou mensuelles à l'autorité locale. « Les indicateurs d'accès aux services financiers et d'intermédiation financière se sont améliorés en 2019. De nouveaux points de services ont ouvert dans les différents États membres de l'Union, passant de 4207 fin 2018 à 4885 fin 2019[4]. »

La plupart des économies en développement sont contraintes de recourir à des prêts bancaires à court et à long termes pour financer leurs différents projets (achat de terrain, véhicule, construction de maison, scolarisation des enfants, entre autres). Les parties prenantes du côté formel sont les fonctionnaires de l'État et ceux qui travaillent dans les sociétés privées formellement déclarées et identifiées. Ces employés ont un compte en banque

---

[1] *Ibid.,* p.26.

[2] Têtê Jean-Philippe GUNN, chercheur / Postdoc à UR7338 Pléiade de l'Université Sorbonne Paris Nord, lors de nos entretiens du 02 mai 2022 à Paris (France).

[3] Banque de France, la lettre de la zone franc, n° 9 de décembre 2017, p.3.

[4] Banque de France, « Coopérations monétaires Afrique-France : Rapport économique et financier 2019 sur la CEMAC, l'UEMOA et l'Union des Comores », p.73, https://publications.banque-france.fr/rapports-annuels-des-cooperations-monetaires-afrique-france-2019, consulté le 3 mai 2022 lors de nos recherches en France.

pour non seulement faciliter les transactions pour les payes, mais aussi pour leur permettre d'épargner. Pour réaliser leur projet d'avenir, nombreux sont ceux du secteur formel qui investissent en créant des activités de revenus mensuel dans l'informel ; ils sont à la fois dans le formel et patrons des sociétés informelles. L'ouverture et la possession d'un compte bancaire reste la seule voie par laquelle l'État peut payer aux salariés leurs dus. « Afin de préserver la fonction d'intermédiation financière des banques, les superviseurs ont assoupli leur réglementation. Dans l'UEMOA, les banques ont été invitées à accorder des reports d'échéance de leurs prêts aux entreprises et aux ménages[1]. »

Dans ce secteur, avoir un compte dans une institution bancaire et financière n'est pas un luxe, comme certains acteurs de l'informel le perçoivent, mais une obligation. « Le total de bilan agrégé des établissements de crédit de l'UEMOA a atteint 41 259 milliards fin 2019. En hausse de près de 10%, il représente 47 % du PIB nominal de la zone. Cette évolution résulte essentiellement d'une progression des crédits à la clientèle (+10 %), notamment ceux à moyen terme (+22,8 %). Au passif, le principal poste en augmentation a été des capitaux propres et ressources assimilées[2]. »

L'économie africaine, comme dans la majorité des pays en voie de développement, se caractérise par la capacité limitée des États à créer des emplois dans le secteur formel. Cette absence des États amène les populations à prendre en charge leur destin, d'où la prépondérante place qu'occupe l'économie informelle dans la vie de tous les pays. Dans les économies dites « émergentes » à l'instar de celles des pays d'Afrique subsaharienne, le secteur informel, encore appelé "secteur privé informel" joue un rôle très important dans leur développement économique. Son évolution génère de nouvelles formes d'activités pour faire face au sous-emploi et surtout à la précarité de la jeunesse que l'État n'arrive pas à employer. La rapide croissance de la population africaine devient un grand défi pour les gouvernants de tous les pays. « Avec près d'un individu sur cinq entre 15 et 24 ans, l'Afrique est la région avec la plus forte proportion de jeunes au monde. De 205 millions d'individus âgés de 15-24 ans en 2010, les jeunes

---

[1] Banque de France, « Coopérations monétaires Afrique-France : Rapport économique et financier 2020 sur la CEMAC, l'UEMOA et l'Union des Comores », p.15, https://publications.banque-france.fr/rapport-annuel-des-cooperations-monetaires-afrique-france-2020, consulté le 3mai 2022 lors de nos recherches en France.

[2] Banque de France, « Coopérations monétaires Afrique-France : Rapport économique et financier 2019 sur la CEMAC, l'UEMOA et l'Union des Comores », p.171, https://publications.banque-france.fr/rapports-annuels-des-cooperations-monetaires-afrique-france-2019, consulté le 3mai 2022 lors de nos recherches en France.

africains pourraient atteindre près de 437 millions à l'horizon 2050, soit 33,3 % de tous les 15-24 ans du globe[1]. » Cette croissance galopante fait que les États n'arrivent pas à adapter les infrastructures (éducative, sanitaire et sociale) aux besoins de la jeunesse.

Pour se prendre en charge, les populations défavorisées ont pour dernier recours le secteur privé peu contrôlé par les gouvernants. Les acteurs du secteur informel sont entre autres, les artisans, maçons, commerçants, revendeurs, plombiers, mécaniciens. Ce secteur occupe une grande partie dans le développement de la sous-région ouest africaine. En effet, « le secteur informel est une composante essentielle de la plupart des économies subsaharienne ; sa contribution au PIB s'échelonne entre 25 % et 65 % et représente entre 30 % et 90 % de l'emploi non agricole[2]. »

Comme nous venons de le mentionner plus haut, la jeunesse constitue un gros poids sur les épaules des dirigeants africains. Cela les amène à définir des plans stratégiques nationaux pour l'emploi des jeunes en commençant par l'amélioration de leur employabilité, le renforcement des capacités à l'auto-emploi, la diversification et la reconversion ainsi que la réduction du sous-emploi, la promotion et l'accès au financement pour l'auto-emploi. Pour faire face à la vulnérabilité des jeunes togolais par exemple, le gouvernement a créé entre 2005 et 2012 différentes initiatives[3] :

- Le Programme de promotion de volontariat national au Togo (PROVONAT) ;
- Le Programme d'appui à l'insertion et au développement de l'emploi (AIDE) ;
- Le Projet d'appui à l'insertion professionnelle des jeunes artisans (PAIPJA) ;
- La Facilitation de l'accès des jeunes et groupes vulnérables au financement ;
- Le Fonds d'insertion pour les jeunes (FIJ / CONFEJES) ;
- Le Programme de développement communautaire (PDC) ;
- Le Programme d'appui au développement à la base (PRADEB) ;
- Le Programme de développement communautaire dans les quartiers vulnérables de la ville de Lomé (PDC-L) ;
- Le Fonds d'appui à l'initiative économique des jeunes (FAIEJ) ;
- Le Programme national d'investissement agricole et de sécurité alimentaire (PNIASA) ;

[1]https://www.lepoint.fr/economie/jeunes-d-afrique-comment-les-inserer-sur-le-marche-du-travail-06-03-2017-2109629_28.php#11, consulté le 30 septembre 2022.
[2]L'économie informelle en Afrique subsaharienne, file:///Users/komiabalo/Downloads/sreo0517f-chap3%20(1).pdf, consulté le 30 septembre 2022.
[3]https://www.ilo.org/dyn/natlex/docs/MONOGRAPH/98783/117624/F792224279/TGO-98783.pdf, consulté le 30 septembre 2022.

- Le Programme « Formation professionnelle et emploi des jeunes (ProFoPej). »

La mise en place de ces différents programmes prouve à quel point le problème d'employabilité demeure le défi des politiques gouvernementales en faveur du développement de la jeunesse. L'une des raisons de la croissance du secteur informel en Afrique réside dans le fait que l'État est absent ou incapable d'employer les jeunes après leurs études. Par ailleurs, la crise économique des pays africains née de la dévaluation de 1994 s'ajoute aux crises économiques dans les pays occidentaux qui, par effet domino, impactent négativement les économies africaines. En plus, l'État a du mal à régulariser le secteur informel à cause du fait que ceux qui y sont employés n'ont pas systématiquement un compte bancaire d'une part, et les promoteurs ne déclarent pas leurs emplois afin d'échapper au contrôle fiscal, d'autre part. En outre, les acteurs du secteur informel se tournent beaucoup plus facilement vers les micros finances et les différentes formes de tontine. D'autres préfèrent garder leur argent chez eux ou les enterrer dans leur coin de chambre.

Figure n° 10. Offre et demande d'emploi des jeunes entre 2008 et 2012

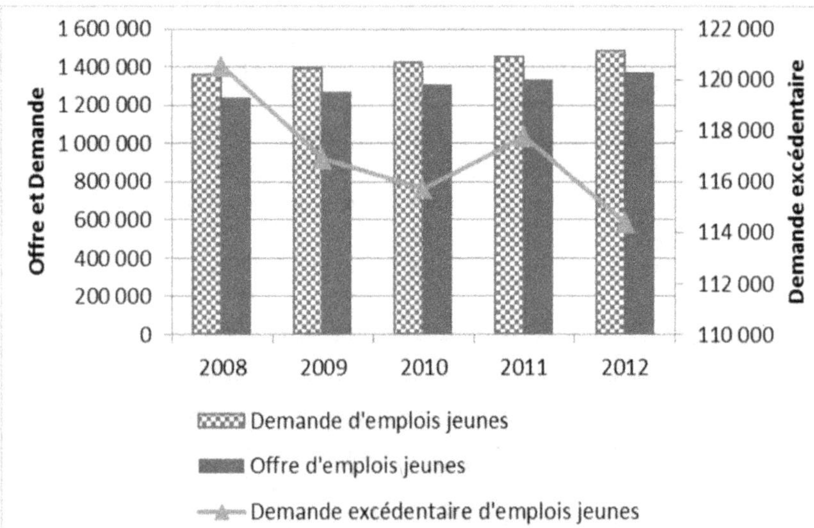

Source : DGSCN[1], 2013 et calcul des auteurs

Ce graphique nous renseigne sur le faible taux d'employabilité de l'État par an. Cela est dû à une forte demande et une forte croissance de la jeunesse. On peut également constater qu'en fonction des diplômes, on note moins d'opportunité d'emplois pour ces jeunes. Le principe des échanges dans le secteur informel reste les espèces ou la liquidité ; cela pour contourner les

[1] Direction générale de la statistique et de la comptabilité nationale (Togo).

contrôles fiscaux ainsi que les contraintes de tarification bancaire, appauvrissant de ce fait l'État qui a de la peine à renflouer ses caisses. « À moyen terme, une croissance économique dynamique et durable subsaharienne reste conditionnée à la mise en œuvre de la politique et consolidation budgétaire et de la politique d'attractivité des investissements[1]. »

La carte ci-dessous montre la forte densité de l'économie informelle, y compris l'agriculture en Afrique par rapport aux autres continents.

Carte n° 4. Part de l'emploi informel dans l'économie des États

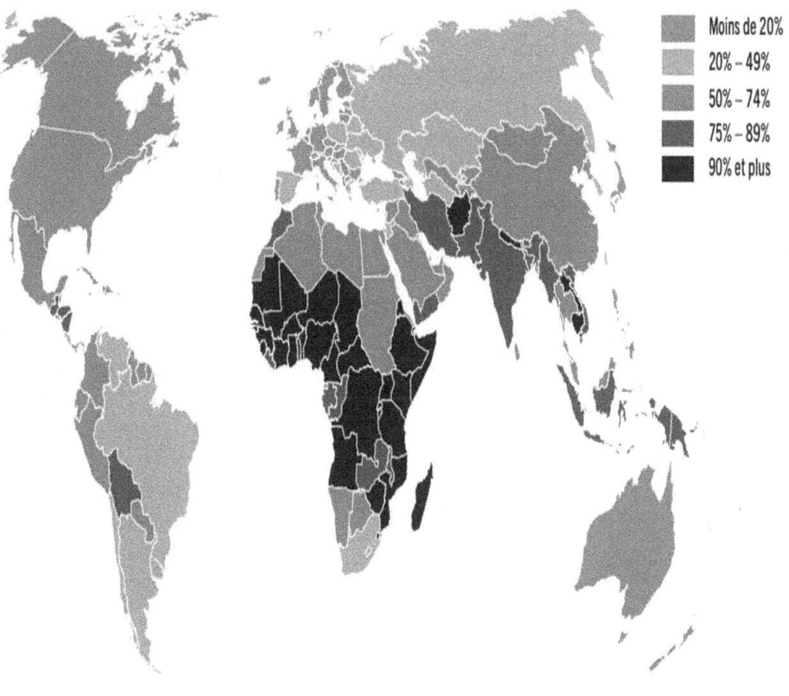

Source : OIT, rapport de 1919 à 2019, pages 14.

L'analyse de cette figure permet de constater la forte représentativité de l'économie informelle en Afrique. Celle-ci représente plus de 90 % des potentialités d'emplois. Selon l'OIT, la part de l'emploi informel diminue lorsque le secteur de l'agriculture est exclu. Cela sous-entend que l'agriculture occupe une grande place dans l'économie informelle en Afrique. Le secteur informel présente également des risques, surtout avec la pandémie de COVID-

[1] Banque de France, « Lettre de la zone franc n° 9 : décembre 2017 », p.4, https://publications.banque-france.fr/decembre-2017-3, consulté le 3 avril 2022 lors de nos recherches en France.

19, car il est généralement privé de protection sociale et d'épargne. Le fait que ses acteurs vivent dans des situations précaires et au jour le jour traduit leur vulnérabilité face aux risques de la pandémie. Étant donné qu'ils ne sont point rémunérés mensuellement par l'État, leur condition de vie paraît beaucoup plus critique que celle des autres acteurs du secteur public pour qui, le salaire fut maintenu ; ce qui leur a permis de faire efficacement face à cette terrible crise sanitaire. « Avant que n'intervienne la crise de 2020, l'année 2019 apparaissait comme une année de consolidation pour les pays africains ayant des accords de coopération monétaire avec la France, avec notamment l'amélioration de la conjoncture des économies exportatrices de pétrole. Encore au début de 2020, cette lente reprise dans l'ensemble des pays de l'Afrique subsaharienne (ASS), après le fort ralentissement de 2016 causé par la chute des prix pétroliers, semblait pouvoir se poursuivre[1]. »

En outre, les femmes occupent une place très importante dans ce secteur d'activité en Afrique. Elles exercent dans des domaines qui leur sont presqu'exclusivement réservés : petit commerce, vente ambulante des marchandises et/ou sur place, entre autres. Cette forte occupation du secteur informel par celles-ci peut s'expliquer par plusieurs facteurs. La première relève de la faiblesse de leur niveau de scolarisation. Selon un rapport de l'UNESCO en 2020, « dans 4 % des pays, moins de 9 femmes pour 10 hommes sont inscrites dans l'enseignement primaire, 9 % dans le secondaire inférieur, 15 % dans le secondaire supérieur et 21 % dans l'enseignement supérieur[2]. » Nous comprenons de ce fait l'important écart, voire les disparités, entre le niveau de scolarisation des femmes et celui des hommes (voir carte n° 5).

---

[1] Banque de France, « Coopérations monétaires Afrique-France : Rapport économique et financier 2019 sur la CEMAC, l'UEMOA et l'Union des Comores », p.13,https://publications.banque-france.fr/rapports-annuels-des-cooperations-monetaires-afrique-france-2019, consulté le 3mai 2022 lors de nos recherches en France.

[2]https://fr.unesco.org/news/rapport-lunesco-illustre-progres-leducation-filles-ces-25-dernieres-annees-aujourdhui-menaces, consulté le 27 septembre 2022.

Carte n° 5. Écart entre les hommes et les femmes dans la part de l'emploi informel dans l'emploi total

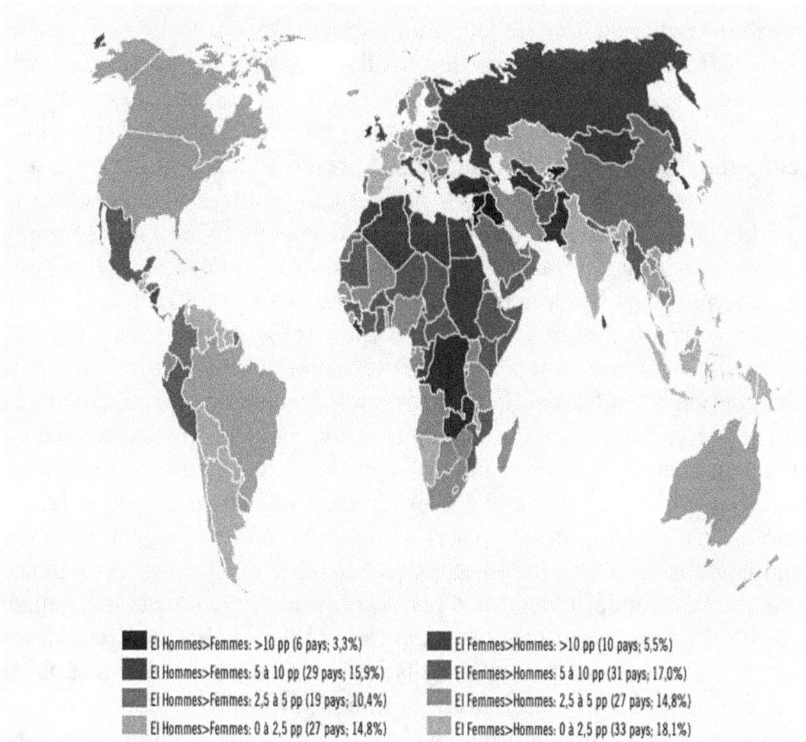

Source : OIT, rapport de 1919 à 2019, pages 21.

Cette disparité notoire entre l'employabilité des femmes et celle des hommes, comme le présente cette carte, est d'abord et avant tout tributaire des aléas culturels. Dans la majorité des pays de cette partie de l'Afrique, une fille à l'école est considérée comme un gâchis et une perte, car quel que soit son niveau d'instruction, elle termine sa vie au foyer. Par ailleurs, étant donné qu'elle finira par se marier, investir dans son éducation ne préoccupe pas trop les parents qui préfèrent l'exploiter pour scolariser les garçons. L'abandon de l'école est dû parfois aussi à l'augmentation des grossesses précoces. La grossesse empêche certaines filles à supporter les charges de travail requises à l'école comme en Guinée équatoriale et en Tanzanie. Lors de nos entretiens, Dossou Ogoutchina OLOUGBEGNON[1] rapporte ce qui suit :

« Lors d'une de mes sorties de recherche de terrain en mars 2015 au Bénin, j'ai été frappé de stupeur par ce que m'a raconté un personnel administratif du lycée de Kèrè, un village au Nord de Dassa-Zoumé. Au cours de cette année

[1] Docteur en Histoire à l'Université de Lomé au Togo, d'après nos entretiens par visioconférence le 3 janvier 2022 à 10 heures (heure de Montréal).

scolaire, l'école avait déjà enregistré plus de 20 filles-mères et 18 autres cas de grossesse. Étant donné que la majorité de ces filles sont des mineures, nombreuses sont celles qui présentaient un état de santé fragile, ce qui les empêchait d'aller au bout de leur année scolaire. »

Ces différents facteurs font que les femmes sont beaucoup plus absentes dans le secteur formel. Selon l'Organisation internationale du travail, plus de 60 % de la population active dans le monde gagne ses revenus dans l'économie informelle. L'informalité est présente dans tous les pays, quel que soit le niveau de développement socio-économique, même si elle est plus répandue dans les pays en développement[1]. Pour le bureau de l'Organisation internationale du travail (B.I.T) l'économie informelle joue un rôle prépondérant dans la réduction du chômage des pays africains. La jeunesse n'a pas souvent d'autres alternative que de se lancer dans une activité personnelle en contractant parfois des prêts auprès des microfinances qui, elles aussi, sont dans l'informel. L'augmentation du taux de chômage peut aussi se traduire par la démission des différents gouvernements africains. Étant donné qu'ils sont abandonnés à eux-mêmes, certains de ces jeunes s'immiscent dans des activités illicites dont les vols multiples et réseaux d'escroquerie.

Selon *Jeune Afrique*, « la pauvreté continue à être la raison principale de l'analphabétisation des femmes. Dans les pays où le ratio de scolarisation primaire ou secondaire des filles par rapport aux garçons est inférieur à 0,75 %, le PNB par habitant se situe à environ 25% plus bas que dans les autres pays[2]. » Cette assertion peut parfois se justifier par le fait que la grande majorité des Africains sont issus des milieux ruraux et la majorité n'a pas très souvent accès à l'éducation de base, ni à l'électricité. Comme le dit Nelson Mandela, l'éducation est l'arme la plus puissante que l'on puisse utiliser pour changer le monde. Il est cependant indéniable que les jeunes diplômés sont beaucoup plus victimes du chômage. Selon la Banque mondiale, « les jeunes représentent 60 % de l'ensemble des chômeurs africains[3]. Faute d'insertion dans le secteur public, la seule possibilité qui leur reste, puisqu'il faut bien vivre de quelque chose, est de trouver une place quelconque dans le secteur informel. »

---

[1]https://www.ilo.org/wcmsp5/groups/public/---dgreports/---dcomm/documents/publication/wcms_734075.pdf, consulté le 27 septembre 2022.

[2]https://www.jeuneafrique.com/120951/archives-thematique/de-l-in-galit-des-sexes/#:~:text=La%20pauvret%C3%A9%20continue%20%C3%A0%20%C3%AAtre,que%20dans%20les%20autres%20pays, consulté le 30 septembre 2022.

[3]https://www.un.org/africarenewal/fr/magazine/%C3%A9dition-sp%C3%A9ciale-sur-la-jeunesse-2017/le-ch%C3%B4mage-des-jeunes-%C3%A0-l%E2%80%99ombre-de-la croissance#:~:text=Selon%20la%20Banque%20mondiale%2C%20les,du%20Sud%2C%20entre%20autres%20pays, consulté le 30 septembre 2022.

Tableau n° 3. Poids de l'économie informelle dans quelques pays d'Afrique de l'Ouest

Année la plus récente (1999-2000)	Part du secteur informel dans le PIB	Part du secteur informel hors agriculture
Bénin	71.6	33.6
Burkina-Faso	55.8	21.7
Côte d'Ivoire	43.4	24
Guinée-Bissau	58.8	17.5
Mali	61.6	24.2
Niger	76.6	37
Sénégal	51.5	35.1
Togo	72.5	32.2

Source : Go Togo, juin 2020.

CONCLUSION

Au terme de cette analyse, il convient de retenir que la gouvernance du franc CFA, qui s'est soldée par sa dévaluation en 1994 est un échec. Elle a plus profité aux Occidentaux, en particulier aux Français, qu'aux pays utilisateurs de cette monnaie. Par ailleurs, le faible impact de cette politique sur les populations fait que celles-ci recourent à des voies traditionnelles de gestion de ses avoirs, excluant de ce fait les voies légales de transférabilité et de domiciliation des revenus. Cet état de fait empêche l'État de renflouer sa caisse, bien que l'informel reste le plus grand secteur pourvoyeur d'emplois. Il faut mener pour cela, des politiques d'adaptation qui compensent un tant soit peu la perte des États.

Une analyse économique beaucoup plus poussée permet de comprendre que les ruraux perdent plus que les citadins, parce que les premiers n'ont pas d'accès facile aux institutions financières étatiques. La dévaluation a eu un impact majeur sur la capacité à exporter les denrées agricoles et ne favorise pas par ricochet, la stabilité de la monnaie. Les avantages liés à cette monnaie échappent en réalité au contrôle des Africains. D'après AGBOYIBOR, les dirigeants africains préfèrent protéger les intérêts de la France pour rester au pouvoir plutôt que de parler de la question monétaire[1].

[1] Feu Yawovi AGBOYIBOR, ancien Premier Ministre du Togo, selon nos entretiens du 22 avril 2018 à Lomé.

CHAPITRE CINQUIÈME.

SITUATION SOCIO-ÉCONOMIQUE DES PAYS DE l'AFRIQUE SUBSAHARIENNE DEPUIS LES ANNÉES 2000 À NOS JOURS

INTRODUCTION

Bien que les indépendances dans les années 1960 ont auguré de nouvelles perspectives pour la majorité des États subissant le colonialisme, l'optimisme reste jusqu'à nos jours, non réalisé. 1960 est une année de tensions, d'ambiguïtés et de complexités[1]. Malgré la similitude qui caractérise toutes les colonies, il existe une disparité dans l'évolution future entre les colonies britanniques et celles françaises, notamment en Afrique au Sud du Sahara. L'inventivité qui a amené ces nationalistes vers la route de l'indépendance est à la fois une question de résilience et de résistance. Les difficultés dans la gouvernance des anciennes colonies françaises vont conduire en 1994, la France à dévaluer leur monnaie ; ce qui changera profondément le cours de leur histoire. À partir des années 2000, de nouvelles politiques seront élaborées pour faire face et/ou s'adapter aux nouveaux enjeux. Quelle analyse historique pourrons-nous faire de la situation socio-économique des pays de l'Afrique de l'Ouest au lendemain de la dévaluation du franc CFA en 1994 ?

Notre démarche dans ce chapitre consiste d'abord, à identifier le point de vue des Africains sur leur niveau de développent actuel, ensuite à questionner la politique française de l'Afrique actuelle, et enfin à préciser le niveau de développement des différents pays de l'Afrique subsaharienne.

I- LA QUESTION DU DEVELOPPEMENT ÈCONOMIQUE AU CŒUR DES PREOCCUPATIONS AFRICAINES

Il est commun d'entendre des interrogations autour de la problématique du sous-développement dans les pays en voie de développement. Toutes, presque sans exception aucune, lient la situation au passé colonial. Cependant, les débats autour du développement de l'Afrique occupent la portion congrue à l'échelle internationale. En effet, l'Afrique intéresse de moins en moins. On ne l'évoque dans les télévisions occidentales que lorsqu'une catastrophe

[1] ABALO komi, (2022), « La France sans sa botte, l'Afrique réalité un jour ?», in *Togobreakingnews*, 18 janvier 2022.

naturelle la frappe[1]. Joseph KI-ZERBO[2], présentant le bilan de l'Afrique depuis la préhistoire jusqu'aux problèmes de l'Afrique d'aujourd'hui, constate que les années d'indépendance ressemblaient un peu à cet esclave libéré qui se met à rechercher ses parents et l'origine de ses ascendants. Au début des indépendances, l'Afrique a perdu tout repère. Elle pense à des projets collectifs pour un lendemain meilleur, tout en voulant donner de l'espoir à ses filles et fils, ainsi qu'aux générations futures qui sont la relève de demain. L'ouvrage de KI-ZERBO est une mine d'or pour les jeunes lycéens, étudiants, professeurs et tous ceux qui souhaitent connaître certaines réalités de ce continent.

Il en appelle à la résilience historique des peuples noirs africains en particulier, tout en déplorant le manque de volonté des dirigeants africains à prendre en main le destin de l'Afrique. Au regard de cet échec crucial des politiques, KI-ZERBO met les intellectuels face à leurs responsabilités : « Les intellectuels doivent être des pionniers et non des mandarins qui exploitent leur capital d'instruction, ou comme ces sous-traitants des comptoirs négriers qui utilisaient leur savoir très approximatif pour contribuer à la commercialisation de leurs frères. Bien que l'Afrique soit plus que jamais rattachée au monde, trop de nos compatriotes sont plus isolés que jamais psychologiquement[3]. »

En effet, les pays africains francophones sont depuis 1960, de façon volontaire à la remorque de la France[4]. La domination sur l'économie africaine est renforcée par le principe de la garantie illimitée du franc CFA par la France, ensuite soutenue par l'Europe communautaire. Pour Nicolas Lawson, « la France serait donc responsable de la plupart des maux dont souffrent les pays francophones ; les autres grandes puissances étant de complices coupables de non-assistance aux peuples opprimés[5]. » En ce qui concerne la monnaie, « dire que l'euro permettra aux Africains d'accéder au vaste marché européen est un fait. Mais ce n'est pas un "privilège" nouveau puisque soulignons-le, l'économie européenne vit essentiellement des approvisionnements africains qui l'alimentent aisément grâce aux accords de

---

[1] Nathalie MANNOT-SAMSON, « Afrique noire : 20 ans d'images à la télévision française (1975-*1995) »*, Mémoire de DEA, Centre de recherche africaines, Paris-1, cité dans Yves GOUNIN, (2009). *La France en Afrique : Le combat des Anciens et des Modernes*. Paris, De Boeck Supérieur, p.7.

[2] Joseph. KI-ZERBO, (1978). *Histoire de l'Afrique noire : d'hier à demain*. Paris, A. Hatier, 768 pages.

[3] *Ibid.,* p.641.

[4] Nicolas AGBOHOU, (1999). *Le franc CFA et l'euro contre l'Afrique : pour une monnaie africaine et de la coopération Sud-Sud*. Paris, Solidarité mondiale A. S., p.47.

[5] Entretien du 13 avril 2018 à Lomé (Togo).

Lomé. Ceux-ci accordent un "désarmement" douanier aux matières premières brutes africaines destinées aux usines européennes[1]. »

Il est bien clair que la France ne poursuit pas un but humanitaire en s'implantant en Afrique. Son objectif à travers les accords de coopération est de continuer son commerce en Afrique. Aujourd'hui, les ex-colonies britanniques d'Afrique sont très loin de ceux de l'Afrique francophone sur plusieurs plans : politique, économique et social. Par ailleurs, il faut noter que « les dirigeants africains ont donc totalement tort de se laisser séduire par leur intégration subalterne à l'Union économique et monétaire d'Europe. Celle-ci ne cesse d'investir [inventer au mieux] des techniques élaborées pour maintenir les peuples noirs d'Afrique dans la pauvreté humiliante la plus abjecte qui soit. Elle a toujours démontré, au-delà des discours politiques hypocrites, qu'elle ne fera aucun effort particulier pour favoriser l'essor économique de l'Afrique noire[2]. »

Comme nous le voyons bien, l'Afrique est prise au piège de son propre essor, c'est-à-dire victime de ses richesses. Ainsi, « le développement est indissociable de l'infrastructure et du contexte institutionnel. Ce ne sont pas nécessairement des institutions démocratiques ni autoritaires qui sont favorables à la croissance, à l'accumulation et à la bonne gestion. Les deux peuvent faire ça, mais il faut au moins qu'il y ait des règles, que ce soit ordonné, que ces règles soient propices à des investissements, à la production, et qu'il y ait un contrôle de la production. L'autre élément, c'est la culture[3]. »

Dans la même dynamique, René DUMONT[4] décrit une Afrique qui meurt lentement de ses dettes et de l'épuisement de ses sols. Pour sortir de ce marasme, cet ouvrage vient à point nommé pour répondre aux différentes interrogations. Pour lui, pas de développement sans démocratie et pas de démocratie durable sans lutte contre les traditions régressives, les intégrismes, l'oppression des femmes, l'explosion démographique, la destruction de l'environnement. Il en conclut que la route sera longue et difficile car aucun progrès n'est possible si la France demeure toujours le bouclier des pays africains. La corruption est souvent citée par les observateurs et les bailleurs de fonds comme l'une des causes du sous-développement dans les pays du tiers monde[5].

---

[1] AGBOHOU, *op. cit.,* p.55.

[2] *Ibid.,* p.81.

[3] Mamoudou GAZIBO, professeur titulaire du Département de science politique à l'Université de Montréal, d'après nos entretiens du 1er août 2022 par visioconférence (zoom).

[4] René DUMONT, (1991). *Démocratie pour l'Afrique : la longue marche de l'Afrique noire vers la liberté.* Paris, Seuil, vol.1, 343 pages.

[5] Les pays du tiers monde désignent entre autres, les pays africains et asiatiques qui sont en voie de développement. Aujourd'hui, l'expression est délaissée au profit de celle des pays en voie de développement.

Les pays africains sont à la recherche d'une issue pouvant leur permettre un vrai développement. La situation instable en Afrique, et surtout dans le Sahel devient préoccupante à cause des phénomènes grandissants du djihadisme et du terrorisme. Selon Akimou TCHAGNAOU[1], « la France doit quitter le Sahel, car sa présence n'a rien servi jusqu'ici. Elle est plutôt source de problème dans la région. »

Antoine GLASER et Stephen SMITH[2] comparent la présence française lors de la crise en Côte d'Ivoire comme étant ce que la prise de la Bastille fut à l'Ancien Régime. Pour eux, quand la France a ouvert le feu sur la population ivoirienne en 2004, elle a perdu depuis lors "son Afrique ainsi que sa crédibilité" dans les autres villes africaines comme Dakar, N'Djamena, Brazzaville et Antananarivo. Cette crise amène la France à rapatrier ses ressortissants sous les huées, sinon sous les balles. Les auteurs mettent un accent très particulier sur les ingérences françaises dans la politique interne des pays africains. Ils dénoncent les erreurs, les lâchetés et les ambiguïtés qui ont conduit à la politique africaine de la France, en l'occurrence dans le cas de la crise politique ivoirienne. Sur ce, « la France a perdu "son" Afrique dans la nuit du samedi 6 au dimanche 7 novembre 2004 à Abidjan. De vingt-trois heures jusqu'au petit matin, ses hélicoptères de combat, tous feux éteints dans le ciel noir, empêchent [...], les plus résolus des jeunes "patriotes", partisans du président Laurent GBAGBO, avancent pour entraîner la foule qui, s'enhardissant, déferle en hurlant : "À bas la France !", "Vive la Côte d'Ivoire indépendante !"[3]. »

Le rôle joué par la France dans la crise sociopolitique de la Côte d'Ivoire mérite une attention très particulière, parce qu'elle tente de soumettre les pays africains à l'autorité de l'Élysée. Après avoir été, depuis plus de soixante ans le gendarme de l'Afrique, la France crée des doutes et des remous dans certains pays africains. Dans cette perspective, Laurent GBAGBO s'interroge : « Quand j'entends par exemple les critiques françaises vis-à-vis du pouvoir de KAGAME au Rwanda, jugé trop autoritaire, je me dis que décidemment, oui, les élites parisiennes ont la mémoire courte, et la morgue facile : Habib BOURGUIBA, en Tunisie, en accord avec Paris, a réformé son pays en se basant sur le pouvoir de fer de son parti unique... Léopold Senghor a créé trois partis au Sénégal par décret pour plaire à l'Occident, dans une

[1] Docteur en Science de l'éducation et de la formation à l'Université de Zinder au Niger. Il est enseignant chercheur à l'Université de Zinder au Niger, d'après nos entretiens par visioconférence le 7 janvier.

[2] Antoine GLASER et Stephen SMITH, (2005). *Comment la France a perdu l'Afrique*, Paris, Calmann-Lévy, 278 pages.

[3] *Ibid.*, p.11.

imitation de fausse démocratie[1]. » Dans la continuité de sa logique, il ajouta qu'« Amani DIORI au Niger, est aussi venu au pouvoir à la tête de son parti unique, le seul autorisé par Paris, qui avait interdit le multipartisme... Il en sera chassé opportunément par un coup d'État commandité à Paris, lorsqu'il aura eu la fâcheuse idée de vouloir négocier l'uranium, principale richesse du pays, avec le Canada, qui lui en offrait un prix beaucoup plus élevé que la France[2]. »

Abondant dans le même sens que Gbagbo et Mattei, Arnaud Labrousse et François-Xavier VERSCHAVE[3] lancent un cri d'alarme sur le système de pillage des ressources africaines à travers des multinationales françaises (Bolloré, Total, Elf, Orange...) bien soutenues par Foccart, Godfrain, Pasqua et Chirac, en complicité avec quelques représentants africains. On note alors une sorte de réseau mafieux capable de renverser un chef d'État qui jugerait le mode opératoire français inacceptable. Les bases militaires, la gestion du franc CFA, les services secrets et leurs faux-nez constituent d'autres manifestations.

La politique des puissances occidentales est de ramener au pouvoir les chefs d'État acquis à leur cause, à l'instar du dictateur Denis Sassou NGUESSO au Congo. C'est l'un des Africains qui, depuis Houphouët, a « séduit » le plus large éventail de la classe politique française. Seul son gendre Omar BONGO, le protecteur d'Elf-Gabon, le surpasse peut-être en ce domaine[4]. Cette politique vise le contrôle des ressources minières des pays africains et leur transfert vers l'extérieur. « Le cas du Congo-Brazzaville est très édifiant. Sous contrôle d'Elf depuis un quart de siècle, considéré comme une simple plate-forme pétrolière, sa gestion a été clairement abandonnée aux réseaux françafricains. Lors des horreurs de 1999, Washington n'a cessé de s'aligner discrètement derrière les prises de position françaises en échange sûrement, de discrétions réciproques[5]. »

Retenons que le système éducatif mis en place par l'administration française à l'époque ne formait pas les élites pour l'autodétermination, mais plutôt dans le seul but d'en faire d'eux des collaborateurs dans les colonies. Pendant ce temps, dans la zone anglaise, non seulement les Britanniques formaient les Africains à maîtriser le système de gouvernance, mais ils leur permettaient aussi de prendre en mains leur programme de développement. L'administration anglaise ne se voyait pas rester trop longtemps en Afrique.

---

[1] Laurent GBAGBO et François MATTEI, (2018). *Pour la vérité et la justice*. Paris, Max Milo, p.7-8.

[2] *Ibid.*

[3] François-Xavier VERSCHAVE et Arnaud LABROUSSE, (2003). *Les pillards de la forêt : Exploitation criminelles en Afrique*. Marseille, Agone, 184 pages.

[4] *Ibid.*, p.15.

[5] *Ibid.*, p.15.

On se rend compte que l'instruction n'était pas forcément la clé de la libération et du développement, mais une sorte de maintien de ces peuples sous un contrôle identitaire[1]. Aucun pays en Afrique n'a vu sa langue locale remplacer celle du colon. Aujourd'hui, presque chaque pays d'Afrique a une identité linguistique qui est rattachée à une ancienne métropole. « Il est essentiel que nous soyons nourris de notre culture et de notre histoire propre si nous voulons créer cette personnalité africaine qui doit être la base intellectuelle de notre avenir panafricain[2]. »

Dans une analyse limpide, Anne-Cécile Robert s'interroge de diverses manières : et si c'était l'Occident et non l'Afrique qui avait besoin d'aide ? Ou si c'était au continent africain de venir au secours de l'Occident ? Ces interrogations ont suscité des réponses variées, tant dans les agoras et les médias que dans les milieux universitaires. L'auteure suggère que le « retard » de l'Afrique ne serait que l'expression d'une formidable résistance culturelle à un modèle économique dévastateur dont l'Occident détient le contrôle. En tout état de cause, « la spécificité de l'Afrique réside certainement dans le fait qu'elle n'a jamais vraiment eu le droit à la parole et l'Occident, plus qu'ailleurs, s'est acharné à faire taire ceux qui y pensaient différemment et voulaient suivre une autre voie[3]. »

Les différentes époques plus ou moins sombre qu'ont connues les pays africains après les deux guerres mondiales ont vu les Occidentaux apporter leur soutien d'une manière ou d'une autre à l'Afrique. Mais « la vraie coopération euro-africaine (ou afro-européenne) future, celle qui s'établira et s'opérera sur une base débarrassée de tout rapport de maître à esclave, doit s'adresser à la fois aux jeunesses africaines et européennes. [...]. À ce propos, même les accords CEE-ACP requièrent une reconsidération et dépassement de fond en comble, puisqu'il est maintenant prouvé qu'ils ne répondent pas aux espoirs placés en eux. La nécessité s'impose donc d'innover, d'inventer une nouvelle approche et un nouveau concept (ou vocable) la reflétant[4]. » Pour le professeur Mamoudou GAZIBO, « point n'est besoin d'être un gauchiste extrême pour remarquer que notre indépendance est beaucoup plus nominale que réelle, y compris au plan politique et économique d'ailleurs. Parce que moi j'ai eu l'opportunité à la fois d'être un chercheur et aussi impliqué dans la politique concrète qui a été appliquée à l'échelle de pays au sein

[1] La question identitaire fait référence à la langue héritée de la colonisation.

[2] Kwame NKRUMAH, (1994). *L'Afrique doit s'unir*. Paris, Présence africaine, p.70.

[3] Anne-Cécile ROBERT, (2006). *L'Afrique au secours de l'Occident*. Paris, Les Éditions de l'Atelier, p.24.

[4] Têtêvi Godwin TETE-ADJALOGO, (1989). *La question du plan Marshall et l'Afrique*. Paris, L'Harmattan, p.119-120.

d'organisations internationales[1]. » Il rajouta plus loin : « Je peux vous dire que du point de vue politique, quand on est un peu au cœur des processus décisionnels du positionnement de nos États sur les grands enjeux stratégiques et politiques, on voit clairement qu'on n'est pas indépendant. »

L'autre point sur lequel se remarque le retard de l'Afrique relève de la situation alarmante d'insécurité alimentaire, conséquence d'une gestion calamiteuse des problèmes sociaux par les acteurs clés : producteurs, commerçants, État, bailleurs de fonds. Pour K. NUBUKPO[2], le poumon économique de l'Afrique est situé dans le secteur agricole. Cependant, il manque beaucoup de choses à faire pour le rentabiliser au maximum. L'analyse repose sur deux hypothèses complémentaires liant les incertitudes alimentaires exogènes et les résultats des déterminants endogènes aux acteurs des secteurs vivriers. Notons en outre que l'insécurité économique appelle l'insécurité alimentaire. La sécurité alimentaire étant une préoccupation majeure, elle mérite d'être prise au sérieux pour mieux fonder les politiques de développement économique des pays de l'Afrique subsaharienne. « L'Afrique subsaharienne est une zone de tradition agricole. Le secteur représente plus du tiers du produit intérieur brut (PIB). Il mobilise environ 70-80 % de la population et fournit environ 40 % des recettes d'exportation. Certaines données annoncent que plus de 40 à 50 % de la population subsaharienne est sous-alimentée et la situation alimentaire ne s'est guère améliorée depuis vingt ans. Au regard de l'accroissement de la population, les importations en céréales sont indispensables[3]. »

Selon le rapport de l'Organisation des Nations unies pour l'alimentation et l'agriculture (F.A.O) en 2019, l'insécurité alimentaire s'est accrue en Afrique ces dernières années et le continent n'est pas en bonne voie d'éliminer la faim d'ici à 2030. Les ralentissements économiques qui ont contribué à la sous-alimentation croissante entre 2014-2018 ont été le résultat de la chute des prix des produits de base[4]. D'après ce rapport, les pays doivent élaborer des politiques d'investissement afin de parvenir à une économie plus diversifiée en vue de réaliser leur transformation structurelle. Toutefois, la croissance économique ne suffit pas : la réduction des inégalités, y compris les inégalités spatiales et entre sexes, est essentielle pour renforcer la résilience des ménages, ouvrir la voie à une croissance inclusive, réduire l'insécurité alimentaire et s'attaquer aux formes multiples de malnutrition[5]. Pour Mamoudou GAZIBO, « économiquement, l'Afrique francophone, ces

---

[1] Professeur titulaire du Département de science politique à l'Université de Montréal, d'après nos entretiens du 1er août 2022 par visioconférence (zoom).

[2] Kako NUBUKPO, (2000). *L'insécurité alimentaire en Afrique subsaharienne : le rôle des incertitudes*. Paris, L'Harmattan, p.7.

[3] *Ibid.*, p.5.

[4] https://www.fao.org/documents/card/en/c/ca7343fr, consulté le 14 juin 2022.

[5] https://www.fao.org/documents/card/en/c/ca7343fr, consulté le 14 juin 2022.

dernières années, change un tout petit peu. Les pays d'Afrique ont pendant longtemps eu des économies très peu diversifiées, y compris les partenaires. Quand vous avez une source essentielle de revenus, que ce soit le pétrole, l'uranium, le café et que votre seul partenaire majeur reste la France, alors vous n'êtes pas indépendant ; étant donné que vous n'avez aucun contrôle sur votre monnaie. Telle est la situation à laquelle sont confrontées les anciennes colonies françaises d'Afrique[1]. »

Pour mieux cerner tous les contours du sujet, nous avons jugé bon de rapporter de façon brute un certain nombre de données recueillies auprès de nos enquêtés. Ainsi, nous nous sommes questionnés sur la place des ressources minières naturelles dans l'économie des pays africains. Jean-Philippe Gunn[2] déclare à cet effet : « Les ressources profitent aux élites sans oublier que quand on dit ressources minières ou naturelles, il faut une industrialisation. Nos pays n'ont pas d'industries lourdes. Les industries sont implantées par les étrangers. Dans beaucoup de pays francophones, ce sont les industriels français. Tout ce que ces industries génèrent comme bénéfices est rapatrié en totalité vers la France. » Il ajouta : « Nos pays ne profitent pas réellement des ressources d'autant qu'il n'y a pas de redistribution de la richesse sur le plan financier et l'argent extrait de ces ressources minières ne reste pas dans le pays. Or, la valeur ajoutée est la richesse que possède un pays. La preuve en est que le bois du Gabon n'est pas transformé, du moins totalement, sur place. »

Le tableau ci-dessous traduit les différents programmes mis en place par la France pour maintenir sa coopération avec ses ex-colonies au lendemain des indépendances.

---

[1] Professeur titulaire au département de science politique à l'Université de Montréal, d'après nos entretiens du 1er août 2022 par visioconférence (zoom).

[2] Têtê Jean-Philippe GUNN, chercheur / Postdoc à UR7338 Pléiade de l'Université Sorbonne Paris Nord, lors de nos entretiens du 02 mai 2022 à Paris (France).

Tableau n° 4. État de la coopération entre la France et ses ex-colonies depuis 1960

	Thématiques dominantes
1960-1975	*Construction de l'État* Formation des nouvelles élites Modernisation de l'administration centrale Construction des pôles de développement Protection des industries naissantes Primat à l'agriculture
1975-1985	*Satisfaction des besoins de base* Développement rural participatif Primat de l'agriculture Investissements humains (éducation, santé) Politique keynésienne contra-cyclique
1985-2000	*Ajustement structurel* Libéralisation interne, déréglementation Politique de recouvrement des coûts Promotion des exportations Réforme des systèmes financiers Politique budgétaire contrainte
2000-2010	*Bonne gouvernance* Retour au renforcement des institutions Retour à la lutte contre la pauvreté Primat de l'efficacité/redevabilité Désendettement Préoccupations environnementales (eau, forêts, biodiversité)

Source : JACQUEMOT, 2013, p. 23.

Les Africains peuvent-ils devenir acteurs potentiel de leur propre développement ? Le Ghana servira un exemple à titre illustratif du retard des pays francophones d'Afrique. Revenons aux chiffres : le succès ghanéen s'est fait sur la volonté du peuple à relever le défi contre la pauvreté et par la suite, la politique du gouvernement à mettre en place les voies et moyens de développement du secteur politique économique et social. Retenons que cette politique ghanéenne ne date pas d'aujourd'hui. En effet, le projet de l'ex-président ghanéen vise une unité africaine contre le colonialisme afin de donner un nouveau départ à l'Afrique. Ainsi, « sur notre continent, il ne nous a pas fallu longtemps pour découvrir que la lutte contre le colonialisme ne prend pas fin lorsqu'on a réalisé l'indépendance nationale. Cette indépendance n'est que le prélude d'un combat nouveau et plus complexe pour la conquête du droit de diriger nous-mêmes nos questions économiques et sociales, en dehors des entraves écrasantes et humiliantes de la domination et de l'intervention néocolonialiste[1]. » Pour le professeur Rogatien Makpeou

[1] Discours du président du Ghana, Kwame NKRUMAH lors du premier sommet de l'Organisation pour l'Unité africaine (O.U.A) à Addis-Abeba le 24 mai 1963.

TOSSOU[1], du point de vue économique, « les Africains, notamment ceux de la zone franc, ne sont pas indépendants. Le problème d'existence et de convertibilité de la monnaie Franc CFA reste encore entretenu par l'ancienne métropole. Les économies des pays membres de l'UEMOA sont toujours contrôlées par la France. Le cours des matières premières reste tributaire des bourses occidentales. L'industrialisation peine à être une réalité en Afrique. Le transfert des technologies est carrément refusé aux pays africains, etc. ».

De toute évidence, une nouvelle perspective est à la base de nouveaux enjeux liés à l'émergence des pays africains. Il faut une bonne gouvernance axée sur les résultats ; un leadership éclairé des chefs d'État ; une réforme politique claire visant à débarrasser l'État des pesanteurs[2] morales potentielles qui font obstacles à l'épanouissement des populations. En d'autres termes, la plupart des pays et des élites africains sont assujettis. Un ministre disait : « Nous, autorités politiques, sommes complices des Occidentaux. Toutes nos actions sont menées selon leur sens voulu, car notre indépendance politique reste à conquérir[3]. »

Selon le professeur Mamoudou GAZIBO : « Les choses changent un peu ces dernières années avec l'ouverture aux pays émergents entrainés en particulier par la Chine. Le plus grand risque est que le fait de changer de maître ou de multiplier les maîtres ne nous aide pas pour autant d'être autonomes. Ce qui est encourageant ces dernières années, c'est un peu la prise de conscience menée par l'agence de développement de l'Union africaine, l'ancienne NEPAD et certains pays pour aller vers des économies de transformation avec le cacao de la Côte d'Ivoire ainsi que le diamant du Botswana. »

La figure ci-dessous montre les différents fléaux qui minent le développement de l'Afrique.

---

[1] Professeur titulaire en histoire à l'Université d'Abomey Calavi au Bénin, lors de nos entretiens du 27 juillet 2022 par l'outil de communication « whatsapp ».

[2] On peut noter comme pesanteurs : la corruption, la lourdeur administrative, la gabegie, les détournements de deniers publics etc.

[3] Rapporté par Mamadou GAZIBO, professeur titulaire du Département de science politique à l'Université de Montréal, d'après nos entretiens du 1er août 2022 par visioconférence (zoom).

Figure n° 11. Enchaînement néo-patrimonialiste

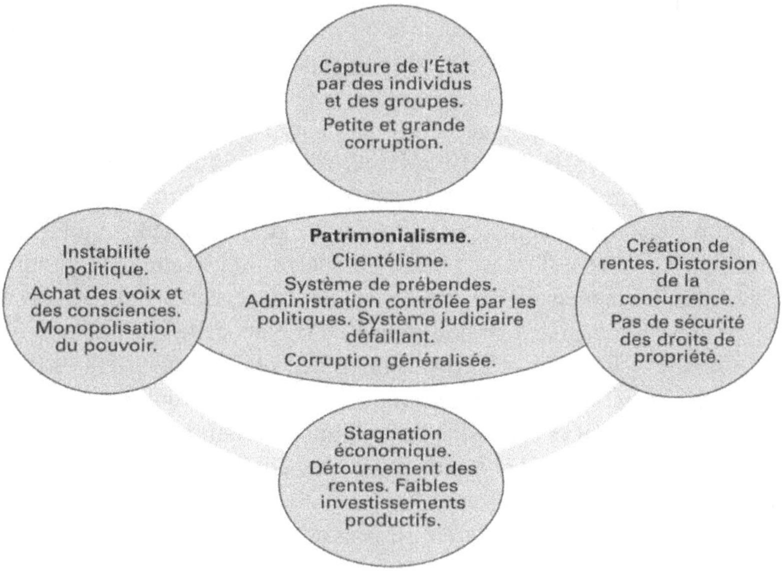

Source : auteur d'après Khan, 2004, cité dans Jacquemot, 2013, p. 39.

II- POLITIQUE FRANÇAISE À L'EGARD DES ÉTATS FRANCOPHONES D'AFRIQUE

La politique française en Afrique est exécutée par le truchement de ses entreprises et les représentations diplomatiques. « Bien entendu, les relations économiques entre la France et l'Afrique ont d'autres dimensions. La question migratoire est importante avec des besoins économiques de la France en main-d'œuvre non qualifiée et de plus en plus de travailleurs qualifiés et en cerveaux, avec une forte pression migratoire de la part de certaines régions africaines (notamment de la Moyenne vallée du Sénégal et de l'Afrique centrale), mais également avec les questions d'intégration que pose cette migration en France et les risques de fuite des cerveaux pour les pays africains[1]. »

Frederick Cooper souligne la différence entre le fait d'être citoyen français ou africain après la Seconde Guerre mondiale. Il montre comment fut vécue en Afrique ou en métropole la fin de la domination coloniale française. Il montre que les dirigeants, du moins les Africains à l'époque, réclamaient moins l'indépendance que l'égalité politique, sociale et économique avec les autres citoyens français. « Malgré l'évident dynamisme politique de la fin de

[1] Philippe HUGON, (2007), « La politique économique de la France en Afrique : la fin des rentes coloniales ? in *Politique Africaine*, n°105, p.10-11.

l'année 1959, il était clair qu'aucun des principaux acteurs ne parviendrait à obtenir ce qu'il souhaitait le plus. De Gaulle voulait une fédération avec un centre fort, une seule citoyenneté, une seule nationalité, et l'engagement de tous ceux qui acceptaient la nouvelle Constitution de rester dans la Communauté française[1]. »

L'objectif de De Gaulle se heurte au champ de vision de certains acteurs africains eux-mêmes, comme Houphouët-Boigny, Léopold Sédar SENGHOR et Sylvanus Olympio qui n'avaient pas les mêmes définitions du fédéralisme que proposait de Gaulle. « Consciente du caractère inéluctable de l'émancipation des colonies à plus ou moins long terme, la France avait cherché dès les années 1950 le moyen de conserver un accès privilégié à plusieurs ressources jugés stratégiques. C'èst dans cette optique que fut créée en janvier 1959 l'Organisation commune des régions sahariennes (O.C.R.S) pour administrer la région saharienne : le principal but était de sécuriser l'approvisionnement énergétique de la France, notamment en pétrole[2]. »

En réponse aux différentes positions des élites africaines de l'époque, le général De Gaulle adopta une politique subtile. Sans réellement donner raison à un camp au détriment de l'autre, il réussit néanmoins à imposer sa volonté aux Africains à travers les accords de coopération. « De Gaulle répondit longuement à ses interlocuteurs africains. Ce que nous faisons est "une œuvre immense ; c'est une œuvre absolument nouvelle [...]. Si l'on refuse cette association qui est proposée par le projet de Constitution, il est entendu que l'on veut l'indépendance, qu'on la veut avec tous ses devoirs, toutes ses charges, et dans ce cas-là, évidemment, la métropole en tirera toutes les conséquences"[3]. » Il s'avère que tout le monde n'était pas impressionné. Senghor et d'autres redoutaient toujours que l'influence politique de la puissance étrangère engloutirait leur identité africaine sur le plan économique, politique et social. Il affirma en 1957 : « Mes amis et moi nous déclarons d'être d'abord, favorables à l'idée d'un marché commun européen ; je dis bien à l'idée[4]. »

La relation franco-africaine se caractérise par trois facteurs : les relations commerciales, les liens monétaires et la politique d'aide et de développement. Les pays de l'Afrique subsaharienne étant riches en ressources minières et naturelles (cuivre, or, fer, diamant, phosphate...), celles-ci sont souvent exportées à l'état brut via des contrats dont les termes et les avantages échappent aux Africains, compromettant de ce fait le développement

---

[1] Frederic COOPER, (2014). *Français et Africains ? : Être citoyen au temps de la décolonisation.* Paris, Payot, p.387.

[2] Thomas NOIROT, (2012), « Les entreprises françaises en Afrique. Pillage contre transparence », dans *Outre-Terre* 2012/3-4 (N° 33-34), p.3.

[3] Frederic COOPER, (2014). *Français et Africains ? : Être citoyen au temps de la décolonisation.* Paris, Payot, p.319.

[4] *Ibid.*, p.283.

économique de ces pays postcoloniaux. L'exploitation de toutes les ressources nécessite non seulement une bonne gouvernance économique, mais aussi et surtout, une redistribution équitable des richesses générées. Aussi, la définition des termes de l'échange avec les partenaires économiques européens pénalise et désavantage sur tous les plans les intérêts des Africains. « Moins visibles mais tout aussi symptomatiques, les accords de coopérations économiques signés par la France avec ses anciennes colonies subsahariennes lui assureront pendant des décennies une préférence, voire un monopole d'accès à certaines matières premières stratégiques : pétrole, uranium, minerais… Et, malgré la décolonisation officielle, les entreprises métropolitaines issues de l'ère coloniale conservent leur position dominante, voire monopolistique dans certains pays africains[1]. »

Yves GOUNIN[2] décrit la politique africaine de la France comme un sujet polémique. Il fait une analyse selon laquelle d'aucuns pensent que la France n'en fait pas assez. L'auteur dénonce le système politique, économique et culturel dont le centre de commandement est à Paris. Il met l'accent sur la « Françafrique » et appelle à une réforme et une suppression de la politique française en Afrique. Selon lui, les premiers Chefs d'État africains veulent préserver les liens forts avec Paris pour se maintenir au pouvoir pendant que la nouvelle génération veut une rupture de la relation franco-africaine. Dans cette perspective, l'intéressement de la France à l'Afrique doit passer par le partage équitable et gagnant-gagnant avec ses anciennes colonies. Yves GOUNIN va plus loin : « Si la France s'intéresse tant à l'Afrique, entend-on en deuxième lieu, c'est qu'elle y trouve un surplus de puissance. Réduire aux seuls frontières de l'Hexagone, la France est une tâche à peine visible sur la carte du monde. Avec ses anciennes colonies, elle accède au statut de grande puissance. Les pays africains sont des alliés inconditionnels dans les organisations internationales où la France peut compter sur leur soutien[3]. »

Dans une étude approfondie de l'économie post-coloniale des États africains basée sur la structure et la géographie des capitaux publics et privés, Jean SURET-CANALE[4] trouve que le retard des pays africains est de nature idéologique et politique. L'auteur fait une évaluation et une comparaison des investissements français en Afrique et conclut qu'une minorité d'Africains détient le monopole des richesses, suite à ses abus aux dépens du reste de la société africaine. En cela, « dans une société fondée sur l'antagonisme du Capital et du Travail, sur l'exploitation du plus grand nombre par une minorité détentrice des principaux moyens de production et d'échange, toute vérité n'est pas bonne à dire. Tout ce que dévoilent les rapports sociaux de

---

[1] NOIROT, article cité, p.4.

[2] Yves GOUNIN, (2009). *La France en Afrique : Le combat des Anciens et des Modernes*. Paris, De Boeck Supérieur, 192 pages.

[3] *Ibid.*, p.10.

[4] Jean SURET-CANALE, (1987). *Afrique et capitaux*. Paris, L'Arbre verdoyant, p.42.

production réels prend nécessairement un caractère subversif pour le pouvoir établi, représentatif de cette minorité[1]. »

À la lueur de ces informations, on constate non seulement la mauvaise gestion des biens collectifs qui profitent surtout à un groupe d'individus qui s'accaparent des richesses, mais aussi le manque de souci des élus locaux pour le bien-être du peuple. « L'exemple de la Côte d'Ivoire est édifiant. Les sociétés françaises ont investi d'abord dans les secteurs des télécommunications, de l'énergie des transports et de l'agro-industrie. Au cours de la période 1996-2000, les capitaux français représentaient 23% des demandes d'agrément à l'investissement derrière les capitaux ivoiriens (52%), et près de 50% de l'ensemble des demandes d'agrément étrangères[2]. »

De toute évidence, ces investissements auront eu pour effet dans un premier temps, le développement en profondeur des structures sociales et dans un second temps le passage de l'économie de traite à l'économie industrielle. Par ailleurs, l'existence du franc CFA est un moyen de contrôle de l'économie africaine mis en place par la France à travers des sociétés françaises implantées en Afrique et dont le but ultime est de rapatrier les bénéfices grâce à la libre transférabilité des capitaux. La mise en place des entreprises françaises facilite l'emploi des jeunes Africains, et surtout l'amélioration des conditions de vie de la population. Pour une meilleure avancée des entreprises publiques et parfois privées, l'État travaille en partenariat avec les investisseurs étrangers en leur offrant une diminution d'impôt à des fins concurrentielles dans la sous-région. L'État intervient également par des subventions ou des prêts, ou encore sert de garantie aux emprunts. « L'agrément est subordonné à la réalisation d'un minimum d'investissements et de création d'emplois pour les nationaux : ainsi, au Sénégal et en Haute-Volta[3], investissement minimal de 40 millions de francs CFA réalisable en trois ans, création minimale de 40 emplois permanents pour les nationaux. Mais ici se pose le même problème que pour la fraude[4]. »

Il rajoute : « Les mécanismes de la zone franc et une réglementation générale des marchés font de l'Afrique noire française, de plus en plus, une "chasse gardée" pour les firmes et organismes économiques français. À côté de l'exportation des produits agricoles, l'exportation des produits miniers encore modestes se développe à partir de 1950. Un début d'industrialisation étroitement contrôlée par les "sociétés de traite" et quelques grandes firmes spécialisées (souvent associées) se dessinent[5]. »

---

[1] *Ibid.,* p.9.
[2] NOIROT, article cité, p.4.
[3] Actuel Burkina-Faso.
[4] SURET-CANALE, *op.cit.,* p.63.
[5] *Ibid.*, p.23-24.

Pour Jean-Louis BARLOO[1], le monde n'est plus bipolaire mais multipolaire. « Autrefois organisé par une diplomatie traditionnelle, il relève aujourd'hui d'une logique qui est celle des guerres économiques qui se livrent les États et les zones géographiques ; autrefois fossilisé par l'affrontement entre l'Est et l'Ouest, il est fait de facettes mouvantes qui évoluent sans cesse géographiquement, politiquement, économiquement et culturellement[2]. » Pour BARLOO, « l'heure est à la reconstruction d'un nouvel ordre mondial à l'intérieur duquel l'Afrique et la France ont un rôle à jouer si elles savent conjuguer sur un mode nouveau les relations historiques qui les unissent [...], "Le Congrès du Berlin de 1885 ? Nous ne connaissons pas!", "La FrançAfrique ? Nous ne connaissons pas!", "Le trop long temps de la décolonisation ? Nous l'avons oublié !". Tout cela appartient aux historiens, qui en gardent la mémoire objective[3]. »

Dans la même veine que les auteurs précédents, Pierre JACQUEMOT[4], qualifie la relation France-Afrique de contrôle politique, économique et militaire. Pour l'auteur, « les relations commerciales avec l'Afrique permettent à la France de dégager un excédent commerciale confortable - elles contribuent à cet excédent pour 3,2 milliards d'euros en 2004, dont 1,8 milliard pour l'Afrique subsaharienne. On constate également aujourd'hui le maintien des firmes françaises dans le secteur pétrolier ou dans des niches à des situations de quasi-monopole qui résultent de la connaissance du terrain ou de plus grande prise de risques[5]. » Passer d'une logique d'assistance et de protection à celle de co-développement était le seul moyen pour justifier de la présence française en Afrique dans les différentes petites et moyenne entreprises et le plus durable de conserver les intérêts français sur le continent, même si cela peut paraître contre-intuitif au premier abord.

« Aujourd'hui, la politique commerciale de la France est très différente de celle des premières décennies suivant la décolonisation, du fait notamment de l'érosion graduelle des préférences impériales. À l'époque coloniale dominait un capitalisme rentier bénéficiant des protections alors que le capitalisme dynamique s'investissait ailleurs. On avait toutefois observé après la crise de 1929, un repli de la métropole sur son empire coloniale. En 1950, celui-ci représentait 60% du commerce extérieur français[6]. »

---

[1] Jean-Louis BARLOO, (2013), « Les relations entre la France et l'Afrique : sortir de la confusion d'une histoire pour entrer dans le cercle vertueux d'une reconstruction », in *Géoéconomique*, n°66, p.7-20.

[2] *Ibid.,* p.3.

[3] *Ibid.,* p.12.

[4] Philippe HUGON, (2007), « La politique économique de la France en Afrique : la fin des rentes coloniales ? », dans *Politique Africaine* n°105, p.54-69.

[5] *Ibid.,* p.4.

[6] Jacques Marseille, (1984). *Empire coloniale et capitalisme français : Histoire d'un divorce.* Paris, Albin Michel, cité dans Philippe HUGON, (2007), « La politique

L'échange commercial entre la France et ses ex-colonies est basé sur l'exportation des produits agricoles et miniers, tels que le café, le cacao, le coton, l'arachide, le soja, le phosphate, le cuivre, l'or, le fer, etc. Généralement, ces matières n'étant pas transformées sur place, les produits finis reviennent beaucoup plus chers aux Africains. Le pauvre paysan dans son village est souvent incapable d'acheter sur le marché du café ; pourtant, il est un grand producteur de café. Les entreprises françaises profitent d'une main-d'œuvre abondante et pas chère ainsi qu'une faible pression fiscale pour réaliser de gros chiffres d'affaires au détriment des États africains. Le Niger par exemple, occupe la dernière place au classement annuel de l'indice de développement humain en 2009[1](I.D.H). Dix ans plus tard, en 2019, selon le rapport présenté par le Programme des Nations Unies pour le développement humain (P.N.U.D), sur 182 pays membres de l'ONU, sa place n'a pas évolué. Quatrième producteur mondial d'uranium, également riche en pétrole, en fer, en phosphate, en or et en manganèse, le Niger figure pourtant parmi les pays les plus pauvres au monde. C'est ce que SURET-CANALE qualifie « d'histoire d'une expérience et d'un échec, échec qui n'a pas cependant remis totalement en cause les résultats de l'expérience[2]. »

Le déséquilibre commercial enregistré par les ex-colonies françaises est un facteur déterminant de leur attachement à la France. Le cas du Mali se remarque dans le renforcement des crédits et des dépôts par la France en vue d'une amélioration des conditions des entreprises privées et publiques. On se rend compte que « le Mali se trouve donc en état de faiblesse et d'infériorité permanente face aux détenteurs de moyens financiers dont il prétend s'émanciper. C'est ce qui explique que le Mali n'ait jamais rompu avec l'"aide française" - mais celle-ci, durant le gouvernement de Modibo Keïta, sera considérablement réduite [...]. La création en 1962 du franc malien et de la Banque de la République du Mali a donné en principe avec le contrôle de la monnaie, le contrôle du crédit à l'État : mais son efficacité est limitée par la rapide croissance de la dette nationale[3]. »

L'aide de la France au développement de ses ex-colonies est un facteur privilégié par rapport aux autres pays. En effet, les pays membres de la zone franc CFA sont d'office membres de la francophonie de par leur langue officielle qu'est le français. Cela n'exclut pas l'appartenance à d'autres organismes similaires, à l'instar du Cameroun qui est membre du

---

économique de la France en Afrique : la fin des rentes coloniales ? in *Politique Africaine*, n°105, p.4.

[1] http://hdr.undp.org/sites/default/files/hdr_2009_fr_complete.pdf, consulté le 03 août 2020.

[2] SURET-CANALE, *op. cit.,* p.442.

[3] SURET-CANALE, *op.cit.,* p.444-445.

Commonwealth[1]. Ainsi, « en application de la règle de l'aide de la France au développement de pays de la zone franc, les pays du franc CFA bénéficient de la priorité dans l'aide de la France aux pays en développement[2]. » Les avantages de la coopération entre la France et les pays de la zone franc passent par les différents accords, une priorité au développement par rapport aux autres pays. « Quelques précisons doivent être ajoutées sur l'évolution des relations monétaires entre le Mali et la France. En juillet 1962, le Mali a refusé de ratifier le traité créant l'Union monétaire ouest-africaine ; il a créé un franc malien et un institut d'émission, la Banque de la République du Mali, et il a institué un contrôle du crédit et des paiements extérieurs[3]. »

Afin de renforcer leur présence et capacité de se développer, les entreprises françaises investissent beaucoup en Afrique à travers des formations professionnelles en interne et à l'international : partenariats signés entre les universités françaises et africaines par exemple. « Dans l'économie mondiale, l'Afrique s'est trouvée marginalisée, davantage mondialisée – elle n'est pas un acteur significatif, sauf dans le domaine culturel. Mais, en même temps, elle a émergé sur le plan géopolitique, notamment du fait de ses ressources stratégiques, des risques de contagion de certains maux ou de la diversité croissante de ses partenaires et de ses zones d'influence. La politique économique de la France a été directement affectée par ces mutations[4]. » Dans le but d'accompagner le décollage économique des pays africains, les Européens ont mis en place différentes formes de crédits et prêts à destination économique de la population, avec la multiplication des filiales et des sous-filiales financières, immobilières et parfois aux activités pas clairement définies. L'objectif est d'accompagner et d'asseoir la stabilisation économique et sociale de ces pays à travers :

- le financement de l'innovation et des compétences, et surtout de l'éducation ;
- l'accès des petites entreprises au financement à travers des prêts, accès à la recherche-développement, injection des capitaux et des conseils sur la gestion de projets à destination des petites et moyennes entreprises (P.M.E) ;

[1] Le Commonwealth est une organisation intergouvernementale composée de 54 États membres qui sont presque tous d'anciens territoires de l'Empire britannique.

[2] François Kéou TIANI, (2002). *Le franc CFA, la zone franc et l'euro*. Paris, l'Harmattan, p.40.

[3] *Journal officiel de la République française*, « Avis et rapport du conseil économique et social : les problèmes monétaires de la zone franc, session des 10 et 11 mars 1970 », Bibliothèque nationale de France, 25 avril 1970, p.192, https://gallica.bnf.fr/ark:/12148/bpt6k9764487q/f7.item.r=cr%C3%A9ation%20de%20la%20zone%20franc%20CFA, consulté le 25 avril lors de nos travaux de terrain en France.

[4] Philippe HUGON, article cité, p.11.

- le financement des projets en faveur du climat : énergie renouvelable, transports durable, efficacité énergétique et infrastructures stratégiques.

Dans ces conditions, « les crédits du F.E.D[1] et de la B.E.I[2] apparaissent dans une large mesure comme apportant une compensation très insuffisante à la spoliation réalisée à travers les mécanismes du marché. Par la contribution qu'ils apportent, comme les crédits du F.A.C[3], principalement aux infrastructures et aux productions exportables, ils mettent de l'huile dans les rouages, et permettent d'assurer le fonctionnement des circuits économiques que le jeu imposé du marché risquerait de bloquer[4]. »

La Nouvelle Revue des deux mondes[5] n'est pas indifférente à la situation socio-politique des pays africains. « D'autre part, la quasi-totalité de l'Afrique a été colonisée par l'Europe, et surtout par la France. Le passage à l'indépendance totale a posé et pose encore des problèmes évidents et difficiles, tenant notamment au fait que les frontières de ces nouveaux États (dont on a seulement changé les noms) ont presque tous conservé le tracé qu'elles ont recueilli de l'époque coloniale[6]. » Il rajoute plus loin que « l'opération était et reste extraordinairement délicate ; et il est étonnant que les Français soient si mal informés de la façon dont elle a été et est conduite. Il n'est pas question de résumer ici cette évolution et de marquer ses étapes passées. Mais il est de première importance et de bonne justice de savoir quels sont les rapports qui, aujourd'hui, existent entre la France et les pays africains qui furent ses colonies[7]. »

Par exemple, l'article de Nicolas Guy[8], explique les différents paradoxes sociaux dont sont victimes les pays africains pour qui, l'affirmation ethnique de l'homme noir serait la clé d'une Afrique nouvelle face à un monde où elle perd son identité. « Importé par les puissances coloniales, le modèle de l'État, élaboration relativement récente de la culture européenne, s'est trouvé

---

[1] Le Fonds européen de développement (F.E.D) est un financement destiné aux pays ACP (pays d'Afrique Caraïbe et pacifique) qui sont des pays signataires de la convention de Lomé et de l'accord de Cotonou.

[2] La Banque européenne d'investissement (B.E.I) est créée en 1957 par le Traité de Rome, son siège est au Luxemburg.

[3] Le Fonds d'aide et de coopération (F.A.C) est né en 1959 au moment des indépendances des anciens territoires d'outre-mer africains et malgaches, pour aider les États qui le souhaitaient à travers des accords de coopérations.

[4] SURET-CANALE, *op.cit.,* p.67.

[5] *La Nouvelle Revue des deux mondes*, (1979), « La politique française en Afrique », p.577-585. http://www.jstor.org/stable/44200196

[6] *Ibid.*, p.581.

[7] *Ibid.*

[8] Guy Nicolas, (1972), « Crise de l'État et affirmation ethnique en Afrique noire contemporaine », in *Revue française de science politique*, *22*(5), 1017–1048.

appliqué tel quel en tant que système politique des nouveaux pays africains. Rares ont été les leaders autochtones qui s'y sont opposés. Rares également, de manière plus surprenante, ont été les résistances au mode d'instauration de ce système sur la base des découpages territoriaux des débuts de l'ère coloniale[1]. » Pour l'auteur, c'est une Afrique qui se « justifiait par une visée idéologique acquise par les leaders et les cadres sur les bancs des écoles et les universités européennes et jamais mise en cause : quels que fussent les mérites d'une "négritude" revendiquée contre "l'impérialisme culturel blanc", l'Afrique se devait de faire table rase ses "traditions", notamment politiques. [...] La conscience "ethnique" se transformait en "ethnisme" et s'affirmait comme force politique et premier plan[2]. »

La structure du complexe capitaliste implanté en Afrique est sous l'influence française à travers la C.F.A.O.[3], la S.C.O.A.[4] et O.P.T.O.R.G[5] qui « continuent à dominer largement le commerce extérieur et par là, occupent les positions clés de l'économie de traite. La pénétration des grands groupes financiers français s'est poursuivi y compris à l'intérieur même de ces sociétés de traite[6]. » Les groupes dominants sont ceux apparus entre les deux guerres : Banque de l'union parisienne et Banque de l'Indochine implantées dans les années trente à la faveur de la crise. Mais parfois, l'activité de ces banques ne répond pas à la réalité des besoins des pays africains pour leur développement. Comme on peut le voir, les banques françaises sont indirectement présentes en Afrique par l'intermédiaire de holding[7].

Le but est de trouver des partenaires commerciaux potentiels à travers des marques françaises : COFIMER dans la MIFERMA[8] (fer de Mauritanie), dans la COMUF[9] (Uranium du Gabon), dans les ciments du Cameroun, dans les usines textiles du Cameroun, du Tchad et du Gabon. La compagnie COFIMER

---

[1] *Ibid.*, p.3.

[2] *Ibid.*, p.3.

[3] Le groupe CFAO est une société multinationale française opérant en Afrique et dont le siège est à Sèvres (92), en France. Il possède 18 sites de production sur le continent et implanté dans 38 pays d'Afrique.

[4] La Société commerciale de l'Ouest africain (S.C.O.A) est une entreprise commerciale française active au XIXe et XXe siècle et opérant dans les pays d'Afrique de l'Ouest.

[5] La compagnie OPTORG est un groupe de distribution spécialisée, incluant l'équipement industriel et automobile, en Afrique.

[6] Jean SURET-CANALE, (1987). *Afrique et capitaux*. Paris, L'Arbre verdoyant, p.92-93.

[7] La création d'une holding intervient dans l'une des situations suivantes : dans le cadre d'un rachat d'entreprise, dans le cadre de la création d'une ou de plusieurs filiales, dans un souci d'optimisation et ou de gestion patrimoniale.

[8] La Société des mines de fer de Mauritanie.

[9] La Compagnie des mines d'uranium de Franceville, COMUF, était une filiale d'Areva, le géant français du nucléaire présent au Niger.

participe également à diverses affaires immobilières et hôtelières en Afrique : le groupe hôtelier Radisson, Ibis, Accor, Hôtel du Golf, Mercure. Le contrôle des points de stations d'essence présents en Afrique par des grandes sociétés françaises et partenaires occidentaux témoigne de l'intérêt des Occidentaux pour l'Afrique. De ce point de vue, « les intérêts étrangers sont représentés dans cette région par Shell (Société Shell-Gabon, filiale à 100 % de Royal Dutch Shell) et Mobil Oil (Mobil exploration Equatorial Africa – MEEA-, filiale à 100% de Mobil Oil of New York)[1]. »

L'exploitation abusive des ressources naturelles et minières du sous-sol africain a eu d'énormes répercussions sur l'économie des pays africains et sur la planète. En effet, le réchauffement climatique et ses conséquences sont en partie dus à la surexploitation des ressources naturelles non renouvelables (pétrole, charbon, gaz naturel, le nucléaire produit à base d'uranium). Par ailleurs, l'action humaine face à la faune et la flore constitue un autre facteur de péril pour notre planète. Les Africains doivent s'attendre un jour à l'épuisement de ces matières. Pour ce faire, ils doivent penser à investir les revenus issus de l'exploitation de ces richesses dans d'autres domaines plus prometteurs et écologiques (la construction des grandes industries et la mise en place des centres d'énergie renouvelable par exemple). L'Afrique est le continent le moins développé et économiquement le moins avancé du monde. La situation de ce continent progresse certes rapidement, mais il se pose le problème démographique ainsi que la capacité à faire face au chômage de masse. « Aujourd'hui, le principe de transformation du monde est la création d'un grand marché planétaire obligé d'obéir aux injonctions d'une économie dangereusement financiarisée qui, pour satisfaire la demande des actionnaires, cherche un profit à court terme avec une excessive de rentabilité du capital fixée à 15%. On voit comment les marchés financiers peuvent constituer un obstacle pour tout projet entrepreneurial qui cherche à s'inscrire dans la durée[2]. »

L'Afrique est généralement pourvue en ressources, terres productives et richesses naturelles précieuses en abondance. L'exploitation de ces ressources naturelles domine l'économie de nombreux pays de ce continent et représente au bout du compte le plus important moyen de subsistance pour des habitants majoritairement pauvres et vivant en zone rurale. Elle constitue ainsi le fondement du revenu et de la subsistance de la population et l'une des principales sources de recettes publiques et de richesse nationale pour chaque État. Cela étant, l'Afrique ne vit que de l'exploitation de ses ressources minières. Sur ce continent, il y a une grande quantité d'or, de diamant, d'uranium, de phosphore, de pétrole, de charbon, de coton, de cacao, de gaz, de coltan, entre autres. « On note toutefois, dans l'ensemble que les firmes françaises qui s'insèrent dans la globalisation tendent à se retirer d'Afrique

[1] SURET-CANALE, op.cit., p.308.
[2] *Ibid.*, p.11.

francophone ou à diversifier leurs implantations (exemple TOTAL). Le stock d'investissements directs français détenus par la France en Afrique est estimé à 4,9 milliards d'euros, soit 1,5 % des I.D.E français dans le monde et 4% seulement des stocks d'investissement directs étrangers (I.D.E)[1]. »

Cette présence importante de richesses naturelles fait d'elle le premier fournisseur des pays européens et asiatiques en matières premières utiles et stratégiques à la transformation de leurs économies. Sans ces ressources minières africaines, beaucoup d'entreprises européennes et asiatiques n'existeraient point. « L'explosion récente des relations commerciales et financières de l'Afrique avec les pays émergents, notamment la Chine et l'Inde, modifie la donne internationale et la place de la France en Afrique. Les besoins en hydrocarbures et en minerais expliquent largement cette nouvelle présence. Les deux géants asiatiques permettent à l'Afrique de diversifier ses partenaires, de bénéficier d'apports en capitaux et en technologies[2]. »

D'aucuns, à l'instar du professeur Rogatien Makpeou TOSSOU[3], pensent qu'on ne doit rien attendre de la France. Cependant, cette relation reste un mal nécessaire avec lequel l'Afrique ne peut pas rompre brutalement. Les dirigeants africains doivent travailler à bien gérer le peu de ressources qui leur restent. Les pays comme l'Algérie et le Vietnam ont connu les pires atrocités de la colonisation. Cependant, ils ne passent pas leur temps à se victimiser et à vilipender leurs bourreaux d'hier. Ils se sont mis au travail en défendant les intérêts qui sont les leurs pour la survie de leur culture et des générations futures.

Dans son article, Anthony BOUTHELIER[4] décrit la dépendance des pays de la zone franc CFA à la France. « La zone franc CFA, qui rassemble au sein de l'Union économique et monétaire ouest-africaine sept pays, a pâti des désordres de la locomotive ivoirienne. En Côte d'Ivoire, les investissements français se sont effondrés, et on a noté des sorties de capitaux à la suite des troubles politiques. Ainsi, les malheurs ivoiriens ont lourdement pesé sur les entreprises françaises, dont 40% seulement prévoient des bénéfices en 2001. Elles espèrent en revanche, enregistrer une hausse à l'avenir, puisque ce pourcentage s'élève à 60% pour l'année 2002[5]. » Pour l'auteur, « il n'y a pas d'investissement privé dans les pays où les opérateurs ne sont pas heureux. Au-delà d'organisation ou règlementation, souvent repris dans des codes d'investissements, l'investisseur potentiel s'intéresse beaucoup plus à la pratique, au comportement des administrations. Les codes d'investissements,

---

[1] Philippe HUGON, article cité, n°105, p.5.
[2] Philippe HUGON, *Ibid.*, n°105, p.14.
[3] Professeur titulaire en Histoire à l'Université d'Abomey Calavi au Bénin, lors de nos entretiens du 27 juillet 2022.
[4] Anthony BOUTHELIER, (2002), « La riche Afrique et les entreprises françaises », dans *Iris Éditions*, p.149-155.
[5] *Ibid.*, p.4.

souvent rédigés par les mêmes consultants, se ressemblent d'un pays à l'autre, et on ne compte plus les zones franches dans le monde, au point qu'elles deviendraient la norme[1]. »

Il faut quelques heures pour créer une entreprise au Ghana alors qu'en zone CFA, en Côte d'Ivoire par exemple, il faut compter en nombre de mois sans compter corruption et "dessous de table." Indépendants, les pays ont reproduit la lourdeur administrative française et cela pèse sur l'évolution économique. Les créations de petites et moyennes entreprises sont compliquées et la corruption d'une partie de l'administration complique encore les choses. Les méthodes françaises d'encadrement de l'activité économique et de la vie financière sont mises en cause, les méthodes anglo-saxonnes paraissent à beaucoup plus efficaces.

Tableau n° 5. Les réserves africaines en minerais dans le monde

Matière minière	Taux des réserves en %
Cuivre	97
Coltan	80
Cobalt	50
Or	57
Fer	20
Uranium et phosphates	23
Manganèse	32
Vanadium	41
Platine	49
Diamants	60
Pétrole	14

Source : Policycenter.ma, Abdelhak Bassou, 25 mai 2017 PB-17/18.

D'après les données de ce tableau, les réserves de matières premières sont largement suffisantes pour que l'Afrique soit autonome économiquement vis-à-vis des autres puissances. Malheureusement, un tiers des personnes les plus pauvres de la planète vivent en Afrique subsaharienne. Le potentiel du continent est également affaibli par l'hémorragie de capitaux souvent due à l'évasion fiscale et à la manipulation des prix de transfert par les sociétés pétrolières, gazières et minières, et ce parfois avec la complicité de certains fonctionnaires hautement bien placés. De nombreux États africains connaissent un profond déséquilibre budgétaire qui a conduit à un alourdissement de la dette publique et surtout de la pauvreté, malgré leurs richesses en ressources naturelles ; cela s'explique par la mauvaise gestion des

[1]*Ibid.*, p.4.

revenus issus de la vente de ces ressources. « En Afrique centrale, c'est également dans la zone franc CFA couverte par la Communauté économique et monétaire en Afrique centrale que se concentrent les intérêts français, plus particulièrement au Cameroun et au Gabon. Les investissements que recueille cette zone varient essentiellement en fonction des projets pétroliers et sont presque exclusivement liés à ce secteur[1]. »

Les pays africains disposent de ressources naturelles destinées à l'exportation, qui génèrent de substantielles recettes publiques mais qui, paradoxalement engendrent à la fois une stagnation économique et une instabilité politique.

Tableau n° 6. L'Afrique et ses différents points de richesses

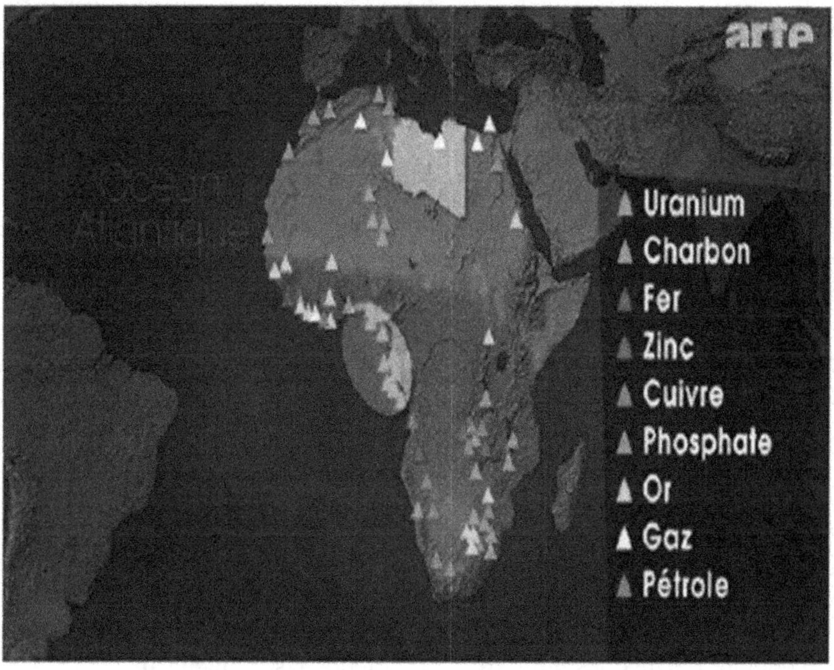

Source : Abdelhak Bassou, mai 2017 PB-17/18.

À travers cette figure, nous voyons la cartographie des ressources que possède l'Afrique. Toutes les parties de l'Afrique disposent de ressources naturelles pouvant contribuer à leur développement. Elles pourraient s'industrialiser si les conditions favorables étaient réunies. Avec plus d'un milliard d'habitants, l'Afrique est officiellement considérée par tous les indicateurs comme le continent le plus pauvre du monde, bien qu'elle abrite

[1] Anthony BOUTHELIER, (2002), « La riche Afrique et les entreprises françaises », dans *Éditions Iris Éditions*, p.4.

les plus grands gisements de ressources naturelles. Dans certaines régions d'Afrique, il règne même une extrême pauvreté, ce qui remet en cause toutes les politiques de lutte contre la pauvreté mises en place par les États et les institutions financières internationales, comme la Banque mondiale ou le Fonds monétaire international.

Thomas NOIROT[1] décrit une Afrique contrôlée par la France en ces termes : « Depuis les indépendances, l'accès à certaines ressources stratégiques est resté une priorité de l'État français, comme l'affirmait le général De Gaulle en conférence de presse le 5 septembre 1961 à propos du Sahara : "Notre ligne de conduite, c'est celle qui sauvegarde nos intérêts et qui tient compte des réalités. Quels sont nos intérêts ? Nos intérêts, c'est la libre exploitation du pétrole et du gaz que nous avons découverts et que nous découvrirons[2]". » Pour illustrer la dépendance des ressources africaines à la France, Omar BONGO[3] dans le quotidien hebdomadaire *Jeune Afrique*[4] disait : « L'Afrique sans la France, c'est une voiture sans chauffeur, la France sans l'Afrique, c'est une voiture sans carburant. »

Dans une analyse scientifique, Pierre JACQUEMOT[5] trouve que l'Afrique s'émancipe peu à peu de son passé. Il existe maintenant une nette différence entre le temps colonial et l'époque contemporaine, même si d'autres fléaux, tels les défis énergétiques et ceux des hydrocarbures, la dynamique démographique, la famine, l'augmentation du taux de la pauvreté chaque année, les conflits internes et externes, entre autres, mettent à mal les projets de développement. Le retard de l'Afrique est lié aux différentes formes de gouvernance imposées et contrôlées par les différentes métropoles. « Au Cameroun, Bolloré a acquis dans les conditions contestables, le trafic portuaire de Douala et l'exploitation du chemin de fer. On peut allonger la liste des entreprises et des pays[6]. »

Si la pauvreté est un facteur dominant en Afrique, l'on constate également des conflits ethniques et religieux, des guerres civiles, de l'instabilité politique qui conduisent à des coups d'États récurrents. Tous ces maux poussent les populations à fuir leur pays pour se réfugier dans des camps, le plus souvent dans des conditions très difficiles. D'autres cherchent à émigrer vers l'Europe qui déplore l'afflux des immigrés. Par ailleurs, les Africains passent beaucoup

---

[1] Thomas NOIROT, (2012). *Les entreprises françaises en Afrique. Pillage contre transparence*. Paris, *Éditions Glyphe*, 716 pages.

[2] NOIROT, article cité, p.2.

[3] Ancien président de la République gabonaise.

[4] *Jeune Afrique*, « C'est la France qui a besoin de l'Afrique », 24 avril 2017, https://www.jeuneafrique.com/mag/431787/politique/cest-france-a-besoin-de-lafrique/, consulté le 7 février 2022.

[5] Pierre JACQUEMOT (2013). *Économie politique de l'Afrique contemporaine : concepts, analyses, politiques*. Paris, Armand Colin, 456 pages.

[6] NOIROT, article cité, p.5.

de temps à régler des différends pendant que d'autres se sont déjà engagés dans une relance de leur économie. Enfin, à toutes ces difficultés, il faut ajouter les conditions climatiques qui ne sont pas très favorables au continent, car 80% des populations africaines vivent de l'agriculture. Voilà pourquoi dans certaines régions d'Afrique comme au Sahel, il y a une insécurité alimentaire chronique qui provoque des milliers de morts chaque année.

Pour préserver les intérêts français en Afrique, certains hommes politiques français ne manquent d'affirmer leur obligation de rester sur le continent. Alain Joyandet[1] disait : « L'implantation des entreprises françaises en Afrique est l'une de mes priorités… On veut aider les Africains, mais il faut que cela nous rapporte[2]. » Certaines associations avaient vu le jour pour permettre une meilleure gestion des ressources naturelles. L'objectif de ces associations est de garantir un lendemain meilleur en mettant en place de bonnes conditions d'exploitation des ressources pour que le peuple africain ne soit pas à la merci de l'aumône. Ce sont des ONG comme Greenpeace[3] ou le Réseau Sortir du nucléaire[4], le Collectif Areva ne fera pas la loi au Niger[5], les experts de la CRIIRAD[6] et bien d'autres voix, souvent journalistiques. Ces derniers dénoncent les conditions dans lesquelles les activités minières sont menées, mais aussi leurs conséquences sur les paysans et sur le mode de vie traditionnel des populations pauvres. L'exploitation de l'uranium est une source de revenus, mais ses effets négatifs sont selon certaines ONG, plus nombreux. Dans un rapport publié en 2005, le CRIIRAD dénonce les conséquences de l'exploitation de l'uranium sur la population. « La mission de décembre 2003 et les analyses d'échantillons effectuées en 2004-2005 permettent d'affirmer que l'exploitation de l'uranium par les filiales du groupe COGEMA-AREVA conduit à exposer la population à des doses de radiation

---

[1] Entrepreneur et homme politique français.

[2] NOIROT, article cité., p.8.

[3] Greenpeace est une ONG internationale. Elle est présente sur tous les continents et océans grâce à ses 28 bureaux nationaux et régionaux et ses trois bateaux. Elle compte près de trois millions d'adhérents à travers le monde.

[4] Créé en 1997, le Réseau Sortir du nucléaire est une fédération indépendante et non subventionnée, titulaire depuis 2006 d'un agrément national pour la protection de l'environnement. Il souhaite l'abandon de l'énergie nucléaire par la France à la faveur du développement des alternatives énergétiques.

[5] Areva ne fera pas la loi au Niger est un collectif d'acteurs de la société civile créé en 2008, en France, pour soutenir les populations nigériennes touchées par l'exploitation de l'uranium par l'entreprise Areva et défendre l'environnement contre la pollution radioactive.

[6] La Commission de recherche et d'information indépendantes sur la radioactivité (CRIIRAD) est une association française, dont la création repose sur la loi de 1901 et qui est à but non lucratif. Elle est agréée dans le cadre de la protection de l'environnement. Elle conduit des études et des analyses dans le domaine de la radioactivité.

totalement injustifiées, que certains des principes internationaux de radioprotection ne sont pas respectés et que certaines des informations données par le groupe sont erronées[1]. »

Dans ce contexte, les conséquences sanitaires de l'exploitation de l'uranium notées à Arlit[2] occasionnent la contamination des eaux distribuées aux différents ménages, la dispersion de ferrailles contaminées par le vent, les risques liés à l'inhalation des poussières et du radon[3]. Les contrôles ponctuels réalisés par la CRIIRAD permettent de prouver le non-respect des principes d'exploitation d'un tel minerai. Il faut noter que les « déchets radioactifs restent sur le bord d'une route pendant plus d'un mois, de l'eau dont la radioactivité dépasse les normes OMS est distribuée aux populations depuis des années, des ferrailles contaminées ont été récupérées sur les marchés plus d'un an après que la CRIIRAD ait signalé le problème, des déchets sont stockés à l'air libre depuis plusieurs décennies sans couverture[4]. » Comment peut-on amorcer un développement économique digne de ce nom sans une véritable mainmise sur ses ressources naturelles, et surtout sur sa politique monétaire ?

Plusieurs organismes français sont présents sur le sol africain, à l'instar de la Banque française pour le commerce extérieur, dont le but est de renforcer les liens commerciaux entre les banques africaines et celles françaises. Ce contrôle du crédit par l'État français est « appuyé par le rôle de premier plan, dans l'activité bancaire courante, joué par le réseau des filiales des grandes banques de dépôts nationalisées : Banque nationale de Paris, Crédit lyonnais, Société générale[5]. » L'objectif de ces banques est d'encourager l'augmentation du taux de bancarisation en Afrique. Passer d'une logique d'assistance à une logique de co-développement est, semble-t-il, le moyen le plus économique et le plus durable de conserver les intérêts français sur le continent africain qui diffèrent d'une société à l'autre. Dans ce cas, l'aide n'est plus pensée comme un moyen de pillage à travers les insuffisances institutionnelles, mais comme un véritable partenariat permettant de

[1] Commission de recherche et d'information indépendante sur la radioactivité (CRIIAD), (2005), « Impact de l'exploitation de l'uranium par les filiales de COGEMA-AREVA au Niger », CHIIRAD 0517/ 20 avril 2005/V1, p.2. http://controverses.sciences-po.fr/archive/nucleaire/pdf/notecriiradarlit.pdf, consulté le 5 février 2021.

[2] Airlit est une ville de l'Aïr, dans le Sahara au nord du Niger.

[3] Le radon est un élément chimique de numéro atomique 86, de symbole Rn. C'est un gaz rare radioactif incolore, inodore et d'origine le plus souvent naturelle.

[4] Commission de recherche et d'information indépendante sur la radioactivité (CRIIAD), (2005), « Impact de l'exploitation de l'uranium par les filiales de COGEMA-AREVA au Niger », CHIIRAD 0517/ 20 avril 2005/V1, p.16. http://controverses.sciences-po.fr/archive/nucleaire/pdf/notecriiradarlit.pdf, consulté le 5 février 2021.

[5] Jean SURET-CANALE, op. cit., p.324.

développer des complémentarités entre les économies des donateurs et celles des récipiendaires. Parfois, pour ne pas dire généralement, l'aide est aussi un facteur d'influence diplomatique à travers la politique française de coopération ; l'Agence française de développement (AFD) est considérée comme le centre de la politique de cette coopération.

Le F.I.D.E.S de son côté, est un organisme français créé par la loi du 30 avril 1946. Il était chargé d'encourager et de conduire le développement économique et social des colonies françaises d'Afrique. « Les sections d'outre-mer du FIDES sont des variables budgets d'équipement public des territoires d'outre-mer, financés sur les ressources du FIDES. Ces budgets ont continué d'être préparés par les administrations locales, délibérés par les assemblées fédérales ou territoires [...] et approuvés par le Comité directeur du FIDES[1]. » Le programme a consisté en un investissement et une planification en Afrique à travers la construction des centres d'hôpitaux, écoles, universités, ponts, chemins de fer, ... Il est remplacé par le Fonds d'aide et de coopération (F.A.C), à travers le décret du 29 mars 1959. Son but est de donner la priorité à la lutte contre la pauvreté, aux soins primaires et surtout à la lutte contre l'analphabétisme[2]. Ces fonds auront pour objet, d'une part et par priorité, de satisfaire aux besoins des populations autochtones et de généraliser les conditions les plus favorables à leur progrès social, économique et politique. « Le FIDES est investi par la loi du pouvoir : participer au capital des Sociétés ou d'économie mixte dans lesquelles les collectivités publiques ont une participation majoritaire et dont l'activité s'exerce dans le cadre du plan d'équipement ; d'orienter et de coordonner les activités privées dont l'activité intéressera directement ou indirectement la mise en valeur de nos territoires d'outre-mer[3]. »

Les prêts sont considérés parfois comme un instrument de contrôle en cas de non-remboursement à temps. Ils ont souvent des effets négatifs sur les économies africaines, les Africains étant souvent dans l'impossibilité de rembourser. Ils sont alors obligés de sacrifier leurs ressources pour payer leurs dettes. En outre, l'aide est généralement liée à l'achat de produits français pour limiter la concurrence des autres produits. Avec les mesures d'allègement en

---

[1] Centre des Archives économique et financière (CAEF), Fonds Cabinet, dossier 1 A 136, l'aide accordée par la France, en 1958, pour le développement d'outre-mer – mai 1959.

[2] L'analphabétisation est l'incapacité ou la difficulté à lire, écrire et compter, le plus souvent par manque d'apprentissage.

[3] Conférence aux stagiaires du département des agences d'outre-mer, par M. DEVOUTON : plan de modernisation et d'équipement des territoires français d'outre-mer, Archive d'outre-mer, le 21 mai 1948. Le lot portant sur les problèmes économiques et financière de (1946-1955), cote de communication : 2 APOM 13, identifiant ark : ark : / 61561/uj816ytym, présentation du contenu : questions monétaires, le franc CFA (1946-1953).

temps de crise par la France, des débiteurs comme les pays pauvres très endettés (PPTE) ont rehaussé leur niveau de vie pour éviter le pire, à l'instar de la dévaluation du franc français en 1948[1] par exemple. « Le F.I.D.E.S.[2] se charge de financier le développement colonial. Il est prévu que ses ressources seront une dotation de la métropole ou une dotation des territoires intéressés ; mais aussi – et il faut probablement dire et surtout – des avances au taux de 10% l'an avec les délais de remboursement nécessaires pour ne pas gêner l'exécution des programmes. La loi l'autorise aussi à constituer la part revenant à la puissance publique dans le capital des sociétés dites d'économie mixte[3]. »

Les pays riches en ressources pétrolières, tels que les Émirats arabes unis, le Koweït ou le Qatar, puisent dans les recettes tirées de ce secteur pour bâtir des mégapoles en plein désert ; ils ne sont pas sous l'emprise d'une puissance dominatrice qui fixe le prix de leurs matières premières ou qui contrôle leur monnaie. Les pays africains doivent se battre, eux aussi pour obtenir une nouvelle dynamique de coopération et de partenariat gagnant-gagnant, faute de quoi, un nombre grandissant d'Africains continueront de quitter leur terre pour rechercher un eldorado aux issues souvent incertaines. Si l'immigration devient un fait important, c'est qu'elle révèle beaucoup de problèmes non résolus. L'instabilité politique de certains pays d'Afrique favorise l'émigration des élites intellectuelles et culturelles. La majorité de ces jeunes partent étudier en France, au Canada ou ailleurs en Occident et refusent de retourner dans leur pays après les études. Par ailleurs, les intellectuels formés dans les universités africaines parlent souvent de la non-adaptation de leur profil aux besoins d'emploi dans leur pays d'origine. La mise au point d'institutions et de gouvernements sur le modèle de la France est constatée. Les infrastructures, les hôpitaux, les écoles et universités ont également vu le jour pour répondre aux normes permettant le développement. « Il faut bien comprendre que toute manipulation qui augmentera l'écart entre le franc métropolitain et le franc africain au profit de ce dernier tendra en fait à faire de celui-ci une monnaie forte, tout au moins en apparence par rapport à celui-

---

[1] Le franc français fut dévalué le 17 octobre 1948. Ainsi, **1 F CFA = 2,00 FF** mais avec l'instauration du nouveau Franc français le 1er janvier 1960, les données ont encore changé : **1 F CFA = 0,02 FF**, https://www.rfi.fr/fr/afrique/20191221-franc-cfa-toute-une-histoire, consulté le 2 octobre 2020.

[2] Il s'agit de l'institution par la loi du 30 avril 1946.

[3] Le système monétaire de l'union française par Ed. Giscard d'Estaing, *Marchés coloniaux* N°78, samedi 10 mai 1947. Le lot portant sur les problèmes économiques et financière de (1946-1955), Archive d'outre-mer, cote de communication : 2 APOM 13, identifiant ark : ark : / 61561/uj816ytym, présentation du contenu : questions monétaires, le franc CFA (1946-1953).

là. Il en résultera que le Trésor français aura tendance à exiger le rapatriement rapide de tous les francs africains disponibles[1]. »

Un cadre[2] de la Banque de France nous confiait ce qui suit : « Le retard des pays africains francophones ne me paraît pas aussi trop alarmant. Il y a aussi dans les pays un développement humain faible. Vous verrez d'ailleurs une carte d'Afrique sur le développement humain dans notre rapport de coopération monétaire. Tous ces pays ont à peu près les mêmes difficultés et les plus pauvres ne sont pas dans la C.E.M.A.C, mais plutôt dans la zone sahélienne de l'U.E.M.O.A. » Il rajoute plus loin que « si vous regardez les indices de développement humain en zone C.E.M.A.C, vous verrez que ce ne sont pas les pays les plus pauvres du monde, loin de là. Si vous dites retard, cela veut dire que vous avez une norme à cet effet. Lorsqu'elle est très large comme celle des indicateurs de pauvreté, elle a peu de chose à avoir avec les conditions monétaires. » À en croire notre interlocuteur, le problème des indices de pauvreté concerne beaucoup plus les pays sahéliens ; les raisons se justifiant surtout par l'instabilité politique. Il déclare par ailleurs : « L'appartenance à la zone franc a un avantage en termes de réduction du taux de pauvreté qui s'explique en partie par la stabilité des prix. En effet, les autres pays à taux de change flexible connaissent le plus souvent des inflations beaucoup plus élevées. Dans les pays en développement, l'inflation peut avoir de sérieuses conséquences sur le pouvoir d'achat. Donc je ne dirai pas qu'il y a un retard qui s'explique par la monnaie. »

Le point de vue de notre interviewé présente des limites. En effet, tous les pays pauvres de la zone franc ne sont pas des pays du Sahel. Sur les 15 pays, seulement le Burkina Faso, la Guinée, le Mali, le Niger, le Sénégal et le Tchad constituent des pays sahéliens. Par ailleurs, ces pays ne sont pas des pays pauvres, mais des pays appauvris. Ils sont dotés de ressources naturelles abondantes. Par contre, la thèse de l'instabilité politique et économique peut être recevable, car la monnaie est non seulement un facteur responsable de certains maux dont souffre le continent africain, mais aussi les changements à la tête de certains États ne respectent pas souvent les règles de dévolution pacifique du pouvoir. C'est le cas aujourd'hui du Mali, de la Guinée et du Burkina Faso dont les dirigeants sont arrivés au pouvoir à la suite d'un coup d'État militaire. Toute forme d'instabilité, quelle qu'elle soit, a un impact direct sur le développement du continent. « L'Afrique demeure confrontée à des enjeux d'insécurité alimentés par des troubles et des menaces à la fois

---

[1] Archives nationales, Centre des archives d'Outre-Mer (CAOM), identification du carton : cote de communication 2 APOM 13, présentation du contenu : questions monétaires, le franc CFA (1946-1953). Le lot portant sur les problèmes économiques et financière de (1946-1955).

[2] Notre interlocuteur a requis l'anonymat. Cet entretien eu lieu le 22 mai 2022 par voie téléphonique au cours de notre voyage de recherche en France du 19 mai au 7 avril 2022.

politiques (contentieux électoraux, coups d'État), intercommunautaires (rébellions armées ou violences) et terroristes (au Sahel, dans la région du lac Tchad, au Mozambique, en Somalie, etc.). L'insécurité pèse fortement sur la croissance et sur le développement de ces pays, en raison des coûts induits, mais aussi sur leurs voisins en lien notamment avec les flux de réfugiés ou la baisse du commerce[1]. »

III- L'AFRIQUE AU CENTRE DU DEVELOPPEMENT DEPUIS LES ANNEES 2000

Luttant sur son propre sol contre les autres États du monde (qui visent à assurer leur avenir économique), le continent africain doit faire face à tous les enjeux de son développement au début de ce nouveau siècle.

1. L'Afrique, carrefour et épicentre de la mondialisation ?

Le numéro spécial de la revue *Relations internationales*[2] présente différents types de collaboration entre la France et ses ex-colonies au lendemain de la Seconde Guerre Mondiale jusqu'aux années des indépendances. « L'insertion internationale de l'Afrique noire ne peut s'analyser en profondeur uniquement au travers des relations extérieures que chaque État développe après son accession à l'indépendance. Elle est la résultante d'un passé à double composante, coloniale et précoloniale, qui interpelle les classes dirigeantes des nouveau États et sollicite une prise de position[3]. » Depuis toujours, et plus précisément au début de ce XXIe siècle, toutes les autres parties du monde ont intensifié leur présence en Afrique. Au-delà du débat sur la fin de la « Françafrique » jamais tranché dans les faits, il faut retenir que les relations africaines avec les autres grandes puissances sont basées sur la dépendance et l'exploitation des ressources minières africaines et quelques projets de développement. Cette forme de relation est devenue selon la célèbre expression de l'historien français Henry ROUSSO, « un passé

---

[1] Banque de France, (2021), « Coopération monétaire Afrique - France : Rapport économique et financier 2021 sur la CEMAC, l'UEMOA et l'Union des Comores », p. 13, https://publications.banque-france.fr/sites/default/files/medias/documents/cmaf-2021_web.pdf, consulté le 10 février 2023.

[2] La Société d'étude historiques des relations internationales contemporaines (SEHRIC), de l'Institut universitaire de hautes études internationales (Genève) et l'Institut d'histoire des relations internationales contemporaines (IHRIC., Paris 1 – Panthéon-Sorbonne), publient *Relations internationales*, le n°34, été 1983 l'Afrique noire dans les relations internationales depuis la deuxième guerre mondiale.

[3] Jean-Claude ALLAIN, (1983), « Introduction » in Relations internationales, *L'Afrique noire dans les relations internationales depuis la deuxième guerre mondiale*, n° 34, p.152.

qui ne se passe pas ». Dans le cas particulier de la France, l'instauration de son système de coopération "Françafrique" lui permet de se hisser au rang des cinq premières puissances du monde. Au regard des avantages qu'elle tire de ce système, Kako NUBUKPO affirme :

« J'en vois deux. D'abord économique pour les grands groupes français qui peuvent opérer dans la zone sans risque de change et rapatrier sans limites leurs bénéfices. Ensuite politique ; il existe une logique de pré carré. Le franc CFA permet à Paris d'exercer une forme de "*soft control*" sur la manière dont ces pays se développent dans un contexte de concurrence exacerbée, avec notamment l'arrivée de la Chine sur le continent[1]. »

Il est à noter que ce système entraîne aussi un siphonage des ressources domestiques vers Paris et les autres capitales européennes. Étant donné qu'il n'existe aucune limite à la convertibilité, les élites locales ont tout loisir de placer leur argent sur un compte étranger ou d'acheter un appartement parisien. La dépendance de cette relation finit avec le temps, par nuire aux intérêts africains, d'où les tensions sociopolitiques dans de nombreux pays de nos jours. Cela se traduit parfois par des manifestations dans les ex-colonies et même sur le sol français. D'un autre côté, le fait même que le franc CFA soit imprimé en France via son usine de Chamalières, dans le centre de l'Hexagone, soulève des questions. La B.C.E.A.O dispose de trois types d'instruments pour la mise en œuvre de la politique monétaire : les plafonds des concours globaux aux États, aux banques et aux établissements financiers, les réserves obligatoires et les taux d'intérêt directeurs. Par ailleurs, « la B.C.E.A.O jouit pour ses établissements et opérations sur le territoire, du Garant de privilèges et immunités équivalents à ceux reconnues aux institutions spécialisées des Nations-Unies en application de la convention sur les privilèges et immunités des institutions spécialisées des Nations-Unies de 1947, sans préjudice de l'accord signé le 4 avril 1979 entre le gouvernement du Garant et la B.C.E.A.O relatif à l'établissement à Paris d'un bureau de la B.C.E.A.O[2]. » Dans les mêmes perspectives, « le Comité de politique monétaire de la B.C.E.A.O comprend une personnalité indépendante et qualité, nommé intuitu personne par le Conseil des Ministres de l'U.E.M.O.A en concertation avec le Garant. Cette personnalité est choisie en fonction de

---

[1] Cette question lui a été posé le 30 septembre 2016 à l'occasion de la publication de son ouvrage collectif : *Sortir l'Afrique de la servitude monétaire : À qui profite le franc CFA ?* https://survie.org/billets-d-afrique/2016/261-octobre-2016/article/a-qui-profite-le-franc-cfa-5172, consulté le 01 juin 2022.

[2] Banque de France, Article 5 de l'Accord de coopération entre les gouvernements des États membres de l'Union monétaire ouest-africaine et le gouvernement de la République Française, https://www.tresor.economie.gouv.fr/Articles/06d54ebb-0e82-402f-ac48-cc0206f1c923/files/04af4958-cc6f-462f-864a-937b8dc17645, consulté le 11 février 2023.

son expérience professionnelle dans les domaines monétaire, financier, ou économique[1]. »

Pour comprendre à qui profite les ressources minières africaines, il suffit de regarder l'implantation des grandes sociétés françaises dans les différentes anciennes colonies de la France. « Dans l'économie mondiale, l'Afrique s'est trouvée marginalisée, davantage mondialisée – elle n'est pas un acteur significatif, sauf dans le domaine culturel. Mais, en même temps, elle a émergé sur le plan géopolitique, notamment du fait de ses ressources stratégiques, des risques de contagion de certains maux ou de la diversité croissante de ses partenaires et de ses zones d'influence. La politique économique de la France a été directement affectée par ces mutations[2]. »

On constate que c'est le système ou le principe de libre transférabilité des capitaux qui s'applique. Après le vent des indépendances, nombreux sont ceux qui ont voulu se lancer dans une nouvelle forme de politique extérieure en nouant des relations avec d'autres partenaires à part la métropole. Comme nous l'avons rappelé plus haut, la politique française mise en place ne permettait guère une ouverture vers d'autres orientations. Certains chefs d'État qui voulaient ramer à contre-courant l'ont payé au prix fort. « Même les pays ayant opté pour une orientation socialiste se sont trouvés bloqués dans leurs tentatives de réforme des structures par leur dépendance à l'égard du néo-colonialisme français. C'est le cas du Mali dont l'expérience a pris fin dès 1968 par un coup d'État militaire qui a suivi de près la réintégration de la zone franc et la dévaluation de 50% du franc malien imposée à cette occasion[3]. »

Aujourd'hui, il faut reconnaître que cette politique française en Afrique n'a pas profité à l'Afrique malgré ses immenses richesses. À titre illustratif, selon le journal *La Croix*, le Niger est le troisième producteur mondial d'uranium[4], comme nous l'avons indiqué ci-dessus. Cependant, il occupe l'avant-dernière place au classement de l'indice de développement humain de 1997 à 2019. Les faits témoignent que les accords signés entre la France et ses partenaires d'Afrique le sont au profit de la métropole. « Les indicateurs de croissance économique ont fait l'objet de nombreuses critiques au titre des limites définitoires de la représentation de la réalité des transactions qui ne passent

---

[1] Banque de France, Article 4 de l'Accord de coopération entre les gouvernements des États membres de l'Union monétaire ouest-africaine et le gouvernement de la République Française, https://www.tresor.economie.gouv.fr/Articles/06d54ebb-0e82-402f-ac48-cc0206f1c923/files/04af4958-cc6f-462f-864a-937b8dc17645, consulté le 11 février 2023.

[2] Philippe HUGON, (2007), « La politique économique de la France en Afrique : la fin des rentes coloniales ? in *Politique Africaine*, article cité, n°105, p.11.

[3] Jean SURET-CANALE, *op. cit.*, p.85.

[4] *La Croix*, « Le Niger, un grand producteur d'uranium », https://www.la-croix.com/Actualite/Monde/Le-Niger-un-grand-producteur-d-uranium-_NG_-2010-02-18-547094, consulté le 10 juin 2022.

pas par le marché : le domaine de l'autoproduction et de l'autoconsommation, les services de soins familiaux et domestiques, la nature modestement monétisée d'économies comme celles de nombreuses réalités locales africaines où les transactions non monétaires caractérisent la plupart des activités économiques[1]. »

L'un des fléaux qui contribuent au retard de l'Afrique réside en grande partie dans le faible taux de scolarisation de sa population. Ce retard peut être à l'origine de beaucoup de maux, tels que le manque de niveau d'instruction pour occuper des postes de responsabilité. Aujourd'hui, la libéralisation financière a considérablement avancé dans les pays africains et celle-ci a rendu les systèmes financiers plus accessibles aux bailleurs de fonds étrangers autres que les Français. En même temps, dans un contexte dominé par la libéralisation, la privatisation et surtout du non-contrôle de sa politique monétaire, les perspectives de croissance économique des pays africains dépendent toujours en grande partie des flux financiers internationaux. « L'Afrique, comparée aux autres continents, présente des résultats très modestes pour ce qui concerne les indicateurs sociaux du développement, comme l'analphabétisation, l'espérance de vie à la naissance, l'accès aux services sanitaires. Dans une grande partie du continent, en moyenne un enfant sur cinq meurt avant cinq ans ; plus de 250 millions de personnes n'ont pas accès à une eau salubre et potable, un nombre presque identique d'individus n'a pas accès aux services sanitaires[2]. »

L'inégale répartition des biens et l'accroissement de la pauvreté sont des caractéristiques essentielles de l'Afrique dans la mondialisation. L'écart classique entre les profits et les salaires est énorme et augmente chaque année, tout en variant d'un milieu à l'autre. En outre, dans la plupart des pays africains, l'écart entre les villes et les campagnes est particulièrement saisissant. Au Ghana par exemple, le taux de pauvreté n'est que de 2% à Accra la capitale, alors que dans les régions rurales arides de la savane[3] du nord du pays, il atteint 70%[4]. Toutes ces inégalités contribuent à l'augmentation du phénomène de l'insécurité grandissante en Afrique. Dans une perspective « de nombre de personnes "vivant avec moins d'un dollar par jour", l'inégalité ainsi que la pauvreté absolue doivent être mises au centre des actions de politique

---

[1] Marco ZUPI, (2009). *Le fardeau de la mondialisation en Afrique : Développement économique et dette extérieure*. Paris, L'Harmattan, p.10.

[2] *Ibid.*, p.7-8.

[3] Ernest HARSCH, (2006), « Lutter contre les inégalités en Afrique », juin 2006 https://www.un.org/africarenewal/fr/magazine/july-2006/lutter-contre-les-in%C3%A9galit%C3%A9s-en-afrique#:~:text=Dans%20la%20plupart%20des%20pays,pays%2C%20il%20atteint%2070%20%25, consulté le 12 avril 2022.

[4] ZUPI, *op. cit.*, p.8.

économique, et pas seulement sociale, lorsqu'elles représentent un obstacle structurel au déploiement des capacités humaines[1]. »

2. Les différents projets de développement depuis les années 2000

Les nouveaux défis de développement de l'Afrique doivent trouver leur fondement dans le continuum de choix opérés depuis les années d'indépendance. En effet, les pays africains ne doivent pas non plus faire leur chemin de développement seuls, sans leurs anciens partenaires européens. Comme le dit ce proverbe éwé[2] : « c'est au bout de l'ancienne corde qu'on tisse la nouvelle. » L'Afrique peut aussi dupliquer le miracle chinois[3], si les dirigeants africains s'unissent contre les fléaux de la corruption et de la mal-gouvernance qui mettent les intérêts personnels au-dessus de l'intérêt général. Elle cherche sa propre voie de développement en lien avec les réalités de nos jours, sans être obligée de passer nécessairement par le capitalisme. Karl Marx disait justement à ce titre : « S'il est vrai que ce sont les circonstances qui forment l'homme, il faut former humainement les circonstances. L'avenir de l'Afrique dépend du changement de paradigme[4]. » Les ministres des Finances, les présidents des institutions régionales et les gouverneurs des banques centrales ont réaffirmé l'importance des mécanismes et institutions de la Zone franc pour la stabilité et le développement des économies de la Zone. Ils ont réitéré leur volonté de continuer à faire de la Zone franc un espace de coordination active des politiques publiques en lien avec les principaux bailleurs et institution, dans un contexte économique pour le développement de la Zone franc, et de mettre en œuvre des politiques économiques soutenables axées sur la diversification économique et le renforcement de la mobilisation des ressources domestiques[5].

La France perd pied aujourd'hui en Afrique car son influence politique, économique, diplomatique et culturelle ne cesse de prendre du recul au profit d'autres puissances. « Même si l'Europe reste le premier partenaire commercial de l'Afrique, les échanges avec l'Asie – en particulier avec la Chine – se développent rapidement depuis quelques années. Cette

[1] *Ibid.*, p.274.

[2] Les Éwe sont les peuples majoritaires du Togo. Ils sont situés au sud du pays et parlent une langue de même nom.

[3] Celui qui a permis à la Chine de passer, en moins d'un siècle, de pays pauvre à une grande puissance mondiale.

[4] Têtêvi Godwin Tété ADJALOGO, (1985). *La question du plan Marshall et l'Afrique.* Paris, L'Harmattan, p.59.

[5] Banque de France, Réunion des ministres des Finances de la Zone franc, Niamey le 28 mars 2019.

diversification peut la protéger en cas de chocs économiques et de revirement brutal des relations commerciales[1]. »

Aux termes mêmes de cette forme de collaboration, le ministre de la France d'outre-mer doit établir dans un délai de six mois, pour les territoires relevant de son autorité, des plans de développement économique et social portant sur une période de dix années. Ces plans visent la transformation de ces territoires en pays modernes avec implantation des équipements publics et privés qui favorisent la production, la transformation, la circulation et l'utilisation de leurs richesses de toute nature[2]. Ce projet ne peut pas se faire sans l'aide des partenaires étrangers, tels la France et les organisations internationales. « Les accords de coopération postérieurs aux indépendances entre la France et les pays africains sont fondés sur un deal. La France maintient son assistance économique, financière, culturelle et technique aux pays africains. Ceux-ci préservent les intérêts économiques français et utilisent l'aide pour se développer et engager les réformes de structures nécessaires[3]. »

L'investissement dans le développement économique et social était, dans une large mesure, un moyen d'accompagnement des pays africains dans leur processus de développement. Une grande partie de ces investissements provenait de la France qui était et demeure la principale partenaire commerciale des pays issus de son ancien empire colonial. « Le F.I.D.E.S était alimenté par une dotation annuelle de la métropolitaine (55%), complétée par la contribution des territoires (45%). Comme les ressources propres des colonies (taxes locales et fonds de réserve) étaient notoirement insuffisantes, un rôle prépondérant fut joué par la Caisse centrale de la France d'outre-mer[4]. »

À ces organismes majeurs s'ajoutent divers organismes opérant à travers plusieurs filiales. La C.C.F.O.M. (Caisse centrale de la France d'outre-mer) par exemple intervenait pour apporter un soutien financier et surtout aider les pays à payer l'administration publique et les forces françaises sur leur territoire. Cette structure étatique dirigée par la France dans les territoires conquis avait pour mission d'encourager les produits agricoles destinés à l'exportation comme le cacao, le café, le coton, la canne à sucre… Les cultures vivrières étaient plus importantes pour la population que les cultures de rente

---

[1] Organisation de coopération et de développement économique (OCDE), (2015). *Perspectives économiques en Afrique 2015 : développement régional et inclusion spatiale*. Paris, Éditions OCDE, p.20.

[2] Archives nationales d'Outre-Mer, identification du carton : cote de communication 2 APOM 13, présentation du contenu : questions monétaires, le franc CFA (1946-1953). Le lot portant sur les problèmes économiques et financière de (1946-1955).

[3] Jean-Paul GOUREVITCH, (2004). *La France en Afrique : Cinq siècles de présence : vérités et mensonge*. Paris, Le Pré aux Clercs, p.313.

[4] Olivier VALLÉE, (1989). *Le prix de l'argent CFA : Heurs et malheurs de la zone franc*. Paris, Karthala, p.34.

qui servaient à l'exportation. La France a orienté sa colonisation pour encourager la production des cultures commerciales. Cela traduit l'aspect déséquilibré du type de collaboration que la France entretenait depuis sa prise d'assaut du continent.

Par ailleurs, « l'autre organisme majeur dont dispose la France dans le domaine économique et financier est le Fonds d'aide et de coopération (F.A.C) des Territoires d'Outre-mer institué en 1946. Il s'agit de la nouvelle dénomination du F.I.D.E.S. (Fonds d'investissement et de développement économique et social)[1]. »

Jean-Paul GOUREVITCH[2] décrit l'Afrique en voie de développement, un développement parsemé de difficultés. Pour lui, depuis les indépendances aucun pays africain n'a connu une totale paix civile alors que l'Afrique ne manque ni de richesse ni d'atouts. L'auteur en conclut que la présence française en Afrique n'a rien apporté de grand à l'Afrique. Il fait le tri entre les faits sur lesquels les historiens s'accordent et leur interprétation. L'auteur détaille aussi les facteurs qui expliquent les stratégies parfois contradictoires des interventions de la France, les résistances qu'elle rencontre en Afrique, la transformation de l'image de l'Africain dans l'opinion publique française. L'auteur recense trois catégories d'aide à l'Afrique par la France : « Longtemps l'aide apportée par la coopération n'a été comprise que comme une solution de substitution destinée à pallier les carences dans les pays du champ ; on envoyait sur place des médecins, des infirmiers, des enseignants, des conseillers parce que l'Afrique ne disposait pas de ressources humaines suffisantes pour faire face à la demande[3]. »

Hubert BONIN[4] fait une analyse des entreprises publiques et privées en France sur le plan économique et géopolitique. Il reconstitue l'évolution du cadre des firmes françaises ou britanniques en Afrique et se consacre surtout à préciser l'histoire de la stratégie et de la gestion de ces entreprises. Le travail repose sur la CFAO[5] pour démontrer la présence française en Afrique avant et pendant les indépendances et qualifie la CFAO de dessein colonisateur après les indépendances. « La C.F.A.O doit donc maintenir sans cesse sa "réputation", son image de marque commerciale – "Keur Compagnie", dit-on au Sénégal – sous peine d'être abandonnée par la chalandise ; et elle doit affûter ses achats et la prospection des fournisseurs afin de consolider sa

[1] Jean SURET-CANALE, *op. cit.*, p.38.
[2] GOUREVITCH, *op.cit.*, 456 pages.

[3] *Ibid.*, p.352-353.
[4] Hubert BONIN, (2008). *CFAO (1887-2007) : la réinvention permanente de commerce d'outre-mer*. Paris, Publications de la SFHOM, 766 pages.
[5] Le groupe Compagnie française de l'Afrique occidentale (CFAO), est spécialisé dans les secteurs de la distribution automobile, des nouvelles technologies et de l'énergie.

compétitivité au niveau de l'attrait, de la qualité et des prix de ses gammes de "marchandises"[1]. »

Les pays sont choisis en fonction de leurs richesses minières et naturelles. Le non-remboursement conduit parfois à la privation des ressources du sous-sol. « Au départ, l'aide était accordée prioritairement aux pays les plus riches (Gabon, Côte d'Ivoire, Congo, Mauritanie) dont on pensait qu'ils seraient en mesure de rembourser rapidement. Puis, devant la crise de la dette, elle a été, dans un souci de justice sociale, réorientée vers les pays les moins avancés (PMA) au détriment des Pays à revenus intermédiaires (P.R.I)[2]. » C'est pourquoi, l'aide bilatérale d'un pays est parfois obligée de continuer sur sa lancée comme un train sur des rails, car contrôlée par une puissance étrangère capable de décider du sort du pays dont les ressources sont acquises. Il faut aussi reconnaitre que l'indépendance politique était une forme de résilience et d'alliance avec les pays nouvellement indépendants par le biais de contrats plus ou moins favorables aux intérêts des pays africains. En d'autres termes, « l'octroi des indépendances de 1960 avait été subordonné à la signature d'accords qui maintenaient à la France des avantages spéciaux, voire attributions relevant normalement de la souveraineté des États indépendants. Pour une part, la France reprenait ainsi d'une main ce qu'elle accordait de l'autre en "transférant" aux États devenus indépendants les "compétences" de la "communauté"[3]. »

En termes de coopération et de développement des pays nouvellement indépendants, des critiques sont menées par SURET-CANALE à l'égard des remèdes proposées par la France qui ne répondent pas parfois au cadre de la modernisation qu'elle avait promis aux lendemains des indépendances. Il propose quatre critères qui normalement devraient permettre un développement et une autonomisation des pays qui jadis, étaient sous la domination française.

1- La priorité à la modernisation de l'agriculture vivrière : développer une agriculture vivrière de marché pour réduire les importations de denrées vivrières ;
2- Encourager et développer les industries consommatrices de matières premières locales et de main-d'œuvre, et exportatrices à l'exemple de celle de Hong-Kong ou de la Corée du Sud ;
3- Faire prévaloir une coopération de formation sur les coopérations de substitution, et comprimer les dépenses destinées à l'enseignement ;
4- Accroître l'aide publique et renoncer à l'"aide liée" ; réduire les crédits à l'exportation ; encourager les investissements privés.

[1] *Ibid.*, p.441.

[2] GOUREVITCH, op. cit., p.316.
[3] SURET-CANALE, *op. cit.*, p.43.

L'aide accordée aux pays africains par la France par exemple, est en euro et déposée dans un compte français. Pour l'opinion publique africaine, « l'aide est un dû. Il y a un problème, il faut le régler. Et puisque l'Afrique n'a pas les moyens de le faire, ce sont les autres qui doivent le faire. Les médias et les dirigeants africains n'ont pas véritablement, à part quelques exceptions comme le président Wade, cherché à faire sortir l'opinion publique de la mentalité d'assassinat[1]. » Le pays a qui l'aide est accordée procède par l'acquisition de ce compte tout en acceptant les clauses de certains contrats déjà préétablis : l'achat des marchandises de marque française et le transport est assumé par les compagnies françaises jusqu'au port de Lomé par exemple, l'enveloppe étant alourdi par les frais de frets de transport et assurance. A juste titre,

« L'aide est toujours liée et est différente d'un don. Si quelqu'un te donne une aide c'est qu'il a trouvé un crédit. Exemple, la France vous accorde 10 milliards dans une banque française qui est synonyme de crédit qu'on ouvre à une échéance qui a des intérêts. Vu que c'est un prêt que la France accorde, il faut le rembourser avec des intérêts. Or, les petites industries africaines ne fabriquent pas totalement leurs produits[2]. » Dans cette situation, on finit par être endetté et il faut privatiser les entreprises nationales. Les grands bailleurs capables d'acheter ces entreprises ou mini industries sont encore les étrangers, en l'occurrence les Français. Avec des succursales des banques françaises en Afrique, il est facile pour un Français de déplacer ses fonds ou de prendre un crédit en Afrique pour acheter la même entreprise qu'un national prétendrait acheter. Comme l'a affirmé Victor Komla Alipui, l'Afrique n'a pas besoin d'aide ; elle manque juste de la technologie.

À en croire notre interlocuteur, le pauvre paysan n'a pas besoin qu'on lui fasse un discours sur l'économie. On peut comprendre cette assertion. En effet, l'or a pour rôle de garantir la monnaie ; celui-ci reste dans les banques et les billets sont en circulation. Au fait, les réponses économiques sont assez simples. « Pour la France, le gain ou le coût est assez faible, puisque l'ensemble de la zone représente 3 à 4% des échanges français. Je dirai qu'il n'y a pas de gain économique commercial immédiat ou direct. Ensuite, il y a des gagnants et perdants dans un système. Si vous restez au niveau des États comme je le disais tout à l'heure, il y a des gagnants ; des États gagnent parce qu'ils ont une inflation maîtrisée beaucoup plus faible que dans le reste de l'Afrique[3]. » L'intérêt géopolitique de la France dans cette partie d'Afrique témoigne à quel point elle aura du mal à quitter ses ex-colonies. En plus de la

---

[1] Jean-Paul GOUREVITCH, *op. cit.*, p.356.

[2] Victor Komla ALIPUI, ancien ministre de l'Économie et des Finances du Togo, d'après nos entretiens de terrains en décembre 2020.

[3] Notre interlocuteur a requis l'anonymat. Cet entretien eu lieu le 22 mai 2022 par voie téléphonique au cours de notre voyage de recherche en France du 19 mai au 7 avril 2022.

peur de voir ces pays africains basculés dans le camp de la Russie et de la Chine, la France travaille en étroite collaboration avec les institutions financières africaines. « La République française apporte son concours à l'Union monétaire ouest africaine pour lui permettre d'assurer la libre convertibilité de sa monnaie. Les modalités de ce concours seront définies par une Convention de compte d'opérations conclue entre le Ministre de l'Économie et des Finances de la République française et le Président du Conseil des ministres de l'Union agissant pour le compte de la Banque Centrale des États de l'Afrique de l'Ouest[1]. »

Dans les projets d'intégration régionale, il faut que les réformes structurelles, comme le dit le FMI, soient menées sur la compétitivité économique. La question à qui profite le franc CFA amène à connaître qui produit quoi et à quoi sert l'équilibre de la monnaie, puisque l'euro est une monnaie forte. Quand il y a eu la dévaluation de 50 %, les gens étaient choqués, puisque leurs épargnes avaient été atteintes. Par exemple, la stabilité de la monnaie permet d'avoir la certitude sur l'échange. Cela favorise les investissements directs de l'étranger ou des investissements domestiques, parce que si l'on sait que la monnaie va varier de 40 à 50 % comme dans certains pays de l'Afrique, c'est difficile d'investir. Mais il y a des gagnants aussi dans cette crise : les épargnants par exemple. « Les relations monétaires entre les pays membres de la zone franc ont profondément changé au cours des neuf dernières années pour deux raisons. La première est que les pays d'Afrique et de Madagascar sont devenus indépendants. La seconde est que le régime des relations avec l'extérieur a été grandement modifié par le retour à la liberté des changes en 1967, par les crises monétaires de 1968 et les rajustements monétaires de 1969[2]. » À l'issue de ces changements, de différentes répercussions seront constatées en Afrique noire et à Madagascar, d'une part et dans les États d'Afrique du Nord, d'autre part. On assiste à la conclusion de conventions bilatérales entre les États de la zone franc et la France, ainsi que de différents accords de coopération remplaçant la Communauté institutionnelle.

À la question, est-ce que la France peut avancer que la colonisation a été une réussite ? un interlocuteur de la Banque de France qui a requis l'anonymat répond : « Il faut voir quels sont les avantages et les inconvénients

[1] Banque de France, article 1er de l'Accord de coopération entre la République Françaises et les Républiques membres de l'Union monétaire ouest-africaine, décembre 1973.

[2] *Journal officiel de la République française,* « Avis et rapport du conseil économique et social : les problèmes monétaires de la zone franc, session des 10 et 11 mars 1970 », Bibliothèque nationale de France, 15 avril 1970, p.192, https://gallica.bnf.fr/ark:/12148/bpt6k9764487q/f7.item.r=cr%C3%A9ation%20de%20la%20zone%20franc%20CFA, consulté le 27 avril lors de nos travaux de terrain en France.

macroéconomiques. Ce qui est intéressant, plus de la moitié des pays africains ont choisi des modes de fonctionnement des systèmes de change fixe ou très proches ou très peu variables parce qu'ils ont un profit. Je pense qu'ils trouvent un avantage à avoir une parité fixe. Si vous voulez, la parité fixe n'a rien de particulier à la zone Franc[1]. »

Cette déclaration de notre interlocuteur incite à savoir si les pays africains avaient d'autres options à l'époque du choix de leur régime de change. Cette question trouve amplement sa place à partir du moment où l'indépendance politique peut ne pas impliquer la souveraineté monétaire. La dernière a le pouvoir de contrôler économiquement et politiquement le pouvoir d'achat et si nécessaire, de faciliter les ajustements en cas de crise de la monnaie. Il y a aussi dans cette politique de dépendance, des systèmes qui permettent plutôt de rassurer la stabilité des prix. Donc il y a un avantage qui est la stabilité des prix et des modalités d'adaptation aux crises. Le revers de la médaille qui justifie la situation économique des États africains de la zone franc se traduit par sa volatilité, une volatilité qui permet aux multinationales de prendre le contrôle de tout et sur tout.

Les problèmes nés de l'utilisation du franc CFA ont entraîné depuis les années d'indépendance des remous au niveau des élites africaines. De nombreux débats contradictoires se sont engagés entre d'un côté ses détracteurs (qui ambitionnent obtenir pour leurs États à la fois une indépendance politique et économique totale), et de l'autre côté ses défenseurs africains (les profrançais surtout qui œuvrent à faire perdurer cet outil colonial d'exploitation des Africains par la France). N'ayant aucune maîtrise de la gestion ou de l'émission de cette monnaie, les pays de la Communauté économique des États de l'Afrique de l'Ouest ont engagé depuis quelques années maintenant un processus qui aboutirait au remplacement du franc CFA par l'ECO au cours de l'année 2020.

3. ECO : nouvelle monnaie ouest-africaine ou le franc CFA rebaptisé ?

Les nouveaux débats sur l'actualité monétaire des pays de l'Afrique de l'Ouest portent de plus en plus sur la mort programmée du franc CFA en 2020, plutôt que sur la posture que prendra la nouvelle monnaie, l'ECO[2]. Deux positions opposées se dégagent : quel ECO pour quel espace monétaire ? Nombreux sont les analystes qui perçoivent la route de développement des

---

[1] Entretien téléphonique du 22 mai 2022 en France, pendant notre séjour de recherche.

[2] L'Eco est un projet de monnaie commune qui devrait être mis en place au courant de l'année 2020 par les pays de l'UEMOA et les pays de la ZMAO en Afrique de l'Ouest qui constituent l'espace CEDEAO. À la liste s'ajoute le Cap-Vert qui, bien que membre de la C.E.D.E.A.O ne fasse partie d'aucune de ses zones monétaires. L'Eco serait l'avènement d'une nouvelle ère de fusion et de vision.

États de l'espace ouest africain à travers le changement de monnaie, une monnaie fédératrice qui garantit une souveraineté (politique et économique) à l'ensemble des pays membres. Cependant, l'ECO voulu par Paris et Abidjan et celui envisagé par des présidents de la Communauté Économique des États de l'Afrique de l'Ouest s'opposent sur certains principes. Alassane Ouattara est connu pour ses positions en faveur du franc CFA ; les réformes d'envergure du franc CFA annoncées par ce président le 21 décembre 2019 à Abidjan à la suite de la visite du président Français Emmanuel Macron, suscitent moult interrogations. Dans sa déclaration, Ouattara souligne les points de convergence et de divergence entre le franc CFA et l'ECO, entre ce qui changera et ce qui ne changera pas[1].

Concernant les points de changement, il note :

- le nom « franc CFA », monnaie créée en 1945 deviendra l'ECO ;
- la fin du dépôt des réserves de change en France. Désormais, avec l'ECO, la Banque centrale des États de l'Afrique de l'Ouest (B.C.E.A.O) ne devra plus déposer la moitié de ses réserves de change auprès de la banque de France et elle sera libre de placer ses avoirs dans les actifs de son choix ;
- le retrait de la France de la gouvernance de l'ECO. Selon les nouvelles dispositions de cette monnaie, l'ECO ne connaîtra plus de représentants français au sein de son Conseil d'administration et au Comité de politique monétaire de la B.C.E.A.O.

Quant à ce qui ne changera pas, Alassane Ouattara évoque :

- la parité fixe avec l'euro, dans le but d'éviter les risques d'inflation, maintenant le même taux que le franc CFA, c'est-à-dire 1 euro = 655,96 ECO.
- la garantie de la France, au cas où la BCEAO fait face à un manque de disponibilité pour couvrir ses engagements en devises, elle pourra se procurer les euros auprès de la France. Elle évitera aussi la spéculation et la fuite des capitaux.

Du coup, cette annonce de Ouattara vide le projet des présidents de la C.E.D.E.A.O de sa substance vitale et réduit l'ECO au même espace monétaire que le franc CFA. Cet ECO ne serait donc qu'une version améliorée du franc CFA. Pour les vrais défenseurs d'une véritable monnaie africaine, en premier lieu le Nigéria, l'ECO doit être une monnaie déconnectée du Trésor français et caractérisée par la non-ingérence d'une puissance étrangère. Le risque d'inflation et de spéculation évoqué par Paris n'est qu'un prétexte pour continuer de faire planer l'ombre de la France sur la gestion de cette monnaie. L'ECO augure alors un nouveau départ au peuple africain à condition qu'il ait le contrôle de cette monnaie et qu'elle soit utilisée au bénéfice des peuples. Une chose est d'avoir sa propre monnaie, une autre est de contrôler sa

[1] *France 24* : « Franc CFA : ce qui va changer, et ce qui ne changera pas… », paru le 20 mai 2020

gouvernance. Le pouvoir de décision revient aux dirigeants africains de déterminer à qui serait profitable cette monnaie.

L'article de Mbaye, Mballa et de Noglo[1] fait partie de l'une des études pertinentes sur notre sujet. Dans le travail, on constate que « le débat actuel sur la zone franc remet en perspective certains dossiers et projets inachevés en Afrique de l'Ouest et centrale. Autant il est difficile de parler de transformations structurelles pour la plupart des pays d'Afrique centrale, autant on peut évoquer l'expérience de la mise en place de la monnaie unique de la CEDEAO. Depuis sa création en 1975, cette institution a réalisé des étapes importantes dans la matérialisation de l'intégration économique[2]. » L'objectif de leur travail est de « relayer quelques interrogations, dont celles relatives à l'efficacité de la politique monétaire et à l'intégration des économies qu'elle sous-tend. C'est également de soumettre l'outil zone franc à un test de pertinence, face aux perspectives réelles de développement des pays concernés. L'autre objectif visé était de provoquer des analyses détaillées des économies de la zone franc, de manière rigoureusement scientifique, loin de toutes les passions et prises de position idéologiques que charrie souvent un tel débat[3]. »

CONCLUSION

Le continent africain, surtout sa partie francophone située au Sud du Sahara a été confronté à d'énormes difficultés politiques, économiques et sociales durant les années 1945 à 1960. Malgré le soleil des indépendances, les faits témoignent aujourd'hui du retard de ces ex-colonies françaises d'Afrique subsaharienne. Sur le plan politique, la mainmise de la France sur les pays francophones lui a permis de créer et de renforcer son empire colonial. Ainsi, à travers les différentes politiques et collaborations, elle réussit à imposer à ces États son système politique. Malgré l'évolution de l'environnement international au lendemain de la Deuxième Guerre mondiale d'une part, et l'éveil des consciences nationales dans les colonies d'autre part, l'accession à la souveraineté internationale des colonies françaises a été faite selon le plan de Paris.

Sur le plan économique, le bilan de la colonisation a été moins favorable à l'Afrique. La création et le maintien du franc CFA, même après les indépendances, a considérablement contribué à l'appauvrissement de l'Afrique, surtout dans sa partie francophone, comme en témoignent plusieurs rapports et études des économistes. L'Afrique francophone, bloquée dans une

[1] Ahmadou Aly MBAYE, Charlie MBALLA et Yawo NOGLO, (2019), « La zone franc, d'hier à aujourd'hui : enjeux et perspectives pour le développement et l'intégration de l'Afrique », in *Interventions Économiques*.

[2] *Ibid.*, p.3.

[3] *Ibid.*

impasse économique, devra se départir de certaines formes de coopération avec la France afin de rattraper son retard et reconstruire les nouveaux fondements de son émergence. Aussi, pour accéder à une véritable indépendance monétaire et économique, voire politique, les pays francophones d'Afrique n'auront d'autres choix que de s'interroger sur le sujet de la monnaie qui leur est imposée depuis la colonisation par la France, bien que la monnaie ne soit pas le seul levier de développement et d'industrialisation d'un pays.

CONCLUSION GÉNÉRALE

Au regard de ce qui précède, nous pouvons retenir qu'aucune monnaie n'est neutre. Elle peut être utilisée à diverses fins, y compris à enrichir ou à appauvrir une population. Le franc CFA a été proposé dans un contexte de crise. Affaiblie par les nombreuses contraintes liées à l'occupation de son territoire au cours de la Deuxième Guerre mondiale par l'Allemagne nazie, la France s'était rabattue sur ses colonies afin de se donner plus de souffle ; c'est ainsi qu'elle créa une monnaie commune afin de faciliter les échanges extravertis de ses territoires coloniaux vers la métropole. Au lendemain des indépendances, au travers de cette monnaie et avec les séquelles de la période coloniale, la France a continué d'exercer sa domination sur ses ex-colonies. La monnaie, instrument dont les formes diffèrent en fonction des structures économiques et sociales, est à la fois un bien et un actif. Son apparition dans les échanges a pour but de les faciliter. La création de monnaie, effectuée par des institutions, principalement dans le cadre d'opérations de crédit, est en relation d'interdépendance avec l'évolution de la production et des prix. La régulation monétaire, dans ses composantes interne (politique monétaire) et externe (politique de change), est au cœur de la politique économique. Considérée ainsi, la monnaie est facteur de pouvoir et d'influence de ceux qui l'utilisent et qui décident de sa politique.

Le continent africain, surtout dans sa partie francophone située au Sud du Sahara, a été confronté à d'énormes difficultés politiques, économiques et sociales depuis son contact avec l'Europe. La mainmise de la France sur ses ex-colonies lui a permis de créer et de renforcer sa vaste zone d'influence. Ainsi, à travers les différentes politiques et collaborations, elle réussit à imposer son système politique et économique aux populations africaines. Malgré l'évolution de l'environnement international au lendemain de la Deuxième Guerre mondiale d'une part, et l'éveil des consciences nationales dans les colonies d'autre part, l'accession à la souveraineté internationale des colonies françaises a été faite selon les desiderata de Paris. Sur le plan économique, le bilan de la colonisation n'a pas été non plus à la faveur de l'Afrique. La création et le maintien du franc CFA, même après les indépendances a considérablement contribué à l'appauvrissement de l'Afrique, surtout dans sa partie francophone, comme en témoignent les nombreux rapports et études des économistes.

Les pays africains de la zone franc ont accepté le rattachement du franc français d'hier et à l'euro d'aujourd'hui. La conséquence directe est que la France commande et guide les politiques économiques des États concernés et la Banque de France est la seule structure, mieux que les banques centrales africaines, à avoir une connaissance complète des fluctuations et évolutions des taux d'intérêt. La zone franc subit également les dictats de la zone euro sur le marché des changes, induisant de ce fait, la perte de parts de marché d'importation et d'exportation. Cependant, sur le plan international, le franc CFA n'est pas la seule monnaie à perdre une telle indépendance. Le franc français dépendait du mark allemand d'autrefois. Par conséquent, la relation d'une monnaie à une autre ne suffit pas pour traduire sa non-autonomie. Dans une telle relation, chaque partie peut avoir la capacité d'émettre ou de modifier, dès que l'environnement l'exige, la parité et le type de politique monétaire par exemple. Pendant longtemps et jusqu'à maintenant, la France a supporté le poids de la convertibilité extérieure du franc CFA. Cette situation l'amène à tenir compte de certains paramètres dans la définition de sa politique de coopération avec les pays africains, comme l'évaluation des coûts et des gains de cette politique. Il est question pour elle, d'un sujet vital.

La dévaluation du franc CFA a donc profité à la France qui se réconforte dans son rôle de garant de la stabilité et de la convertibilité extérieure de cette monnaie. Au plan des importations, l'augmentation des prix de vente en monnaie nationale des produits importés va décourager leur consommation. Pour ce qui est des exportations, on note une baisse des prix de vente des produits exportés, ce qui va accroître leur demande. L'intégration politique et économique régionale est d'abord l'affaire des partenaires africains de la France. La coopération française se fixe pour objectif de donner les moyens à une volonté politique africaine et de produire des effets concrets. La question du franc CFA peut être posée autrement. Faut-il une monnaie pour chaque pays africain membre de la zone franc, une monnaie unique pour l'ensemble des pays africains membres de la zone franc sous la couverture de la France, ou un système intermédiaire à élaborer ? Ces questions posent l'épineux problème de l'indépendance monétaire des États africains.

Vu les difficultés économiques qu'ont connues les pays de la zone franc après la dévaluation de 1994, les mesures annoncées devraient leur permettre un réel développement et de devenir plus compétitifs sur le marché mondial. Aujourd'hui, plusieurs incertitudes planent sur le développement de l'Afrique, car les effets de cette dévaluation se ressentent encore dans le quotidien de la population. En dépit des projets conçus ou financés par les institutions financières internationales et parfois par la France, les pays de la zone franc n'ont connu ni la croissance, ni le développement économique escomptés. Au regard de la structuration actuelle et pour un développement harmonieux de ses économies, il est nécessaire que la politique économique et monétaire soit efficace. Au fils du temps, l'enracinement politique de la France en Afrique francophone est à la fois un contrôle politique et une unité militaire comparable à une organisation puissante capable de décider du sort de ces pays africains sous sa coupe. Entre-temps, l'instabilité politique et économique des pays de l'Afrique subsaharienne pousse les jeunes vers la recherche du bien-être en dehors de leur continent, d'où l'épineux problème de l'émigration.

Sur le plan social, les différents programmes d'ajustement structurel mis en place par le F.M.I et la B.M aux pays africains ont permis de rétablir un tant soit peu l'équilibre financier dans des pays en crise. Au sortir de la Seconde Guerre mondiale, la France créa deux organismes financiers qui lui permirent de conduire ses territoires d'outre-mer vers la route du développement économique : la C.C.F.O.M.[1] et la F.I.D.E.S.[2]. Le but était entre autres, de contrôler les différentes instances des pays nouvellement indépendants. D'un autre côté, la C.F.A.O devient un des leviers de la diffusion du commerce moderne en Afrique noire. Le F.I.D.E.S et la C.C.F.O.M feront plus tard place au F.A.C.[3] et à la C.C.C.E.[4]. Ces deux nouvelles structures mises en place par la France continuent à encourager la production de cultures d'exportation, ainsi que le développement des entreprises françaises. En gros, il est clair que ces différents organismes étaient inadaptés aux besoins locaux face à la famine grandissante et aux différents maux auxquels sont confrontées les populations vivant dans ces zones contrôlées par la France. Nonobstant les plus de 60 années d'indépendance, la situation des pays francophones d'Afrique n'a pas réellement évolué. La seule différence aujourd'hui est que la France devient de plus en plus ouverte et flexible sur certaines positions. Elle met ainsi en place des semblants d'aide et d'assistance en faveur des pays pauvres, une des formes les plus subtiles du néo-colonialisme pour reprendre les expressions de Kwame NKRUMAH[5]. Ainsi, bien que théoriquement indépendante et souveraine, la majorité des pays de l'Afrique subsaharienne continue à vivre dans un système classique de relations comparables à celles qu'entretiennent un « employé » et son « patron ».

Cette politique de dépendance explique à plusieurs niveaux le retard de développement accusé par les pays nouvellement indépendants, malgré leur aspiration au décollage économique, politique et social. Pour preuve, les indices de développement humain des pays de la zone franc CFA depuis 1997 sont loin de satisfaire les populations. Dans cette perspective, il paraît étonnant que la proposition du général De Gaulle du 28 septembre 1958 concernant le projet de « Communauté » ait pu triompher avec une seule voix contre celle de la Guinée de Sékou Touré[6]. Après les indépendances, des efforts ont été faits pour limiter la domination financière commerciale et industrielle de la

[1] Caisse centrale de la France d'outre-mer

[2] Fonds d'investissement et de développement économique et social

[3] Fonds d'aide et la coopération

[4] Caisse centrale de coopération économique

[5] Kwame Nkrumah, dans *l'Afrique doit s'unir*, 1994, p. 205.

[6] En clair, pour arriver à son but contre le projet de communauté que proposait le général de Gaulle, Sékou Touré a rallié ses compatriotes sur un vote négatif, ce qui l'a empêché de continuer de rester dans la communauté. Il accéda à son indépendance la même année et plus tard mit en place sa propre monnaie. C'est cet esprit d'unanimité à rompre avec le colon qui manquait auprès des autres dirigeants africains pour faire face au général de Gaulle.

métropole sur ses ex-colonies. Cependant, force est de constater la persistance et le renforcement dans le temps, des facteurs de dépendance des pays africains vis-à-vis de la France.

Toutefois, l'Afrique francophone, bloquée dans une impasse économique, devra se départir de la France, sinon diversifier ses partenariats dans une approche gagnant-gagnant, afin de rattraper non seulement son retard, mais aussi et surtout poser les jalons d'une émergence durable. Hormis leur repositionnement à l'échelle internationale, les pays d'Afrique francophones auront à œuvrer pour leur indépendance monétaire, comme ce fut le cas de l'Algérie, du Maroc et de la Tunisie. Aussi, pour accéder à leur indépendance monétaire et économique, voire politique, ces pays n'ont d'autre choix que de s'interroger sur le sujet de la monnaie qui leur est imposée depuis la colonisation et qui compromet jusqu'ici tout projet de développement, bien que la monnaie ne soit pas le seul facteur en la matière.

Malgré la responsabilité de certaines élites et chefs d'État africains, notre recherche nous a permis de comprendre qu'il ne peut y avoir en aucun cas de corrompus sans corrupteurs. Le silence coupable ou la complicité des Nations unies, des grandes puissances et même des ONG défenseures des peuples ont leur part de responsabilité dans la dépendance monétaire de ces ex-colonies françaises vis-à-vis de la France. Ces différents organismes et entités ont une parfaite connaissance de cette histoire mais manquent de courage et de volonté pour pouvoir aider ces peuples. C'est jouer au pompier pyromane que de refuser d'aider à lutter en amont contre le facteur déclencheur de l'incendie.

L'un des aspects critiques de l'existence du franc CFA entre les pays africains est que cette monnaie ne facilite pas les échanges intracommunautaires. Les États de l'espace franc CFA en Afrique de l'Ouest (Bénin, Burkina-Faso, Côte d'Ivoire, Guinée-Bissau, Mali, Niger, Sénégal, et Togo) et ceux de l'Afrique centrale (Cameroun, République centrafricaine, République du Congo, Gabon, Guinée équatoriale et Tchad) ont hérité du Franc des Colonies françaises d'Afrique (FCFA) créé et entretenu depuis 1945. Même si la dénomination de cette monnaie a évolué en Franc de la communauté financière africaine en Afrique de l'Ouest et Franc de la coopération française d'Afrique après les années 1960, le rôle qui lui avait été assigné n'a guère connu d'évolution. Plus de trois quarts de siècle après sa mise en circulation, le franc CFA, à travers sa gestion, a créé de nombreuses disparités au sein des populations africaines et favorisé l'enrichissement de l'État français. Le franc CFA procure à Paris les avantages du contrôle, lui permettant au besoin d'aller au-delà de la sphère économique.

Le mouvement social contre le franc CFA serait la meilleure façon de rompre avec cette monnaie. Ce mouvement est souvent dirigé par des économistes, sociologues, anthropologues, historiens, des panafricanistes, et des activistes, etc.

Après cette étude, nous parvenons à une conclusion forte. Au début de notre étude, l'objectif définitif était de vérifier si le franc CFA est une bonne monnaie pour les Africains et si elle a contribué à l'épanouissement de ses pays utilisateurs. Plus de 60 ans après les indépendances, la relation franco-africaine reste atypique dans le monde. Parmi toutes les anciennes puissances coloniales, la France est la seule qui s'accroche monétairement à ses ex-colonies. Les États africains peuvent rompre avec la France sans avoir besoin de se répandre dans les médias. L'exemple des pays du Maghreb peuvent aider les autres pays francophones à prendre des décisions identiques. Aujourd'hui, les relations entre la France et l'Algérie sont certes tendues, mais la France n'impose rien à l'Algérie, ni au Maroc encore moins à la Tunisie. Au contraire, elle reste un partenaire comme tous les autres. Comme l'a dit Thomas SANKARA, « L'esclave qui n'est pas capable d'assumer sa révolte ne mérite pas que l'on s'apitoie sur son sort. Cet esclave répondra seul de son malheur s'il se fait des illusions sur la condescendance suspecte d'un maître qui prétend l'affranchir. Seule la lutte libère[1]. »

Les mêmes causes produisant les mêmes effets, les États pourraient par ailleurs changer leur fusil d'épaule en expérimentant sur le court et le moyen terme les échanges avec d'autres partenaires économiques et politiques. Ils doivent à cet effet conjurer cette malédiction de Caïn qui semble les lier pour toujours, et passer d'une société de consommation à celle de production. Il est très paradoxal de voir que l'Afrique qui détient les plus précieuses richesses de ce monde soit totalement dépendante de l'aide des puissances qui l'exploitent. Elle doit tendre vers la vision des pays asiatiques, celle des peuples qui n'ont rien mais qui transforment tout, au lieu de rester dans la posture d'un continent qui a tout mais qui ne transforme rien. Il est temps que les Africains définissent eux-mêmes les objectifs phares de leur relation de coopération, que ce soit avec la France ou avec d'autres partenaires. Avec la France comme principale partenaire privilégié, l'Afrique francophone pèse moins au niveau économique dans les relations mondiales, bien que chaque État oriente de tout temps et en tout lieu sa coopération vers les autres pays en fonction de ses intérêts. Pour le monde occidental, l'Afrique est une réserve qu'il compte garder.

Un autre élément à ne pas négliger concerne les économistes africains et certains français d'ailleurs. Que l'Afrique rompe sa relation monétaire et économique avec la France et établisse sa propre monnaie n'est pas un gage de stabilité et de décollage. La question à se poser est de savoir dans quelles conditions interviendrait la création d'une monnaie ouest-africaine. En optant pour une monnaie endogène, l'Afrique francophone renforcerait son dynamisme interne et se présenterait comme une force d'interposition sur les marchés économiques internationaux. Une nouvelle perspective pourrait être que chaque pays africain ait un plan d'émergence affranchi de l'intérêt personnel des dirigeants, et que l'économie des villes soit connectée à celle des campagnes et vice-versa. Pour que le franc CFA soit une monnaie

---

[1] https://talent2africa.com/sankara-day/, consulté le 16 janvier 2023.

compétitive sur le marché international, sa parité fixe doit se muer vers une parité de change flexible ; cela lui éviterait une éventuelle dévaluation. Retenons que la dévaluation de 1994 a entraîné un grand bouleversement économique et social au sein des pays de la zone franc CFA.

Les conséquences restent encore palpables de nos jours dans le quotidien des populations. La France avait utilisé son droit de veto[1] pour imposer cette dévaluation qui a conduit plusieurs pays à revoir leurs dépenses et budgets, les balances commerciales étant devenues déficitaires. C'était une période de soudure économique pour les pays de la zone franc. La dévaluation a été un lourd fardeau pour les populations. C'est une période au cours de laquelle on note une augmentation alarmante du taux de la famine, de la délinquance et, surtout, du taux d'émigration. À côté de cette situation de fait, il existait aussi dans ces pays une corruption étendue qui dominait dans les choix opérés par les élites et gouvernants. Les leaders des partis au pouvoir et leurs proches ont pu échapper aux effets néfastes de cette dévaluation à travers le rapatriement de leurs avoirs vers les banques de l'étranger. Cette décision de diminuer de moitié la valeur du franc CFA a nui à la majorité des citoyens de chaque État. Non seulement les salaires étaient demeurés en l'état, sans initiative d'augmentation à titre compensatoire, mais aussi les prix des produits de première nécessité avaient presque quadruplé, les importations étant devenues beaucoup plus chères.

Aujourd'hui plus que jamais, la question de développement économique est un enjeu majeur qui se pose à tous les pays du monde. Par ailleurs, les problèmes d'ordre politique, militaire, juridique, social et culturel n'en demeurent pas moins importants. La réalité est que les États africains dans leur marche vers le décollage économique ont essayé ensemble de s'en sortir en adoptant deux approches : l'une préconise le multilatéralisme et l'autre table sur une démarche individuelle. Certains en revanche, ont essayé de façon solitaire des expériences purement économiques et monétaires. Parfois, les plans de sécurité proposés par les institutions internationales ont été torpillés. Comme l'a dit Seydou BADIAN dans *Sous l'orage*, « tout change et nous devons vivre selon les réalités de notre temps. » La France est appelée à réactualiser son logiciel et à abandonner sa politique de deux poids deux mesures. Elle ne saurait apprécier diversement les mêmes réalités, par exemple les coups d'État du Mali, du Burkina Faso, de la Guinée, du Niger (où elle s'oppose aux autorités de transition) et du Tchad (où elle adoube le pouvoir militaire mis en place après la mort du président DÉBY et que le président MACRON qualifie même de démocratique au besoin). Il est vrai que, depuis la colonisation, chaque ancienne puissance colonisatrice a une zone d'influence, mais aujourd'hui les mentalités ont évolué.

---

[1] En lien avec la forte présence des Français au sein de l'administration de la C.E.D.E.A.O et de la B.E.A.C.

Pourquoi les Chinois, les Russes, les Anglais et les Canadiens par exemple ne sont pas décriés sur le continent comme c'est le cas de la France qui est vue comme un paria dont les Africains cherchent à se débarrasser ? Même si l'objectif de la Chine reste l'exploitation des ressources du continent noir, elle n'adopte pas une attitude de donneuse de leçons envers les pays africains, que ces derniers soient jugés démocratiques ou pas. Aujourd'hui, la lutte des Africains est comparable à ceux des Africains qui ont lutté pour l'indépendance dans les années 50. Mais ce qui augmente la frustration de la jeune génération africaine de nos jours est le fait que la plupart a accès aux informations grâce à l'internet tout comme les jeunes en Occident.

Socialement, l'Afrique a trop souffert de la colonisation et souffre encore de nos jours de la néo colonisation, surtout à cause de son héritage qu'est le franc CFA. Les différents projets quinquennaux à travers les accords de Lomé I, II, III et IV, les accords de Cotonou, la Convention de Yaoundé, n'ont toujours pas donné le résultat escompté. L'Afrique continue de se chercher et les grands espoirs de son décollage restent encore hors d'atteinte. L'Afrique est appelée à donner du sens à sa propre trajectoire de développement, tout en faisant appel à différents partenaires européens, américains, chinois, russes, entre autres. La France perdra définitivement toute influence en Afrique si elle ne revoit pas totalement sa politique étrangère envers ses ex-colonies car il y a une nouvelle génération d'Africains qui aspire rapidement au changement. La nouvelle génération trouve inconcevable que ses dirigeants continuent de recevoir des injonctions de la part des Occidentaux. Elle veut plutôt des discussions équilibrées entre partenaires respectueux. Tous les pays africains sont en train de se libérer et cherchent à donner une nouvelle image en matière politique, économique et sociale de ces États.

En outre, l'aide qu'accordent les autres partenaires à l'Afrique doit être repensée. Par exemple, si la France à travers une de ses institutions financières accorde une aide, cette aide passe d'abord par un prêt à travers un compte ouvert en France. L'argent est utilisé pour acheter en France des matériels pour une industrie. Le paiement se fait en France et les frais de fret, de droits de douane, d'assurance et de dédouanement s'y greffent. Ces matériels achetés sont destinés à une industrie ou dans le cadre d'un projet. L'usine doit importer aussi des matériaux. Au bout du compte, le coût de production revient plus cher que l'importation. L'industrie est en faillite et le seul espoir pour y remédier est sa vente. Les seuls bailleurs de fonds capables d'acheter l'industrie sont les étrangers qui, eux, ont un pouvoir d'achat plus élevé que celui des nationaux. C'est l'une des raisons qui mettent les sociétés africaines aux mains des étrangers et, pendant ce temps, ils continuent de payer la dette. De cette manière, la courbe d'appauvrissement serait difficilement renversée.

La réponse à ces immenses questions réside dans une prise de conscience de la part de ses dirigeants. Cela étant, les Africains resteront les seuls décideurs de leur continent, quel que soit le prix à payer. L'exemple de la Chine est un cas d'école : elle a consenti un énorme sacrifice et le peuple chinois était déterminé à relever de grands défis. L'avenir de l'Afrique dépend du changement des priorités et des paradigmes vis-à-vis de l'intérêt personnel et l'adoption de nouveaux modes d'organisation et de comportement. Les efforts à consentir cependant, sont très considérables sur le continent africain. Comme le soulignait Julius K. Nyerere : le tiers-monde ne réclame pas une stratégie européenne pour le développement du tiers-monde. Il réclame une stratégie à laquelle il serait associé sur un pied d'égalité (...)[1].

Le bilan est dressé et il revient aux différents acteurs des sciences économique, politique, sociologique, historique, anthropologique... d'apporter leur contribution. La France perd pied aujourd'hui en Afrique car son influence politique, économique, diplomatique et culturelle ne cesse de prendre du recul. Il suffisait qu'un président africain s'émancipe un peu de la tutelle française pour qu'il se retrouve six pieds sous terre. Au fil des années, la France a perdu du terrain et continue de perdre son hégémonie face à la présence chinoise, russe et même américaine et islamiste. Une chose est sûre : si la France fabrique le franc CFA, elle peut s'en servir à ses propres fins. Actuellement, certains pays comme le Mali, le Niger, le Burkina, le Togo et la Guinée mettent la France sur le banc des accusés pour avoir orchestré des coups d'États, des manipulations de tout genre pour assurer sa domination en Afrique.

L'éveil des consciences – majoritairement intellectuelles – a posé le débat sur l'importance de revisiter les conditions d'utilisation du franc CFA par les pays francophones d'Afrique de l'Ouest. Malheureusement, les lignes n'ont jamais bougé. Avec l'engagement des jeunes générations intellectuelles africaines – très formées et de plus en plus informées sur la situation monétaire actuelle –, l'ensemble des pays de la C.E.D.E.A.O se sont engagés dans le processus de création d'une monnaie communautaire appelée "ECO".

Destiné à naître sur les cendres du franc CFA, Eco est un projet de monnaie qui suscite à la fois espoir et inquiétude. Les processus qui ont conduit à la conception de cette monnaie sont une ambition de la jeune génération africaine de couper le cordon ombilical français qui a nourri le franc CFA depuis sa mise en place en 1945 et qui a produit des effets régionaux contrastés. D'une part, la France, gestionnaire à part entière de cette monnaie, s'est enrichie en retirant aux utilisateurs toute possibilité d'épanouissement économique. Face à cette réalité, deux schémas plus ou moins opposés semblent caractériser à la fois la mort du franc CFA et la naissance de l'ECO. Depuis les années d'indépendance des États ouest africains, certains ont compris l'importance de la monnaie dans la souveraineté. Ainsi, le Ghana (en 1965) et le Nigéria (en 1973), deux anciennes colonies britanniques ont mis en place leur propre monnaie, respectivement le Cedis et le Naira (NGN). Le premier président du Togo, Sylvanus Olympio allait dans le même sens que ces précurseurs. Cette ambition du président Olympio présageait en effet, la

[1] Julius K. Nyerere, in *L'Événement européen* n° 3-4, Paris, 1988.

fin du franc CFA quelques années après les indépendances, puisqu'à la suite du président togolais, d'autres Chefs d'États africains allaient lui emboîter le pas. Au regard des nombreux maux auxquels sont confrontés les États de l'espace ouest-africain en général, et ceux francophones en particulier, les débats sur l'état de la monnaie n'ont jamais tari dans l'actualité. En effet, pour Michel Debré[1], « Olympio ne veut se lier à rien. Peut-être est-il sincère quand il parle de son association future avec la Communauté, mais il veut garder les mains libres. Cela se sent. En particulier, il veut voir ce que sera l'aide des Nations unies – également ce qui pourrait être un soutien américain. Dans ces conditions, aucune discussion avec lui ne va présentement bien loin. Je souhaite qu'un jour les dirigeants américains se rendent compte à quel point leur politique africaine, en étant si peu amicale à l'égard de la France, nuit en fin de compte à une cause commune[2]. »

Au début des années 2000, avec l'émergence d'une nouvelle génération africaine qui a pris à bras le corps le problème, le débat sur le franc CFA et ses utilisateurs sur le développement refait surface. Engagés à la cause commune de défendre les intérêts de l'Afrique, ils deviennent de plus en plus conscients et éveillés. Entre autres, jusqu'à nos jours, nous pouvons citer pêle-mêle l'économiste togolais Kako NUBUKPO, l'activiste franco-béninois Kémi SEBA, les présidents Issifou du Niger et AKUFO Ado du Ghana et Nathalie Yamb[3]. Le principal leitmotiv qui caractérise leur action est la dénonciation du colonialisme que la France continue d'exercer sur les États de l'Afrique de l'Ouest à travers la monnaie coloniale, le franc CFA. On dit souvent que l'argent est le nerf de la guerre. Tant que les pays ouest africains ne seront pas maitres de leur outil de paiement, tant qu'ils n'ont pas la force d'imposer les monnaies nationales africaines ou les monnaies sous-régionales africaines comme unités de référence d'échange de l'Afrique de l'Ouest, tant qu'ils n'ont pas mis ensemble un certain nombre de garanties or pour créer leur propre moyen de paiement, l'Afrique sera bloquée dans une impasse de développement.

Des commentateurs politiques ont déjà noté que l'Afrique était un nouveau et vaste champ de bataille de la « nouvelle guerre froide » qui touche aujourd'hui le monde[4]. Le débat reste encore et toujours ouvert aussi bien dans

---

[1] Fut un homme d'État français, Premier ministre de la Vème République du 8 janvier 1959 au 14 avril 1962.

[2] Archive FNSP, Fonds Debré, 2 DE 29, 23 avril 1960.

[3] Conseillère du candidat aux présidentielles ivoiriennes, Mamadou Koulibaly, Nathalie est devenue une véritable célébrité après son discours enflammé de Sotchi des 23 et 24 octobre 2019. Interdite de séjour en France, l'activiste Nathalie Yam vient d'être expulsée de Côte d'Ivoire à la suite de propos très virulents à l'égard de la France (www.agenceecofin.com)

[4]Cela rappelle Nkrumah, décédé en 1972, dans un texte réédité après sa mort. Kwame Nkrumah, (1994). « *L'Afrique doit s'unir* », Paris, Présence africaine, p.202.

les agoras que dans les médias qui aspirent à une nouvelle ère politique et économique dans une Afrique prospère. Pour cela, il importe de réinventer la méthode de développement de l'Afrique et cela doit venir des Africains eux-mêmes, appuyés par des acteurs internationaux. De nombreux Africains sont décidés à rompre avec le franc CFA qu'ils jugent peu profitable à leur pays, d'autant plus que la centralisation des réserves de change de cette monnaie à Paris constitue un véritable obstacle au développent et à la souveraineté économique. Les jeunes Africains francophones d'aujourd'hui ne sont pas seulement réceptifs aux discours venant de Chine, de Russie, des Etats-Unis ou de pays musulmans ; ils comparent aussi leur sort à celui de l'Afrique anglophone et savent qu'au Ghana, il est beaucoup plus rapide et aisé de créer et développer une entreprise locale qu'en Afrique subsaharienne francophone.

SOURCES ET BIBLIOGRAPHIE

1- Sources

1-1. Sources archivistiques

❖ *Sur le plan international : Centre d'archives d'Outre-mer (Aix-en-Provence)*

- Le lot portant sur les problèmes économiques et financière de (1946-1955), cote de communication : 2 APOM 13, identifiant ark : ark : / 61561/uj816ytym, présentation du contenu : questions monétaires, le franc CFA (1946-1953) ;
- Identification du carton : cote de communication 2 APOM 13, présentation du contenu : questions monétaires, le franc CFA (1946-1953). Le lot portant sur les problèmes économiques et financière de (1946-1955) ;
- FM 60 Affaire Politiques – Généralités toutes colonies 1920-1957 ;
- FM 64 Affaires Politiques – Mauritanie, Soudan, Niger Sénégal, Ht Sénégal Niger.

❖ *Les documents des Archives nationales de France*

- Archives du secrétariat général des Affaires africaines et malgaches et de la Communauté (1958-1974) ; papier Foccart (fonds dit « Scribe ») ; cote : AG/5(F)1 – AG/5(F)/4155 ;
- Archives d'Édouard Balladur, extrait de la notice : Dévaluation du franc CFA en 1994 ; Cote 543AP / 112, documentation sur l'action d'Éduard Balladur, Premier ministre (1994-2008) ;
- Coopération ; Direction du développement économique ; Fonds d'aide et de coopération ; Secrétariat du comité directeur (1959-1979), cote : 19980545/1 extrait de la notice : pour réaliser une étude sur la réinsertion en Afrique des stagiaires africains formés en France ;
- Dossier 129. Politique extérieure, franc CFA, état de la question : lettre d'Omar Bongo, président de la République du Gabon à Pierre Bérégovoy, Premier ministre de la République françaises sous la présidence de François Mitterrand, période 1992-1993 ; fonds : Premier ministre ; Cabinet du Premier ministre et services rattachés ; Cabinet ; Conseiller (1992-1993), extrait de la notice ;
- Franc CFA : dévaluation, cote :19960251/10, période 1993-1994 ;
- Politique monétaire, franc CFA, cote : DPAEF 122, période 1947 – 1954 ;

- Union économique et monétaire (UEM) Relation de la zone franc (franc et franc CFP) avec la zone euro, période 1995- 1999 ;
- Fonds public Foccart ; Fonds privé Foccart.

❖ *Banque de France (consultables en ligne et sur place grâce aux outils informatiques mis en place)*

- Rapport annuel de la zone franc (2018) ;
- Rapport annuel de la zone franc (2007) ;
- Rapport annuel de la zone franc (2010) ;
- Coopérations monétaires Afrique-France : Rapport économique et financier 2020 sur la CEMAC, l'UEMOA et l'Union des Comores ;
- Coopérations monétaires Afrique-France : Rapport économique et financier 2019 sur la CEMAC, l'UEMOA et l'Union des Comores ;
- Coopérations monétaires Afrique-France : Rapport économique et financier 2021 sur la CEMAC, l'UEMOA et l'Union des Comores ;
- Rapport annuel de la zone franc (2017) ;
- Lettre de la zone franc n°8 et n° 9 : Décembre 2017 ;
- Réunion des ministres de la zone franc (2018) ;
- Accord de coopération entre la République Françaises et les Républiques membres de l'Union monétaire ouest-africaine, décembre 1973 ;
- Convention régissant l'Union monétaire de l'Afrique centrale à la France ;
- Coopération monétaire Afrique-France ;
- Convention régissant l'Union monétaire de l'Afrique centrale à la France ;
- Convention de coopération monétaire entre les États membres de la banque des États de l'Afrique centrale (BEAC) et la République Française ;
- Accord de coopération entre les gouvernements des États membres de l'Union monétaire ouest-africaine et le gouvernement de la République Française ;
- Coopération monétaire Afrique – France : Rapport économique et financier 2021 sur la CEMAC, l'UEMOA et l'Union des Comores.

❖ *Archives du ministère de l'Europe et des Affaires étrangères*

- La coopération monétaire entre l'Afrique et la France : le franc CFA ;
- Nouveau sommet Afrique -France : réinventer ensemble la relation (Montpellier, 8 octobre 2021) ;
- Coopération économique, 1961-1966 : GATT, Négociations économiques internationales, OCDE, pays et territoires d'outre-mer ;

- Documents diplomatiques français, années : 1957, 1958, 1960, 1961, 1962, 1963.

❖ *Centre de documentation Économique Finance (CEDEF) : ministère de l'économie des finances et de la relance*

- Rapport au ministre de l'Économie et des finances : décembre 2013 ;
- Réunion des ministres des Finances de la zone franc, dossier de presse, Paris, vendredi 3 octobre 2014.

❖ *Les documents des sous Archives nationales du général Charles de Gaulle*

- Fonds « de Gaulle -Élysée » 1959-1969 ;
- 5 AG 1/ 28- 91 : Affaires économique ;
- 5 AG 1/ 159-269 : Affaires étrangères ;
- 5 AG 1/ 398-450 : Voyage du général de Gaulle à l'étranger.
- Fonds « de Gaulle – Solferino » 1959-1969
- 5 AG 1/1528-1630 : Affaires économiques et sociales ;
- 5 AG 1/1631-1659 : Outre-mer et Coopération.

❖ *Archives de la Fondation nationale de science politiques*

- Fonds Michel Debré

❖ *Bibliothèque nationale de France (consultables en ligne et sur place grâce aux outils informatique mis en place)*

- La revue du Trésor (Paris) 1921-2008 ;
- Extrait 1 du rapport de la zone franc en 1964, publié par le secrétaire du Comité monétaire de la zone franc ;
- *Journal officiel de la République française* : Avis et rapports du Conseil économique et social (1947-2017) ;
- *L'Éveil du Cameroun* (Douala) 1928-1955 ;
- *Paris-Dakar* : hebdomadaire d'information illustré (1933-1961) ;
- Archive de presse (majoritairement numérisés dans Gallica) ;
- Articles et ouvrages sur la question monétaire CFA.

❖ *Sur le plan national*

- Procès-verbaux et rapports ainsi que les différents journaux portant sur le sujet de recherche au Togo et au Bénin à partir de 1960

1-2. Sources orales : Liste des principaux informateurs

Informateur : Nom et prénom	Statut/fonction	Lieu et date d'entretien
ADANI Ifê	Professeur émérite, Médecin à l'Université de Lomé	21 décembre 2020 et 12 janvier 2021 à son domicile à Ramco un quartier de la capitale du Togo (Lomé)
AGBOYIBOR Yawovi	Ancien Premier Ministre du Togo	22 avril 2018 à 9h à son domicile à Lomé (Togo)
ALIPUI Victor Komla	Ancien ministre de l'Économie et des Finances du Togo	30 décembre 2020 et 7 janvier 2021 dans sa maison à Attikoumè à Lomé (Togo)
BOUKARI-YABARA Amzat	Professeur à l'École Politique Africaine	5 septembre 2022 en visioconférence
EDOH Komi	Pasteur et président d'association MMLK	12 mars 2019 à 10h au siège du MMLK à Lomé (Togo)
EVLO Kodjo	Professeur titulaire (économiste) à l'Université de Lomé	6 janvier 2018 dans son bureau au sein de l'Université de Lomé au Togo
GAYIBOR Nicoué L.	Professeur titulaire (historien) à l'Université de Lomé	21 décembre 2020 de 9-10h 9min au CNF sur le campus de l'Université de Lomé (Togo)
GAZIBO Mamoudou	Professeur à l'Université de Montréal	1er août 2022 en visioconférence
GOEH-AKUE N'Buéké	Professeur titulaire (historien) à l'Université de Lomé	23 décembre 2020 de 15-17h à Agoè un quartier de la capitale de Lomé (Togo)
GUNN Têtê Jean-Philippe	Chercheur / Postdoc à UR7338 Pléiade de l'Université Sorbonne Paris Nord	02 mai 2022 à Paris en visioconférence

LAWSON Nicola	Homme d'affaires et politique au Togo	13 avril 2018 à 14h 30 à la radio Nana Fm à Lomé (Togo)
MANDÉ Issiaka	Professeur à l'Université du Québec à Montréal	1er septembre 2022 en visioconférence
OLOUGBEGNON Dossou Ogoutchina	Docteur en Histoire au Togo et au Gabon	Par visioconférence le 3 janvier 2022 à 15 heures (heure de Montréal)
TCHAGNAOU Akimou	Docteur en Science de l'Éducation et de la Formation	Par visioconférence le 7 janvier 2022 à 15 heures (heure de Montréal)
TOSSOU Rogatien Makpeou	Professeur à l'Université d'Abomey Calavi	27 juillet 2022 en visioconférence
MAMAN Halourou	Docteur en histoire	20 février 2023 en visioconférence

2- Références bibliographiques

2-1. Les ouvrages généraux

AGBOHOU, N., (1999). *Le franc CFA et l'euro contre l'Afrique : pour une monnaie africaine et de la coopération Sud-Sud.* Paris, Solidarité mondiale A. S., 294 pages.

AGLITTA, M., et MOATTI, S., (2000). *Le FMI : de l'ordre monétaire aux désordre financiers.* Economica, 266 pages.

ALIPUI, V, K., (1998), « *Le développement économique vu par les Africains* », inédit, 19 pages.

ALIPUI, V, K., (2020). *Le rôle de la monnaie dans le développement économique et social de l'Ouest africain*, Paris, L'Harmattan, 336 pages.

AMOUZOU, E., (2009). *L'Afrique 50 ans après les indépendances.* Paris, L'Harmattan, 273 pages.

BADIE, B., VIDAL, D., (2018). *Qui gouverne le monde* ? Paris, La Découverte, 392 pages.

BADIE, B., VIDAL, D., (2021). *La France, une puissance contrariée : l'état du monde 2022.* Paris, La Découverte, 272 pages.

BARLET, O., (2010). *Indépendance africaine : chronique d'une relation.* Paris, L'Harmatan, 248 pages.

BASSAMBIE, F-B., (2018). *Politique monétaire et de changement : le franc CFA, un choix optimal pour l'Union monétaire ouest-africaine* ? Paris, L'Harmattan, 323 pages.

BECART, A., (1997). *Intégration et développement : bilan et perspectives de la Zone franc en Afrique.* Paris, L'Harmattan, DL, 330 pages.

BENOT, Y., (1975). *Indépendances africaines : Idéologies et réalités.* Paris, Librairie François Maspero, Tome I, 127 pages.

BENOT, Y., (1975). *Indépendances africaines : Idéologies et réalités.* Paris, Lirairie François Maspero, Tome II, 121 pages.

BERTRAND. J., (2010). *Histoire des indépendances africaines et ceux qui les ont faites.* Paris, Afromundi, 137 pages.

BOËL, S., (2020). *Jusqu'à la mort du franc CFA, le prix du refus de la servitude monétaire.* Paris, Edilivre, 206 pages.

BONIN, H., (2008). *CFAO (1887-2007) : La réinvention permanente de commerce d'outre-mer.* Paris, Publications de la SFHOM, 766 pages.

BOUCHE, D., (1991). *Histoire de la colonisation française.* Paris, Fayard, 340 pages.

CEAN, (1994). *L'Afrique politique : vue sur la démocratisation à marée basse.* Paris, Karthala, 314 pages.

CEAN, (1997). *L'Afrique politique : revendication populaire et recompositions politiques.* Paris, Karthala, 326 pages.

CEAN, (1999). *L'Afrique politique : entre transitions et conflits.* Paris, Karthala, 218 pages.

CHARILLON. F, (2021). *La France dans le Monde.* Paris, Éditions CNRS, 222 pages.

CHRISTIAN, R., (2011). *50 ans d'indépendance dans les anciennes possessions françaises d'Afrique noire.* Paris, L'Harmattan, 275 pages.

CISSE, A., (2006). *Mali : une démocratie à refonder.* Paris, L'harmattan, 206 pages.

CONAC, G., (1993). *L'Afrique en transition vers le pluralisme politique.* Paris, Economica, 510 pages.

COOPER, F., (2014). *Français et Africains ? : Être citoyen au temps de la décolonisation.* Paris, Payot, 633 pages.

COQUERY-VIDROVITCH, C., (1992). *L'Afrique Occidentale au temps des Français : colonisateur et colonisé de 1860 à 1960.* Paris, La Découverte, 460 pages.

COQUERY-VIDROVITCH, C., (2020). *L'Afrique et les Africains au XIXe siècle : Mutations, révolutions, crises.* Paris, Armand Colin, 304 pages.

CORNEVIN, M., (1974). *Histoire de l'Afrique contemporaine de la deuxième guerre mondiale à nos jours.* Paris, Payot, 444 pages.

DELAGE, A., MASSIERA, A., (2000). *Le franc CFA : Bilan et perspectives.* Paris, L'Harmattan, 188 pages.

DIARRA, A., (2010), *Démocratie et droit constitutionnel dans les pays francophones d'Afrique noire : le cas du Mali depuis 1960.* Paris, Karthala, 367 pages.

DJADE, K., (2011). *L'économie informelle en Afrique subsaharienne.* Paris, L'Harmattan, 250 pages.

DJELHI-YAHOT, S, A., (2019). *Zones monétaires et développement économique en Afrique*. Paris, L'Harmattan, 266 pages.

DIALLO, O., (2002). *L'arrimage du franc CFA à l'euro : conséquence pour l'intégration sous-régionale ouest-africaine*. Thèse publiée disponible sur le site de l'Institut européen : https://www.unige.ch/gsi/files/7014/0351/6352/diallo.pdf, Paris, Euryopa, 112 pages.

DUMONT, R., (1962). *Afrique noire développement agricole reconversion de l'économie agricole Guinée, Côte d'Ivoire, Mali*. Paris, Presses universitaires de France, 1 vol. 212 pages.

DUMONT, R., (1973). *L'Afrique noire est mal partie*. Paris, Seuil, vol.1, 254 pages.

DUMONT, R., (1991). *Démocratie pour l'Afrique : la longue marche de l'Afrique noire vers la liberté*. Paris, Seuil, vol.1 343 pages.

FALIGOT, R., GUISNEL, J., KAUFFER, R., (2013). *Histoire politiques des services secrets français : de la seconde Guerre mondiale à nos jours*. Paris, La Découverte, 742 pages.

FEUER, G., (1994), *Les États ACP face au marché unique européen*. Paris, Economica, 219 pages.

FOPADESC, (1988), *Non à la dette africaine*. FOPADESC, Lomé-Togo, 110 pages.

GAZIBO, M., (2006). *Introduction à la politique africaine*. Les Presses de l'Université de Montréal, 292 pages.

GBAGBO, L., (2010). *Bâtir la paix sur la démocratie et la prospérité*. Paris, L'Harmattan, 169 pages.

GBAGBO, L., MATTEI, F., (2018). *Pour la vérité et la justice*. Paris, Max Milo, 303 pages.

GLASER, A., SMITH, S., (2005). *Comment la France a perdu l'Afrique*. Paris, Feyard, 278 pages.

GODEAU, R., (2016). *Le franc CFA : pourquoi la dévaluation de 1994 a tout changé* ? Paris, Sépia, 220 pages.

GOUNIN, Y., (2009). *La France en Afrique : le combat des anciens et des modernes*. De Boeck Sup, 1ère édition, 192 pages.

GOUREVITCH, J-P., (2004). *La France en Afrique : Cinq siècles de présence : vérités et mensonges*. Paris, Le Pré aux clercs, 456 pages.

HUGON, P., (2012). *Géopolitique de l'Afrique*. Paris, 2e édition, Armand Colin, 127 pages.

HUGON, P., (2016). *Afriques : Entre puissance et vulnérabilité*. Armand Colin, Paris, 271 pages.

HUGUEUX, V., (2012). *Afrique : le mirage démocratique*. Paris, CNRS Éditions, 80 pages.

IKIEMI, S., (2010). *Le Franc CFA : D'où vient-il ? Où va-t-il* ? Paris, L'Harmattan, 199 pages.

ILIFFE, J., (2016). *Les Africains : histoire d'un continent.* Paris, Flammarion, 687 pages.

JACQUEMOT, P., (2013). *Économie politique de l'Afrique contemporaine : concepts, analyses, politiques.* Paris, Armand Colin, 456 pages.

JEAN-PAUL, N., (2002). *L'Afrique sans la France : histoire d'un divorce consommé.* Paris, Albin Michel, 393 pages.

KÄ MANA, (1993). *L'Afrique va-t-elle mourir.* Paris, Karthala, 218 pages.

KANE, A., (2010). *Tontines, caisses de solidarité et banquiers ambulants : univers des pratiques financières informelle en Afrique.* Paris, L'Harmattan, 249 pages.

KEBABDJIAN, G., (1999). *Les théories de l'économie politique internationale.* Éditions du Seuil, 308 pages.

KI-ZERBO, J., (1978). *Histoire de l'Afrique noire : d'hier à demain.* Paris, A. Hatier, 768 pages.

KONATE, M., (1990). *Mali : ils ont assassiné l'espoir.* Paris, L'Harmattan, 143 pages.

KOUNKOU, D. (2008). *Monnaie africaine : La question de la zone franc en Afrique centrale.* Paris, L'Harmattan, 346 pages.

L'AFD[1] (2021). *L'économie africaine 2021.* Paris, La Découverte, 128 pages.

LABANTE, N., (2020). *Une histoire économique du Sénégal et du Togo pendant la seconde guerre mondiale.* Presses de l'Ul, Collection Patrimoines, 255 pages.

LAFAY, M., GUENNEC-COPPENS, F, L., COULIBALY, É., (2016). *Regards scientifiques sur l'Afrique depuis les indépendances.* Paris, Karthala, 492 pages.

LANG, P., (2009). *Qu'est-ce que l'argent.* Paris, Librairie Philosophique, 125 pages.

LEDUC, M., (1965). *Les Institutions monétaires africaines : pays francophones.* Paris, Pedone, 397 pages.

LEMESLE, R-M., (1995). *La convention de Lomé : Principaux objectifs et exemple d'actions 1975-1995.* Centre des Hautes Études sur l'Afrique et l'Asie Modernes, 191 pages.

M'BOKOLO, E., (1985). *L'Afrique au XXème siècle : le continent convoité.* Paris, Seuil, 393 pages.

MAHAMOUDOU, O., (2000). *Culture et développement en Afrique : le temps du repositionnement.* Paris, L'Harmattan,1 vol. 188 pages.

MAMADOU, K., (2005). *Les servitudes du pacte colonial.* Abidjan, Nouvelle Édition Ivoirienne, 223 pages.

MAINGUY, C., (1998). *L'Afrique peut-elle être compétitive* ? Paris, Karthala, 215 pages.

[1] L'Agence française de développement

MICHELE, S-M., (1968), *Commerce extérieur de développement : le cas de la zone franc*. Paris, société d'édition d'enseignement supérieur, 367 pages.

MIGANI, G., (2008). *La France et l'Afrique sub-saharienne, 1957-1963 : histoire d'une décolonisation entre idéaux eurafricains et politique de puissance*. Bruxelles, P.I.E. Peter Lang, 295 pages.

MUCCHIELLI, J-L., (2005). *Relations économiques internationales*. Paris, Hachette, 60 pages.

NVONDO, E., T., (2011). *L'hypothèse de neutralité monétaire : une application en Zone franc*. Thèse publiée sur le site de l'Université de Lorraine, http://docnum.univ-lorraine.fr/public/NANCY2/doc591/2011NAN20011.pdf, consulté le 15 février 2023, 351 pages.

NKRUMAH, K., (1994). *L'Afrique doit s'unir*. Paris, Présence africaine, 256 pages.

NOUAFO, J., (2017). *La décolonisation de l'Afrique noire française : par l'émergence des entreprises nationales et compétitives*. Paris, L'Harmattan, 263 pages.

NUBUKPO, K. (2000). *L'insécurité alimentaire en Afrique subsaharienne : le rôle des incertitudes*. Paris, L'Harmattan, 212 pages.

NUBUKPO, K., (2011). *L'improvisation économique en Afrique de l'Ouest. Du coton au franc CFA*. Paris, Éditeur : Karthala, 144 pages.

NUBUKPO, K., (2016). *Sortir l'Afrique de la servitude monétaire : À qui profite le franc CFA* ? Paris, La Dispute, 243 pages.

NUBUKPO, K., (2019). *L'Urgence africaine : changeons le modèle de croissance*. Paris, Odile Jacob, 235 pages.

NOIROT, T, (2012). *Les entreprises françaises en Afrique. Pillage contre transparence. Éditions Glyphe*, 716 pages.

NYAMBAL, E., (2008). *Afrique : les voies de la prospérité, dix clés pour sortir de la pauvreté*. Paris, L'Harmattan, 240 pages.

OLSZAK, N., (1996). *Histoire des unions monétaires*. Paris, Presse universitaire de France, 127 pages.

Organisation de coopération et de développement économiques (OCDE), (2015). *Perspectives économiques en Afrique 2015 : Développement territorial et inclusion spatiale*. OCDE, 431 pages.

ODILE, G., (2013). *Les coopérants français en Afrique : portrait de groupe (années 1950-1990)*. Paris, L'Harmattan, 229 pages.

OUEDRAOGO, A., GENTIL, D., (2008). *La microfinance en Afrique de l'Ouest : Histoire et innovation*. Paris, Karthala, 322 pages.

Patrick LANG, (2009). *Qu'est-ce que l'argent*. Paris, Librairie Philosophique, 125 pages.

PIGEAUD, F. et SYLLA, S.N., (2018). *L'arme invisible de la Françafrique : une histoire du franc CFA*. Paris, la Découverte, 227 pages.

PRAO, S.-Y. (2012). *Franc CFA Instrument de Sous-Développement*. Paris, L'Harmattan, 456 pages.

ROBERT, A-C., (2006). *L'Afrique au secours de l'Occident*. Paris, Les Éditions de l'Atelier, 207 pages.

RUFFINI, P-B., (1996). *Les théories monétaires : la pensée économique contemporaine*. Paris, Seuil, 240 pages.

SANNI YAYA, H., (2002), « Le coopératisme : *Un atout pour le développement de l'Afrique rurale subsaharienne à l'ère de la mondialisation* ? », *Université de Sherbrooke*, 2002, usherbrooke.ca, http://hdl.handle.net, 176 pages.

SARRASIN, B., (1999). *Ajustement structurel et lutte contre la pauvreté en Afrique : la banque mondiale face à la critique*. Paris, l'Harmattan, 114 pages.

SIMON, T., (2013). *Le cinquantenaire français des indépendances africaines : analyse d'une relation controversée*. Paris, L'Harmattan, 146 pages.

SOUARE, I, K., (2017). *Les partis politiques de l'opposition en Afrique : la quête du pouvoir*. Presse universitaire de Montréal, 226 pages.

SURET-CANALE, J., (1987). *Afrique et capitaux*. Paris, L'Arbre verdoyant, 462 pages.

TENCONI, J.M.P-R, (1996). *Zone franc en Afrique : Fin d'une ère ou renaissance* ? Paris, L'Harmattan, 212 pages.

TETE-ADJALOGO, T., G. (1989). *La question du plan Marshall et l'Afrique*. Paris, L'Harmattan, pages 191.

TIANI, F., K., (2002). *Le franc CFA, la zone franc et l'euro*. Paris, L'Harmattan, 134 pages.

VALLÉE, O., (1989). *Le prix de l'argent CFA : Heurs et malheurs de la zone franc*. Paris, Karthala, 272 pages.

VERSACHAVE, F.-X., (2005). *De la Françafrique à la mafiafrique*. Tribord Eds, 72 pages.

VERSCAHVE, F-X., (2000), *Noir silence : qui arrêtera la Françafrique*. Paris, Les Arènes, 591 pages.

VERSCHAVE, F., X., (1998). *La Françafrique : le plus long scandale de la République*. Paris, Stock, 379 pages.

VERSCHAVE, F.-X., LABROUSSE, A., (2003). *Les pillards de la forêt : Exploitation criminelles en Afrique*. Marseille, Agone, 184 pages.

ZUPI, M., (2009). *Le fardeau de la mondialisation en Afrique : Développement économique et dette extérieure*. Paris, L'Harmattan, 289 pages.

2-2. Les articles spécialisés

ABALO, K., « Les effets de la dévaluation du franc CFA de 1994 sur le quotidien des populations du Togo », *in* Étienne THÉVENIN, *Solidarités en*

Afrique noire et en France à l'époque contemporaine, Nancy, Éditions Kaïros, 2020, p. 111-129.

AGBOHOU, N., NDENKOP, O., (2014), « Aucun pays africain ne peut être émergent avec le franc CFA », in *Le journal de l'Afrique*, N°003, Octobre 2014, Investig'Action.

AGERON, C-R. et MICHEL, M., (1992). *L'Afrique noire française: l'heure des indépendances*. Paris, CNRS, 802 pages.

AKANI, E., (2018), « Monnaie unique de la CEDEAO : le Nigeria exige des pays de la zone franc un plan de déconnexion du Trésor français », in *Ivoirebusiness.net*, paru le 26 février 2018.

ALLAIN, J.-C., (1983), « Introduction » in *Relations internationales, L'Afrique noire dans les relations internationales depuis la deuxième guerre mondiale*, n° 34, p. 149-153.

ALIPUI, V, K., (1997). *Pour le développement économique et social, l'Afrique doit-elle définir sa propre doctrine ?* inédit, 15 pages.

ALIPUI, V, K., (2010), « *Les relations de l'euro et de la zone franc* », inédit, 12 pages.

ALLIOT, M., (1993), « Démocratie et pluralisme », in Gerard Conac *L'Afrique en transition vers le pluralisme politique*. Paris, Centre d'étude juridique et économique, p.119-132.

AMOR, A., (1993), « L'émergence démocratique dans les pays du tiers monde : le cas des États africains », in Gerard Conac *L'Afrique en transition vers le pluralisme politique*. Paris, Centre d'étude juridique et économique p.55-68.

AMOUSSOUGA, F., G., (1994), « La dévaluation du franc CFA et les marchés parallèles de change autour de la zone franc : le cas du marché du naira contre franc CFA », in *Revue d'économie Financière*, p.459-474.

ANYANG' NYONG'O, P., (1988), « Instabilité politique et perspectives de démocratie en Afrique », in *Politique étrangère*, vol. 53, N° 3, p.589-601.

APEDO-AMAH, A, T., (1997), « Togo le ventre mou d'une démocratisation », in *CEAN, l'Afrique politique : revendications populaires et recommandations politiques*. Paris, L'Afrique politique, p.255-269.

ARY TANIMOUNE, N., COMBES, J.-L., PLANE P., (2008), « La politique budgétaire et ses effets de seuil sur l'activité en Union Économique et Monétaire Ouest Africaine (UEMOA) », in *Économie & prévision*, 5/2008, n° 186, p.145-162. URL : http://www.cairn.info

AUFFRET, S., (2017), « Confusion autour d'un impôt colonial le franc CFA », *Le monde*, http://www.lemonde.fr, le 20 février 2017.

AVOM, D., GBETNKOM, D., (2003), « La surveillance multilatérale des politiques budgétaires dans la zone CEMAC : bilan et perspectives », *Mondes en développement*, 3/2003, n°123, http://www.cairn.info. p.107-125.

BA, M., MILLECAMPS M., (2017), « Expulsé du Sénégal dans la nuit, Kémi Séba est arrivé ce matin à Paris », *Jeune Afrique*, http://www.jeuneafrique.com, le 06 septembre 2017.

BACH, D, C., (1994), « Afrique de l'Ouest : organisation régionale, espaces nationaux et régionalisme transétatique ; les leçons d'un mythe », in CEAN, *L'Afrique politique vue sur la démocratisation à marée basse*. Paris, Karthala, p.93-118.

BADIE, B., (2021), « Entre obsession du passé et réalité présente, une politique étrangère décalée » in La France, *une puissance contrariée : l'état du monde 2022*. Paris, La Découverte, p.9-20.

BARLOO, J.-L, (2013), « Les relations entre la France et l'Afrique : sortir de la confusion d'une histoire pour entrer dans le cercle vertueux d'une reconstruction », *Géoéconomique*, n°66, p.7-20.

BOUTHELIER, A., (2002), « La riche Afrique et les entreprises françaises », dans *Éditions Iris Éditions*, p.149-155.

BOYER, R., (2018), « Économie et gouvernance mondiale », in Bertrand Badie et Dominique Vidal, *Qui gouverne le monde*. Paris, La Découverte, p.85-104.

BUIJTENHUIJS, R., (1997), « Tchad : l'armée des élections », in CEAN, *L'Afrique politique : revendications populaires et recompositions politiques*. Paris, Karthala, p.141-154.

CARAMEL, L., (2016), « Il faut sortir de l'omerta sur le franc CFA », in *Le Monde Afrique*, paru le 30 septembre 2016.

COGUIC, R., et OSMAN, Y., (2021), « les grandes tendances macroéconomiques de l'Afrique et de ses régions », in AFD, *L'économie africaine 2021*. Paris, La Découverte, p.7-24.

CONAC, G., (1993), « les processus de démocratisation en Afrique », in *L'Afrique en transition vers le pluralisme politique*, Economica, p.11-42.

DEMBELE, D, M., (2016), « De la nécessité de la souveraineté monétaire dans les pays africains de la zone franc », in Kako Nubukpo, *sortir l'Afrique de la servitude monétaire : À qui profite le franc CFA* ? Paris, La Dispute, p.135-157.

FALL, I., (1993), « Esquisse d'une théorie de la transition : du monopartisme au multipartisme en Afrique », in Gerard Conac *l'Afrique en transition vers le pluripartisme politique*, Economica, p.41-53.

FOUDA OWOUNDI, J.-P., (2001), « Le franc CFA peut-il devenir une monnaie forte ? », *Mondes en développement*, n° 113-114, http://www.cairn.info, p.151-173.

JOUVE, E. (2008), « Préface », in Monnaie africaine : *La question de la zone franc en Afrique centrale*, de Dominique Kounkou. Paris, L'Harmattan, p.9-10.

KALIFE, N, M., (2016), « Genèse du franc CFA », in Kako Nubukpo, *Sortir l'Afrique de la servitude monétaire : À qui profite le franc CFA* ? Paris, La Dispute, p.81-100.

MÉDARD, J-F., (1999), « Les avatars du messianisme français en Afrique » in CAEN, *l'Afrique politique entre transitions et conflits*. Paris, Karthala, p.17-34.

MERRIEN, F-X., (2013), « La protection sociale comme politique de développement : un nouveau programme d'action international », in *Revue Internationale de Politique de Développement*, https://doaj-org.bases-doc.univ-lorraine.fr, p. 68-88

NUBUKPO, K., (2007), « Dépenses publiques et croissance des pays de l'Union économique et monétaire ouest-africaine (UEMOA) », *Afrique contemporaine*, 2/2007, n° 222, URL : http://www.cairn.info, p.223-250.

NUBUKPO, K., (2013), « Cinquante ans d'Union monétaire ouest africaine : qu'avons-nous appris ? », *Revue d'économie financière*, 2/2013, n° 110,
URL: http://www.cairn.info, p.145-164.

NUBUKPO. K., (2011), « L'économie politique de la réforme des filières cotonnières d'Afrique de l'Ouest et du centre : vers la convergence des modes d'organisation ? », in *Mondes en développement*, 3/2011, n°155, p.93-109.

OUSSOU, K., (1998), « Godeau, le franc CFA : pourquoi la dévaluation de 1994 a tout change », in *International Journal of African Historical Studies*, 31(2), p. 420–421.

OMAR THIAM, (2019), « Et si le franc CFA n'était pas le problème ? », in *Jeune Afrique*, 59(3040), 61–61.

PIGEAUD, F., (2021), « l'Afrique et le sentiment antifrançais », in BERTRAND B. et DOMINIQUE V., *La France, une puissance contrariée : l'état du monde 2022*. Paris, La Découverte, p.189-195.

QUANTIN, P., (2009), « La démocratie en Afrique à la recherche d'un modèle », dans Pouvoir, 2009/2 (n°129), p.1-13.

RICHARD, E., (1965), « Les problèmes actuels posés par le développement économique et social des pays d'Afrique noire », in *Africa: Rivista trimestrale di studie documentazione dell'Istituto italiano per l'Africae l'Oriente*, 20(1), https://www-jstor-org, p. 81-84.

SYLLA, N, S., (2016), « Émerger avec le franc CFA ou émerger du franc CFA », in *NUBUKPO, sortir l'Afrique de la servitude monétaire : À qui profite le franc CFA* ? Paris, La Dispute, p. 159 -188.

TINEL, B., (2016), « Le fonctionnement et le rôle des comptes d'opérations entre la France et les pays africains » in Kako NUBUKPO et *al*, *Sortir l'Afrique de la servitude monétaire : à qui profite le franc CFA* ? Paris, La Dispute, p.101-122.

TROTIGNON, J., (1993), « Pourquoi les politiques d'ajustement sont-elles généralement mieux réussies en Asie du Sud-Est qu'en Afrique ? », *Économie et statistique*, 264(1) :33-51. http://www.persee.fr, VALETTE, J., (1994), *La France et l'Afrique : l'Afrique subsaharienne de 1914-1960*. Paris, CEDES, 316 pages.

VERSACHAVE, F.- X., (2002), « De la Françafrique à la mafiafrique », *Dans Mouvements*, 2002/3, n°21-22, http://www.cairn.info, pages 9-14.

YAKEMTCHOUK, R., (1985), « Coups d'État militaires en Afrique dans leurs incidences internationales », in *Université de Montréal*, vol 32, N° 1 (1985), https://www.jstor.org, p. 43-108.

YOUSSOUFOU HAMADOU, D., (2014), « Responsabilité sociétale des multinationales en Afrique Subsaharienne : enjeux et controverses », in *La revue électronique en sciences de l'environnement*, vertigo volume 14 numéro, http://resolver.ebscohost.com.bases-doc.univ-lorraine.fr

2-3. Les articles généralisés

ABALO, K., (2023), « Le choix de l'Afrique n'a jamais été la France », *Togobreakingnews.info*, paru le 4 mai 2023.

ABALO, K. et OLOUGBEGNON D. O., (2022), « Retrait des forces françaises du mali et extension du djihadisme vers les pays du golfe de guinée : un autre agenda de la France ? », in *Togobreakingnews.info*, paru le 4 mars 2022.

ABALO, K., (2021), « La présence française en Afrique : pour quel bilatéralisme enfin ? », in *Gapola*, parus le 20 mars 2021.

ABALO, K., (2021), « Le franc CFA : Un malade qui refuse de mourir ? », *Togobreakingnews.info*, paru le 18 mai 2021.

ABALO, K., (2021), « La France sans sa botte, l'Afrique réalité un jour ? », in *Gapola*, paru le 18 novembre 2021.

ABALO, K. et OLOUGBEGNON, D. O., (2022), « Sanctions contre le Mali : apocalypse du système français ou genèse d'un Mali nouveau ? », in *Togobreakingnews.info*, paru le 18 janvier 2022.

ABOUBACAR, Y, B., (2017), « Sommet France-Afrique : l'économie, pour rattraper le temps perdu », in *La tribune Afrique*, paru le 13 janviers 2017.

AMANI, G., (2017), « Franc CFA : ces présidents africains défenseurs de la monnaie coloniale », https://www.cotedivoire.news/actualite/19390-franc-cfa-ces presidents-africains-defenseurs-de-la-monnaie-coloniale.html, in *Côte d'Ivoire news*, 2017.

AMIN, S. (1969), « Pour un aménagement du système monétaire des PAZ », in *Revue française d'étude politique africaines*, n°41, mai 1969, p.18-45, https://www.africabib.org

BENSIMON, C., (2017), « Au Tchad, Marine Le Pen tente de renforcer sa stature présidentielle et étrille le franc CFA », *Le Monde*, https://www.lemonde.fr, paru le 23 mars 2017

BERDOT, J-P., (1998), « L'ajustement structurel dans les pays en développement. Une analyse de la faisabilité », in *Revue économique*, volume 49, n° 4, https://www.persee.fr, p. 1151-1164.

BOISBOUVIER, C., (2013), « Togo : qui a tué l'ancien président Sylvanus Olympio ? », *Jeune Afrique*, http://www.jeuneafrique.com paru le 18 janvier 2013.

BOUBACAR, S-D., (2005), « Des cauris au franc CFA », Mali - France. https://www-cairn-info.bases-doc.univ-lorraine.fr, p.405-431.

Commission de recherche et d'information indépendante sur la radioactivité (CRIIAD), (2005), « Impact de l'exploitation de l'uranium par les filiales de COGEMA-AREVA au Niger », *CHIIRAD* 0517/ 20 avril 2005/V1, http://controverses.sciences-po.fr/archive/nucleaire/pdf/notecriiradarlit.pdf

COGNEAU, D., DUPRAZ, Y., (2015), « Institutions historiques et développement économique en Afrique. Une revue sélective et critique de travaux récents », in *Histoire et mesure*, 30-1, 2015, https://journals-openedition-org.bases-doc.univ-lorraine.fr, p.103-134.

CREPPY, E-C-G., (1987), « Le rôle des groupements à vocation coopérative (GVC) dans le développement économique et social de la Côte d'Ivoire », *Université de Sherbrooke*, oai:savoirs.usherbrooke.ca:11143/8727, http://hdl.handle.net/11143/8727.

DAMOME, E. L., (2011), « Pourquoi beaucoup d'Africains soutiennent Kadhafi », *Outre-Terre*, vol. 29, no. 3, https://www.cairn.info/revue-outre-terre1-2011-3-page-123.htm?contenu=article, p.123-133.

DEBY, I., (2015), « L'Afrique doit avoir sa propre monnaie », *La Nouvelle tribune*, 13 août 2015, 17h : 27, https://lanouvelletribune.info.

DEBY, I., (2015), « Les pays africains doivent se débarrasser du franc CFA », www.afrik.com, 14 août 2015.

DECOUDRAS, P-M., (1994), « Niger : démocratisation réussie, avenir en suspens », in CAEN, *L'Afrique politique : vue sur la démocratisation à marée basse*. Paris, l'Afrique politique, p.45-58.

DIENG, C., (2015), « Idriss Déby appelle les pays africains à se débarrasser du franc CFA », *Afrik.com*, https://www.afrik.com,14 août 2015.

DOSSOU, R., (1993), « Le Bénin : du monolithisme à la démocratie pluraliste, un témoignage », in Gerard Conac *L'Afrique en transition vers le pluralisme politique*, Economica, p.179-197.

EBOULE, C., (2020), « Guinée : la souveraineté monétaire, une histoire mouvementée », *TV5 Monde*, https://information.tv5monde.com, 9 mars 2020.

GBOHOU, N., (2012), « Je persiste et signe qu'il faut au plus vite répudier le franc CFA », *Dakar actualité* du 29 mars 2012, interview réalisé par Mohamed Berkani.

GLÈLÈ, M, A., (1993), « Le Bénin », in Gerard Conac *L'Afrique en transition vers le pluralisme politique*, Economica, p.173-177.

HAMADOU DAOUDA, Y., (1914), « Responsabilité sociétale des multinationales en Afrique Subsaharienne : enjeux et controverses », in VERTIG O ; mai 2014, 19p, 1 Graph. http://resolver.ebscohost.com, p.1-19.

HUGON, P. (2007), « La politique économique de la France en Afrique : la fin des rentes coloniales ? Politique africaine », n°105, https://doi.org, p.54-69.

HUGON, P., (2012), « Béatrice Hibou. Anatomie politique de la domination », *Afrique contemporaine*, n° 241, URL :http://www.cairn.info, p.130-133.

KAMGANG, H., (2016), « Les arguments politiques et juridiques pour se débarrasser du franc CFA », *Le journal de l'Afrique*, paru le 05 janvier 2016.

KPOGLI, K., (2012), « Assassinat de Sylvanus OLYMPIO le 13 janvier 1963 : continuer la lutte », in *Mouvement pour la Libération Totale et la Reconstruction de l'Afrique* (MOLTRA), paru le vendredi 13 janvier 2012.

LAM KABORE, G., (1991), « Gnassingbé Eyadema au banc des accusés : l'heure de vérité d'un général président », *Jeune Afrique* N° 1594, https://www.jeuneafrique.com, du 17 au 23 juillet 1991.

Le Nouvelliste, « Le Sénégal expulse Kémi Séba », 6 septembre 2017, https://lenouvelliste.com/article/176051/le-senegal-expulse-kemi-seba, consulté le 13 juin 2022.

LARCHER L., (2021), « Acquittement de Laurent Gbagbo : un nouveau revers pour la CPI », *La croix*, https://www.la-croix.com, paru le 01 avril 2021.

LEDY, N, M., (2019), « Franc CFA : Théodoro Obiang Nguema souhaite une discussion avec la France sans tabou ni totem », in *Financialafrik*, https://www.financialafrik.com, 13 juillet 2019,

LELART, M., (1989), « L'avenir de la zone Franc dans la perspective de la construction européenne », in Revue *d'économie financière*, n°8-9, http://www.persee.fr, p.195-204.

LEWIN, A., (2006), « le 02 octobre 1958, la Guinée de Sékou Touré proclame son indépendance », in *Jeune Afrique*, https://www.jeuneafrique.com, paru le 02 octobre 2016.

LUDOVIC M., « Supprimer ou renommer le franc CFA : Emmanuel Macron ne dit pas non », in *France 24*, https://www.france24.com/fr, 28 novembre 2017.

MALAIZE, V., SINDZINGRE, A., (1998), « Politique économique secteur privé et réseaux en Asie du sud-est et en Afrique de l'ouest », in *Revue Tiers Monde*, 39(155), https://www-jstor-org, p.647-673.

MATESO M., « Jacques Chirac : Nous avons saigné l'Afrique pendant quatre siècles et demi », in *franceinfo Afrique*, https://www.francetvinfo.fr, 26 septembre 2019.

MAUREL, C., (2016), « Thomas Sankara, le Che Guevara africain », in *Revue d'histoire* n°131, https://www.jstor.org, p.208-211.

MAURY, F., (2015), KAKO N (2015), « Le franc CFA est une monnaie des élites », in *Jeune Afrique*, paru le 05 septembre 2015.

MAURY, F., BALLONG, S., (2016), « Ce que pense nos présidents du débat sur le franc CFA », in *Jeune Afrique*, http://www.jeuneafrique.com , paru le 09 novembre 2016.

MBAYE, K, (2017), « Patrice Talon : la dévaluation du franc CFA appauvrit l'Afrique », in *La Tribune Afrique*, https://afrique.latribune.fr, 17 avril 2017.

MIGANI, G., (2012), « Sékou Touré et la contestation de l'ordre colonial en Afrique subsaharienne, 1958-1963 », in *Mondes* 2012/2 (N° 2), https://www.cairn.info, p.273.

MILHAUD, M., (1962), « Le développement communautaire instrument de développement économique et social en Afrique », in *Revue Tiers Monde*, 3(9/10), https://www-jstor-org, p. 313-320.

MKANDAWIRE, T., (2001), « Thinking about Developmental States in Africa », in *Cambridge Journal of Economics*, 25-3,2001, https://academic-oup-com.bases-doc.univ-lorraine.fr, p.289-313.

MOIHET, G., (2017), « Côte d'Ivoire. Laurent Gbagbo : « Je suis otage » de la France », in *Le 360 Afrique*, http://afrique.le360.ma, le 08 juin 2017.

MOREAU, A., (2008). *Pour refaire l'Afrique par où commencer*. Paris, L'Harmattan, 331 pages.

NDENKOP, O., (2016), « Nous ne voulons plus du franc CFA », in *Journal de l'Afrique,* n°17, paru le 05 janvier 2016.

NDIAYE, G- S., (2008), « Institutions financières et développement économique », Université d'Auvergne - Clermont-Ferrand I, http://tel.archives-ouvertes.fr

MESSANH N. L., (2018), « Kako Nubukpo quitte "définitivement" la Francophonie pour de nouveau horizons », in *Financialafrik.com*, https://www.financialafrik.com, paru le 27 mars 2018.

NUBUKPO, K., (2016), « Sortir l'Afrique de la servitude monétaire : À qui profite le franc CFA ? », *Le Monde Afrique*, paru le 30.09.2016.

NUBUKPO, K., (2017), « Franc CFA : les propos de M. Macron sont déshonorants pour les dirigeants africains », *Le Monde*, https://www.lemonde.fr, le 29 novembre 2017.

SAIZONOU, S., (2017), « Franc CFA, Chirac, Sarkozy : Laurent Gbagbo balance tout », in *La Nouvelle tribune*, paru le 08 juin 2017.

3- FILMOGRAPHIE

- **La plus grosse escroquerie de la France : le Franc CFA**
  https://www.youtube.com/watch?v=V7_MtxxWIf4
- **Un monde en doc : Franc CFA une monnaie contestée**
  https://www.youtube.com/watch?v=rmLeYvr3Ldg
- **Le Franc CFA : l'arme invisible de la Françafrique**
  https://www.youtube.com/watch?v=9y6s9GooxP0
- **Le Franc CFA est un outil de la servitude monétaire**
  https://www.youtube.com/watch?v=y3Z6PZFJCA4

- **Franc CFA : pourquoi des pays d'Afrique de l'Ouest n'en voulaient plus**
https://www.youtube.com/watch?v=eD0hGZb974k
- **C'est quoi le franc CFA ?**
https://www.youtube.com/watch?v=NT2Sl4HCAts
- **L'ECO pour remplacer le Franc CFA ?**
https://www.youtube.com/watch?v=trn6_sf_C0Q
- **Le Franc CFA : pour ou contre ?**
https://www.youtube.com/watch?v=XFXt8cK4USw
- **La fin du Franc CFA**
https://www.youtube.com/watch?v=o4_Crb72LmE
- **Le Franc CFA est-il mort ?**
https://www.youtube.com/watch?v=Adstm8R43yE
- **L'Afrique et le Franc CFA : rencontre publique avec Kako Nubukpo**
https://www.youtube.com/watch?v=tcap4lfKUYA
- **Le Franc CFA : comment fonctionne-t-il ? Quel est son avenir ?**
https://www.youtube.com/watch?v=fSf91sXeKb0
- **Franc CFA : une monnaie de plomb**
https://www.youtube.com/watch?v=OHg4YgccmPg
- **CEMAC : Où en est la réforme du Franc CFA ?**
https://www.youtube.com/watch?v=EwCzinehZmI
- **La fin historique du franc CFA**
https://www.youtube.com/watch?v=PHwpxTSgzyw
- **Franc CFA : Un frein au développement de l'Afrique ?**
https://www.youtube.com/watch?v=hTQKSyOhfQI
- **Pourquoi le Franc CFA est-il imprimé en France et pas en Afrique ?**
https://www.youtube.com/watch?v=OH4NtdbpPV8
- **Franc CFA : Pourquoi la chute et l'euro impacte votre porte-monnaie ?**
https://www.youtube.com/watch?v=LlcWTvyN9mA
- **Vers la fin du Franc CFA ?**
https://www.youtube.com/watch?v=XR294yZqNwc
- **Alassane Ouattara : le Franc CFA est une monnaie solide**
https://www.youtube.com/watch?v=D8ztTzHHqiE
- **Congo-Brazzaville : le Franc CFA subit la baisse de l'euro et la flambée des prix**
https://www.youtube.com/watch?v=BQqNx0AYPFE
- **Pourquoi le Franc CFA ?**
https://www.youtube.com/watch?v=J8K9QLxAn44
- **La polémique du Franc CFA avec l'économiste Kako Nubukpo**
https://www.youtube.com/watch?v=-HHSVR9B4vA

- **La fin du Franc CFA en Afrique de l'Ouest annoncée par Alassane Ouattara et Emmanuel Macron**
https://www.youtube.com/watch?v=N-xkCxTCJqo
- **Franc CFA : l'Afrique peut-elle retirer ses réserves de changes du Trésor français ?**
https://www.youtube.com/watch?v=BcVjhL596Qc
- **Le Franc CFA est-il l'arme invisible de la Françafrique ?**
https://www.youtube.com/watch?v=cm0M21_WgZc
- **Afrique : Quel avenir pour le Franc CFA ?**
https://www.youtube.com/watch?v=0uUhCzODnH0
- **La France entérine la fin du franc CFA dans un projet de loi**
https://www.youtube.com/watch?v=4GykAk7d0jI
- **Le Franc CFA : héritage colonial ou monnaie d'avenir ?**
https://www.youtube.com/watch?v=-qc0aaf44rk
- **Eco : les pays anglophones dénoncent la décision de renommer le Franc CFA**
https://www.youtube.com/watch?v=1ew9GctN8W8
- **26 décembre 1945 : la création du Franc CFA et du Franc CFP**
https://www.youtube.com/watch?v=q-ksjyFj_UU
- **Le Franc CFA est-il une cause de l'émigration de certains Africains ?**
https://www.youtube.com/watch?v=eT_cXAoTUmE
- **Le Franc CFA devient l'Eco : La France ne fait que répondre à une demande**
https://www.youtube.com/watch?v=Tp5ZEWDQcyM
- **Ce jour-là : Dévaluation du Franc CFA**
https://www.youtube.com/watch?v=lPulbowtoY4
- **Franc CFA : Une monnaie commune au cœur des débats**
https://www.youtube.com/watch?v=DX_U4ddfBVM
- **Économie : le Franc CFA a 70 ans**
https://www.youtube.com/watch?v=Ys5xdAtguXE
- **La France avance encore vers la fin du Franc CFA**
https://www.youtube.com/watch?v=4pdr8GK8u8c
- **Le Franc CFA, monnaie coloniale ou gage de stabilité ?**
https://www.youtube.com/watch?v=Du2HeN0elFU
- **La vérité sur le Franc CFA**
https://www.youtube.com/watch?v=_nUd3Pynm38
- **Fin du Franc CFA et arrivée de l'Eco en 2020-Monnaie unique en Afrique de l'Ouest**
https://www.youtube.com/watch?v=5v1jn9jn9Lg

ANNEXES

ANNEXE 1

RAPPORT DE TERRAIN DE 2018 À 2022 DANS LE CADRE DE LA MOBILITE INTERNATIONALE DE RECHERCHES DOCTORALES

INTRODUCTION

Les enquêtes de satisfaction tiennent une place importante dans la rédaction des mémoires de recherches et, en l'occurrence, celle de la thèse. Aussi, dans un souci d'amélioration de la qualité des débats sur le franc CFA, afin de mieux répondre aux exigences et aux besoins de la population inquiète sur l'avenir de cette monnaie pour l'Afrique, une enquête de satisfaction a été réalisée au Togo, au Bénin en France et au Canada. Les objectifs de cette enquête sont d'évaluer dans un premier temps, les impacts du franc CFA sur la vie de la population (le thème choisi pour l'enquête de 2019), ensuite d'analyser les conséquences au quotidien de la dévaluation du franc CFA depuis 1994 (les travaux de terrains en 2019). Cela étant, il est question de vérifier si le franc CFA doit disparaitre ou pas, à travers différents entretiens auprès des personnes ressources et hommes politiques (travaux de terrain en 2020). Enfin, il convient de connaître le point de vue des universitaires africanistes et occidentaux sur le franc CFA (nos travaux de recherche entre 2021 et 2022).

Les niveaux de satisfaction des enquêtés permettent de déterminer s'il faut garder cette monnaie ou pas. À partir des résultats de cette enquête, sont dégagées des données statistiques montrant les différents points de vue de la population sur chaque question. Les résultats sont ensuite traités et diffusés pour servir le monde de la recherche. Sur les pages suivantes, figurent des informations sur la méthodologie utilisée, quelques constats issus de la recherche documentaire et une analyse des résultats. Le présent travail s'articule autour de trois parties : la première fait le compte rendu à partir des questionnaires, la seconde concerne le rapport sur les entretiens accordés par des responsables d'association et certains acteurs de la société, et enfin la troisième partie relate les recherches au sein des archives nationales au Togo et au Bénin, ainsi que nos différents entretiens en France et au Canada.

PREMIÈRE PARTIE. PRÉSENTATION DES DONNÉES DES ENQUÊTES DE TERRAIN

Cette première partie est consacrée à la présentation et à l'interprétation des données du sondage qui s'est déroulé du 15 février au 20 mars 2019 au Togo sur la question liée à la dévaluation du franc CFA en 1994. En effet, notre recherche nous a permis d'avoir au total 320 enquêtés de différents secteurs qui ont répondu à nos questionnaires avec une grande joie et satisfaction. La population cible était les étudiants de l'Université de Lomé, la population de différents secteurs d'administration, les commerçants, les hommes d'affaires et surtout les gens qui ont vécu cette période de dévaluation. À cet effet, un questionnaire (Annexe 1) a été élaboré et soumis auxdits enquêtés, puis des entretiens à travers une série de questionnaires (Annexe 2) ont été administrés aux responsables d'associations et les commerçants qui ont vécu la période de la dévaluation. Cela a permis de recueillir l'opinion des uns et des autres sur le sujet afin de dresser un bilan assez satisfaisant sur notre travail. Les questionnaires ont été analysés dans le respect de l'anonymat et ont fait l'objet d'un traitement informatique conforme à la loi informatique et liberté du 06 janvier 1978[1].

L'ensemble des informations obtenues a été retranscrit sur format informatique pour être, par la suite, traité et analysé grâce au logiciel Excel. Cet outil informatique a permis d'obtenir les résultats sous forme :

- de secteurs pour les questions oui/non ;
- des graphiques pour les questions portant sur les impacts aux quotidiens de la dévaluation du franc CFA depuis 1994 ;
- de différents graphiques pour la synthèse thème par thème.

Pour chaque thème, une analyse a été réalisée afin d'identifier les points forts et les points à améliorer. À partir de ces derniers, des axes d'amélioration ont été dégagés. Afin de savoir si les questionnaires renseignés sont représentatifs de l'échantillon étudié, nous avons évalué le taux de retour de la manière suivante :

- Un taux de 0 à 29% est considéré comme faible ;
- Un taux de 30 à 60% est considéré comme satisfaisant ;
- Un taux de plus de 60% est considéré comme très satisfaisant.

La satisfaction est un sentiment subjectif. En effet, il est difficile d'obtenir l'unanimité. C'est pourquoi, pour toutes les questions dont le résultat sera inférieur à 50% de satisfaction, on considèrera que le sujet n'est pas acceptable ; lorsque le résultat est supérieur à 50%, ces questions seront considérées comme maitrisées et donc comme des points forts. Les difficultés rencontrées dans la réalisation de la présente étude sont négligeables et liées

---

1 https://www.legifrance.gouv.fr/affichTexte.do?cidTexte=JORFTEXT000000886460

essentiellement au désir de certains interviewés de garder l'anonymat ; ce qui a été respecté. Selon la méthodologie utilisée dans cette étude, seule une analyse des résultats sur la base des répondants est possible. Il ne peut y avoir ni de comparaison avec l'ensemble de la population à l'étude, ni de portrait représentatif de l'ensemble des autres résultats.

Toutefois, l'analyse des résultats permet d'apprécier l'état actuel de l'économie des pays utilisateurs du franc CFA après la dévaluation de celui-ci. L'échantillon est assez large pour être considéré comme représentatif de l'opinion des personnes fréquentant l'Université de Lomé en raison du niveau d'instruction, des personnes issues des différentes ethnies et milieux sociaux. Il est représentatif de l'opinion d'une population sensible aux débats intellectuels et pour laquelle la question monétaire est très importante. Toutefois, loin de la capitale, à la campagne, les sensibilités peuvent être différentes, moins vives, moins intéressées par ce débat du fait, peut-être du niveau d'instruction de la population ou encore de la sous-information. Il faut nous en rappeler. L'objet de cette étude est d'abord de connaître l'avis de la population lors de la dévaluation du franc CFA. Nous avons aussi étendu les questionnaires pour les personnels des différents services au sein de l'Université à savoir : le COOL (Centre des œuvres universitaires de Lomé) et de la direction des ressources humaines.

I- DONNÉES LORS DE NOTRE VOYAGE FRANCE-TOGO EN 2018

Au cours de notre voyage France-Togo en 2018, notre travail a consisté à recueillir l'avis de la population sur sa perception du franc CFA. Nous nous sommes entretenus avec 400 étudiants et tout corps confondu de la société (employés du public et privé, commerçant…). Les enquêtés sont choisis en fonction de leur âge, leur niveau d'étude et parfois leur milieu qui permettra de savoir s'ils s'y connaissent un peu sur notre sujet de recherche. La figure n°1 ci-dessous présente le pourcentage entre les hommes et les femmes interrogés.

Figure N°1. Pourcentage de participation entre homme et femme

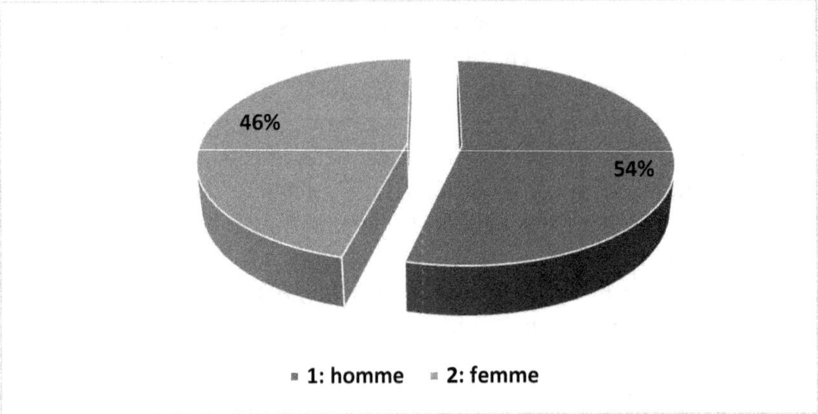

Source : D'après les résultats de nos travaux de terrain 2018.

D'après les données de la figure **1**, 54% des enquêtés sont des hommes et 46% sont des femmes. Cette étude montre une participation légèrement plus importante du côté des hommes que des femmes. La figure n° 2 ci-dessous présente les différentes tranches d'âge des personnes interrogées.

Figure N° 2. Répartition des répondants selon les tranches d'âge

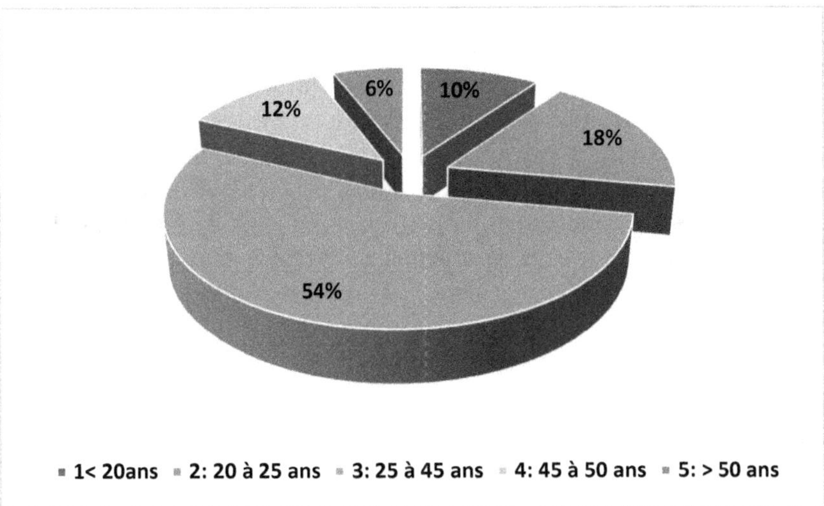

Source : D'après les résultats de nos travaux de terrain 2018.

D'après la figure n° 02, 10 % des personnes enquêtées ont moins de 20 ans, 18 % ont entre 20 et 25 ans, 54 % se situent entre 25 et 45 ans, 12 % ont entre 45 à 50 ans, et 6 % ont plus de 50 ans. L'étude de ce graphique montre les différents pourcentages par rapport aux différents âges des personnes qui ont répondu au sondage. La figure 3 ci-dessous présente le pourcentage des interrogés sur la définition du franc CFA.

Figure N° 3. Définition sur le franc CFA

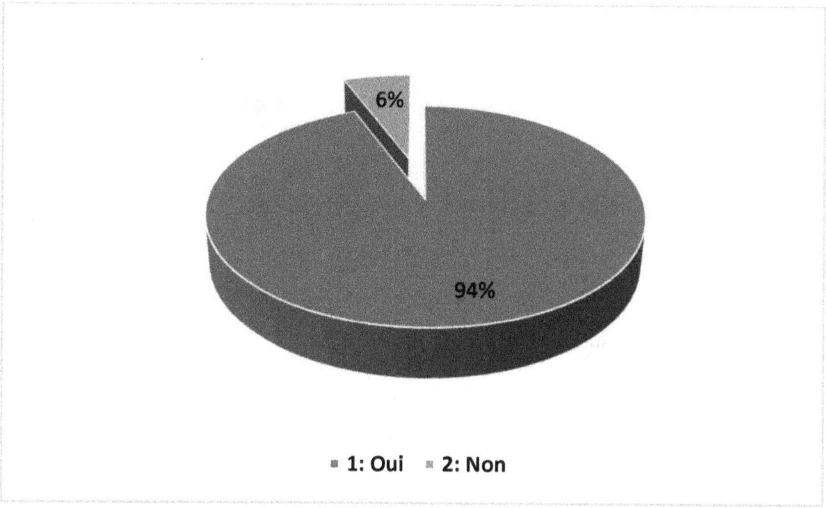

Source : D'après les résultats de nos travaux de terrain, 2018.

D'après la figure 3, 94 % des interrogées (à répondre par oui ou par non) ont répondu à la question de connaître la réponse de la définition du franc CFA, seulement 6 % ne connaissent pas ladite définition ; ce qui signifie que plus de la moitié connait la définition du franc CFA. De façon générale, les concepts (ou enjeux) liés à la définition du franc CFA sont tous considérés comme importants ou très importants aux yeux des répondants. Ce qui rend notre résultat satisfaisant. La figure n° 4 ci-dessous présente le pourcentage des interrogés sur les différentes réponses proposées.

Figure N°4. Répartition des répondants par rapport aux différentes définitions proposées

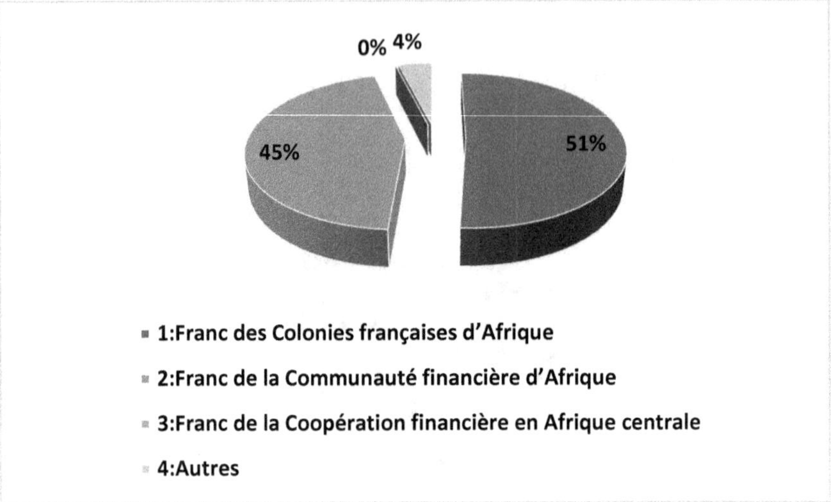

Source : D'après les résultats de nos travaux de terrain, 2018.

L'étude de ce graphique, après nos recherches, montre que 51% ont répondu à la définition du franc CFA comme étant : franc des colonies française d'Afrique (exemple 1); 45% ont choisi : franc de la communauté financière d'Afrique (exemple 2); 0 % ont choisi: franc de la coopération financière en Afrique centrale(exemple 3); et 4 % ont choisi autre réponse. Ce qui nous renseigne sur la maitrise des enjeux de notre recherche par les répondants. La figure n° 3 et n° 4 présentent à la fois la forte participation des interrogés sur le lieu de fabrication du franc CFA et le pays qui fabrique cette monnaie.

Figure N° 5. Lieu de fabrication du franc CFA

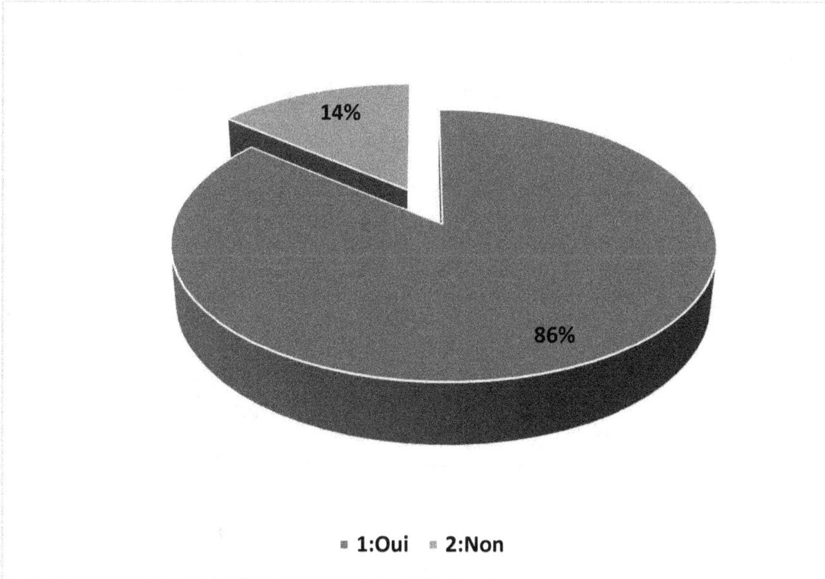

Source : D'après les résultats de nos travaux de terrain, 2018.

D'après la figure 5, nous constatons que 86 % des enquêtés connaissent le lieu de fabrication du franc CFA, seulement 14 % ignorent ce lieu de fabrication. La figure n° **6** présente les avantages du franc CFA aux pays utilisateurs.

Figure N° 6. Avantage du franc CFA pour les pays utilisateurs

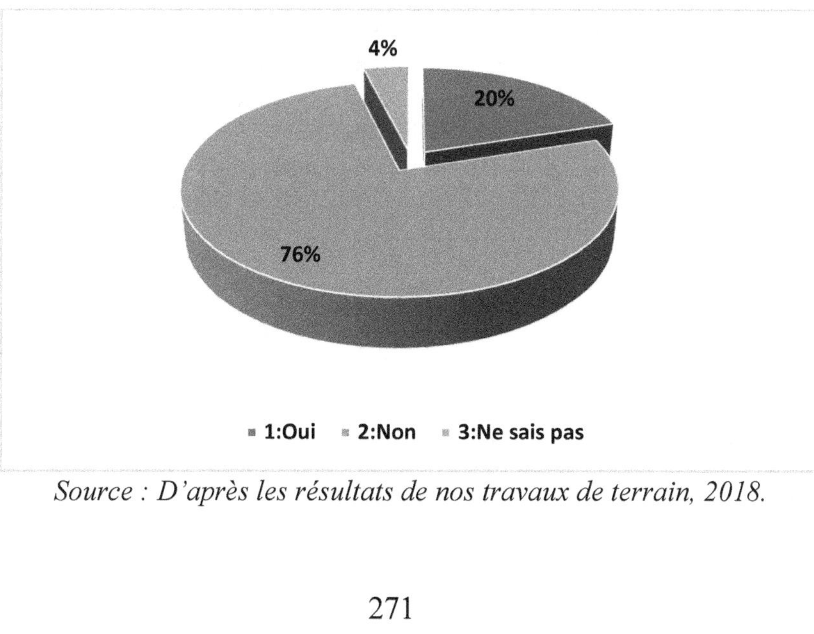

Source : D'après les résultats de nos travaux de terrain, 2018.

L'étude de ce graphique nous renseigne que 76 % des personnes interrogées approuvent que le franc CFA ne présente aucun avantage pour les pays africains, seulement 20 % adhèrent à l'idée et 16 % affirment ne rien savoir. Ce chiffre permet de comprendre ce que pense la population de cette monnaie. La figure n° 7 ci-dessous présente la participation des interrogés sur les commandes extérieures.

Figure N° 7. Taux des articles commandés depuis l'extérieur avec le franc CFA

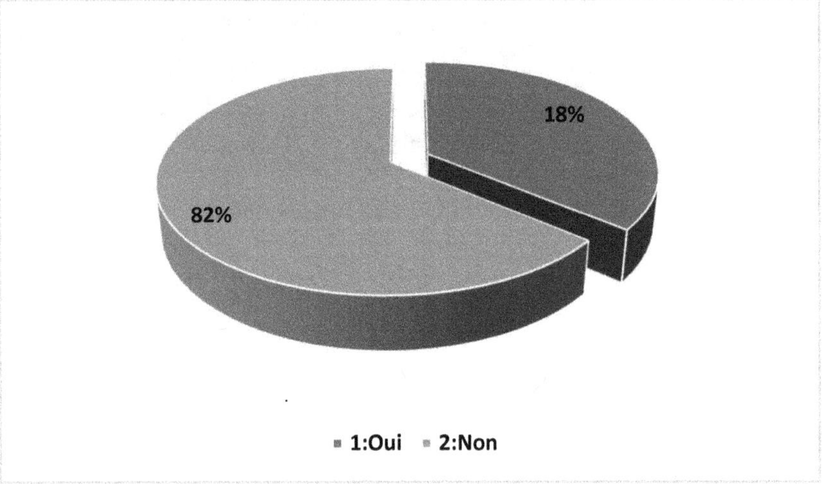

Source : D'après les résultats de nos travaux de terrain 2018.

D'après la figure 7, 82 % des personnes enquêtées affirment ne pas commander des articles à l'extérieur pour la simple raison que le coût des devises est trop élevé ; seulement 18% le font. Mais ceux qui font la commande disent que le franc CFA ne les arrange pas à cause de la dévaluation de 1994 qui a diminué la valeur du franc CFA à 50 % par rapport à l'Euro. D'autres encore disent qu'ils préfèrent aller au Ghana à côté pour commander les articles avec les devises du Ghana. La figure n° 8 présente le point de vue de la population s'il faut garder le franc CFA ou pas.

Figure N°8. Répartition des répondants sur le fait de garder le franc CFA ou non

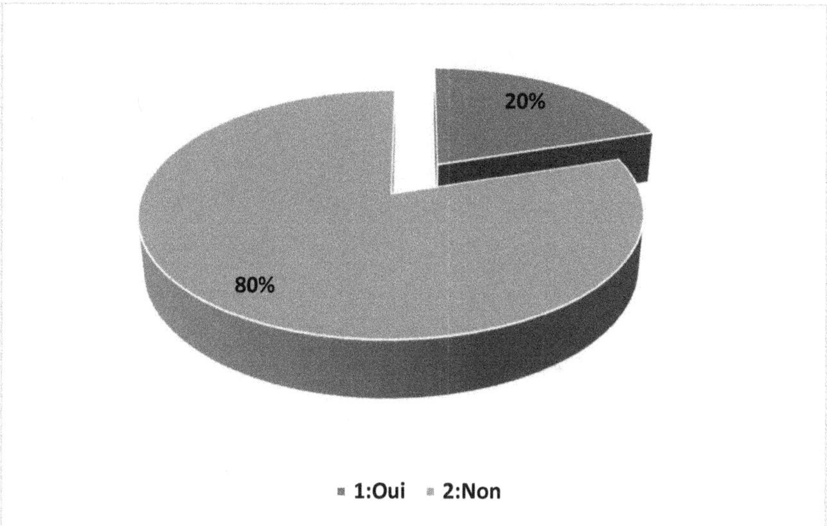

Source : D'après les résultats de nos travaux de terrains, 2018.

Figure N° 9. Cas "oui "des répondants sur la question de garder le franc CFA

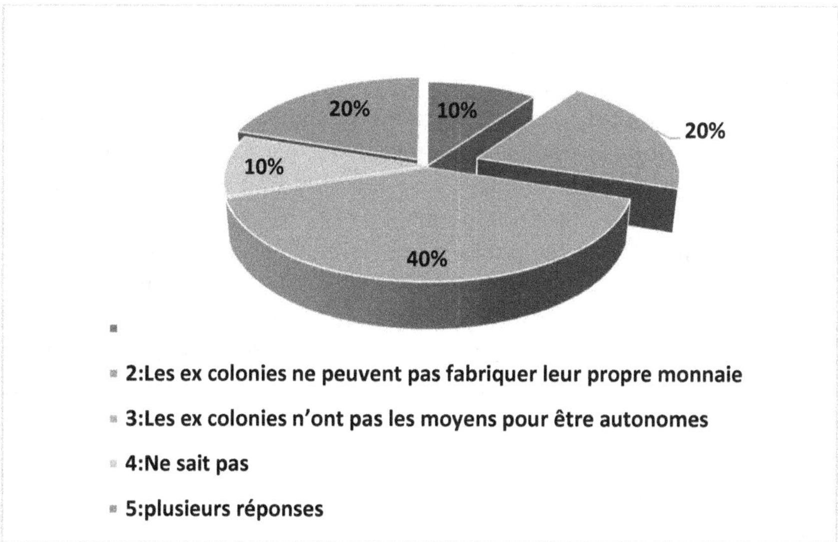

Source : D'après les résultats de nos travaux de terrain, 2018.

Figure N°10. Cas "non "des répondants sur la question de garder le franc CFA

Source : D'après les résultats de nos travaux de terrain, 2018.

Nos recherches ont permis de comprendre beaucoup de choses sur la question de savoir si les anciennes colonies de la France doivent garder le franc CFA. La figure n° **8** nous permet de comprendre que 80 % des personnes enquêtés sont pour une autre monnaie, seulement 20% acceptent garder cette monnaie en disant que les ex-colonies ne peuvent pas fabriquer leur propre monnaie sans l'accord de la France.

La figure n° **10** concerne les 80 % des répondants qui ont dit "non" au franc CFA. Ce résultat nous permet de comprendre que 46% ont donné plusieurs réponses ; 18 % ont affirmé que les ex-colonies sont indépendantes et ont le droit d'utiliser leur propre monnaie ; 13 % sont pour l'affirmation « l'indépendance politique marche de pair avec celle économique » ; 13 % ont donné pour réponse : le contrôle de cette monnaie échappe aux africains ; et 10 % affirment que c'est une forme d'exploitation. La figure n°11 ci-dessous présente des données qui nous permettent de comprendre la question du remplacement du franc par une autre monnaie.

Figure N°11. Remplacement du franc CFA par une autre monnaie

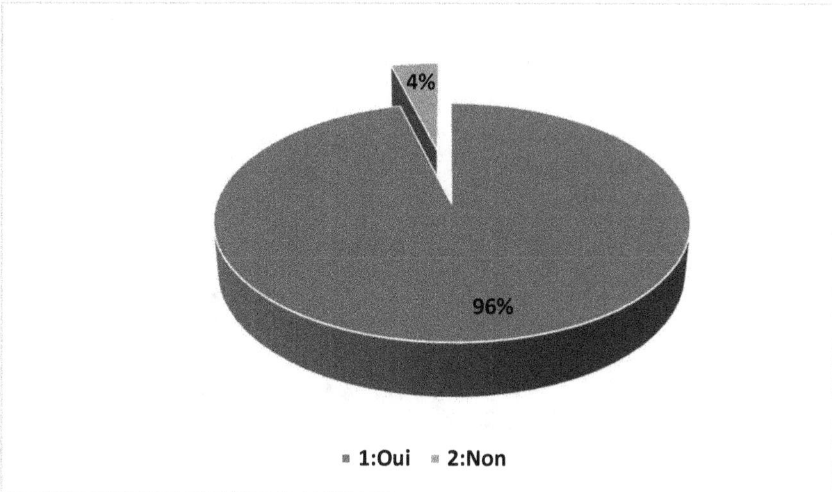

Source : D'après les résultats de nos travaux de terrain, 2018.

D'après la figure 11, 96% adhèrent à l'idée de remplacer le franc CFA par une autre monnaie ; seulement 4% sont contre cette idée. Ceci nous fait comprendre que la population est prête pour une autre monnaie pourvue que cela ne soit pas du franc CFA. La figure n° **12** présente des données sur l'arrimage du franc CFA à un panier de devise comme le yuan, le dollar…

Figure N°12. L'arrimage du franc CFA à d'autre panier de devise

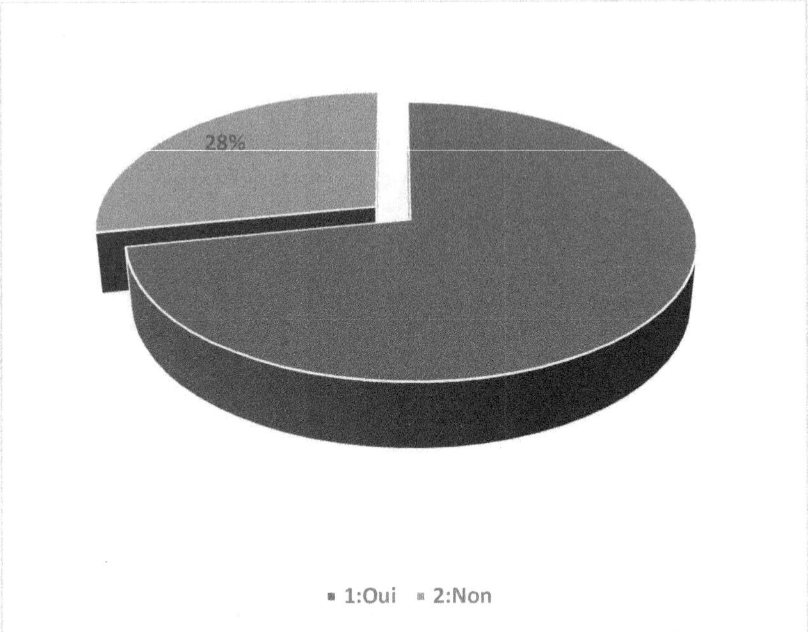

Source : D'après les résultats de nos travaux de terrain, 2018.

D'après la figure 12, 72 % des enquêtés sont d'accords pour que le franc CFA ne soit plus fixe à l'euro mais à un arrimage à un panier de devises tels que l'euro, le dollar ou le yuan ; c'est seulement 28 % qui acceptent de garder cette monnaie avec une convertibilité fixe. Cela suppose que le franc CFA en lui-même ne pose pas de problème selon nos résultats mais le problème se situe au niveau de sa parité fixe avec l'euro. La figure n° **13** présente différentes propositions choisies par les interrogés sur le franc CFA.

Figure N° 13. Proposition pour une sortie de crise

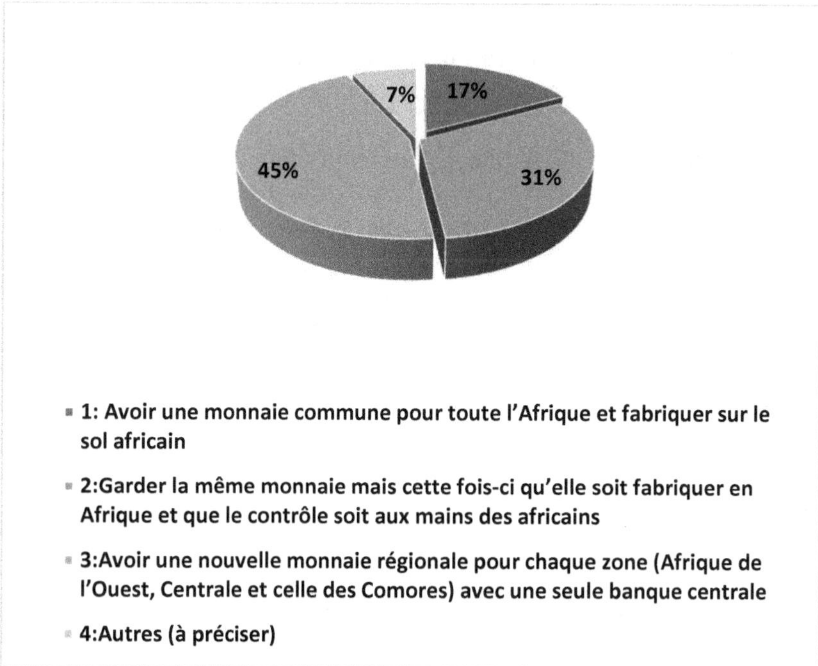

Source : D'après les résultats de nos travaux de terrain, 2018.

D'après la figure n° 13, nous avons recueilli différentes réponses. Ainsi, 45 % ont accepté avoir une monnaie régionale pour chaque zone (l'Afrique de l'ouest, centrale et celle des Comores) avec une seule banque centrale, 31 % ont accepté gardé la même monnaie mais cette fois qu'elle soit fabriquée en Afrique et que le contrôle soit entre les mains des africains, 17 % ont accepté avoir une monnaie commune pour toute l'Afrique et fabriquée sur le sol africain, et 7 % ont donné plusieurs réponses parmi lesquelles : avoir une monnaie pour chaque pays ou encore avoir une monnaie pour chaque région d'Afrique (Afrique du nord, Afrique du sud, Afrique de l'est, Afrique de l'ouest et Afrique centrale) mais l'essentiel est que cette monnaie soit fabriquée en Afrique et que le contrôle soit entre les mains des pays africains.

Il apparait ainsi que les jeunes générations d'intellectuelles togolais sont très informées de la question et très majoritairement hostile au franc CFA et au maintien de la situation monétaire actuelle, héritée d'une période durant laquelle ils n'étaient pas nés.

II- DONNÉES LORS DE NOTRE VOYAGE FRANCE-TOGO EN 2019

Les informations recueillies au cours de notre voyage France-Togo en 2019 nous a permis d'enrichir notre travail de recherche. Ce second voyage est l'occasion de comprendre les effets de la dévaluation du franc CFA en 1994 sur le quotidien des Togolais. Nous avons mené ces différents entretiens avec 360 étudiants et les différentes couches de la société. La figure ci-dessous nous présente le pourcentage des hommes et des femmes au cours de ce voyage.

Figure n° 1. Pourcentage de participation entre homme et femme

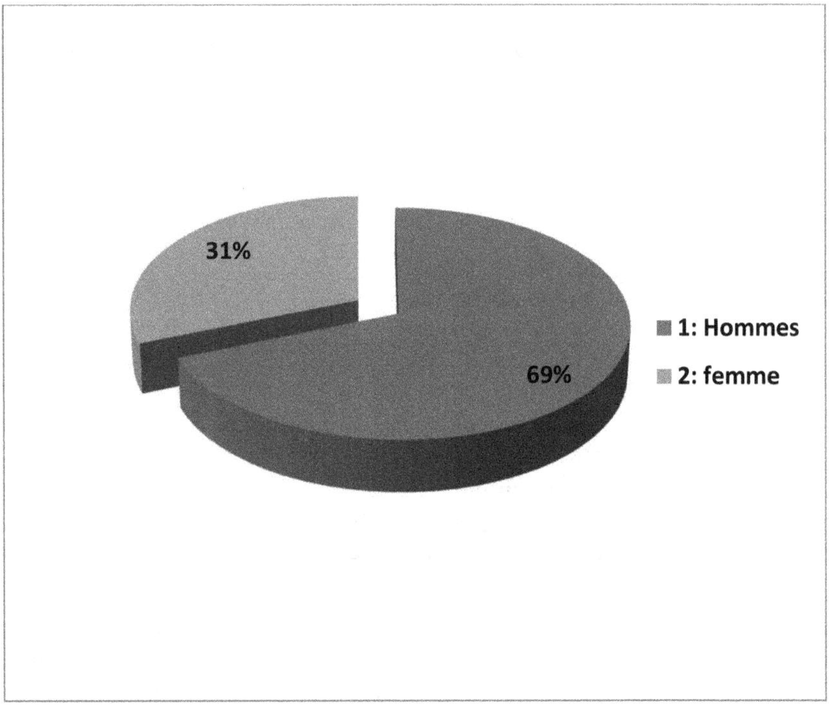

Source : D'après les résultats de nos travaux de terrain, 2019.

D'après les données de la figure n° 1, 69 % des enquêtés sont des hommes et 31 % sont des femmes. Cette étude montre une participation plus importante du côté des hommes que des femmes. La figure ci-dessous présente, les différentes tranches d'âge des personnes interrogées.

Figure N° 2. Répartition des répondants selon les tranches d'âge

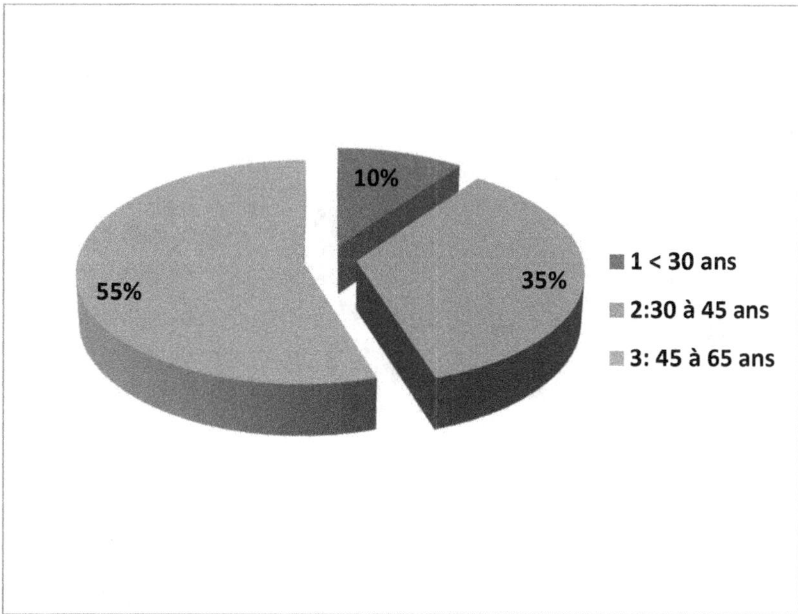

Source : D'après les résultats de nos travaux de terrain, 2019.

D'après la figure n° 2, 10% des personnes enquêtées ont moins de 30 ans, 35% ont entre 30 et 45 ans, 55 % se situent entre 45 et 65 ans. L'étude de ce graphique nous montre les différents pourcentages par rapport aux différents âges des personnes qui ont répondu au sondage. Pour répondre convenablement à nos questions, nous avons privilégié les personnes qui ont vécu la période de la dévaluation de 1994 (les personnes à partir de 40 ans, ce qui suppose qu'ils ont au moins 15 ans au moment de la dévaluation). La figure ci-dessous présente, le pourcentage d'enfants par famille.

Figure 3. Le nombre d'enfants part famille

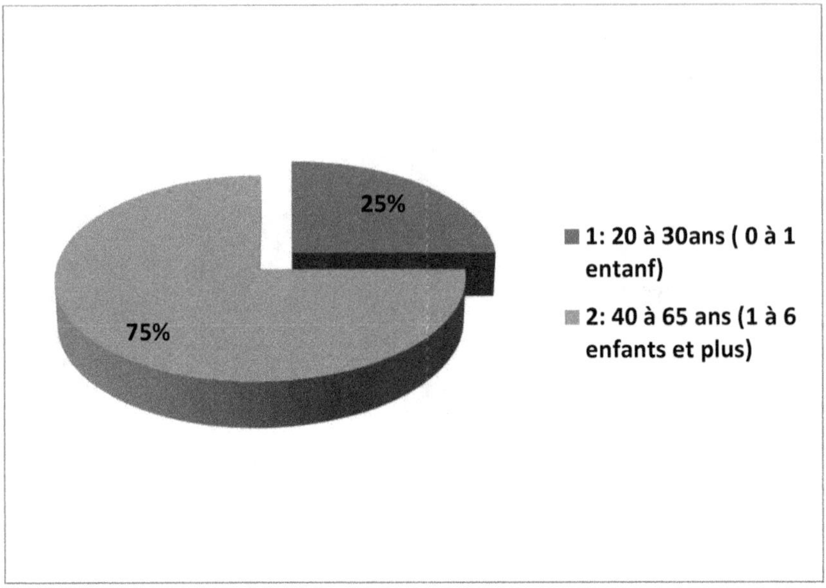

Source : D'après les résultats de nos travaux de terrain, 2019.

D'après la figure n°3, 25 % des interrogées ont entre 20 et 30 ans et ont de 0 à 1 enfants. Pour justifier cette diminution d'enfant par le milieu intellectuel, beaucoup ont soulevé la question liée à la cherté de la vie. Certains d'entre eux ont expliqué que le franc CFA ou encore leur monnaie est très faible pour prétendre se marier tôt comme leurs aînés et avoir une vie décente (le faible taux est dû à la dévaluation) ; 75 % des interrogées ont entre 40 et 65 ans et ont entre 2 à 6 enfants voire plus. Cette couche n'a pas trop subi les conséquences de la dévaluation donc ont fait beaucoup d'enfants. Ceci explique que la dévaluation a été un frein dans le processus de la démographie surtout pour les jeunes élites. De façon générale, les concepts (ou enjeux) liés au nombre d'enfants sont tous considérés comme importants ou très importants aux yeux des répondants. Ce qui rend notre résultat satisfaisant. La figure ci-dessous présente, le pourcentage et le point de vue des interrogés sur le franc CFA.

Figure 4. Aspect positif et négatif du franc CFA

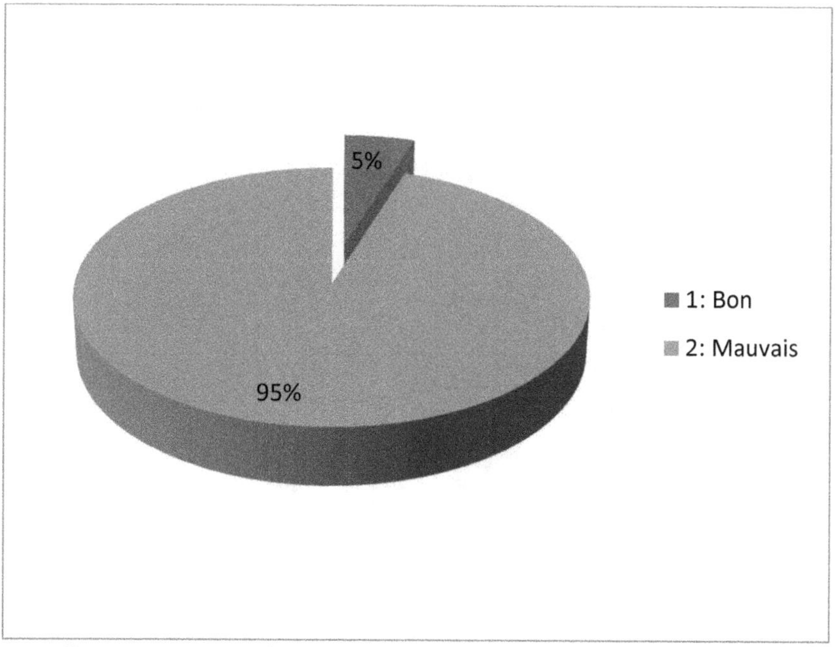

Source : D'après les résultats de nos travaux de terrain, 2019.

L'étude de ce graphique, après nos recherches, montre que 5 % ont répondu que le franc CFA est une bonne monnaie et 95 % ont répondu que le franc CFA n'est pas compatible avec nos réalités actuelles et qu'il faut la rejeter. Ce qui nous renseigne sur la maîtrise des enjeux de notre recherche par les répondants. Cette figure ci-dessous montre la participation des enquêtés aux différentes associations de lutte contre le franc CFA.

Figure 5. Engagement dans différentes associations contre le franc CFA

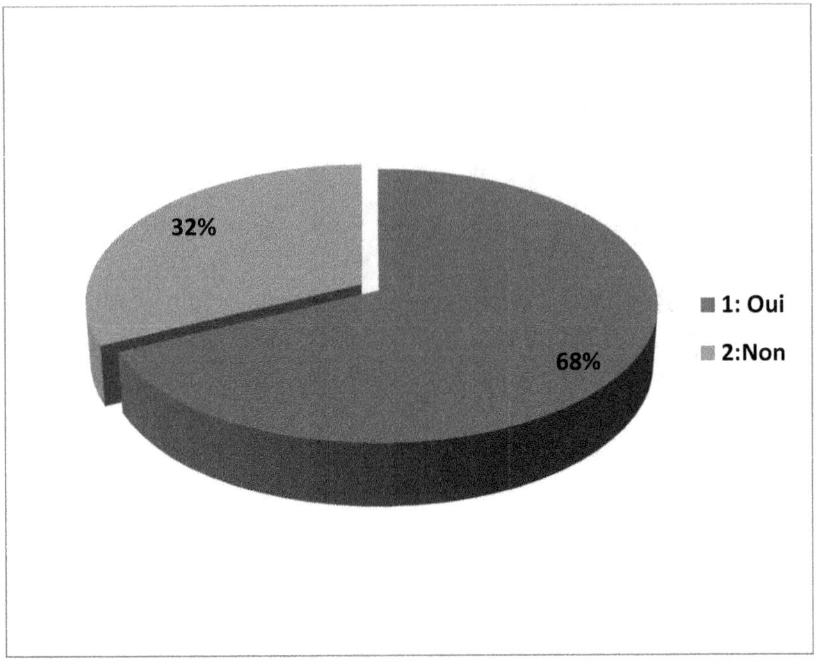

Source : D'après les résultats de nos travaux de terrain, 2019.

D'après la figure 5, nous constatons que 68 % des enquêtés se sont engagés à travers différentes associations ou réseau sociaux dans la lutte contre le franc CFA. Seulement 32 %, ne manifestent pas leur intérêt. Ce graphique nous présente la forte participation de la population pour mettre fin à cette monnaie que certains à travers nos recherches qualifient de néocolonialisme. La figure ci-dessous montre les réponses relatives à la définition du franc CFA.

Figure 6. Figure montrant la définition du franc CFA

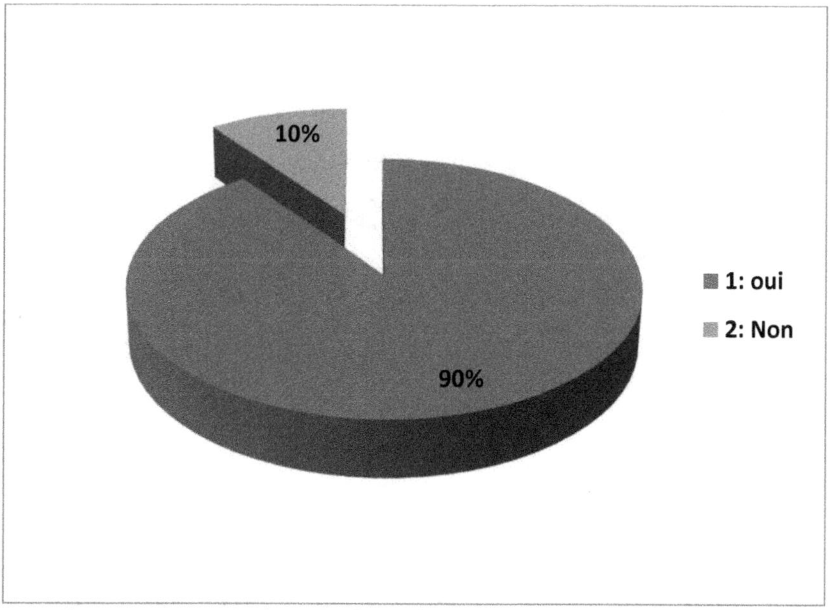

Source : D'après les résultats de nos travaux de terrain, 2019.

D'après la figure 6, 90 % des interrogées (à répondre par oui ou non) ont répondu connaître la réponse de la définition du franc CFA, seulement 10 % ne connaissent pas ladite définition. De façon générale, les concepts (ou enjeux) liés à la définition du franc CFA sont tous considérés comme importants aux yeux des répondants. La figure ci-dessous présente, le pourcentage des interrogés sur différentes réponses proposées.

Figure 7. Remplacement du franc CFA par une autre monnaie

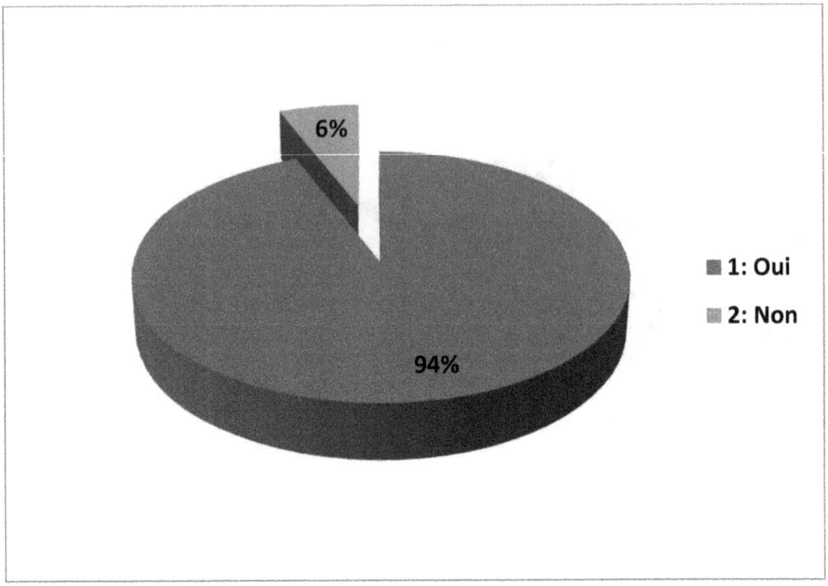

Source : D'après les résultats de nos travaux de terrain, 2018.

D'après la figure 7, 94 % adhèrent à l'idée de remplacer le franc CFA par une autre monnaie, seulement 6 % sont contre cette idée. On comprend aisément que la population est prête pour une autre monnaie pourvu que cela ne soit pas du franc CFA. La figure ci-dessous présente, des données sur l'arrimage du franc CFA à un panier de devise comme le yuan, le dollar… La figure ci-dessous nous présente, le regard de la population sur la question « Françafrique monétaire ».

Figure 8. Le franc CFA comme symbole d'une « Françafrique monétaire »

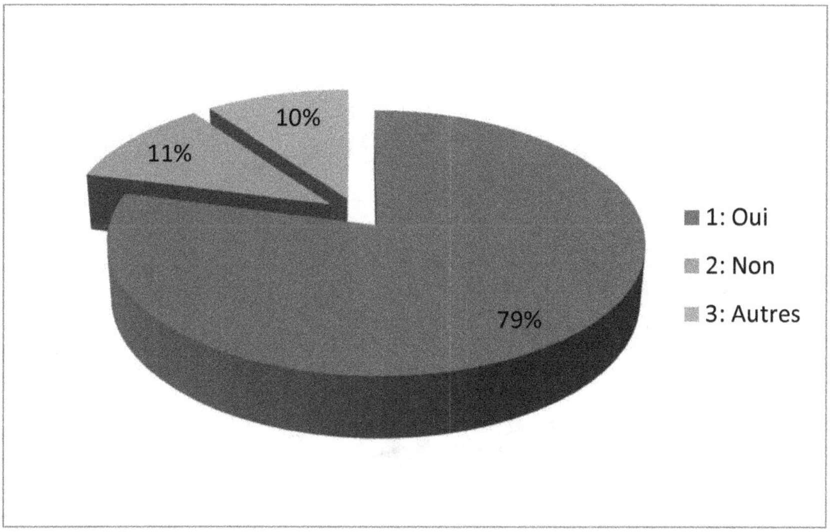

Source : D'après les résultats de nos travaux de terrains, 2019.

La figure 8 permet de comprendre que 79 % des personnes enquêtées ont confirmé que le franc CFA est aujourd'hui considéré comme le symbole d'une « Françafrique monétaire ». Seulement 11% des personnes enquêtés ont dit non à cette question. Dans ce cas, des propositions nous ont permis de détailler les différentes réponses. Et pour finir, 10 % ont répondu différemment, à savoir :

- le franc CFA en lui-même n'est pas mauvaise mais c'est les contours qui l'engendrent qui lui donne une image négative ;
- d'autres affirment que le passé colonial est un fait très lourd et pour en finir pour une fois de bon le mieux est de rompre avec ce passé douloureux ;
- et enfin, certains confirment que la présence de la colonisation est un autre angle à ce siècle de la mondialisation.

La figure ci-dessous présente l'arrimage du franc CFA à un panier de devise plutôt que sa convertibilité fixe à l'Euro.

Figure 9. Arrimage du franc CFA à un panier de devise

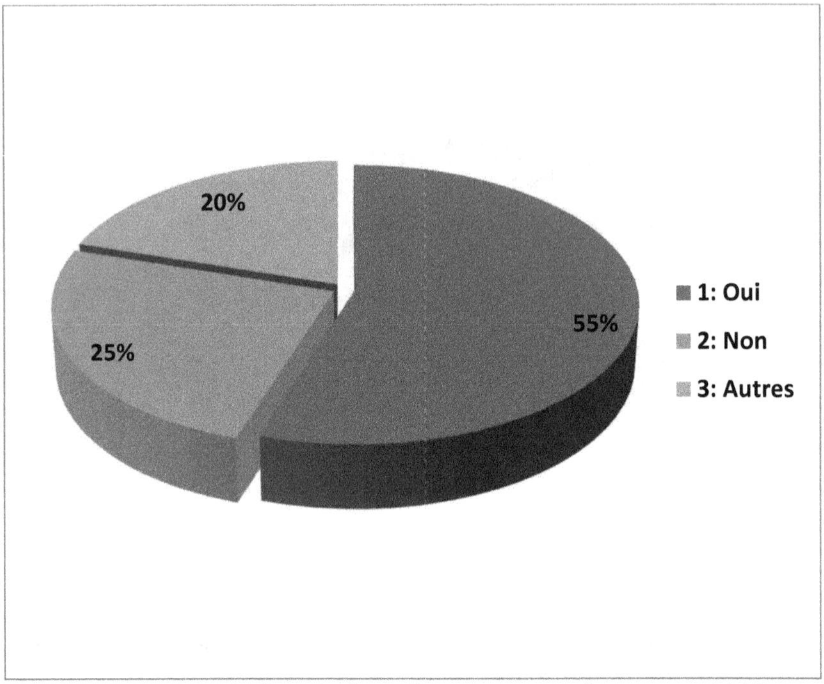

Source : D'après les résultats de nos travaux de terrain, 2019.

D'après la figure 9, 55 % des enquêtées sont d'accords pour que le franc CFA ne soit plus fixe à l'euro mais à un arrimage à un panier de devises tels que l'euro, le dollar ou le yuan…, c'est seulement 25% qui acceptent garder cette monnaie avec une convertibilité fixe. Cela suppose que le franc CFA en elle-même ne pose pas de problème selon nos résultats mais le problème se situe au niveau de sa parité fixe avec l'euro. Un autre constat se situe au niveau d'instruction de la population qui pense que le franc CFA n'est pas une mauvaise chose en soi. En cela, nous confirmons l'hypothèse selon laquelle certains affirment que le système de la gouvernance du franc CFA révèle du néocolonialisme. Enfin, 20 % ont donné d'autres réponses parmi lesquelles :

- l'Afrique veut juste avoir son autonomie et une dépendance économique de la part de sa métropole ;
- l'Afrique est capable d'avoir sa propre monnaie, même s'il n'a pas les moyens, elle va lancer un appel d'offre…

La figure ci-dessous présente le « Pour » et le « Contre » d'une monnaie commune africaine.

Figure 10. Participation des enquêtés à une monnaie commune africaine

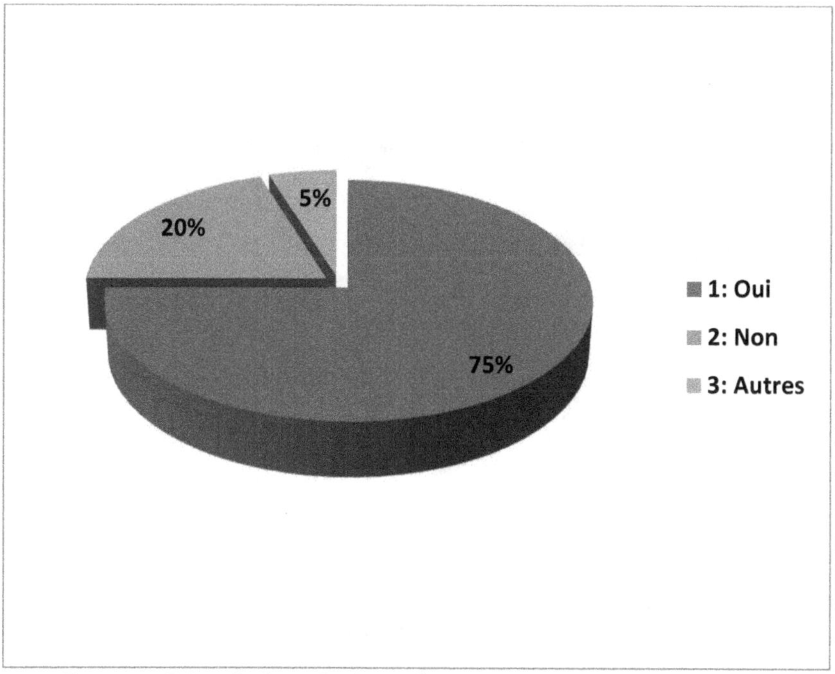

Source : D'après les résultats de nos travaux de terrain, 2019.

D'après la figure 10, de toutes les réponses recueillies, 75 % ont accepté avoir une monnaie africaine ou sous régionale pour chaque zone (l'Afrique de l'Ouest, centrale et celle des Comores) avec une seule banque centrale. 20 % ont accepté garder la même monnaie mais cette fois qu'elle soit fabriquée en Afrique et que le contrôle soit entre les mains des africains. 5 % ont donné plusieurs réponses parmi lesquelles : avoir une monnaie pour chaque pays ou encore avoir une monnaie pour chaque région d'Afrique (Afrique du nord, Afrique du sud, Afrique de l'est, Afrique de l'ouest et Afrique centrale) mais l'essentiel est que cette monnaie soit fabriquée en Afrique et que le contrôle soit entre les mains des pays africains. Il apparait ainsi que les jeunes générations intellectuelles togolaises sont très informées de la question et très majoritairement hostile au franc CFA et au maintien de la situation monétaire actuelle, héritée d'une période durant laquelle ils n'étaient pas nés. La figure ci-dessous nous présente le pourcentage des enquêtés qui ont vécu la période de la dévaluation de 1994.

Figure 11. Les enquêtés ayants vécu la période de la dévaluation de 1994

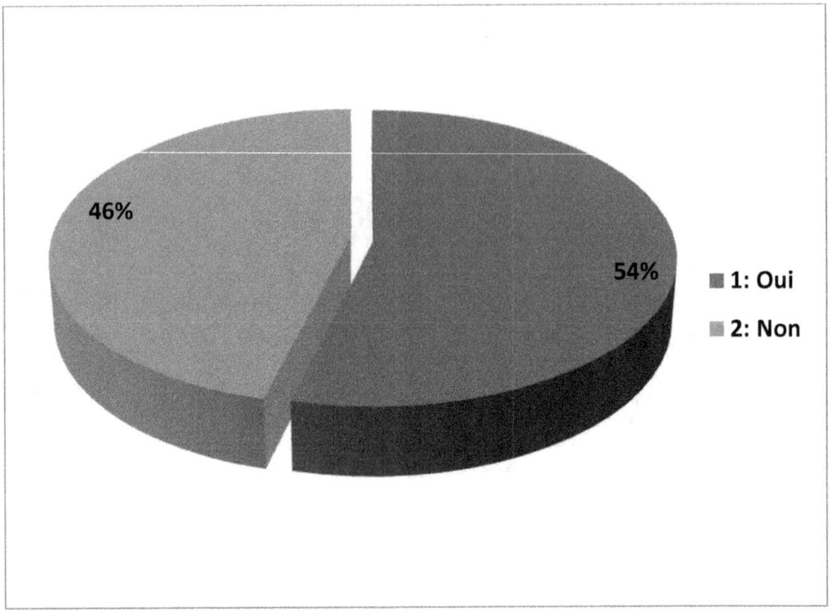

Source : D'après les résultats de nos travaux de terrain, 2019.

La figure 11 nous a permis de dresser une statistique des personnes ayant vécu la période de la dévaluation. L'étude de ce graphique nous renseigne que 54 % des personnes interrogées ont dit avoir vécu la période de la dévaluation du franc CFA en 1994. La figure ci-dessous montre les différents faits marquants cette dévaluation.

Figure 12. Faits marquants la dévaluation de 1994

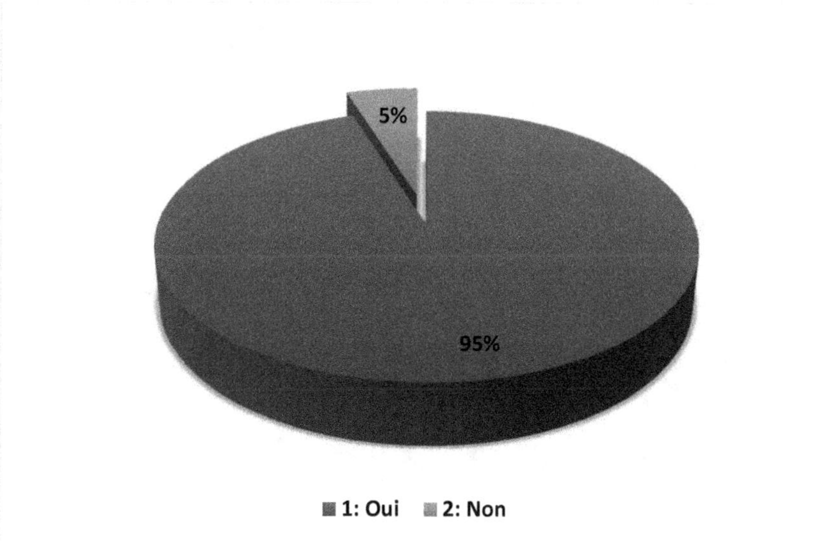

Source : D'après les résultats de nos travaux de terrain, 2019.

D'après la figure 12 des personnes enquêtées, on se rend compte que 95 % des 54 % qui ont vécu la période de la dévaluation (confer figure n° 11) se sont rappelés la période et des faits qui ont marqué cette période, seulement 5 % des 54 % ne se rappellent pas des faits au cours de cette période. La figure ci-dessous montre les conséquences et les avantages (si cela existe) après la dévaluation 1994. Ce chiffre permet de comprendre ce que pense la population de cette dévaluation.

Figure 13. Les conséquences pour donner suite à la dévaluation du franc CFA

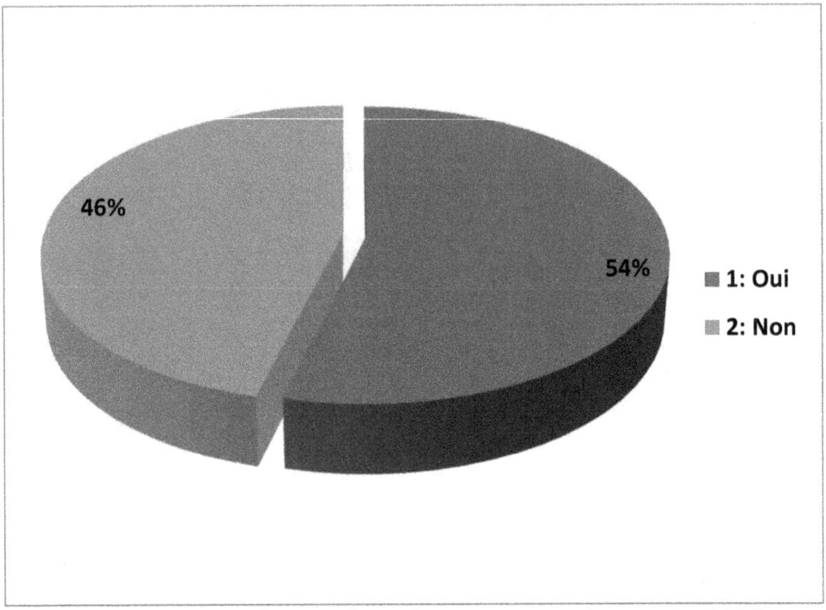

Source : D'après les résultats de nos travaux de terrain, 2019.

La figure 13 permet de faire un bilan sur les personnes ayant assisté ou encore qui se rappellent le moment douloureux de cette dévaluation. En effet, plusieurs réponses nous ont été donné pour comprendre les faits marquants cette période. Cette même figure répond à la question 17 sur la fiche d'enquête. Nous notons :

- l'effondrement de l'économie dû à la dévaluation du franc CFA à 50 % ;
- la rupture voire fermeture des entreprises à la suite de la crise ;
- la baisse des salaires majoritairement dans les entreprises privées ;
- le trouble socio-économique liée à la dévaluation.

Ainsi, il apparait que les jeunes générations intellectuelles togolaises sont très informées de la question et très majoritairement hostiles au franc CFA et au maintien de la situation monétaire actuelle, héritée d'une période durant laquelle ils n'étaient pas nés.

La réaction de la population durant cette période est sans avis. Normalement, nous racontent-ils, les personnes enquêtées, ce processus de dévaluation devrait faire l'objet d'un referendum pour avoir l'avis de la population s'il faut ou non dévaluer cette monnaie. Certains qui ont des proches près du parti au pouvoir ont su déplacer leurs avoirs à l'étranger pour échapper à la dévaluation. On note ici une forme de corruption et de sauve qui peut lors de cette dévaluation de 1994 qui a été un fait marquant l'histoire du franc CFA. Ce fut alors, une décision qui a été prise unilatéralement par les chefs d'État Africains. Ce manque de décision de la population prouve une sorte de dictature imposée au peuple. Retenons que l'avènement du multipartisme commença généralement début des années 90. Même en 1994 les différents partis en place n'avaient pas trop le poids de décision pour remettre en cause le pouvoir de décision du peuple. La figure ci-dessous nous présente l'avenir d'une nouvelle monnaie pour les pays africains.

Figure 14. Avenir d'une nouvelle monnaie pour les pays africains

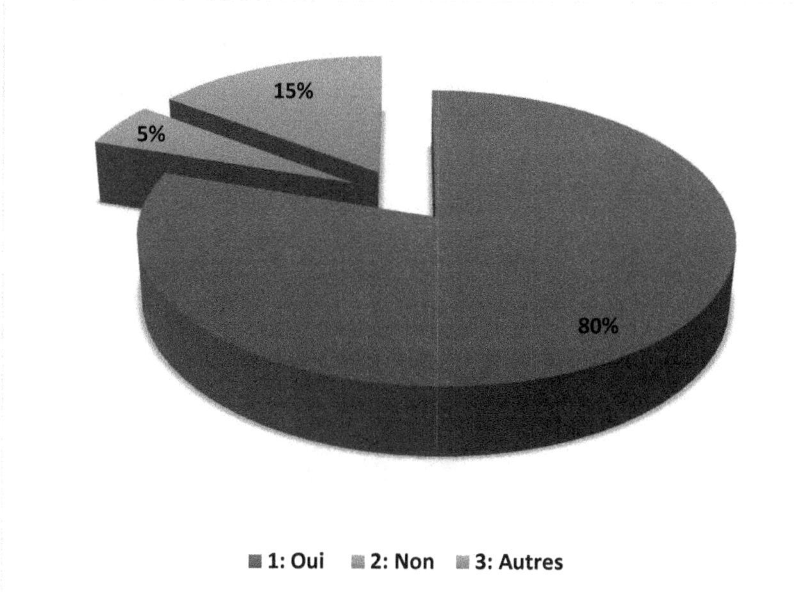

Source : D'après les résultats de nos travaux de terrain, 2019.

D'après la figure 14, nous avons recueilli différentes réponses. Ainsi, 80 % sont persuadés de l'avenir d'une nouvelle monnaie pour les pays africains. Ils ont également précisé qu'il faut qu'elle soit purement africaine c'est-à-dire fabriquée en Afrique et contrôlée par les africains. Nous avons constaté que 5 % sont contre cette idée : « la France ne peut jamais se permettre une telle chose, si cela arrivait, la France perdrait sa place de rang mondial en termes de puissance » ont-ils déclaré. Seulement 11 % ont donné d'autres propositions très intéressantes et convaincantes. En effet, les différentes propositions recueillies sont :

- certains pensent qu'un arrimage de cette monnaie à un panier de devise comme l'Euro, le dollar serait d'une grande importance ;
- ce n'est pas seulement la venue d'une nouvelle monnaie qui pourrait résoudre le problème ; on pourrait aussi revoir les bases que cette monnaie soit fabriquée en Afrique et contrôler par les africains ;cette

nouvelle monnaie peut retarder l'économie de ses pays africains qui utilisent le France CFA et si la France n'est pas de bonne foi pour laisser tomber le franc CFA, le cas de la Guinée Conakry pourrait s'avérer avec le phénomène de « **l'opération persil** ». Après l'indépendance en 1958 de la Guinée de Sékou Toure, celui-ci avait décidé de quitter le franc CFA en 1960 et d'avoir sa propre monnaie. Il a eu des hauts et des bas pour cette décision. Le point le plus marquant fut l'inondation du marché Guinéen de fausses monnaies pour faire chuter l'économie du Guinée. La France est accusée d'être à l'origine de cette politique de déstabilisation.

Cette étude permet de comprendre qu'une grande partie de la population est prête pour une autre monnaie pourvu que cela ne soit pas du franc CFA. Certains vont plus loin en relatant que c'est une monnaie qui rappelle un passé douloureux : celui de la colonisation.

La figure ci-dessous nous présente, l'origine des maux dont souffre l'Afrique.

Figure 15. Origine des maux dont souffre l'Afrique

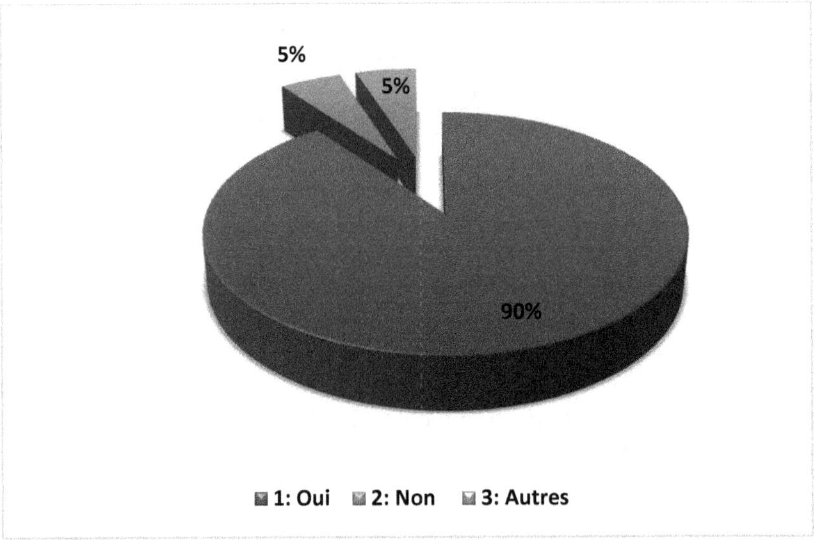

Source : D'après les résultats de nos travaux de terrain, 2019.

L'étude de ce graphique, après nos recherches, montre que 90 % ont répondu que les maux dont souffre l'Afrique sont liés au franc CFA. Ainsi, la monnaie est au centre de chaque pays, le premier élément qui fait de ce pays sa force et son identité. Si celui-ci est au contrôle d'une autre puissance alors, le contrôle de ce pays appartient à cette même personne. Ainsi, les maux dont souffre l'Afrique sont d'une part liée :

- au faible taux (la valeur) du franc CFA ;
- au contrôle de la monnaie par la France ;
- à une monnaie coloniale.

La figure ci-dessous présente, le désir de participer à une association de lutte contre le franc CFA.

Figure 16. Taux de participation à des associations contre le franc CFA

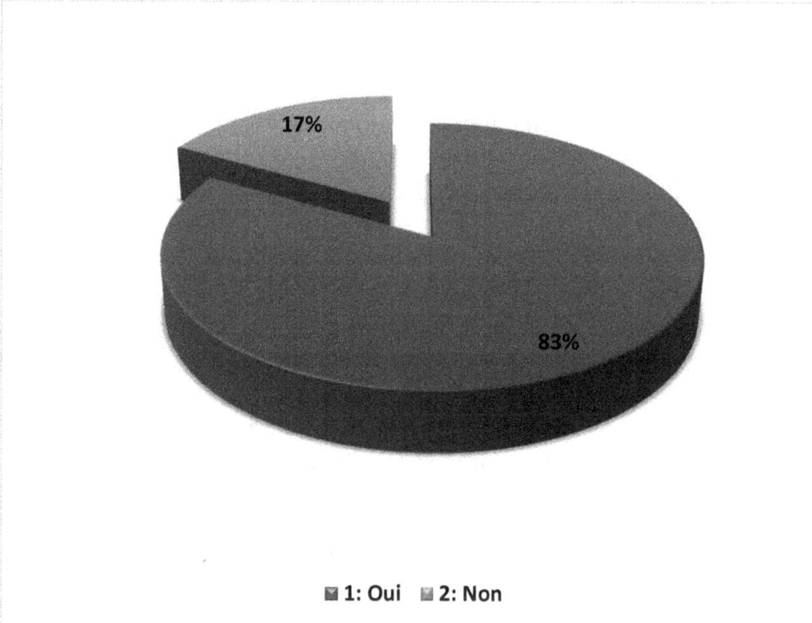

Source : D'après les résultats de nos travaux de terrain, 2019.

D'après la figure 16, nous avons constaté une forte participation de la population dans la lutte contre le franc CFA. D'après nos recherches de terrain, nous avons eu une facilité de contacts surtout quand la population se rend compte que cette recherche touche la question liée au franc CFA. Ainsi, selon ce graphique, 83 % des enquêtés sont prêts pour militer au nom des associations de lutte contre le franc CFA. Une partie des enquêtés font partie de certaines associations de lutte contre le franc CFA à savoir : des associations locales et nationales.

Beaucoup ont déjà participé à des conférences sur le développement économique et social en rapport avec le franc CFA à l'Université parfois animées par le Professeur Kako NUBUKPO et le pasteur EDOH KOMI président du mouvement Martin Luther King (M.L.K) au Togo. Pour terminer nos questionnaires nous avons pensé à deux questions ouvertes pour avoir le point de vue de la population. Une chose est d'administrer les questionnaires et l'autre chose est d'avoir l'avis de la population pour enrichir le travail. Nous avons recueilli plusieurs informations intéressantes.

À la question n°1 : Ce que doivent faire les différents chefs d'État pour résoudre cette crise liée au franc CFA, nous avons eu diverses réponses :

- d'abord il faudrait que le pouvoir soit légitime et que le peuple choisisse son propre gouvernant ;
- la France doit arrêter de s'ingérer dans la politique des pays africains surtout en leur imposant quoi faire ;
- il faut adopter une politique africaine à l'unanimité afin de finir avec cette monnaie qui rappelle un passé douloureux (la colonisation) ;
- les dirigeants africains doivent éviter de servir les intérêts de la France ;
- la politique doit être gagnant-gagnant et non une arnaque économique proposée par les pays occidentaux.

À la question n° 2 : Avez-vous d'autres choses à dire en dehors de ce dont nous avons parlé ?

À cette question également, nous avons pu avoir l'avis de la population dans le cadre de cette étude.

- Des intellectuels doivent montrer, à travers leur plume, les injustices dont les pays de la zone franc ont été victime et continuent de l'être.
- De tous les questionnaires d'opinion, qui, en plus, sont sous la forme « en ligne », la question de la représentativité de l'échantillon fait débat ; surtout la question sur le franc.

DEUXIÈME PARTIE. PRÉSENTATION DES ENTRETIENS

Dans le cadre de cette démarche en particulier, qui s'apparente à une consultation libre, il s'agit de présenter des résultats correspondants fidèlement à l'opinion des personnes qui ont souhaité s'exprimer.

Ainsi, les résultats présentés ici sont bruts, non rectifiés. Ce choix délibéré correspond à un principe de transparence qui a prévalu pour l'ensemble de la démarche. En parallèle, une étude des données a été réalisé sur la base du sexe, de l'âge et du niveau d'études. L'étude de cette seconde partie est consacrée spécialement à la transcription des entretiens auprès de différentes personnalités. Ces entretiens nous ont permis de comprendre certains enjeux politiques sur cette monnaie. Nous avons pu contacter, au cours de nos recherches, des présidents d'association de lutte contre le franc CFA et des hommes d'affaires. Nombreux parmi eux ont demandé que l'entretien se fasse dans l'anonymat.

I- PRÉSENTATION DES ENTRETIENS DE 2018

1. Premier entretien

Entretien du 6 janvier 2018 avec Kodjo EVLO, Professeur titulaire (économiste) à l'Université de Lomé dans son bureau au sein de l'Université de Lomé au Togo.

Q.1) - Pensez-vous que la France tire des avantages en maintenant ses ex-colonies sous le joug colonial ?

La France aujourd'hui endettée, en plein chômage massif, précaire, je ne vois pas par quel moyen la France arrivera à relever la pente ; son seul moyen qui n'est pas nouveau est d'avoir une main mise sur le franc CFA, qui est le facteur capital de contrôle de ses anciennes colonies.

Tout ce que nous vendons passe généralement par le compte d'opération alors c'est la France qui contrôle l'entrée et la sortie de ses ex-colonies, aucun pays en Afrique sous le contrôle du Franc CFA ne peut accéder à un vrai développement. Lorsqu'un chef d'État français fait ses voyages en Afrique c'est pour signer des contrats, cela va toujours dans l'intérêt de la France et sans ce contrat, la France est considérée comme "une coquille vide". Ceci vient soutenir l'idée selon laquelle les ex-colonies françaises sont les principaux fournisseurs des matières premières à vil prix à la France. « La France ne lâchera jamais le franc CFA » a-t-il affirmé. L'assassinat était le sort réservé à tous ceux qui ont tenté de sortir ou de parler de cette monnaie d'une façon ou d'une autre. Le premier président du Togo fut assassiné pour avoir tenté de sortir du franc CFA. Si tu es président ou tu veux être président et que tu veux attaquer les intérêts de la France, tu vas tomber.

Q.2) - Pensez-vous que le franc CFA présente des avantages pour les pays africains ?

Non, en aucun cas, le franc CFA ne peut aider les pays qui l'utilisent parce que c'est une monnaie coloniale. Le premier instrument de souveraineté d'un pays est sa monnaie. Tant qu'un pays n'a pas le pouvoir de contrôle sur sa monnaie, son indépendance politique n'a pas de sens. Quand la France est présente dans un pays africain c'est d'abord pour ses intérêts. Ainsi donc, la présence des troupes françaises au Mali n'est pas une question de protection militaire mais de pillage des ressources minières telles l'or. Alors dire aujourd'hui que la France protège ses ex-colonies, je dirai non. On aurait pu être colonisé par les Anglais.

Q.3) Quel a été votre sentiment quand vous avez appris le renvoi du professeur Kako NUBUKPO pour avoir critiqué Emmanuel MACRON sur ses propos sur le franc CFA ?

J'ai même agi avec l'actuel président national et ce dernier a tout fait pour rétablir la situation mais chose vaine. Kako NUBUKPO ne fait pas partie des têtes qui soutiennent les intérêts de la France. Alors, le faire tomber est inévitable. Ceci nous fait comprendre que même à la tête de la francophonie, la France détient le plein pouvoir pour faire sauter n'importe qui quand son intérêt est menacé.

2. Deuxième entretien

Entretien du 20 mars 2018 à 15h dans un ministère au Togo. L'interviewé a voulu garder l'anonymat pour des raisons personnelles et surtout pour « vivre longtemps auprès de sa famille » avait-il déclaré.

Q.1) -Les Africains ont-ils de l'avenir en utilisant le franc CFA, considéré par les détracteurs de cette monnaie comme une sorte de néocolonialisme ?

Le franc CFA devient aujourd'hui un sujet auquel il faut extrêmement faire attention. Le franc CFA n'a pas d'avenir. Je m'explique : quand votre monnaie est fabriquée par la métropole et que le contrôle de cette monnaie échappe aux pays utilisateurs, comment voulez-vous que cette monnaie ait de l'avenir ? En plus du contrôle de la monnaie, le franc CFA fait rappel à un passé douloureux : le temps de la colonisation. On doit non seulement changer le franc CFA pour des raisons économiques mais pour finir avec cet héritage colonial.

Q.2) - Que pensez-vous que nos dirigeants africains fassent pour finir avec ce système monétaire ?

Aujourd'hui, l'Afrique est le plus riche des continents en ressources naturelles mais aussi considérée comme le plus pauvre parce que les ressources sont mal gérées. Il faut aussi retenir qu'il n'y a pas de corrompu sans le corrupteur. Les dirigeants africains certes, sont mal organisés mais la politique « diviser pour mieux régner » par l'occident s'installe. Ils doivent aujourd'hui se concerter pour dire à l'unanimité non au franc CFA. C'est un sujet qui fait peur aujourd'hui aux dirigeants africains parce que le passé de cette monnaie avait réservé des sorts douloureux.

Q.3) - Aujourd'hui Kako Nubukpo est renvoyé de la francophonie pour avoir critiqué Emmanuel Macron sur le franc CFA. Quel a été votre réaction sur le sujet ?

Je savais qu'un jour il allait finir comme ça. Il n'est pas le premier à subir d'acte d'injustice pour avoir mal parlé de cette monnaie. Heureusement qu'il n'est pas assassiné. L'histoire nous apprend sur l'assassinat de certains chefs d'États africains à l'instar de l'ancien premier président du Togo Sylvanus Olympio, de Mdibo Keita du Mali et de Thomas Sankara du Burkina Faso pour avoir pris l'initiative de battre leur propre monnaie après les indépendances politiques.

3. Troisième entretien

Entretien du 04 avril 2018 à 14h avec un responsable d'une institution bancaire au Togo dont nous gardons l'anonymat au souhait de l'interviewé.

Q.1) - Bonjour monsieur, aujourd'hui vous êtes responsable de cette institution financière, pensez-vous que le franc CFA tant critiqué a de l'avenir ?

Le franc CFA, comme toutes les autres monnaies, se porte à merveille dans nos institutions financières. Ici, nous rendons service à tous les clients sans exception. Mais parlant du franc CFA, nous devons savoir que cela date de l'époque coloniale et que le système n'a pas changé.

Q.2) - Que pouvons-nous dire sur le taux d'intérêt avec le franc CFA ?

Comparativement à la zone euro, le taux d'intérêt dans la zone franc CFA est trop élevé. Aujourd'hui, nous accordons des crédits à des taux qui varient entre 7 à 8.5 % et ce crédit n'est pas accessible à tout le monde pour le simple fait qu'il faut un capital avant tout prêt. J'en conclus que c'est une monnaie des riches ; c'est-à-dire une monnaie pour les élites. Pour le pauvre paysan qui a besoin d'un prêt pour développer son champ de plantation de café cacao par exemple, il lui est impossible tant qu'il ne dispose pas d'un capital et un garant.

Q.3) -Pensez-vous que c'est une bonne monnaie ?

Toutes les monnaies sont bonnes. Moi je ne suis pas contre le franc CFA. C'est une bonne monnaie mais il faudrait que cela soit au contrôle des africains. La question n'est pas de changer de monnaie mais que les Africains décident de faire de ce qu'ils veulent avec leur monnaie si réellement cette monnaie leur appartient. La France n'est pas la seule puissance fabricante d'une monnaie au monde pour un autre pays, mais c'est le fait qu'elle soit le garant de cette monnaie qui pose le problème. Même si les Africains n'ont pas les moyens pour garantir leur monnaie, ils peuvent lancer un appel d'offre de marché. Tout le reste n'est que protocole. Je pense que les Africains doivent se ressaisir pour trouver une porte de sortie que de faire des sorties médiatiques et des marches à longueur d'années.

Q.4) -Plutôt que la convertibilité fixe avec l'Euro, un arrimage du franc CFA à un panier de devises comme le dollar, le yuan et l'Euro est-il souhaitable ?

Je l'ai dit tantôt que le problème n'est pas le nom que porte cette monnaie tel que beaucoup peuvent le penser comme étant un fait colonial, mais plutôt ce que nous pouvons faire avec cette monnaie si seulement nous étions tous unis. Pour répondre à cette question, c'est une bonne chose que le franc CFA soit en arrimage à un panier de devise comme le dollar, le yuan et l'Euro comme ça on verra les inflations de cette monnaie sur le marché international. L'un des défauts du franc CFA est qu'il est en parité fixe avec l'Euro.

Q.5) - Êtes-vous d'accord avec l'idée selon laquelle le franc CFA soit une monnaie des élites ?

Je dirai oui le franc CFA est une monnaie des élites. Dans nos locaux, nos crédits ne sont pas accessibles à toutes les couches de la population. En effet, nous n'accordons de crédit qu'à nos clients. Pour avoir accès à un prêt, il faut un capital et un garant physique ou matériel qui garantit une assurance du crédit. C'est une monnaie qui tourne dans les mains des élites de ce pays et des grands commerçants. En cela, nous disons qu'il faut que les autorités fassent le nécessaire pour que les crédits soient plus proches de la population plutôt qu'à un groupe d'individus fortunés. Moi je ne suis pas contre cette monnaie.

Q.6) - Votre taux d'intérêt aujourd'hui s'élève à combien ?

Le Taux d'intérêt dans nos locaux est de 8,5 % ce qui est trop élevé pour quelqu'un qui veut se lancer dans une activité. Mais nous avons des offres spéciales que nous appelons « package » avec des taux légèrement plus bas que la norme qui est de 8,5 %. Dans notre institution un paysan ne peut pas se procurer d'un prêt. Ce n'est pas normal, à condition qu'il ait un compte garni et un garant. Les seules institutions financières qui accordent de crédit aux paysans sont "les micros-finances".

4. Quatrième entretien

Entretien en ce jour du 9 avril 2018 avec un enseignant de l'Université de Lomé. L'intéressé a également voulu garder l'anonymat.

Q.1) - En tant qu'économiste, que pourriez-vous nous dire sur l'avenir du franc CFA ?

Oui le franc CFA a un avenir à condition que la France sache que son rôle est de stabiliser la monnaie et permettre la croissance de l'économie des pays de la zone franc et non la croissance du pouvoir politique.

Q.2) - Pensez-vous que le franc CFA est une bonne monnaie ?

La monnaie a trois rôles fondamentaux : d'abord elle est un instrument d'échange, il revient de se demander si elle joue réellement son rôle d'échange. Ensuite elle est un instrument de compte c'est-à-dire qui sert à compter. Enfin elle est un instrument de réserve de valeur. Si l'on possède 10.000 f CFA par exemple, ça ne perd pas sa valeur avec les inflations dans le temps. Mais si l'inflation est passée à 10 % cela suppose que la valeur de votre monnaie a chuté. En effet, si le franc CFA subissait des inflations cela voudrait dire que c'est une bonne monnaie sinon cela suppose que les Français ont le droit d'être les garants de cette monnaie à leur propre profit parce que le contrôle de cette monnaie leur revient. Pourquoi le franc CFA ne subit pas d'inflation et qu'il est fixe à l'euro ?

Aujourd'hui pour échanger un milliard de franc CFA en Euro cela passe d'abord par la Banque de France. Aujourd'hui le Ghana et le Nigéria dans la sous-région gèrent leur propre monnaie alors que la France gère la nôtre ; est-ce à dire que les ex-colonies françaises n'ont pas de grands économistes capables de gérer les situations ?

D'ici très peu cela ne sera plus soutenable car la population va se révolter. C'est le cas des différentes manifestations en Afrique et sur le sol français à travers des associations.

Q.3) - Quelles ont été vos démarches en tant qu'économiste à l'Université de Lomé pour trouver une solution à la crise ?

L'approche que nous menons n'est pas forcément celle de Kako NUBUKPO mais nous avons des équipes. En effet, j'ai fait mes études en Côte d'Ivoire et je sais à peu près ce que c'est. L'ancien chef d'État ivoirien détenu à la Haye avait très tôt à l'idée de sortir de la zone franc CFA, c'est peut-être l'une des raisons de sa chute. Et qui est derrière ? Répondre à cette interrogation revient à se poser la question à qui profite cette monnaie ? Il a existé au total 5 zones monétaires dont la zone sterling pour l'empire britannique, la zone franc belge pour l'empire belge, la zone peseta pour l'empire espagnol, la zone escudo pour l'empire portugais et la zone franc pour l'empire français mais seule la zone franc CFA résiste encore après les indépendances.

5. Cinquième entretien

Entretien du 13 avril 2018 à 14H-30 avec Nicolas Lawson, homme politique togolais et président du parti PRR (Parti du Renouveau et de la Rédemption) sur la question du franc CFA. Qui est Nicolas Lawson ?

Nicolas Lawson est un homme d'affaires et un homme politique togolais. Il est né le 11 mars 1953 à Aného dans la préfecture des Lacs au Togo. Après des études primaires et secondaires en Haute-Volta (Actuel Burkina Faso), au Togo et au Dahomey (actuel Bénin), il entame des études d'agronomie à Lomé avant de partir en Europe pour suivre des études de gestion hôtelière en Irlande et des études de lettres modernes, d'histoire et d'administration économique et sociale en France. Éditeur de presse, Nicolas Lawson a créé et dirigé des journaux togolais : La Lettre de la Nation, et Le Renouveau. En juillet et août 1991, il participe à la Conférence nationale souveraine sous les couleurs de l'Association pour la croissance sociale et la liberté (ACLS) puis devient membre du Haut conseil de la République.

Il s'installe par la suite au Ghana pour se reconvertir dans les affaires. Il préside le comité ghanéen du Forum francophone des affaires (FFA) et la Fédération ouest-africaine des entrepreneurs. Il a été le Vice-Président de la Chambre de Commerce et d'Industrie France-Ghana. Lawson est le candidat du Parti pour le renouveau et de la rédemption (PRR) à l'élection présidentielle de 2003. Il obtient 0,2 % des voix et présente une réclamation pour fraude et détournement de ses voix. En 2005, de nouveau candidat à la suite du décès du président Gnassingbé Eyadema, il retire sa candidature le 23 avril la veille du scrutin.

Q.1) - Aujourd'hui 14 pays de l'Afrique utilisent le franc CFA considéré comme une monnaie coloniale, pensez-vous que cette monnaie présente des avantages pour les pays africains ?

Je ne peux pas dire très clairement que le franc CFA présente des avantages mais en toute chose il y'a toujours des avantages et des inconvénients donc forcément il y a des avantages. C'est-à-dire c'est une monnaie partagée par 14 pays dont 8 en Afrique de l'Ouest et 6 en Afrique centrale. Bien qu'en janvier 1994, la monnaie CFA ne soit plus convertible en dehors de sa zone, elle permet quand même d'avoir une certaine stabilité dans ce pays-là. C'est un avantage d'avoir une monnaie stable mais dans le même temps, vous ne pouvez pas avoir dans le cadre du franc CFA une politique monétaire c'est-à-dire utiliser la monnaie pour pouvoir ajuster le pouvoir économique national parce que, quand l'économie bat, la monnaie peut croitre, quand l'économie ne bat pas, la monnaie reste stable. Dans notre cas, on n'a pas cette possibilité. Alors il revient de comprendre que c'est un inconvénient dans la mesure où cela ne donne pas à vos dirigeants et à vous la souveraineté monétaire, la liberté de déterminer ce que vous voulez faire exactement. Vous êtes alors contraints de vivre sous cette politique que les Français ont imposée en Afrique. Le franc CFA est une monnaie fabriquée en France et contrôlée par la France. Dans le cadre du CFA, il faut noter que c'est une monnaie qui a été imposée, et le manque en ces périodes de gens capables de dire "non" à la France fait que cette monnaie existe encore de nos jours.

Q.2) - Le franc CFA est parfois considéré comme le symbole d'un franc Afrique monétaire, êtes-vous d'accord ?

J'entends beaucoup de démagogies et des propos sadiques des gens qui pensent qu'ils mènent une guerre contre la France en ce qui concerne la question sur le franc CFA. Ceci est un faux combat. Je me rappelle en 1972 après le retour du président Mathieu KEREKOU du Dahomey, le nouveau Benin. Il était venu en octobre à Lomé pour assister à une réunion sur la zone franc. Au cours de cette réunion, les chefs d'État de l'UMOA se sont partagé un certain nombre d'avantages dont la BCEAO à Dakar et la BAOD à Lomé et le gouverneur de la CEDEAO est un Ivoirien. Le Dahomey n'avait rien à l'époque parce qu'il venait d'arriver. Ce qui émet déjà un doute et un climat de méfiance entre ces acteurs politiques sur la question du franc CFA. Mathieu KEREKOU avait dit à l'époque : « le néocolonialisme africain est plus dangereux que l'impérialisme international ». Dans cette même perspective Barack Obama avait dit à Accra au Ghana : « Il n'y a plus de colonialisme ni d'impérialisme mais il y a un néocolonialisme de nos élites africaines devenus terriblement corrompues et capables de définir une sorte d'identité ou encore une sorte de patriotisme économique politique et traditionnel. C'est eux qui pillent les pays, c'est eux qui acceptent des accords de politique de corruption qui gangrènent l'économie de leur pays. » La nature a été généreuse avec le continent africain avec les terres très fertiles : du diamant, manganèse, bauxite, pétrole... des gens viennent s'en servir comme ils veulent et depuis nous nous complexons dans l'indignité et en accusant le colonisateur. Ce sont nos propres frères qui tiennent le devant de la corruption. Pourquoi acceptes-tu de prendre cent millions pour signer un contrat qui va coûter des milliards à ton pays ? Il n'y a pas de dignité et c'est en cela Mathieu KEREKOU avait vu juste et c'est là également que Barack Obama avait vu pareil.

C'est ce qui pousse Mathieu KEREKOU à vouloir former de nouvelles élites pour gouverner l'Afrique dans les années suivantes. Mais ça n'a pas véritablement marché. Ce sont nos élites qui sont les responsables de la misère en Afrique et surtout les corrompus du franc CFA. Parce que l'Europe aujourd'hui n'est pas plus forte que la Chine et l'Amérique. Le franc ce n'est qu'un instrument d'échange. Avant le franc il y a eu des cauris[1], de différentes monnaies propres à l'Afrique. Il faut aussi ajouter la part de responsabilité de la France en voulant chercher son profit et ce, en semant du désordre.

Q.3) -Plutôt que la convertibilité fixe avec l'euro, un arrimage du franc CFA à un panier de devises comme le dollar, le yuan ou l'euro est-il souhaitable ?

La convertibilité ou un arrimage du franc CFA à un panier d'échange peut être un avantage parce qu'il n'y a pas d'inflation que l'on constate sur les marchés boursiers. Cela peut permettre de mener une politique de contrôle pour permettre de maîtriser le cours des choses. Je me rappelle quand je devrais négocier pour le président John Koufor du Ghana parce qu'il pensait que le Ghana pouvait s'associer au franc CFA et former ce qu'ils ont appelé le WAMI (West African monetry Instution). Mais les Anglais à Francfort m'ont dit Monsieur LAWSON « you are a baster, are you advising your friend to enjoy the CFA? They have golden opportunity but France prive their money, and you want them to enjoy the money that is being forging in foreign ? » Ceci qui signifie : « Ils ont une opportunité en or mais la France les prive de leur argent et vous voulez qu'ils soient contents d'une monnaie qui se forge à étranger ? » Pourtant ce monsieur travaille à la B.C.E (Banque centrale européenne). Le Ghana a la souveraineté monétaire, le Nigéria aussi à la souveraineté monétaire mais le Ghana n'avait pas compris qu'il fallait avoir une monnaie puissante parce que c'est le seul pays dans la sous-région à avoir une richesse naturelle en or. La Bank of England est la seule à avoir une monnaie puissante au monde et ceci parce que les Anglais ont une réserve en or à la banque of England qui garantit le livre sterling. C'est une affaire de stabilité, de fixité ou de convertibilité. Mais c'est une capacité à cultiver la monnaie pour effectuer les échanges mutuellement ou avantageux pour vous-même. Quelle que soit la situation, il faut aussi souligner ce que vous voulez, pourquoi vous le voulez et celui qui tire profit.

---

[1] *Coquillage du groupe des cyprès (ou porcelaines), qui a servi longtemps de monnaie à diverses populations, notamment en Afrique noire et en Asie*

Le grand danger que les Africains ne voient pas et qui est aussi mauvais pour l'Europe c'est qu'on crée une banque centrale pour un pays ou pour plusieurs pays, et ces banques centrales peuvent prêter de l'argent à des banques privées mais pas aux Etas africains. On ne doit pas avoir des banques centrales en Afrique, on doit plutôt avoir des banques nationales ou une banque nationale. Et cela devrait être au service du développement du pays et du bien-être de la population pas au service d'une monnaie ou une politique monétaire. Les banques centrales prêtent à un taux insupportable.

Q.4) - Kako NUBUKPO homme politique et macroéconomique, ex-ministre togolais de la prospective et de l'évaluation des politiques publiques, directeur de la francophonie a été limogé pour avoir critiqué Emmanuel MACRON sur le franc CFA. Quel a été vos sentiments quand vous avez appris l'information ?

Cet homme est un irresponsable, un agitateur de la propagande, c'est mon opinion. Il a servi un régime ici pour faire assoir une politique qui n'a pas de plan, de vision ni d'agenda. Les élites africaines manquent un peu du savoir-faire. Moi je dis à mes amis qui sont un peu partout : oubliez cette question du franc CFA. Si le Togo sort du franc ou le Bénin ou n'importe quel pays de la sous-région, la question revient à se demander si ce pays aura la capacité d'empêcher les spéculations contre les monnaies qui seront créées ? C'est là où le bât blesse. On choisit le moindre mal dans la vie. Il faut savoir l'intérêt de la France dans le jeu parce que nous sommes dans un monde où on note un rapport de force.

6. Sixième entretien

Entretien du 22 avril 2018 à 09h avec M. Agboyibor Yawovi, ancien Premier Ministre togolais sur la question du franc CFA. Qui est Agboyibor Yawovi ?

Yawovi Agboyibo est né à Kouvé dans la préfecture de Yoto. Il est fils de Soklou Agboyibo et Dohofia. Avocat de formation et militant des droits de l'homme, il est considéré comme un opposant modéré et fut à l'origine de la Commission nationale des droits de l'homme, fondée en 1987. On lui attribue un rôle important dans le processus de démocratisation du Togo. En 1991, il obtint une amnistie générale des opposants exilés ainsi qu'une charte introduisant le multipartisme. En 1994, le CAR obtient 36 sièges sur 81 au Parlement. Le poste de premier ministre revint cependant à Edem Kodjo, qui renversa son alliance avec le CAR en faveur du Rassemblement du peuple togolais (RPT), ce qui permit de former une nouvelle majorité. Yawovi Agboyibo devient premier ministre du 20 septembre 2006 au 6 décembre 2007 et membre du Comité d'Action pour le Renouveau (CAR). Il meurt en France le 30 mai 2020 à l'âge de 76 ans.

Q.1) - Étant un homme politique de ce pays, que pouvez-vous nous dire sur le franc CFA ?

La vie politique au Togo est basée sur le clivage entre le parti au pouvoir et le peuple. La question monétaire ne fait pas trop tapis. En ce qui concerne la relation entre les pays qui utilisent le franc CFA et la France, je pense que c'est une très bonne chose techniquement et politiquement. Notre politique africaine, manque d'économistes pour fournir des éléments pertinents qui nous permettront de sortir de cette crise monétaire qui est devenue un fardeau depuis quelques moments. C'est l'exemple avec le professeur Kako Nubukpo, ex-ministre du Togo, qui est un grand économiste togolais. Le combat qu'il a mené mérite d'être clamé ; c'est un combat juste. Je trouve son idée très pertinente que je soutiendrai personnellement moi et mon parti. Cette situation d'arrière-garde de notre pays et sa dépendance financière avec la France fait que les pays de la zone accusent de retard. Le franc CFA nous permet de faire des transactions.

Q.2) - Que pouvez-vous nous dire sur la dévaluation du franc CFA de 1994 ?

Le Togo est une goutte d'eau dans ce combat, ceux qui ont tenté de se révolter contre la France sont écartés du jeu politique. La France surveille les réactions de chaque chef d'État africain. Quand vous suivez les médias, vous verrez que très peu d'intellectuels se prononcent. Ce problème monétaire fait partie des reliquats des problèmes coloniaux. Même si au début il y aura des répercussions à long terme, les intellectuels ne peuvent pas tirer davantage. Dans tous les cas, ce débat est lancé au niveau de la CEDEAO où à quelques réserves à faire valoir, il ne sera pas pour longtemps.

On devrait normalement disposer des données statistiques sur les échanges avec la France en matière de métropole et ses ex-colonies mais très peu détiennent ce document. Si rien n'est fait dans les jours à venir sur cette question monétaire, je crains qu'il y ait une révolte un jour. Ce problème monétaire a un impact sur l'avenir de l'Afrique.

En tant qu'un homme politique et un ancien ministre de ce pays pouvez-vous nous dire avec certitude que Sylvanus OLYMPIO est assassiné pour le fait qu'il avait voulu sortir de la zone franc ?

C'est le problème monétaire qui est la question vitale, un enjeu de déchirement politique. Les incidences sont lourdes, mais on sait que sur le plan politique, les Africains assignent trop facilement aux bornes. Les pays avancés savent que leur avancée est tirée sur la politique de main mise sur les richesses africaines. Historiquement et d'une manière directe, il n'y a pas eu un lien qui lie la France dans cet assassinat mais j'ai appris que sa politique d'émancipation de l'Afrique sur la question monétaire lui a valu la mort.

II- PRÉSENTATIONS DES ENTRETIENS DE 2019

1. Premier entretien

Entretien du 12 mars 2019 à 10h avec un président d'association de lutte contre le franc CFA. Le nommé Pasteur EDOH Komi a accepté notre entretien sur la dévaluation de franc CFA.

Q.1) - Qui est Pasteur EDOH Komi ?

Comme indiquer dans son nom, le Pasteur Edoh Komi est avant tout un homme de Dieu et à la fois président du Mouvement Martin Luther King (MMLK) ; la Voix des Sans voix, il est activiste et défenseur des Droits humains au Togo en l'occurrence tout ce qui touche la dignité humaine. C'est un mouvement qui est à l'écoute du peuple, réponds à leur problème et élabore une feuille de route.

Selon le MMLK qui est coordonné par le pasteur Edoh Komi, la manifestation vise à exiger non seulement la souveraineté monétaire des 14 pays africains de la zone franc par la suppression ou l'abolition de la présente monnaie coloniale utilisée il y a plus d'un demi-siècle mais aussi la fin de la Françafrique et l'ingérence de la France dans les affaires de l'Afrique. Le MMLK entend par sa sortie exiger aussi le déblocage des faramineuses réserves financières déposées au Trésor public Français.

Aujourd'hui, on note différentes manifestations que ce soit en Occidental ou en Afrique par les jeunes intellectuels. L'objectif est de défendre les peuples opprimés à travers une voie commune.

Le Mouvement Martin Luther King (MMLK) au Togo a appelé à la mobilisation africaine contre le Franc CFA devant l'ambassade de France à Lomé (Togo) le samedi 23 février 2019 à 09 heures, manifestation à laquelle nous avions pris part. À l'ordre du jour, plusieurs faits étaient soulevés sur la question monétaire. Le point capital de cette manifestation était de mettre fin à la dépendance monétaire à laquelle les pays de la zone sont confrontés à travers différents points.

- La sensibilisation de la population sur les bienfaits et les méfaits du franc CFA.
- Des sorties médiatiques sur les inconvénients du franc CFA.
- L'organisation des différentes manifestations (ici celle organisée le 23 février 2019).
- Faire comprendre aux autorités de prendre une décision dans les meilleurs délais pour une Afrique prospère.

Notre recherche a été d'une grande importance du moment où, à la fin de la manifestation, nous avons pu obtenir des rendez-vous d'entretiens sur la question liée à la dévaluation de 1994. Retenons que la majorité est aussi déterminée pour mettre fin à cette domination monétaire que font face les pays de la zone franc.

De nombreuses pancartes aux slogans hostiles sur lesquelles l'on pouvait lire : « *la France est à l'origine des maux dont souffrent les pays de la zone franc* » furent brandies comme des étendards.

Q.2) - Que pouvez-vous nous dire sur la dévaluation de 1994 ?

En 1994, nous n'étions pas trop âgés mais nous étions déjà adultes quand la question de la dévaluation était posée. À cette époque, c'était un coup de massue tombé sur la tête des pays de zone franc CFA et avec toutes ses conséquences. Un 1 FF (franc français) à l'époque était à 5OF (franc) du coup un 1 FF était porté à 100 F alors vous imaginez ce qui pouvait arriver à la population. On note la diminution des coûts des transactions, dans les relations entre la France et ses ex-colonies. Mais notons que c'est la France qui est encore sortie gagnante de cette dévaluation. Notons aussi que notre économie était déjà fragile et l'on subit encore le coup de la dévaluation. Les motifs n'étaient pas appropriés quelques soient les idées avancées à l'époque car cela ne peut pas justifier la dévaluation du franc CFA. C'est donc une politique pour engouffrer un peu tous les pays qui étaient sous le programme d'ajustement structurel. Sincèrement, les pays de la zone franc ont subi, le coup de la dévaluation et la politique économique de ce pays a vu chuter avec un retour en arrière au lieu d'avancer comme tout état démocratique.

Q.3) - Qu'elles ont été les réactions de cette population lors de cette dévaluation ?

En principe, cela devrait passer par un referendum parce que c'est le peuple qui était concerné par cette monnaie et que l'on devrait forcément passer par un referendum avant la dévaluation de la monnaie mais malheureusement, ce n'est pas le cas. Ce que démocratiquement devrait être fait mais on constate que c'est la force du plus fort qui a régné. C'était une décision de la France parce que quand vous prenez l'administration de la BCEAO, la France a toujours son droit de veto.

Les pays de la zone franc ne faisaient pas le poids. La France en a décidé et c'est ce qui nous fait dire que la France n'a jamais voulu le bonheur de ses ex-colonies. La France n'a pas d'ami, elle n'a que des intérêts. Malheur à celui qui pouvait dire non à la dévaluation à l'époque. C'est la loi de la jungle qui avait fait tapis à l'époque et ce sont les africains qui continuent de payer de lourds tributs même si la France n'utilise plus le franc français (FF).

Q.4) - Quelle mesure d'accompagnement prendre pendant et après la dévaluation ?

Ce processus de dévaluation était un grand scandale, les gens du gouvernement et les collaborateurs étaient informés à temps. Ainsi, beaucoup ont déplacé leur fortune à l'étranger pour éviter les répercussions de cette dévaluation. C'était la chute libre pour les hommes d'affaires, les grandes commençantes à l'époque..., les gens qui n'étaient pas disposer à l'époque pour faire face à de telle situation. Quand vous avez 1.000.000 FCFA vous perdez la valeur de cette somme de 50 %.

L'effet de la dévaluation du franc CFA reste toujours vivace dans la vie de la zone franc. Les pays de la zone franc CFA sont à la merci de la France et celui-ci décide de leur sort comme bon le semble et aujourd'hui d'ailleurs, raison pour laquelle nous estimons au sein de notre mouvement (M.M.L.K) que nous n'allons plus continuer par être cet agneau de sacrifice, ce bouc émissaire de la France raison pour laquelle nous avons voulu une contestation partout dans le monde pour dire non au franc CFA. La France continue par en tirer profit de ses colonies, et donc le pré carré français est resté toujours victime de cette mégalomanie, cette folie de grandeur de la France et les populations ont vraiment souffert de cette dévaluation.

Q.5) - Selon les indices de développement humain (IDH) la majorité des pays les plus pauvres au monde sont des pays issus de la zone franc ?

Aujourd'hui le cas du Niger permet à ce que nous répondons à cette question. L'un des pays les plus pauvres au monde pourtant c'est le premier fournisseur de l'uranium à la France avec la société ORANO (ex-AREVA) implantée au Niger. Il a ce titre, premier producteur d'uranium en Afrique et deuxième sur le plan mondial.

Les pays de la zone franc CFA sont à la queue du peloton par rapport aux pays anglophones en termes de classement des pays les plus pauvres au monde. C'est dire que, le franc CFA n'est et ne serait un facteur de développement de ces pays. C'est la pauvreté, la misère à haute dose et dommage aux chefs d'États qui soutiennent l'existence de cette monnaie. Aujourd'hui, nous soutenons les propos des autorités italiennes qui soutiennent que les immigrants aujourd'hui n'ont rien à faire en Italie, ils n'ont qu'à aller en France car leur « argent » se trouve en France.

Q.6) - Pensez-vous que la convertibilité fixe du franc CFA dans un panier de devise avec l'euro ou le dollar sur le marché mondial serait d'un atout pour les pays de la zones franc CFA ?

On a souvent parlé de la stabilité, de l'inflation au pays de zone franc. Parlant de l'arrimage du franc CFA à un panier de devise, le cas du Yuan chinois peut nous aider à mieux comprendre les faits.

Au fait, le Yuan chinois n'est pas une monnaie forte par rapport à l'Euro mais regardons aujourd'hui le miracle chinois. Nous pouvons aussi faire mieux avec notre propre monnaie s'il y a une volonté de la France de laisser ses ex-colonies évoluer, s'il y a une bonne gouvernance et une bonne gestion des ressources de chaque pays de la zone franc CFA. L'Afrique détient plus de réserves en ressource naturelles et minérales.

Le pasteur, pour finir, pense qu'on peut encore mieux faire avec cette monnaie pour concurrencer les autres monnaies s'il y a une volonté manifeste de tout un chacun.

III- DIFFÉRENTS ENTRETIENS EFFECTUÉS EN 2022

1. Premier entretien

Le premier entretien a été fait du 15 septembre 2022 avec le docteur Amzat, Boukari-Yabara en qualité de professeur à l'École politique africaine, résidant à Paris.

Q.2) - Le multilatéralisme permet-il de renforcer l'influence de nos pays sur la scène internationale, les conditions de leur émancipation au point de vue international et régional sont-elles acceptables ?

Réponse : La taille économique des pays africains ne leurs permet pas de s'en sortir individuellement. Il faut aussi chercher à comprendre si les économies africaines sont-complémentaires ou concurrentes. Du point de vue régional, certaines économies sont plus concurrentes que complémentaires puisque ce sont des économies qui produisent essentiellement des matières premières, est-ce qu'on peut se développer ou s'en sortir sur la seule base d'exportation et de commercialisation des matières première ? Je pense que la réponse est évidente. Vous avez parlé de la monnaie ; c'est évident qu'ils sont en préparatifs mais vous avez aussi des plans de développement qui sont totalement autonomes, donc un développement qui soit un peu beaucoup plus autocentré, de l'autre côté, si vous prenez la monnaie, vous avez un très gros gaspillage des ressources dans la mesure où les pays africains ne produisent pas ce qu'ils consomment, donc on exporte les matières premières et on importe en outrance des produits. Le multilatéralisme peut permettre éventuellement aux différents états de s'en sortir. Les États africains ont mis en place une structure, vous avez les organismes des coopérations internationales par exemple la CEDEAO et la CEMAC. Il est évident qu'avec ces organismes, on va vers un développement, maintenant c'est quel type de développement à l'échelle régionale si on n'est dans une logique beaucoup plus
libérale ?

Q.3) - Après plus de 60 ans d'indépendance, la relation franco-africaine reste atypique au monde du fait de la dépendance monétaire des ex-colonies françaises à leur ancien maître. Pensez-vous que les ex-colonies françaises doivent continuer cette collaboration avec France ou il est temps de rompre ce cordon ombilical ?

Réponse : Je pense que oui. On peut rompre avec la France. Pour le cas des États-Unis vous avez un livre blanc qui a été produit, ainsi que le cas de la Chine avec également un livre blanc qui a été produit pour la coopération avec l'Afrique ou la coopération avec les autres, et la France aussi à produit un rapport qui est celui du SÉNAT et la coopération qui est un client et de ce client vous avez aussi des perspectives qui sont tracées et vous en avez deux types. L'Union Européenne aussi à tracé sa trajectoire avec l'Afrique. Mais concrètement qu'est-ce que l'Afrique propose elle-même, c'est cette réflexion aussi qu'il faut prendre en compte. Il manque une vision continentale, cette vision continentale a un peu émergé et quand je parle de diplomatie économique, on a vu les succès de l'Afrique au niveau environnemental. L'accord de Paris aussi n'a pas été aussi simple mais les africains ont pu peser dans le débat parce qu'il y avait une coordination qui était assurée par l'Union Africaine avec des experts africains. En définitive, la question n'est pas aussi simple de vouloir rompre avec la France mais il faut aussi avoir une vision réaliste des choses dans divers secteurs. Le cas de Burkina, oui le Canada du fait justement des exportations des ressources minières est en train de s'imposer comme un partenaire du Burkina au détriment de la France. Très souvent, on reste figé sur la politique en ne prenant pas en compte les réalités qui sont par exemple les réalités économiques. C'est évident que la France ne lâchera pas aussi facilement l'Afrique simplement parce que l'Afrique est une région pourvoyeuse de ressources minières et naturelles dont elle a besoin.

Q.4) - En tant qu'historien que pouvez-vous proposer pour un lendemain meilleur de l'Afrique pour une réorganisation totale des structures ?

Réponse : On peut avoir une Afrique prospère si on maintient les fondamentaux des accords de Monrovia et de Lagos. Lagos a été une réflexion endogène pour ne pas dire indigène ; ce sont les africains qui ont pris conscience pour dire voilà ce que nous voulons. Tout le monde avait eu peur au début des coups que peuvent tendre les occidentaux ; ce sont aussi des réalités à prendre en compte. Beaucoup ont payé le prix fort de vouloir décider un lendemain meilleur pour l'Afrique, vous avez Sankara, Nkrumah comme exemple. Parfois la prise de conscience doit amener le jeune africain à se poser des vraies questions : est-ce qu'on est prêt à vivre en Afrique selon les capacités et les réalités du pays? Aujourd'hui, gaspiller des devises pour l'achat par exemple des voitures 4 x 4 de luxe pour des ministres qui vont rouler dans la ville n'est pas forcément la meilleure chose à faire. Quand vous avez un ministre qui peut débloquer minimum 90 millions de franc CFA chaque année pour s'acheter une voiture de luxe, on se pose la question c'est pour quelle finalité? L'autre aspect qu'il faut que les Africains prennent en compte réside dans la non-déclaration des biens des autorités avant l'occupation des postes. Dans la majorité des pays occidentaux, les biens sont déclarés avant d'occuper un poste de responsabilité ministériel par exemple. Donc ce sont ces réalités qu'il faut prendre en compte. A-t-on vraiment besoin de véhicule avec des fauteuils en cuir pour remplir sa mission ? L'Afrique peut s'en sortir à condition d'aller vers un développement qui est plus endogène. L'Afrique a des ressources, la preuve tout le monde cour après l'Afrique et tout le monde dit oui le développement dans les 50 prochaines années ça va marcher parce que vous avez une population jeune le quart de la population mondiale. Vous avez toutes les ressources naturelles et vous avez une population non seulement qui est jeune mais aussi très dynamique, et elle ne demande pas grand-chose que l'emploi.

Il y'a des réponses aussi aux questions africaines qui viennent des africains qui ne valorisent pas assez évidemment leur intérêt au développement. On se rend compte qu'il n'y a pas de blé, on peut faire le pain avec le manioc qui est développé aujourd'hui au Cameroun et au Bénin sans l'accompagnement de l'État. Sankara le disait lui-même réduisons l'exportation du blé, innovons et donnons la valeur à nos cultures. Vous avez toute sorte d'expérience dans l'utilisation des différentes farines que ce soit le maïs, le sorgho, le haricot, le manioc... Avec ses atouts, on n'est obligé de manger le pain mais on vous dira que c'est une habitude alimentaire tout comme la céréale, le riz importé. Vous serez effrayé par la quantité de riz que le Sénégal importe par an or la population augmente chaque année. N'y a-t-il pas assez de bas-fonds, n'y a-t-il pas de zone agricole ou on peut produit le riz pour les populations ? Aujourd'hui avec les nouvelles technologies d'irrigation on n'a pas forcément besoin de bas-fond pour faire du riz. À titre illustratif, le fleuve Niger est le troisième sur le continent africain après le Nil et le Congo pourquoi ne pas penser un développement de ces trois grandes sources pour fournir du riz à l'Afrique ? Des réflexions sur le développement de l'Afrique doivent être réfléchies, autocentrées et doivent prendre en compte l'espace géographique régional.

Il faut aussi faire confiance à l'expertise africaine. Avec la crise Ébola tous les pays occidentaux ont envoyé des experts.

En Guinée, on a annoncé l'arrivée des délégations congolaises, cela a fait pouffer de rire, pourtant le Congo était confronté à Ebola et avec les recherches les chercheurs congolais sont arrivés à se soigner contre cette maladie. On attend toujours que les experts soient des hommes blancs en blouses blanches. Donc vous avez cette réflexion aussi qui mérite d'être menée et se dire oui l'expertise peut être en Afrique.

2. Deuxième entretien

Entretien du 1er août 2022 par visioconférence avec Mamoudou GAZIBO, professeur en science politique à l'Université de Montréal (UdeM).

Q.1) - En tant que spécialiste et africaniste, que pouvez-vous nous proposer pour une nouvelle perspective sur les enjeux liés à l'émergence des pays africains, en l'occurrence, les ex-colonies françaises d'Afrique ? Sommes-nous toujours indépendants du point de vue économique si nous mettons la monnaie en facteur ?

Réponse : Pour la question liée à l'indépendance, on n'a pas besoin d'être un gauchiste extrême pour remarquer que notre indépendance est beaucoup plus nominale que réelle du point de vue politique et économique. J'ai eu l'opportunité à la fois d'être un chercheur et en suite quelqu'un qui est impliqué dans la politique concrète qui a été appliquée à l'échelle des pays au sein des organisations internationales et je confirme que du point de vue politique, quand on est un peu au cœur des processus décisionnels du positionnement de nos États sur les grands enjeux, on voit clairement qu'on n'est pas indépendant. En tout cas, la plupart de nos pays, nos élites intellectuelles surtout sont totalement assujetties. Je pense à un ministre qui disait : « Nous on est pro occidentaux, on vote dans le sens des occidentaux ». Ou encore des situations où j'ai vu quelqu'un prendre une position contraire à celle d'un pays occidental et puis il perd son poste le lendemain, à titre d'exemple le professeur Kako NUBUKPO pour avoir critiqué Emmanuel MACRON. Et ça je peux le dire vraiment de l'intérieur parce que j'ai participé à des processus. Peu de nos pays ont une véritable marge de manœuvre.

Je pense que les élites africaines, beaucoup d'entre eux se complaisent là-dedans parce qu'elles ont le sentiment que bon si on s'oppose à la France ou aux États-Unis, on perd son pouvoir. Donc l'indépendance politique est à reconquérir. Je pense que ce qu'on voit par exemple au Mali aujourd'hui, c'est un peu ça. Est-ce que cela va aller au bout, je n'en sais rien mais on sait qu'il y a une prise de conscience et puis tous les mouvements qu'on voit de la société civile de certaines élites, en fait c'est une réaction contre ce manque d'autonomie de nos pays politiquement. Ces dernières années, ça change un tout petit peu. Sur le plan économique, c'est un peu la même chose. C'est que d'abord, nos pays pendant longtemps, ont d'une part, eu des économies très peu diversifiées et d'autre part, ont eu des partenaires peu diversifiés. Quand vous avez une source essentielle de revenus, que ce soit le pétrole, l'uranium, le café et que votre seul partenaire ou le partenaire majeur c'est la France, vous n'êtes pas indépendant et que votre monnaie vous n'en avez pas le contrôle, vous n'êtes pas indépendant non plus. Parce que vous êtes vulnérables facilement au choc externe, à des décisions qui ne dépendent pas de vous. Et d'autre part, tout le monde le sait, quand vous avez une matière de base c'est que vous ne créez pas une valeur ajoutée. C'est clair qu'économiquement on n'a pas eu des économies faites pour prospérer, pour se diversifier, pour créer de l'emploi, des économies intégrées. Cela change un peu ces dernières années avec l'ouverture aux pays émergents entrainés en particulier par la Chine.

Là aussi ce n'est pas encore ça parce qu'avec ce qu'on voit dans beaucoup de pays, l'idée est de changer de maître ou de multiplier les maîtres mais pas d'être autonome non plus. Ce qui est encourageant ces dernières années, je pense que c'est un peu la prise de conscience menée par l'agence de développement de l'Union Africaine, l'ancienne NEPAD et certains pays pour aller vers des économies de transformation avec la Côte d'Ivoire et le cacao, le diamant et le Botswana. Donc ces pays qui décident que dorénavant, ou bien la Côte d'Ivoire et le Ghana qui se mettent ensemble pour peser sur les coûts du café ; cela est intéressant parce qu'on se rend compte qu'on ne peut pas juste exporter la matière brute qui n'a pas de valeur ajoutée. Donc il y a des tentatives encouragées mais pour l'instant on n'est pas autonome.

Maintenant, une autre partie de votre question porte sur l'émergence sur des questions culturelles et institutionnelles. Je suis plutôt un politologue intéressé par les institutions. Je pense que même en économie il y a une sorte de tournant institutionnel, c'est-à-dire que le développement est indissociable de l'infrastructure et du contexte institutionnel. Si vous n'avez pas d'institution, il y a toute une littérature là-dessus. Des gens comme Adam Smith montrent clairement que le conteste institutionnel est une sorte de préambule au développement. Alors quand on parle d'institutions, ce qui est important ce sont des institutions qui sont favorables à la croissance, à l'accumulation et à la bonne gestion. Ce ne sont pas nécessairement des institutions démocratiques ni autoritaires. Les deux peuvent coexister mais il faut au moins qu'il y ait des règles, que ce soit ordonnées, il faut que ces règles soient propices à des investissements, à la production, et qu'il y ait un contrôle de la production ainsi de suite. L'autre élément c'est la culture. Moi je ne suis pas quelqu'un qui est très fan des études culturelles mais la culture est quand même un élément de développement.

Vous savez, il y a toute une littérature sur les pays asiatiques, sur les systèmes Confucius ou les systèmes protestants qui incorporeraient en eux des éléments plus favorables à l'investissement, l'épargne, la croissance que certains autres. Vous connaissez aussi la littérature d'Axelle KABOU avec son ouvrage : « *Et si l'Afrique refusait le développement* ?» tous ces gens-là, ont travaillé sur la structure physique du développement. Donc, il y a effectivement une dimension culturelle mais en même temps ce n'est pas une prison, puisqu'il y a des pays quand même qui s'en sortent mieux que d'autres en Afrique. Le Botswana, l'Île Maurice, ce sont des pays africains. Donc si ces pays s'en sortent cela veut dire que la culture n'est pas la variable déterminante ; elle est importante mais qu'est-ce qui fait la différence ? Je pense que ce sont des pays qui ont justement un véritable État de droit aussi bien pour les individus que pour l'économie qui sont arrivés à asseoir une hégémonie très solide des institutions. Aussi, les questions de droit sont quand même des éléments prédominants.

Q. 2) : Le multilatéralisme permet-il de renforcer l'influence de nos pays sur la scène internationale ? Les conditions de leur émancipation, stratégie et moyen du point de vue international et régional sont-elles acceptables de nos jours ?

Réponse : Il revient sur l'idée de l'intégration en commençant par les afro américains dès la fin du 19e siècle avec William du bois, Marcus Garvey, Bob Marley… tous ces gens qui ont toujours considéré qu'en fait sans unité l'Afrique sombrerait dans l'inconnu. Le mérite revient également à Kwame Nkruma, dans « Africa must united », tout comme le béninois Amza Boukari-Yabara qui a écrit un livre (Africa Unite : une histoire du panafricanisme) un peu en échos à Kwami N'kruma « Africa United ». Nous sommes à Montréal et le budget de la ville de Montréal est supérieur à celui de plusieurs pays dont le Togo ou le Niger. Comment faire des pays avec de petits budgets ? Or, le Niger avec 25 000 000 d'habitants est l'un des pays les plus vastes de la sous-région ouest-africaine. Le multilatéralisme prend tout son sens du moment où les États africains vont dans les arènes internationales unis et non pas individuellement.

Comme par prémonition Thomas Sankara l'avait dit lors d'un sommet à l'OUA : « si moi je décide de ne pas payer la dette, je ne serai pas là l'année prochaine mais si nous tous nous décidons de ne pas la payer, on ne payera pas », donc c'est un peu ça l'idée. Je pense que si on entend par multilatéralisme que beaucoup d'africains vont se réunir oui. D'ailleurs, l'Union Africaine à un moment avait initiée une idée comme celle-là face à la Chine et aux grandes nations en disant pour certains enjeux, il faut que la position africaine soit unie. L'idée c'était d'abord une organisation assimilée avec beaucoup plus de pouvoir. À l'échelle des pays africains c'est clair qu'une vision continentale est meilleure. Alors c'est difficile à mettre en œuvre pour beaucoup de raisons : la diversité des pays économiques, politiques, les influences extérieures, l'instabilité dans certains pays... Vous ne pouvez pas mélanger le Botswana et la Centrafrique ou la Somalie par exemple. Ça rend les choses très difficiles mais c'est indispensable.

Pour la deuxième partie de votre question, malgré les quelques initiatives et les avancées remarquées dans certains pays d'Afrique, ceci n'est pas suffisant pour avoir un poids réel sur la scène internationale. Le PIB de la France c'est à peu près le PIB de l'Afrique et la France est donc une petite puissance, une puissance moyenne avec une économie équivalente à celle de l'Afrique. Je vous fais une petite comparaison : la première fois que je suis allé en Chine j'étais comme un musée ambulant mais après j'ai compris pourquoi. Il y a plus de chinois que d'africains. Quand vous avez un pays comme la Chine qui a plus de gens que l'Afrique, au fait l'Afrique n'est qu'un petit joueur à tous les plans. En revanche si vous mettez tous les africains ensemble, vous faites à peu près la taille de la Chine ou de l'Inde ou un peu moins ou un peu plus. Même si économiquement on ne pèse pas autant mais quand même, avec toutes les ressources stratégiques (le coltan, le pétrole, l'uranium, le bois) qu'on a en plus d'une position ou voix unique, par exemple 54 pays à l'ONU avec un droit de vote, c'est clair qu'on pèserait sans aucun doute. Mais les autres travaillent pour qu'on n'ait pas une voix unique, c'est tout le problème. Nous même nous travaillons parfois pour ne pas l'avoir. Nos équipes que je connais bien, certaines donnent la peine au travail pour les autres.

Nos pays sont extrêmement fragiles. Moi j'ai été dans des positions pour rétablir les situations après des crises politiques. En 2010 j'ai présidé la réforme de la constitution du Niger après un coup d'État au titre de président d'institution. J'étais un peu dans une position au-dessus des ministres parce qu'il y avait le président, le premier ministre et enfin moi qui faisait office du parlementaire transitoire et j'ai pu voir en fait la main de l'intérieur à quel point si vous ne faites pas attention, votre vie peut facilement en dépendre.

Vous êtes assis avec des gens avec d'autre ambition que de nuire leur propre pays pour des intérêts promis. En fait tout le monde ne partage pas le sens du panafricanisme. Les mains noires sont infiltrées partout, donc si vous ne faites pas attention, votre ami, c'est un peu à la Blaise-Sankara, c'est-à-dire les gens avec lesquels vous êtes vont vous trahir pour des raisons que vous et moi connaissons très bien.

Dans tous les pays surtout instables, on a des services de renseignement qui, on ne sait pas réellement s'ils travaillent pour l'État, pour eux ou pour quelqu'un d'autre. Vous ne savez pas si les renseignements qu'ils ont sont des vrais ou des renseignements qu'on leur a donnés en espérant que ce soit ça que vous attendez. C'est comme si vous Monsieur ABALO quelqu'un vient vous dire vous êtes en danger, il faut absolument fuir sinon vous allez être tué. Mais en réalité, ce message n'est pas une information c'est moi qui ai fait de sorte que vous entendiez ça parce que je veux que vous fuyiez. Quand j'étais au Niger où finalement certains militaires ont été arrêtés, dont certains ont été mis à nu mais je sais que c'est de la manipulation qui a amené ça. Les gens auraient pu s'asseoir et régler facilement cette crise mais comme il y a de la manipulation à la fois interne et externe, c'est très difficile.

C'est pour cela qu'individuellement, les Maliens par exemple, s'ils ne font pas attention ça peut mal tourner parce que parmi eux on peut corrompre certains à l'intérieur de leur cercle pour faire volteface. C'est souhaitable d'aller ensemble mais vous ne pouvez pas aller ensemble quand vous avez certains qui jouent le jeu. Aujourd'hui des pays comme le Niger, la Côte d'Ivoire, pour moi ce sont des bastions de l'impérialisme français. C'est vraiment, comme on le disait à l'époque, les valets locaux de l'impérialisme qui sont là. La côte d'Ivoire par exemple, c'est un pays dont l'économie est contrôlée de façon extraordinaire, j'y étais il y a encore deux ou trois mois. Les grands groupes français ont la mainmise sur l'économie très clairement. La plupart des régimes sont des régimes qui comme le disait Konfo Joe ou Achille Bembé, ne sont pas guidés par des principes de légitimité et d'efficacité. C'est une logique de conservation du pouvoir et de jouissance du pouvoir et dans ces conditions, le peuple paye au prix fort le prix.

Les Français ne vont pas intervenir au Mali comme ils l'ont fait en Libye. Il n'y a aucun risque qu'on ait une intervention militaire française contre le régime. Cependant, ce qui plane, ce sont des manipulations pour formater par exemple un coup d'État. L'autre chose aussi, là où je ne suis pas un grand fan du régime malien comme je le disais dans une conférence que j'ai animée, il y a longtemps, je suis assez vieux pour avoir connu beaucoup de coups d'État, pour avoir côtoyé des auteurs de coups d'État, pour avoir discuté avec beaucoup de gens, pour avoir participé à beaucoup de processus de réforme institutionnelle, donc, je ne suis pas le premier à m'enthousiasmer quand il y a un coup d'État en Afrique.

Regarder la Guinée, quand il y a eu un coup d'État dans ce pays et au Burkina, on a eu une conférence à propos et beaucoup de gens étaient enthousiasmés mais j'ai dit moi je connais notamment Alpha Condé, je ne l'aimais pas du tout mais j'ai dit j'aurais préféré une transition normale parce que la Guinée c'est l'armée la plus bête du monde. Et je disais aux gens attendez de voir dans quelques mois, je vous garantis que ça va mal se passer, la suite vous la connaissez. Aujourd'hui dans beaucoup de nos pays, l'État est absent, les gens ne croient plus en l'autorité. On a beau armer le pays, amener les missiles, si les jeunes ne croient pas, ça ne marchera pas. Et donc, au Mali ce qu'il faut, c'est vraiment d'abord ce sentiment de fierté nationale et que le régime soit assis sûr de sa légitimité.

Q. 3) : Quelle est votre appréciation du degré d'intégration des pays de la zone CEMAC et ceux de la zone CEDEAO ?

Réponse : La zone CEDEAO est mieux intégrée. Moi je donne juste un exemple : quand je pars en Afrique de l'Ouest, je prends mon passeport nigérien. Que ce soit que j'aille au Sénégal, en Côte d'Ivoire, au Bénin, j'ai mon passeport nigérien et je n'ai aucun souci. Il est plus utile qu'un passeport canadien. Alors qu'en Afrique centrale, à moins que les choses aient changé, puisque récemment moi je me souviens d'être allé à Kinshasa et puis pour traverser la frontière pour me rendre au Congo, c'est juste le fleuve Congo qu'il faut traverser ; des deux villes, on voit l'une à côté de l'autre, c'était tout un problème, parce que la libre circulation n'existe pas. La Guinée Équatoriale est longtemps verrouillée ; elle ne voulait pas parce que comme c'est un régime fermé, les dirigeants ne voulaient pas que par ce canal, des opposants entrent. Le Gabon, la Guinée Équatoriale qui ont d'argent ne veulent pas que les autres viennent parce qu'il ne faut pas d'immigration donc la zone CEMAC est moins intégrée très clairement que la zone CEDEAO. Maintenant, peut être à l'échelle africaine avec ce qu'on essaie de faire avec le système sans visa peut améliorer les choses. Je crois que la zone CEMAC a un peu évolué sur ce point de vue mais clairement la CEDEAO avec à la fois, l'aspect politique, la libre circulation des biens, le passeport CEDEAO mais aussi l'aspect économique, l'installation plus facile, elle est quand même plus en avance.

Q. 4) : Comment s'explique le faible taux d'échange entre la CEMAC et la CEDEAO malgré le fait qu'elles aient en commun presque le même héritage colonial, langue nationale et monnaie entre autres ?

Réponse : Je pense que ce qu'on voit entre la CEMAC et la CEDEAO n'est pas différent de ce qu'on voit entre pays CEMAC ou entre pays CEDEAO. Les échanges intra africains ont toujours été super faibles. Voyez-vous la zone du libre-échange continental a pour objectif d'abolir les frontières, je crois qu'on parle de 1000 km de frontières intérieures qu'on veut abolir pour faciliter les échanges intra africains. Même entre pays africains francophones les échanges sont faibles parce qu'ils ont peu à échanger. En Afrique de l'Ouest, il y a le Nigéria qui inonde un peu les pays voisins parce qu'il y a un tissu industriel un peu plus élaboré mais les échanges entre le Burkina et le Mali ou entre le Mali et le Niger, quels sont-ils ? Je pense que cela tient aussi de la structure des économies africaines qui dès les indépendances n'ont pas été faites ni pour s'industrialiser. Ce sont des économies extraverties avec des matières à exporter vers l'occident, il n'y a pas de tissu industriel. Ce sont des économies qui importent de l'étranger au bon vouloir de la France par exemple. Donc dans ces conditions, on comprend que ce ne sont pas des économies intégrées. Je pense que c'est ce que la zone du libre-échange essaie de corriger en faisant en sorte que les économies échangent plus entre elles. Si vous produisez du café, qu'il y ait des industries pour le transformer, qu'il y ait du service pour qu'on puisse commercialiser les produits finis. C'est vraiment tout ce mouvement qu'il faut engager et tant qu'on ne change pas la structure de l'économie et le dispositif institutionnel d'échange, ça ne fonctionnera pas.

3. Troisième entretien

Entretien du 1er septembre 2022 par visioconférence avec Mande Issiaka, professeur de science politique à l'Université du Québec à Montréal (UQAM).

Q.1) : Que pouvons-nous proposer pour une nouvelle perspective sur les enjeux liés à l'émergence des pays africains ?

Réponse : L'intérêt de la question économique, pour un meilleur développement économique des pays africains doit, avoir un sens pour la population. La vraie question qui se pose est de connaître aussi la priorité des pays africains. Actuellement au Mali, nous savons que la priorité du peuple est anti politique française et non anti-français. Chaque pays africain veut son émergence mais aucun pays africain n'a les moyens à lui seul d'y arriver. Je pense que la priorité serait que les pays africains convergent leur force afin de se battre entre eux pour se diviser le travail, voici ce que j'appelle l'émergence d'une manière commune.

Q. 2) : Sommes-nous toujours indépendants du point de vue économique si nous mettons la France et la monnaie en facteur ?

Réponse : C'est une question un peu particulière parce qu'on ne peut pas parler d'indépendance pour les pays de la zone franc et qu'ils soient liés à leur ancien maître même après les indépendances. Ces pays africains sont soumis, condamnés à subir les conséquences issues de cette dépendance monétaire. Donc, à partir de là, on ne peut pas dire que l'indépendance, du point de vue politique et économique, soit une bonne chose. En plus, il n'y a pas de modèle d'économie africaine qui soit posé sur la table. Je pense que s'il y avait un modèle d'économie africaine, il pourrait contrebalancer la dépendance économique et monétaire, peut-être pour les pays en dehors de la zone franc. L'indépendance économique est un horizon même pour ceux qui ont leur propre monnaie. Je ne crois pas que ces pays puissent être réellement indépendant du point de vue économique parce qu'ils sont déjà engagés dans la problématique de la dette avec la Chine et d'autre pays. La plupart n'ont pas leurs existences dans les grands marchés, ça peut se comprendre souvent quand on dit que le franc CFA n'est pas une monnaie, c'est de dire que on ne peut pas échanger le franc CFA dans les aéroports à Paris, à Montréal à New York etc. Donc, là aussi, on voit bien que la question de la monnaie d'où sa probabilité c'est quelque chose sur laquelle il faut se pencher pour une banque centrale africaine par exemple. C'est la question de l'absence d'un système de paiement africains et de contrôle par les africains qui fait qu'on ne peut pas dire aujourd'hui qu'on est indépendant.

Q 3) : Est-ce que nous pouvons dire que le multilatérale permet de renforcer l'influence de nos pays africains surtout sur la scène internationale ? Les conditions de leur émancipation en ce qui concerne les stratégies et moyens du point de vue international et régional sont-elles aujourd'hui acceptables.

Réponse : Je pense que le multilatéralisme est un moyen pour l'Afrique de défendre ses intérêts, de développer ses partenariats. Je pense aussi que c'est un moyen aux pays d'exister sur la scène internationale. C'est un multilatéralisme qui est assez limité à ces pays parce que déjà, il y a très peu de pays africains qui ont véritablement une stratégie radicale, que ce soit sur le plan sécuritaire, économique, politique et même culturelle ; le multilatéralisme nécessite d'avoir vraiment une vision stratégique. Le rôle pour que vous jouez sur la scène internationale et le lieu le plus important du multilatéralisme c'est les Nations Unis. Les pays africains ne sont pas unis aux Nations Unis, c'est l'une des questions les plus importantes. Le multilatéralisme peut aussi diviser ou réduire l'affluence de nos pays. Donc en termes d'émancipation, je pense que, là aussi, nous avons des freins et des lacunes ; donc le multilatéralisme africain même c'est-à-dire autant nos pays ne pèsent pas sur la scène internationale et continentale, autant nous aurons du mal à produire nos propres règles du multilatéralisme.

Le Mali et le Niger aujourd'hui essaient de manœuvrer sur la scène internationale en lien avec la Russie dont certaines diplomaties africaines tirent leur épingle du jeu. Mais à une époque dans les années soixante (60), c'est ce qu'on a appelé le non-alignement. Mais je trouve que nos pays à ces époques avaient peut-être plus d'influence sur la scène internationale qu'aujourd'hui. J'ai l'impression qu'il y a eu un recul. C'est aussi un recul lié au fait que dans les années mille neuf cent soixante (1960) à soixante-dix (70), des dirigeants africains étaient des vrais hommes d'État avec des visions panafricanistes. Aujourd'hui, on sent qu'il y a un problème en termes de leadership à la tête de nos États. Il est temps que l'Afrique puisse jouer un rôle sur la scène internationale.

Q.4) : Aujourd'hui après plus de 60 ans d'indépendance la relation franco-africaine reste un cas atypique au monde du fait de sa dépendance monétaire à leurs anciens maîtres. Pensez-vous que les ex-colonies françaises doivent encore attendre de la France où il est temps de rompre ce cordon ombilical ?

Réponse : Je pense qu'il est temps de rompre le cordon ombilical parce que la France ne peut plus rien offrir de concret, ce qui fait que beaucoup se tourne vers la Chine, voir la Russie. En termes d'assistance militaire, les Russes sont plus experts. En termes de financement de prêts ou d'investissements, les Chinois ont beaucoup plus de réserves que la France. Je pense que s'accrocher ou dépendre ou attendre d'un pays qui, comme la France, après plus de 60 ans d'indépendance, serait un chao total pour la génération à venir, parce que le cordon ombilical n'est plus en mesure de nourrir le fœtus, donc il faut couper ce cordon.

La Côte d'Ivoire c'est un peu plus compliqué. Ils ont gardé le cordon ombilical. Le Sénégal aussi puis d'autres pays aussi parce qu'il y a des intérêts économiques très importants pour la France dans ces milieux. Aujourd'hui, je ne vois pas quel est l'intérêt du projet d'un pays africain de développer un partenariat privilégier ou une dépendance à la France en dehors de vouloir concilier des liens inscrits dans la relation coloniale. La France se présente comme celle qui aide les autres en même temps elle ne dit jamais ce que les anciennes colonies lui rapportent en ressources minières et naturelles.

Q. 5) : La France est-elle réellement responsable des maux en Afrique francophone si l'on regarde aujourd'hui un peu le Ghana et le Nigéria à côté en matière de développement économique, politique et social ? Par la suite, est-ce la France peut se prévaloir que sa colonisation a été une réussite ?

Réponse : Le problème des pays francophones se trouve dans la balkanisation du continent africain. Des pays comme le Kenya, la Tanzanie les anciennes colonies britanniques ont une démographie et une superficie qui est cohérente. Le problème pour les anciennes colonies françaises, c'est qu'on les a morcelés pour les rendre toutes faibles les unes les autres. Parmi les 10 premières puissances démographiques en Afrique aucune n'est une ancienne colonie française, le Nigéria, l'Éthiopie, l'Afrique du Sud, l'Égypte, le Kenya la Tanzanie, il n'y a que la RDC qui est dedans. Les anciennes colonies françaises ont été constituées de telle en sorte que leurs marchés ne leur permettent pas non plus de se développer et d'atteindre la taille des pays anglophones. La question de la démographie en Afrique est un sujet très important à traiter.

Les pays africains n'ont pas les moyens d'alphabétiser toute la population en langue française. Nous gardons le français comme langue quand bien même que nous n'avons pas les moyens et la volonté d'en faire une langue officielle. Ceci montre qu'on est dans un complexe d'infériorité. L'indépendance des pays africains n'est pas acquise, elle a été négociée et c'est ce qu'on appelle les fameux accords de coopération monétaire, militaire, culturelle et politiques signés avant même les indépendances. On a dit si vous voulez l'indépendance, il faut que vous signiez les accords qui vont marquer votre dépendance monétaire, militaire, économique et culturelle etc. C'est pour ça qu'au niveau des anciennes colonies françaises, il y a un certain nombre de problèmes qu'on ne retrouve pas forcément chez les pays anglophones mais qui ont aussi d'autres problèmes de leur côté.

4. Quatrième entretien

Entretien du 27 avril 2022 à Paris avec un économiste et professeur universitaire qui travaille à la Banque de France sous recommandation de notre directeur de recherche, le professeur Etienne Thevenin de l'Université de Lorraine. L'intéressée a voulu garder l'anonymat pour secret professionnel. Nous l'avons attribué comme prête-nom, M. Robert.

Question 1 : Le retard des pays francophones par rapport aux pays anglophones : la monnaie a-t-elle un rôle dans cet état des faits ?

Réponse : Tout d'abord, les retards dont vous parlez sont des retards sur des indices larges sur la pauvreté, sur l'acte socialiste de santé de base qu'on ne compare pas à la moyenne de l'Afrique mais à la moyenne des pays, je dirai les moins avancés, le retard ne me paraît pas aussi fort. Il y a aussi dans les pays un développement humain faible. Si vous regardez le développement humain ou même le pique par tête dans la zone CEMAC, vous verrez que ce ne sont pas les pays, les plus pauvres du monde, loin de là. Donc, au fait, le problème des indices de pauvreté est plutôt lié au positionnement sahélien de ces pays et cela reflète pour une bonne part, des problématiques qui sont très voisines des autres pays de la bande sahélienne qui sont tous pauvres qu'eux, sachant qu'il y a eu une assez forte instabilité politique qui peut expliquer la situation.

Ce sont des États fragiles en conflit et vous pouvez voir qu'à l'heure actuelle, c'est particulièrement le cas au Mali. Cela a des conséquences importantes sur le Niger, le Burkina-Faso et donc je pense que les comparaisons doivent être très précises. Si vous dites retard, cela veut dire que vous avez une norme et cette norme, lorsqu'elle est très large comme celle des indicateurs de pauvreté, elle a peu de chose à avoir avec les conditions monétaires. Les travaux montrent que l'appartenance à la zone franc a un avantage en termes de réduction contre la pauvreté basée sur la stabilité des prix qui est beaucoup plus forte ailleurs c'est-à-dire que dans les autres pays à taux de change flexible, il y a des niveaux d'inflation qui sont beaucoup plus élevés. L'inflation plane sur le pouvoir d'achat d'autant plus que la proportion de la population à consommer est forte et donc ce sont les pauvres qui sont en général les plus touchés par l'inflation. Donc, je ne dirai pas qu'il y a un retard et que la monnaie est responsable. Je dirai plutôt qu'il y a un niveau de développement très faible, voire le plus faible du monde compte tenu du positionnement sahélien.

La preuve c'est qu'au CEMAC, éloigné du sahel, pays dotés de ressources naturelles fortes, on a des niveaux de vie par tête de développement humain bien supérieur (Gabon, Cameroun) à ceux de la zone CEDEAO, donc c'est plutôt le manque de ressources naturelles et l'instabilité politique qui sont à l'origine de ce retard. Il y a un retard dans les pays de l'UEMOA les plus pauvres au sahel. Ensuite, si vous regardez le développement humain du Sénégal, de la Côte d'Ivoire, ce n'est pas si terrible que ça si vous voulez. Plutôt que de parler de retard, je pense qu'il faut bien choisir quelle est la notion normative sous-jacente et faire le lien avec la monnaie. Pour moi la monnaie ou plutôt la stabilité monétaire issue du régime d'échange fixe a permis de lutter contre divers états du pouvoir d'achat liés à l'inflation. Ensuite, l'autre norme possible, c'est celle de la croissance. Est-ce qu'il y a eu une valeur de croissance économique élevée ? En termes de différentielle de croissance, je pense que les études économiques concluent qu'il n'y a pas eu vraiment de différentiel de croissance si on corrige pour les conflits. Tout ce qui concerne la parité du taux de change, la surévaluation, la sous-évaluation par rapport à la valeur d'équilibre mérite beaucoup de réflexions. Est-ce que le taux de change est surévalué par rapport à ce qui devrait être ?

Si évidemment c'était le cas, cela empêcherait le développement du secteur exportateur, donc une fois la réponse est négative, il y avait eu une surévaluation évidente ; donc, une dévaluation qui a permis de corriger les problèmes de 50 % depuis 1993. Regardez les chiffres du FMI et vous verrez qu'en général, depuis 10, à 15 ans, le FMI conclut qu'il n'y a pas de surévaluation. Donc voilà les possibles sources de retard qui ne montrent pas qu'il y ait un écart particulier dû à la monnaie. Par contre, pour les autres sources d'appauvrissement, de pauvreté, une qui me semble évidente, c'est notamment la démographie qui demeure au Niger. Donc même si le Niger avait des taux de croissance comparables à d'autres pays, le PIB par tête continue à être affecté par la forte croissance démographique, cela n'a rien à voir avec le taux de change fixe ou le système du franc qui soit responsable.

Sur les travaux d'histoire économique, je dirai que vous êtes plus callé que moi. Moi, il me semble que les seuls travaux qui soient applicables en la matière, c'est ceux qui comparent le régime juridique romain au régime anglais. Ce sont des travaux qui datent des années 1990 que vous trouverez en histoire économique. Mais encore une fois, ces travaux, je dirai, contrastent plus avec l'approche règlementaire du droit romain français avec le laisser-faire qu'on a vu d'ailleurs notamment concernant la banque mobile. Avec les banques mobiles, vous verrez la différence d'approche règlementaire, très différente entre les pays francophones et le Kenya par exemple qui a carrément autorisé le développement très rapide de sa banque mobile. Pour le développement financier, il faut que vous regardiez les statistiques du crédit sur les PIB, de monnaie sur les PIB et d'inclusion financière, c'est-à-dire je parle de la population qui est bancarisée. Je pense qu'il y a des effets de rattrapage très rapide puisque la banque mobile s'est développée très vite en zone franc ces dernières années et donc l'inclusion financière croît rapidement. Il faudrait des faits historiques pour comparer le développement financier de ces différents pays. Mais là encore, je pense qu'il y a des effets de rattrapage assez forts en ce moment. Le développement financier est un peu plus faible en zone franc, mais je ne trouve pas le rapport avec la monnaie.

M. ABALO : On sait aujourd'hui que le franc CFA est arrimé à l'Euro et donc pénalise les importations.

M. Robert : D'accord, tout d'abord, personnellement, je préfère que nous parlions des francs CFA plutôt que du franc CFA puisqu'en réalité vous avez 3 francs différents. Vous avez le franc comorien, le franc de la zone CEMAC et le franc de la zone UEMOA et en réalité, ces devises sont complètement distinctes. Ils ont la même parité parce que les pays membres ont choisi d'avoir la même parité avec la France. Mais en réalité, ce sont des monnaies complètement distinctes qui n'ont rien avoir l'une avec l'autre. Cette idée de zone franc, nous nous ne l'utilisons plus du tout ; nous parlons uniquement de coopération monétaire Afrique-France et ce sont des monnaies très distinctes. Je dirai que la CEMAC et l'UEMOA sont des zones extrêmement différentes qui commercent très peu entre elles et dont la structure du commerce est complètement différente l'une par rapport à l'autre. Les conditions de fonctionnement ne sont plus les mêmes puisqu'en zone UEMOA, il y a une réforme très forte qui a eu lieu en 2019 alors qu'en CEMAC ce n'est pas du tout le cas.

Question 2 : Aujourd'hui, le rôle de la banque de France a-t-elle indirectement par la monnaie jouée un rôle dans l'évolution politique et économique des pays francophones ?

Réponse : La banque de France en fait, n'a pas de rôle direct dans la gestion des coopérations monétaires. Les accords de coopération monétaire sont entre l'État de France et les États des pays membres de ces zones monétaires. Nous en fait, nous travaillons avec le trésor pour suivre les derniers développements économiques monétaires des organisations. Nous organisons des réunions des ministres de finance et des gouverneurs. Bref, nous organisons un suivi macroéconomique et nous n'avons pas, au titre de coopération un pouvoir particulier car le trésor gère ses monnaies. Vous savez jusqu'en 2019, il y avait un principe de parité fixe, la centralisation des réserves au sein des banques centrales de l'union au sein de la BCEAO ou de la BEAC. Donc ces réserves sont gérées par ces banques centrales qui n'ont rien à avoir avec la France puisque ce sont des institutions régionales indépendantes et nous, nous intervenons simplement au sein du conseil d'administration ou des commissions bancaires où il y a un représentant parmi d'autres, qui est minoritaires des décisions prises. Dans la zone UEMOA, c'est d'ailleurs le cas depuis 2019, il n'y a plus de représentant français au sein des institutions de la BCEAO, de la commission bancaire ou d'autres institutions générales comme les commissions de l'UEMOA.

Tout cela relève d'une partie du mythe puisqu'il y a une polarisation politique très forte sur ces sujets dans la zone UEMOA, moins dans la zone CEMAC et au Comores. Et la banque de France n'a pas de lien direct. Le lien direct est la centralisation de 50 % des avoirs de ces réserves dans le compte d'opération du trésor. Évidemment c'est une banque et je dirai que les soldes transitent par nous mais ce n'est pas un compte de la banque de France le compte d'opération du trésor, c'est un compte du trésor. Voilà donc les liens, ce sont de grands principes de coopération monétaire ; vous pouvez d'ailleurs télécharger la lettre d'info sur la zone franc qui vous donne exactement les détails de tous les mécanismes monétaires et financiers de la zone.

Question 3 : De votre point de vue, c'est une question ouverte, est-ce que la France peut se prévaloir que sa colonisation a été une réussite ?

Réponse : Ça c'est une question qui dépasse de très loin mes attributions et ma position au sein de cette institution ne me permet pas de vous affirmer certains faits. Si vous voulez, ce qu'on fait à la banque de France, on gère un système qui est manifestement l'héritier institutionnel des mécanismes des systèmes mis en place depuis la fin des du 19e siècle ce n'est pas pour ça qu'il est bon ou mauvais. Il faut voir quels sont les avantages et les inconvénients macroéconomiques et vous conclurez. Ce qui est intéressant, plus de la moitié des pays africains ont choisi des modes de fonctionnement des systèmes de change fixe, très proches, très peu variables parce qu'ils ont un profit. Je pense qu'ils trouvent un avantage à avoir une parité fixe. Si vous voulez, la parité fixe n'a rien de particulier à la zone franc. La parité fixe est un choix au régime de change où on échange un peu une perte, je dirai de la politique d'indépendance de la politique monétaire qui est celle de pouvoir évaluer pour faciliter les ajustements en cas de crise. S'il n'y avait pas cette garantie par le trésor public français, il faudrait voir quelle réserve mobiliser pour assurer la crédibilité du taux de change fixe. Donc il me semble que ce qui prévaut à l'heure actuelle, c'est toutes les problématiques d'intégration dans les chaînes de valeur globale et de l'intégration au commerce international. Et ces problématiques sont très largement indépendantes du statut colonial.

Si vous voulez, moi je n'ai pas d'opinion particulière sur le bon ou le mauvais côté de la colonisation. Je pense qu'il est très clair que ce n'est pas un système qui était pérenne ou même souhaitable. Je pense qu'il y a un consensus. Mais encore une fois, je tiens à préciser que mes commentaires portent sur le système monétaire. Donc, je ne suis pas vraiment là pour juger des avantages ou des inconvénients de la politique du colonialisme. D'ailleurs, vous avez vu dans la presse, il y avait des rumeurs des gens qui rentrent, des gens qui sortent selon les crises. Et donc, si le système n'était pas avantageux au bout de 60 ans, les gens choisiraient d'en sortir.

Si vous voulez, cette idée de la colonisation est très importante pour une thèse de la pensée économique ou une histoire de la région. Je pense que votre approche est plutôt une approche sur les effets du colonialisme, dans ce cas, il faut que vous alliez beaucoup plus loin que le système monétaire. Il faut parler du système réglementaire, législatif, de la relation internationale, des liens entre la France et ces pays sur le plan sécuritaire. Donc pour moi, la monnaie n'est qu'un sous-ensemble et vous avez bien vu que la monnaie n'a rarement été utilisée comme une arme politique et c'est la BCEAO qui, par exemple au

Mali, choisit ou pas de sanctionner. C'est la CEDEAO qui d'ailleurs, en l'occurrence sur des questions de la sécurité (vous pouvez me corriger puisque vous êtes mieux placé que moi) prend les sanctions de la communauté des États africains. Il n'y a donc pas d'intervention particulière de la France.

Je ne pense pas que la France a moindre chose à dire dans les décisions du Ghana ou du Nigéria. Donc vous voyez même en termes de sécurité, ce n'est pas véritablement l'UEMOA ou la monnaie, c'est des ensembles plus vastes. Alors on ne peut pas nier évidemment que la France s'est engagée dans la défense de certains nombres de principes notamment dans la lutte contre le terrorisme dans le sahel mais pour quel intérêt personnel ? `

Question 4 : À qui profite réellement le Franc CFA ?

Réponse : Au fait les réponses économiques sont assez simples. Pour la France, le gain ou le coût est assez faible, puisque l'ensemble de la zone représente 3 à 4 % des échanges français. Je dirai qu'il n'y a pas de gain économique commercial immédiat ou direct. Ensuite, il y a des gagnants et des perdants dans un système. Si vous restez au niveau des États, il y a des gagnants ; des États gagnent parce qu'ils ont une inflation maîtrisée beaucoup plus faible que dans le reste de l'Afrique. Sur la question à qui profite le franc CFA à l'intérieur des États, vous posez une question de qui produit quoi et quoi sert l'équilibre de la monnaie. Quand il y a eu la dévaluation de 50 %, les gens étaient choqués par cette dévaluation puisque leurs épargnes avaient été atteintes. Donc, si vous voulez la stabilité de la monnaie a l'avantage de ne pas avoir des dépréciations qui montent sur le pouvoir d'achat ou sur l'épargne. Donc, il y a des gagnants, les épargnants par exemple. Il faut faire une analyse économique poussée pour savoir si les ruraux perdent ou les citadins gagnent. Est-ce qu'il y a un impact sur la capacité à exporter les denrées agricoles par exemple ; est-ce qu'elle est favorisée par la stabilité de la monnaie ou est-ce le contraire ?

Je pense que ça profite aux personnes qui épargnent, ça profite à toutes les personnes qui ont besoin de la stabilité de la monnaie. Par exemple, la stabilité de la monnaie permet d'avoir la certitude sur l'échange. Ça favorise les investissements directs de l'étranger ou des investissements domestiques parce que si vous pensez que votre monnaie va varier de 40 à 50% comme dans certains pays de l'Afrique, c'est difficile d'investir. Je pense qu'il ne faut pas avoir une approche très journalistique ou idéologique du sujet. Il faut dire franchement les difficultés liées au système mais il faut aussi donner ses avantages. Le coût/bénéfice n'est pas le même pour toutes les personnes. Ensuite, je ne sais pas vraiment s'il y a une réponse à l'ensemble de la question à qui profite le franc CFA. Pour moi, cette question, la manière dont elle est formulée est une question politique de répartition des gains et des pertes sur laquelle je suis mal placé pour répondre. C'est vraiment un choix pour le groupe politique. Je pense que l'UEMOA a pensé en 2019 qu'il fallait assurer une plus forte indépendance des décisions économiques et monétaires et qu'elle a choisi de réformer le système. Pour l'essentiel, la réforme du système porte uniquement sur la présence des représentants français au conseil d'administration de la BCEAO et sur l'abandon de la centralisation des réserves de change.

5. Cinquième entretien

Entretien du 2 mai 2022 à Paris (France) avec Têtê Jean-Philippe GUNN, chercheur / postdoc à UR7338 Pléiade de l'Université Sorbonne Paris Nord.

Question 1 : Est-ce qu'on peut établir une comparaison d'évolution entre les pays francophones et anglophones ?

Réponse : D'abord quand on parle de retard, nous voyons que les pays anglophones sont en avant sur les pays francophones mais de façon globale quel est le poids des pays anglophones sur l'échiquier mondial ? S'ils sont réellement en avance, on verra quand même leur poids dans les relations internationales. Par rapport à l'histoire, la colonisation a causé un retard dans toute l'Afrique. Même si certains pays anglophones ont un PIB ou un système de gestion plus ou moins différent des pays francophones, ils ne restent que des pays africains, des pays en voie de développement. Revenons à l'histoire de la monnaie, c'est vrai que quand on voit les pays anglophones d'Afrique, il n'y a pas une dépendance monétaire comme le CFA dans les pays d'Afrique francophone.

Chaque pays a sa propre monnaie qui est un signe de souveraineté. On pense que c'est la monnaie seule qui fait le développement ou bien l'avancée d'un pays ; la monnaie participe mais il faut voir le poids de cette monnaie au niveau mondial : le Naira du Nigéria ou le Cédis du Ghana. Le franc CFA est une monnaie forte arrimée à l'Euro avec une parité fixe alors que les pays anglophones sont le plus souvent arrimés au dollar avec une parité flexible. Quand on a une monnaie forte, cela permet d'avoir des devises étrangères dans les banques. Cela n'empêche pas la corruption dans ces pays anglophones. La monnaie joue un rôle dans les pays anglophones parce que ces pays ont le pouvoir de décision sur leur propre monnaie, ils peuvent changer le taux directeur, ils peuvent dévaluer, ils peuvent provoquer une inflation à tout moment parce qu'ils contrôlent leur monnaie. Ce n'est pas pour le fait qu'ils ont leurs monnaies qu'ils sont en avance sur les pays qui utilisent le CFA. Quand on voit par exemple la Côte d'Ivoire comparée à certains pays anglophones, il n'y a pas match.

Question 2 : Aujourd'hui, est-ce que la France peut se prévaloir que sa colonisation a été une réussite ?

Réponse : Nous sommes en France, pour les Français, la colonisation été positive et continue de l'être. Voilà l'imaginaire collectif dans la mentalité des politiques françaises, que ce soit de Gauche ou de Droite. Pour eux, la colonisation a joué un rôle positif. En fait, la France ne s'est pas encore démarquée de ses colonies. Pour la France et beaucoup de français non informés, la colonisation a été chose bénéfique. Pour eux, ils ont tout apporté dans les colonies. Mais pour nous africains, est ce que la colonisation a été bénéfique ? La colonisation n'a jamais été une bonne chose parce qu'elle est basée sur la domination, voilà deux idéologies qui sont vraiment opposées.

Question 3 : Peut-on conclure aujourd'hui que le faible taux de bancarisation en Afrique est une incidence au développement des pays ?

Réponse : Je peux dire oui. Nous sommes connectés, nous avons des banques et c'est maintenant que certaines banques arrivent à être connectées. Quand on parle de bancarisation, ce n'est pas forcément juste aller ouvrir un compte et déposer son argent. C'est tout le système, c'est-à-dire avoir une carte de crédit, faire ces achats en ligne, utiliser les services bancaires, faire un virement instantané etc. Le taux de bancarisation est encore faible en Afrique. Le paysan préfère garder son argent chez lui à la méthode traditionnelle. La banque est toujours restée bourgeoise avec l'élite et voit le reste de la population débout. Il faut que les banques se déplacent vers la population. C'est ce que les microfinances font dans les zones reculées. Mais quand on parle de microfinance, ce n'est pas la bancarisation. Beaucoup de paysans et agriculteurs n'ont pas de compte bancaire et cela est un grand fléau.

Question 4 : Est-ce que les ressources minières et naturelles profitent réellement aux pays africains et à la population africaine ?

Réponse : Normalement, les richesses sont redistribuées d'une manière ou d'une autre dans les États démocratiques. Les ressources des pays africains profitent plus aux élites sans oublier que quand on dit ressources minières ou naturelles, il faut une industrialisation. Nos pays n'ont pas d'industries lourdes capables de transformer les matières premières en produits finis. Dans beaucoup de pays francophones, ce sont les industries de transformation française qui sont implantées. Tout ce que ces industries génèrent comme bénéfices sont rapatriés en France. Nos pays ne profitent pas réellement des ressources d'autant qu'il n'y a pas de redistribution de la richesse sur le plan financier et l'argent extrait de ces ressources minières ne reste pas généralement dans le pays. On extrait tout à l'état brut comme toujours à l'époque coloniale qu'on vient transformer en Europe or, la valeur ajoutée c'est la richesse. Du moment où il n'y a aucune valeur ajoutée produite sur place et que cette valeur ajoutée est produite à l'extérieur, les africains n'auront pas un profit sur les ressources minières. La preuve, le bois du Gabon n'est pas transformé sur place, il est coupé de la forêt jusqu'en Europe. Le phosphate togolais est extrait directement de la mine et on convoie jusqu'au navire qui l'envoie en Europe, un peu partout. Rien ne profite aux paysans.

Question 5 : La recrudescence des coups d'État en Afrique de l'Ouest et central, les questions monétaires peuvent le comprendre ?

Réponse : Jusqu'à présent, on n'a pas encore lié ces coups d'État à la monnaie sauf les activistes panafricanistes qui parlent de la monnaie et disent que les chefs d'État qui ont été sécurisés font partie des pays du club qui soutient le FCFA. Le président Sylvanus Olympio qui a été assassiné par rapport à cette question liée à la monnaie. Quand on voit les communiqués des putschistes, la question du FCFA n'a jamais été abordée. C'est seulement la société civile qui en parle. Aucun chef d'État n'arrive à aborder la question du CFA. Je pense que ce n'est pas l'utilisation du CFA en Afrique de l'Ouest qui favorise les coups d'États. Les coups d'État proviennent des crises structurelles, les crises de l'État et la faiblesse de l'État. Par exemple, pour le Mali c'est un problème d'ordre sécuritaire parce qu'IBK a été élu démocratiquement. En Guinée, c'est le changement de la constitution qui a conduit au coup d'état. On a tordu le coup de la constitution pour passer un troisième mandat qui a provoqué des manifestations et a favorisé la grande intrusion de l'armée. Au Burkina aussi c'est la crise puisque Kaboré est le président en exercice qui est élu démocratiquement. Donc, la monnaie n'entre pas dans l'apparition des coups d'État récents en Afrique. Je pense que ce sont les situations internes de chaque pays qui favorisent ces coups d'État.

Question 6 : La France est-elle, à travers le franc CFA la seule puissance à conserver une monnaie coloniale dans le monde ?

Réponse : Jusqu'à présent je pense que c'est la France qui garde le CFA avec ses ex-colonies dans le monde. La France, à travers le CFA, constitue un poids économique et financier dans le monde avec ses ex-colonies. Laisser le franc CFA et permettre aux pays francophones d'avoir leur propre monnaie va signifier la fin de la puissance française, pas forcément la fin mais va diminuer la puissance financière de la France dans le monde. Je ne pense pas qu'il y a jusqu'aujourd'hui une autre monnaie coloniale qui lie un pays à son ancienne métropole à part le franc CFA entre la France et ses anciennes colonies.

Question 7 : La banque de France a-t-elle directement ou indirectement joué un rôle dans l'évolution politique et économique des pays d'Afrique francophones à travers le franc CFA ?

Réponse : Les réserves des pays qui utilisent le franc CFA sont à la banque de France c'est-à-dire que je crée une richesse, je travaille, je produis une richesse et je viens déposer chez le voisin mes économie. Je dis au voisin que chaque mois je viens accumuler chez lui et quand j'ai besoin de l'argent, je dois demander son autorisation pour puiser un peu et c'est lui qui décide ce que je dois utiliser. C'est un paternalisme que la banque de France continue toujours d'utiliser envers les pays francophones d'Afrique. Quand la banque de France dit non, nos États ne peuvent rien faire par exemple pour payer les salaires, puis réaliser les projets de développent. Les propres réserves de ces pays sont ramenées sous forme d'aide au développement et sous forme de prêt. La preuve, jusqu'à un passé récent, on nous a dit qu'il y a toujours des représentants de la banque de France dans le conseil d'administration de la B.C.E.A.O et de la B.E.A.C.

CONCLUSION

Notre enquête de terrain, menée dans un laps de temps entre 2018 et 2022, a permis de décrire sous différents angles la question du franc CFA en particulier la question liée à la dévaluation de 1994. Chiffres et textes statistiques à l'appui, l'analyse montre que cette dévaluation a des retombées dramatiques sur la population. Ces conséquences ont fait reculer l'économie des pays de la zone franc CFA. Après la dévaluation, le franc CFA devient un handicap pour les pays qui l'utilisent. La vie des populations de la zone a été compromise pour les intérêts (notamment les dirigeants africains) et pour satisfaire le besoin d'un pays étranger (la France). Enfin, l'absence d'unanimité des chefs d'États africains pour servir un intérêt commun s'ajoute à la politique de la France qui consiste à diviser pour mieux régner et de conserver le franc CFA. La libre transférabilité des capitaux des 15 pays africains de la zone franc CFA vers la France nuit à leur développement.

Nous avons aussi recueilli des informations hors micro auprès de citoyens de ces pays dont nous ne pouvons pas citer le nom. Ces informations nous ont permis de valider certains faits et surtout le dictat de la France à ses ex-colonies. Ce sont des témoignages utiles mais pas utilisables. Cette enquête a été indispensable à la rédaction de cette thèse.

LISTE DES CARTES

LISTE DES TABLEAUX

TABLE DES PHOTOS

LISTE DES FIGURES

SIGLES ET ABREVIATIONS

ASS	:	Allocation de solidarité spécifique
BCC	:	Banque centrale des Comores
BCEAO	:	Banque centrale des États de l'Afrique de l'Ouest
BEAC	:	Banque des États de l'Afrique centrale
CCFOM	:	Caisse centrale de la France d'outre-mer
CEMAC	:	Communauté économique et monétaire de l'Afrique centrale
CFDT	:	Compagnie française de développement des fibres textiles
CPI	:	Cour pénal international
DTS	:	Droit de tirages spéciaux
FCFA	:	Franc des colonies françaises d'Afrique
IOEM	:	Institut d'émission d'Outre-Mer
OCDE	:	Organisation de coopération et de développement économique
OCRS	:	Organisation commune des régions sahariennes
ODD	:	Objectifs de développement durable
OIF	:	Organisation internationale de la francophonie
OMS	:	Organisation mondiale de la santé
ONG	:	Organisation non gouvernementale
OTP	:	Office togolais des phosphates
PAZF	:	Pays africains de la zone franc
CFAO	:	Compagnie française de l'Afrique occidentale
SCOA	:	Société commerciale de l'Ouest africain
PNUD	:	Programme des Nations unies pour le développement
PVD	:	Pays en voie de développement
PRR	:	Parti pour le renouveau et de la rédemption
SAMBE	:	Société des amis de Mongo Béti (SAMBE)
UA	:	Union africaine
UEMOA	:	Union économique et monétaire ouest-africaine
UMAC	:	Union monétaire de l'Afrique centrale
UAC	:	Union africaine de commerce
ZFA	:	Zone franche d'activité
VAR	:	Value at Risk
FIDES	:	Fonds d'investissement et de développement économique et social
CCCE	:	Caisse centrale de coopération économique
CNRD	:	Comité national de défense et de la révolution
CMLN	:	Comité militaire de libération nationale

TABLE DES MATIERES

Structures éditoriales du groupe L'Harmattan

L'Harmattan Italie
Via degli Artisti, 15
10124 Torino
harmattan.italia@gmail.com

L'Harmattan Hongrie
Kossuth l. u. 14-16.
1053 Budapest
harmattan@harmattan.hu

L'Harmattan Sénégal
10 VDN SICAP AMITIE 3
BP 45034 Dakar-Fann
direction@senharmattan.com

L'Harmattan Cameroun
Tsinga/Derrière polyclinique FECAFOOT
BP 11486 Yaoundé
Jacques.koukam@harmattan.fr

L'Harmattan Burkina Faso
Villa 281, secteur 23 623, rue 14.32
Ouagadougou
zagbie@outlook.fr

L'Harmattan Guinée
Almamya, rue KA 028 OKB Agency
BP 3470 Conakry
harmattanguinee@yahoo.fr

L'Harmattan RDC
185, avenue Nyangwe
Commune de Lingwala – Kinshasa
matangilamusadila@yahoo.fr

L'Harmattan Congo
219, avenue Nelson Mandela
BP 2874 Brazzaville
deunovmikhael@gmail.com

L'Harmattan Mali
Immeuble Mgr Jean Marie Cissé
Aci Hamadallaye
BP 145 Bamako
syllaka@yahoo.fr

L'Harmattan Togo
Djidjole – Maison Amela
face EPP BATOME
02 BP 20680 Lomé
didieramela11@gmail.com

L'Harmattan Côte d'Ivoire
Résidence Karl – Cité des Arts
Abidjan-Cocody
03 BP 1588 Abidjan
harmattan.ivoire@gmail.com

L'Harmattan Bénin
Rue 604, (Immeuble à l'entrée
de la rue UCAO- Cite de Saint-Jean)
Cotonou
stepcorpus@gmail.com

Nos librairies en France

Librairie internationale
16, rue des Écoles
75005 Paris
librairie.internationale@harmattan.fr
01 40 46 79 11
www.librairieharmattan.com

Librairie des savoirs
21, rue des Écoles
75005 Paris
librairie.sh@harmattan.fr
01 46 34 13 71
www.librairieharmattansh.com

www.ingramcontent.com/pod-product-compliance
Lightning Source LLC
LaVergne TN
LVHW011440061026
849535LV00004BA/887